네오리버럴리즘
NEOLIBERALISM

네오리버럴리즘 : 신자유주의는 어떻게 세계를 지배하게 되었는가?

초판 1쇄 발행 _ 2009년 3월 10일
초판 3쇄 발행 _ 2016년 8월 20일

편저자 _ 알프레두 사드-필류 · 데버러 존스턴 | 옮긴이 _ 김덕민

펴낸곳 _ (주)그린비출판사 · 신고번호 제25100-2015-000097호
주 소 _ 서울시 은평구 증산로 1길 6, 2층
전 화 _ 702-2717 · 702-4791 | 팩 스 _ 703-0272

ISBN 978-89-7682-720-3 04300 978-89-7682-717-3 (세트)
이 도서의 국립중앙도서관 출판시 도서목록(CIP)은 e-CIP홈페이지(http://www.nl.go.kr/ecip)에서
이용하실 수 있습니다.(CIP제어번호: 2009000451)

그린비 출판사 나를 바꾸는 책, 세상을 바꾸는 책
홈페이지 · www.greenbee.co.kr | 전자우편 · editor@greenbee.co.kr

트랜스 소시올-로지 003
Trans Socio-Logy

네오리버럴리즘
NEOLIBERALISM

신자유주의는 어떻게 세계를 지배하게 되었는가?

알프레두 사드-필류 · 데버러 존스턴 편저
김덕민 옮김

그린비

| **일러두기** |

1 이 책은 A. Saad-Filho, D. Johnston(eds.), *Neoliberalism : A Critical Reader*(Pluto Press, 2005)를 완역한 것이다.

2 영어판에서 이탤릭체로 강조한 내용은 굵은 글씨로 표시했다.

3 본문에 옮긴이가 이해를 돕기 위해 첨가한 내용은 대괄호([ ])로 표시하였다.

4 단행본 · 정기간행물에는 겹낫표(『 』)를, 논문 · 영화제목에는 낫표(「 」)를 사용했다.

한국어판 서문

『네오리버럴리즘: 신자유주의는 어떻게 세계를 지배하게 되었는가?』의 한국어판 발간을 축하합니다. 한국은 오래전부터 전 지구적 정의운동 global justice movement과 신자유주의에 맞선 국제적 저항의 최전선에 있었습니다. 전 세계적인 신자유주의적 기획의 가장 중요한 과오 중 일부는 한국에서 표면화되었고, 그에 따른 긴장들은 그 기획 자체뿐만 아니라 신자유주의에 맞선 저항을 구체화하는 데 기여하였습니다.

이 책은 신자유주의의 세 가지 측면을 검토하고 있습니다. 첫번째 측면은 신자유주의 내부의 구조 또는 그것의 물질적 기초입니다. 이 책은 신자유주의를 안정적인 축적체계로, 즉 특정한 계급구성들, 사회관계들, 정치적 형태들, 국제관계의 양식들을 갖는 자본주의적 사회관계의 역사구체적인 존재양식으로 논하고 있습니다. 신자유주의의 축적구조는, 그것이 각종 긴장들과 한계들을 벗어났기 때문이 아니라(뒤의 논의를 참조), 좀더 좁은 의미에서 〔신자유주의적〕 사회적 관계의 재생산이 특정한 형태로 심화 발전하는 경향이 있다는 점에서 내적으로 일관성이 있습니다. 이런 사회관계들은 또한 신자유주의의 영속화와 신자유주의를 강화하고 지리적인 공간의 확대에 기여하는 행위들을 가능케 해줍니다.

두번째로 신자유주의, 세계화와 제국주의는 서로 분리 불가능합니다. 일반적으로 국제자본이라 표현되는 '금융'의 이익에 의해 지배되면서 (추측건대 윤리적이며 사심이 없고 민주적인) '국제적 공동체'라는 장막에 의해 보호받고 있는 미 제국주의의 새로운 양상이 신자유주의라는 국제적 기획의 진정한 내용입니다. 이러한 맥락에서 세계화, 즉 신자유주의 그 자체를 강화, 재생산하고 확장함으로써 지역사회들과 역사들을 재구조화하며, 이데올로기·정치·경제와 국제 관계의 각 영역에 퍼져 있는 국내적·국제적인 차원에서의 권력 프로젝트는 신자유주의적 축적구조를 국제적으로 포장하는 것에 불과합니다.

세번째로 신자유주의는 그 내적 정합성과 안정성에도 불구하고, 한계를 가지고 있습니다. 진보적 사회운동들에 의해 활용될 수 있는 긴장들을 발생시키는 모순과 균열은 이러한 축적구조를 교차하고 있습니다. 역으로, 사회·정치적인 압력들이 이전에 존재하지 않았던 새로운 모순과 긴장을 개시하기도 합니다. 예를 들어 장기적인 경기침체, 금융과 국제수지의 취약성, 되풀이되는 위기들은 신자유주의의 정치적 정당성을 심각하게 손상시켜 왔습니다. 그런 사태들은 또한 한국, 라틴아메리카, 남아프리카와 그 외의 국가들에서 대안적인 정책들을 옹호하는 몇몇 정부들의 당선[수립]에도 기여하였습니다. 그러나 이런 정부들은 대체적으로, 기대했던 정책들을 이행하는 데 실패하거나 심지어는 진정한 대안을 찾는 데 실패하여 그들의 지지자들에게 커다란 실망을 안겨 주었습니다.

이러한 각종 실패들을 드러낸 신자유주의의 물적 기초에 대한 분석이 절대로 선출된 지도자들의 '배신'이나 나약함, 부패 등에 기초해서는 안 됩니다. 대신 이러한 사실들은 신자유주의를 벗어나기 위해서는 경제·정치적으로 모두 큰 희생을 수반해야 한다는 것을 보여 줍니다. 그것들은 또한 신자유주의를 벗어나거나 극복한다는 것이 본래부터 적당한 산업, 금융, 화폐정책들을 선택하는(혹은 그러한 것들에 찬성하는) 식의 주관적인 문제가 아님을 나타내 줍니다.

신자유주의는 안정적입니다. 왜냐하면 그것은 전 세계 몇몇 사회의 물적 재생산의 조건을 창출하는 과정을 재구조화했고, 그것과 관련하여 국제적 수준에서 노동계급의 분열과 축적의 순환들에 대한 초민족적 통합과 자원의 배분에 관한 통제권을 국가들로부터 (미국이 주도하는) 금융 시스템으로 이전하는 등을 포함하는 사회구조들과 제도들로 변형시켰기 때문입니다.

한국과 그 밖의 나라에서의 금융, 통화와 국제수지 위기 등과 같은 축적체계의 위기는 신자유주의가 근본적으로 결함이 있다는 것만을 나타낼 뿐, 그것이 불완전하다는 것을 의미하지는 않습니다. 왜냐하면, 위기들이 자본축적의 균형을 회복할 수 있는 기회라도 제공하는 것처럼, 신자유주의 하에서 그것들은 구성적인 역할을 담당하기도 합니다. 그러한 위기들은 정부들에게 정책적인 규율을 부과하고, 자본가와 노동자들 모두가 이러한 축적체계의 재생산을 지속시키는 방식으로 행동하도록 강제합니다. 이러한 측면에서, 위기들은 신자유주의가 **작동하고 있고**, 또한 그것이 **작동될 수 있게끔 하고 있다**는 것을 보여 줍니다.

심지어 위기가 신자유주의의 정치적 정당성을 파괴시킨 곳에서, 신자유주의적 개혁을 '투표를 통해 제거' 하려는 시도가 실패하고 있다는 것은 전혀 놀라운 일이 아닙니다. 왜냐하면 신자유주의는 다른 그 무언가에 대한 투표로 단순하게 바뀌거나 거부될 수 없는 그 자신만의 물적 토대를 발전시켜 왔기 때문입니다.

신자유주의를 초월하는 것은 오직 대안적인 (필연적으로 급진적이고 민주적인) 축적체계의 구성을 통해서만 착수될 수 있는 경제적이고 정치적인 변화들을 요구할 것입니다. 이 기획은 신자유주의의 물적 기반을 체계적으로 제거하기를 요구할 것입니다. 이것은 처음부터 민주주의를 위한 근본 조건인 소득과 부, 권력의 보다 평등한 분배로의 변화를 지지하는 민주적인 경제정책의 주도권을 이행할 정치적 연합을 필요로 할 것입니다. 명백하게도, 정치적으로 재구성된re-articulated 노동자계급이 그 자신의 경제적 개조recomposition를 위한 주요한 방편들 중의 하나로 이러한 민주적인 정책 주도권을 지지하여야만 할 것입니다.

이러한 호순환이 단순히 존재하기만을 바랄 수는 없다는 것에 그 어려움이 있습니다. 왜냐하면 호순환의 요인들은 순수하게 학문적으로, 또는 또 다른 전위정당의 조직이나 좌파의 확립된 정치적 힘들 사이의 연합을 통해서만은 추진될 수 없기 때문입니다. 달리 말하면, 신자유주의에 대한 대안의 구성에 대해 제기되는 어려움들에 대한 해답들은 단순히 '이미 존재하는 것' 이 아니라 발견되고, 심지어는 다수에 의해 받아들여지기를 기대하고 있는 것입니다. 이런 해답들은 아직 존재하지 않습니다. 그것들은 노동자들과 사회운동들이 심각하게 불리한 국내적 · 국제적인 환경에 직면하여, 새로운 정치적 표현의 형태들과 경제적 재생산 양식들을 발견하기 위해 투쟁하는, 오직 그러한 실천 속에서만 발견될 수 있을 것입니다. 국내적인 대안들을 창조해 내고 그러한 대안들을 그것들에 대해 달갑지 않게 생각하는 국가들과 극소수의 사회적 협정들에 부과하는 국제적인 절차 가운데, 한국 운동가들의 결집은 핵심적인 역할을 해왔고, 앞으로도 지속적으로 담당하게 될 것입니다. 우리와 우리의 동료들은 이러한 지적 반성과 정치적 투쟁을 위하여 이 책을 바칩니다.

알프레두 사드-필류 · 데버러 존스턴

서 문[1)]

우리는 신자유주의 시대에 살고 있다. 그리고 신자유주의는 경제학, 정치학, 국제관계학, 이데올로기, 문화 등 다양한 영역에서 모든 대륙에 수백만의 사람들에게 영향을 끼치고 있다. 한 세대도 되기 전에 신자유주의는 너무 광범위하고 심대한 영향을 끼치게 되었으며, 그리고 삶의 결정적으로 중대한 측면들에 너무 깊게 연루되어 있어 그 역사적 중요성과 본질에 대해 평가하기가 어렵기도 하다. 그러나 그러한 평가는 지적인 이유에서는 물론이고 정치적 이유에서도 모두 필수적이다.

이 책은 서로 다른 폭넓은 관점에서 신자유주의를 비판적으로 개관하고, 이에 관련된 활동가들과 학생들, 그리고 사회과학을 연구하는 학자들을 위한 연구과제들의 윤곽을 그리는 30개의 장들로 이루어져 있다. 이 논문들은 3부로 나뉘는데 이론적인 장들, 그리고 〔그 이론을〕 구체적인 문제에 적용하고 있는 장들과 역사적인 장들로 이루어져 있다. 이 책에 포함된 논문들은 중요한 특징들을 공유하고 있다. 첫째, 〔이 책에 실

---

1) 우리는 효율적인 연구보조를 해준 대니얼 알리프(Daniel Alyiffe), 프란체스카 캄파뇰리(Francesca Campagnoli), 애너 마리아 미란다(Ana Maria Miranda), 발터 슈미트(Walter Schmidt), 마리아 라우라 티넬리(Maria Laura Tinelli)에게 감사한다.

린〕 논문들은 급진적인 정치경제학의 관점에서 신자유주의의 기원과 본질, 그리고 함의를 검토한다. 둘째, 마르크스주의, 포스트케인즈주의자, 그리고 칼레츠키적 논의를 포함하는 별개의 전통에서 기인하고 있음에도 불구하고, 〔이 논문들은〕 내용과 접근에 있어 서로 밀접한 관계를 가지고 있다. 이러한 공통점은 세 학파들 사이에서 벌어지고 있는 논의와 깊이라는 측면에서 현대 정치경제학의 생명력을 묘사하는 것이며 동시에 그들 사이의 생산적인 교류cross-fertilisation의 잠재력을 보여 주는 것이다. 셋째, 이 논문들은 신자유주의에 대한 발본적인 비판, 즉 문제의 근원을 파헤치는 비판을 제공한다. 즉 신자유주의가 전 세계 엘리트 집단에게 부와 권력을 집중시키려는, 특히 각국의 금융적 이해관계에 이익이 되며 국제적으로는 미국 자본에 이익이 되는 헤게모니 프로젝트의 일부라는 것을 보여 주고 있다. 그러므로 세계화와 제국주의는 신자유주의와 분리하여 분석될 수 없다. 아래에서 이러한 주장들에 대해 간략하게 설명하겠다.

신자유주의에 대한 접근

몇 가지 이유에서 신자유주의를 순수하게 이론적으로 정의하는 것은 불가능하다. 첫째, 방법론적으로 신자유주의적인 사례들이 중요한 공통점을 공유하고 있음에도 불구하고(이후에 논의될 것이다), 신자유주의는 하나의 생산양식이 아니다. 결과적으로 신자유주의적인 사례들은 '봉건주의' 또는 '자본주의'에 대한 연구에서 예상될 수 있듯이 불변의 특징들로 명확하게 나타나는 요소들을 반드시 포함하고 있지 않다. 예를 들면, 신자유주의는 서로 다른 복잡성의 수준에서 정치적이고 경제적인 현상들의 영역에 폭넓게 걸쳐져 있다. 예를 들면 성장하고 있는 금융권력 또는 민주주의에 대한 가치 저하라는 측면에서는 극도로 추상적이며, 반면에 외국과 지방 비정부기구들NGOs 사이의 관계 또는 민영화의 예에서는 상대적으로 구체적으로 나타난다. 그럼에도 불구하고, 군사력과 국제적인 협박에 기초한 경제·법·이데올로기·미디어를 통한 압력, 국내 정치적인 조합을 통해 새로운 영역으로 침범해 들어갈 때, 그리고 가난한 자들을 유린하거나 권리들과 사회보장수급권을 훼손할 때, 그 동시에 저항을 무력화시킬 때 신자유주의의 야만성을 인식하기는 어렵지 않다.

두번째로 7장과 9장에서 주장하는 것처럼 신자유주의는 세계화나 제국주의와 분리할 수 있는 것이 아니다. 전통적인 (또는 주류적인) 담론에서 제국주의는 존재하지 않거나, 자랑스럽게 '미국이 지고 있는 부담' 정도로 나타난다. 〔미국이 지고 있는 부담은〕 세계를 문명화하는 것이며, 녹색의 위대한 달러the green-faced Lord dollar와 그것의 대리인이지만 때로는 경쟁자이기도 한 신성한 유로Holy Euro와 성聖 엔Saint Yen의 삼위일체가 축복을 내리는 것이다. 새로운 〔제국주의로의〕 귀의자들은 새로 건설된 국제공항, 맥도날드의 새로운 분점, 두 개의 호화로운 호텔, 3,000개의 NGO들, 그리고 한 개의 미국 군사기지를 획득한다. 이러한 제안은 결코 거부될 수 없다.[2] 그 결과 세계화는 더 거대한 경쟁과 전 세계적인 복지의 개선, 그리고 민주주의의 확대로 이끌어지는, 매번 피할 수 없는, 불변의, 〔여러 사람들의〕 이익이 되는 과정으로 제시된다. 하지만 현실에서 이른바 세계화의 과정—〔세계화가〕 현재 존재하고 있는 한에서는—은 단지 신자유주의의 국제적인 측면에 불과하다(Saad-Filho, 2003 참조). 그것은 미국의 지배계급과 각 지역의 지배적 자본가 연합의 연대가 앞장서서 제국주의와 병행시키는 사회적 훈육과 축적의 전 세계적 전략이다.

---

2) 현대 제국주의에 대한 다른 측면에서의 주목할 만한 검토는 Panitch and Leys(2004) 참조.

국내적으로는 신자유주의를, 그리고 해외에서는 제국주의적 글로벌리즘을 중심에 둔 이 야심찬 권력 프로젝트는 각국의 다양한 사회·경제·정치적인 동맹들에 의해 실행된다. 그러나 보통 각 지역의 금융과, 금융에 의해 지배되고 있는 미국의 지배계급이 헤게모니를 장악하고 있다.

세번째, 신자유주의에 대한 역사적 분석은 다층적인multi-level 접근을 요구한다. 신자유주의의 연원은 장기간에 걸쳐 있으며 다양화되어 있다. 그리고 그것이 언제 출현했는지 정확하게 이야기하기 어렵다. 3장부터 6장에 걸쳐 보여 주고 있는 것처럼, 신자유주의는 애덤 스미스를 포함하는 신고전파 경제학, 케인즈주의에 대한 오스트리아 학파의 비판, 소비에트 유형의 사회주의, 통화주의monetarism, 그리고 새고전파new classical school와 '공급 측면'[경제학]으로부터 나오는 견해들을 융합시킨다. [위에서 열거한 이론들의] 영향력은 전후 질서의 몰락—1960년대 급속한 세계적인 [규모의] 성장으로 대표되는 '황금기'golden age의 종말, 1970년대 초반 브레턴우즈 체제의 와해, 1970년대 중반 부유한 국가들에서 나타난 이른바 '케인즈주의적 타협'Keynesian compromise의 침식, 1980년대 소비에트 블록의 붕괴, 그리고 특히 1980년대와 90년대 발생한 국제수지상의 위기 이후, 가난한 나라들에서 나타난 발전 대안들의 내부적 파열—과 더불어 급속하게 증가했다. 1장과 2장은 [발전] 대안들의 붕괴가 보수주의적 관점과 미국의 엘리트들, 그리고 그들을 추종하고 있는 세력들을 통합하는 공간을 제공하였음을 보여 주고 있다. 공세적인 인민주의적 보수주의라 할 수 있는 로널드 레이건Ronald Reagan과 마거릿 대처Magaret Thatcher가 만든 솥에다가 금융이 수프를 끓인 것이나 마찬가지였다. 특히, 금융은 1979년 미 연방준비제도 위원장이었던 폴 볼커Paul Volcker의 '쿠데타' 이후 전 세계적인 헤게모니를 획득하게 되었다.[3)]

하지만 신자유주의의 부상에 대한 지나치게 단순한 설명을 피하는 것이 중요하다. 예를 들면 영국에서 대처의 통화주의적 경제 강령의 주요 요소는 이전 노동당 정부로부터 떠맡겨진 것이다. 대처는 그 강령들을 확장시킨 것이며, 〔그러한 경제적 강령이〕 시행될 수밖에 없는 근거를 부여했을 뿐이다. 또한 레이건의 복화술사들과 '우유 도둑'[4] 대처에 의해 만들어진 금욕적인 **주장들**, 미국 황실US Imperial Court 주위에서 물건을 팔고 있는 보따리장수 같은 지식인들과 신자유주의적 지배의 정치적 실천 사이에는 해결할 수 없는 긴장이 존재한다. 예를 들어 레이건의 '부두 경제학' voodoo economics—그의 대리인이었던 아버지 부시의 말이다[5]—은 경전의 수호자로 받아들여지기 힘들었을 것이다. 역사는 지배권 내에서 본래의 정치·경제 모형을 부과하는 것이 더 쉽다는 것을 보여 주고 있다. 왜냐하면 본국에서 강력히 벌어지고 있는 대립적인 이해관계와 제한된 권력의 성가신 현실들은 역사가 새로운 요구에 따라 출발할 수 없게 하기 때문이다. 이러한 것은 신자유주의적 농업에 대한 14장의 논의에서 잘 묘사되고 있다. 위대한 달러가 쉽게 원주민들의 의지를 굴복시킬 수 있는, 먼 거리의 비중이 낮은 국가들에 고임금의 고문들을 파견하기란 상대적으로 쉬운 일이다. 이러한 정화淨化 의식은 그들을 대부분 문명화시킬 것이다. 하지만 무지한 대중들과 그들의 야만적인 지도자가

---

3) 씨티은행의 부사장인 호건(M.J. Horgan)은 미 연방준비제도(FRS)의 방향 전환 이후 '세계가 변화했다' 고 주장하였다. 반면 미래의 미 연방준비제도 의장이 될 앨런 그린스펀(Alan Greenspan)은 볼커의 정책적 변화가 "제2차 세계대전 이후 가장 중요한 화폐정책적 변화"라고 지적하였다(*Business Week* 5, November 1979, p. 91과 *Business Week* 22 October, 1979, p. 67).

4) 대처는 1970년부터 1974년까지 에드워드 히스(Edward Heath)의 보수당 정권 아래서 교육·과학부 장관을 지냈다. 대처는 이 시기 교육예산 삭감을 위해 무료 우유 급식을 중단시켰다. 이러한 대처의 행동은 대중적 저항을 불러일으켰고, 영국의 대중지 『더 선』(*The Sun*)은 대처에게 '우유 도둑, 대처' (Maggie Thatcher, milk-snatcher)라는 별명을 붙였다.— 옮긴이

5) 레이건은 1981년 의회 연설에서 부유층에 대한 거대한 세금감면을 통해 투자자들이 설비와 사업 확장에 돈을 투여할 것이며, 그에 따라 고용이 창출되고 결국 이러한 효과가 노동계급에게 이익(trickle down)이 될 것이라 하였다. 이에 대해 아버지 조지 부시는 레이건의 경제정책을 조롱하면서 '부두 경제학' 이라는 표현을 썼다.— 옮긴이

달러외교를 거부하고, (새로운) 규칙에 저항한다면, 대량살상무기를 이용할 수 있고, 그러한 대량살상무기는 원거리에서도 효과적으로 배치될 수 있다.

모든 나라들이 서로 다르며, 역사적인 분석은 풍부한 세부적인 설명을 가능케 함에도 불구하고, 전체적인 그림은 명확하다. 국제적으로 세계화를 답습하게 되는 국내적 과정 속에서, 신자유주의는 기본적으로 (금융논리에 기반한) 시장 명령을 부과하기 위해 국가권력을 체계적으로 사용하는 특징을 갖고 있다. 22장과 23장, 그리고 30장에서 미국과 영국, 그리고 동아시아와 동남아시아의 사례를 통해 각각 주장하고 있는 것처럼, 신자유주의는 특수한 자본주의 조직이고, 그 조직은 노동의 힘을 축소시키고 자본(주의)을 보호하기 위해 서서히 전개되어 왔다. 이러한 것은 내·외부적인 압력에 의해 부과되는 사회·경제·정치적인 전환에 의해 달성된다. 국제적 힘은 금융적 이해, 대기업가들, 무역업자와 수출업자, 미디어 재벌, 대지주들, 지방 토호local political chieftain, 최상층 공무원, 군대, 그들의 지적이고 정치적인 대리인들 사이의 연합을 포함한다. 이러한 집단들은 중심부the centre로부터 나오는 '글로벌' 이데올로기와 밀접하게 연관되어 있으며, 중심도시the metropolis로부터 발하는 요구들에 신속하게 적응하는 경향이 있다. 이들의 노력에 의해 다수자로부터의 의미심장한 권력이동이 이루어졌다. 금융이 무소불위의 힘을 획득하는 동안, 법인기업의 힘이 증대되고, 정치적 스펙트럼은 우파로 이동하였다. 노조가 실업에 의해 무력화되고 억압되어 있는 동안, 좌파정당들과 대중조직은 내파內波되어 왔다. 외부적인 압력의 형태는 서구 문화와 이데올로기의 보급, 신자유주의적 가치를 설파하는 국가와 시민사회 기관들에 대한 외국의 지원, 해외 원조의 불투명한 사용, 신자유주의적 프로그램을 촉진하는 국제수지 지원 및 부채 탕감, 그리고 외교적 압력, 정치적 불안, 필요하다면 군사적 개입까지 포함한다. 예를 들어 24장에서는 유럽연합 내의 지배적인 정치·경제적 힘이 신자유주의적 헤게모니를 보증하기 위해 [유럽]통합과정을 어떻게 도구화하는지 보여 준다.

이러한 설명은 25장에서 서유럽식 신자유주의로 흘러간 동유럽 국가들과 러시아의 과점적 비즈니스 모델을 추종하는 동유럽 국가들 사이의 분할에 대한 분석으로 보충된다. 요컨대 신자유주의는 모든 곳에서 사회적 대립의 **결과**이자 **장소**arena이다. 정치·경제적 의제를 확정하고 예상을 편향되게 하며, 가능한 결과들에 한계를 설정한다. 그리고 그것의 가정, 방법, 그리고 결과들에 대한 도전에는 더 긴박한 과제를 떠넘긴다.

한편, 신자유주의적 이론은 정태적으로 머물러 있지 않는다. 세계적인 빈곤과 사회적 혼란의 증가라는, 신자유주의에 겨누어진 가장 강력한 비판들에 대항하기 위해서 신자유주의 이론은 좀더 긍정적인 관점에서 [신자유주의라는] 괴물을 나타내려고 시도해 왔다. 이데올로기적으로 고무된 수정 과정에 많은 자원이 투여되었음에도 불구하고, 신자유주의적 프로젝트의 핵심은 변화하지 않았기 때문에 이러한 수정을 납득하기는 어렵다. 빈곤과 분배를 다루는 15장에서 이 문제를 논의하고, 동시에 21장에서는 많은 이들이 '인간의 얼굴을 한 신자유주의'로 평가하는 '제3의 길'이 갖고 있는 의제에 대해 검토할 것이다.

다면적 권력 프로젝트

신자유주의는 상대적으로 장기적인 번영의 순환 끄트머리에 나타난 자본축적의 문제에 대해 금융친화적인 해답을 제공한다. 1장과 22장, 그리고 30장은 신자유주의가 반인플레이션과 생산성 강화대책을 가장하여 사회적 권리를 축소시키는 데 광범위한 우선권을 주고, 모순적인 재정·

화폐정책을 통해 불안한 상태의 노동계급에게 규율을 부과한다는 것을 보여 준다. 또한 신자유주의는 시점 간(투자와 소비 사이의 균형), 그리고 부문 간(투자, 고용, 그리고 산출의 분배) 자원 배분에 대한 국가 능력을 보다 국제적으로 통합된 (그리고 미국 주도의) 금융부문으로 이전하는 것을 합리화했다. 그렇게 하면서 신자유주의는 11장과 15장에서 보여 주는 바와 같이 미국 및 국내의 부유한 세력으로의 거대한 자원 이전을 촉진하였다.

신자유주의적 글로벌리즘은 '경제적 탈규제' 모델이 전혀 아니며, 그것은 일반적으로 '민간 주도'〔모델〕를 촉진하는 것도 아니다. 비개입이라는 이데올로기적 베일 하에서 신자유주의는 모든 사회적 영역에 광범위하고 치명적인 개입을 하고 있다. 모든 나라에서 가난한 자들을 경시하며, 국제적인 엘리트 통합을 기초로 하고, 금융을 우선시하고 미국의 이해에 관한 보편적인 승인에 기초해 사회·경제적인 규제의 구체적 형태를 강제한다. 최종적으로 신자유주의는 급속한 축적을 촉진하지는 못했다. 신자유주의는 글로벌 엘리트의 권력과 생활수준, 그리고 그 밖의 부수적인 부분들은 강화하였지만, 민중들에게는 파괴적인 것이었다. 국내적으로는 16장에서 18장에 걸쳐 보여 주고 있는 것처럼, '시장관계'를 확대함으로써 식량, 수자원, 교육, 노동, 토지, 주택, 의료 혜택, 교통 및 공공시설에 대한 접근권과 젠더 관계에 악영향을 끼쳤다. 법은 민중들의 단결권을 제한하고, 신자유주의의 결과들에 대해 저항하거나 대안을 개발하는 것을 어렵게 하였다. 볼리비아, 에콰도르, 나이지리아, 남아프리카공화국, 한국, 잠비아와 같은 '새로운 민주주의 국가' 그리고 프랑스, 인도, 이탈리아, 스웨덴, 영국과 미국 같은 '낡은 민주주의 국가'에서 저항을 진압하는 데 이용된 것은 경찰과 법원, 군사력이었다. 20장에서는 토지를 강탈하고, 사람들을 착취하는 글로벌 자본의 권리가 민주주의를 모든 곳에서 제한하고 있음을 보여 주고, 8장에서는 많은 국가들에서 신자유주의와 더불어 발생하고 있는 체계적인 자산 강탈에 대해서 검토한다. 전 지구적 이윤의 증가분은 특히 미국과 같은 부자 나라들로 흘러들어갔다. 이러한 이윤의 이전은 주변부에 대한 압력을 증가시켰다. 주변부란 미국뿐만 아니라 국내 엘리트들의 과도한 소비 수준을 채워 주기 위해 착취율이 급속하게 증가하여야만 하는 지역을 이른다. 다른 말로 하면, 신자유주의는 민중에 대한 착취를 강화시키는 헤게모니 시스템이다. 12장에서는 가난한 나라들의 생활수준을 향상시키겠다는 신자유주의의 약속이 충족되지 않았음을 보여 주고, 13장에서는 대외 원조가 이러한 착취과정에 봉사하고 있는 방식에 대해서 논의한다. 이 장들을 포함하는 이 책의 모든 장에서 신자유주의가 경제성장과 빈곤감소에 기여할지 모르는 많은 정책들의 이행을 막고 있다는 것을 논하고 있다. 28장에서 남아시아에 대해 주장하는 바와 같이 신자유주의는 필연적으로 정책 담론을 편협하게 만들어 왔다.

이러한 착취의제는 주로—모두 그것 때문은 아니지만—국가 내의(그리고 그 사이의) 권력관계 이동의 결과이다. 또한 더 값싼 국제 운송, 교통, 그리고 컴퓨터의 사용, 인터넷, '유연' 생산 'flexible' production의 출현, 생산 사슬과 금융시장 간의 더 거대한 국제적 통합 등등의 기술변화의 결과이다. 이러한 물질적 변화들은 최소한 그것들이 일으키고 있는 만큼은 현존하고 있는 사회적 변화에 조응한다.

신자유주의를 넘어서

세계경제가 겪고 있는 변화들과 소수의 사람들에게만 해당되는 생활수준 향상에도 불구하고, 신자유주의는 자본축적에 효율적 기반을 제공하고 있지 못하다. 신자유주의 하에서 경제성장률은 하락해 왔고, 실업과 불완전고용은 광범위하게 확대되었다. 국가들 내의, 그리고 그 사이의 불평등은 더 선명해졌다. 민중들의 노동과 생활 조건은 거의 모든 곳에서 악화되었고, 주변부는 경제적 불안정성에 더 시달리고 있다. 다른 말로 하면 신자유주의는 소수를 위한, 그리고 국가의 약탈과 환경파괴의 글로벌 체계이다. 이러한 체계는 체계의 재생산에 반대하는 저항을 분쇄하고 그 자체의 영구화를 위한 물질적 기초를 만들어 내는 경제·사회·정치적 변화를 포함한다. 26장에서 30장까지는 라틴아메리카, 사하라 이남 아프리카, 남아시아, 일본, 그리고 동아시아와 동남아시아에 대해 논의한다. 이 장들은 신자유주의 정책이 모든 곳에서 경제적 불안정성을 강화하였다고 주장한다. 10장에서는 무역개방이 성장에 이롭다는 신자유주의의 중심적 가정을 지지할 만한 이론적, 경험적 증거가 없음을 보여 준다.

하지만 신자유주의는 자신의 존재조건을 파괴한다. 지속적인 경제성장과 생활수준 향상의 달성에 계속 실패하고 있는 신자유주의는 민중들의 인내력을 소진시키고 그것의 파괴적 결과를 정당화하고 논점을 흐리는 정파적 음모를 노출시켰다. 그들이 약속했던 '효율적 이익' 을 달성하기 위해 끊임없이 '개혁' 이라는 주문을 외우고 있지만, 이 '개혁' 은 체계적 실패를 경험하고 있으며 그것은 신자유주의적 국가와 담론, 그리고 대변자들의 권위를 실추시켰다. 국가의 재정 제약이 주어진 상황에서 중심부의 생활수준을 향상시키고 있는 소비자 신용의 폭발은 이자율 조작—가장 중요한 신자유주의적 경제정책 도구—을 제한한다. 대중적 운동들이 출현하고 있으며 신자유주의 헤게모니에 대해 성공적으로 도전해 왔다는 것이 가장 중요하다. 19장에서 주장하고 있는 것처럼 그러한 운동들의 한계가 무엇이든 간에—최근의 아르헨티나, 볼리비아, 에

콰도르의 사회적 폭발뿐만 아니라 더 제한적인 사회운동이 벌어지고 있는 그 밖의 곳에서 —— 신자유주의는 난공불락이 아님을 보여 주고 있다. 이 책에서는 이러한 주장들을 상세히 풀어내고 구체화하며, 반성과 비판, 투쟁의 의제를 제시한다.

알프레두 사드-필류·데버러 존스턴

CONTENTS

3부 **신자유주의의 세계사**—319

1부
이론적 관점

1장_신자유주의 반혁명

제라르 뒤메닐 · 도미니크 레비*

지난 20세기 말의 20년과 제2차 세계대전 이후 수십 년은 극적인 대조를 보인다. 지난 20년의 자본주의는 통상 '신자유주의'로 묘사된다. 실제로 1970년대에서 1980년대로의 변화 과정에서 자본주의의 작동은 중심 및 주변부 국가 모두에서 철저하게 변화했다. 그전까지의 자본주의 형세는 종종 '케인즈주의적 타협'으로 일컬어진다. 지나치게 단순화하는 것일지 모르지만 그 시기의 특징은 중심부 국가들(미국·캐나다, 유럽, 일본)의 높은 성장률, 지속적 기술변화, 구매력의 증가 그리고 (특히 보건 및 퇴직에 관련된) 복지체제와 낮은 실업률이었다. 그러한 상황은 1970년대 세계경제가 이윤율 하락의 결과로 '구조적 위기'에 접어듦에 따라 악화되었다.

---

* 제라르 뒤메닐(Gérard Duménil)은 경제학자이자 국립과학연구센터(MODEM, 파리10대학) 연구부장이며 *Le Concept de Loi Economique dans 'Le Capital'*(Paris: Maspero, 1978), *Marx et Keynes Face à la Crise*(Paris: Econômica, 1977)의 저자이다. 도미니크 레비(Dominique Lévy)는 경제학자이자 국립과학연구센터(CEPREMAP, Paris) 연구부장이다.
  뒤메닐과 레비는 함께 *The Economics and Profit Rate*(Aldershot: Edward Elgar, 1993)를 썼고, 이어서 PUF 출판사에서 *La Dynamique du Capital: Un Siècle d'Economie Américaine*(1996), *Au-delà du Capitalisme*(1998), *Crise et Sortie de Crise: Ordres et Désordres Néolibéraux*(2000, 영어판: *Capital Resurgent: Roots of the Neoliberal Revolution*, Cambridge, Mass.: Harvard University Press, 2004; 한국어판: 『자본의 반격』, 이강국·장시복 옮김, 필맥, 2006)를 출판하였다. 두 사람의 최근 저작은 *Économie Marxiste du Capitalisme*(Paris: La Découverte, 2003)이다.

성장률의 감소와 누적되는 인플레이션, 실업의 상승이 그 주요 측면이었다. 새로운 사회질서가 중심부 국가들에서—미국과 영국에서 시작—이때 먼저 출현하였고, 점차 주변부로 수출되었다(2, 22, 23장을 보라).

앞으로 우리는 신자유주의의 본질과 그 사반세기에 관한 대차대조표를 살펴보고자 한다. 국가 개입에 반대되는 시장과 사적 이익의 이데올로기를 신자유주의라 흔히 말한다. 신자유주의는 그 자신의 고유한 선전〔방식〕과 이데올로기를 갖고 있지만 근본적으로 **하나의 새로운 사회질서**이며, 지배계급의 상위 분파—최상위 부유층—의 소득과 권력을 재건하였다. 우리는 이러한 상위의 자본가계급과 그들의 권력이 집행되는 금융기관들을 '금융'이라 부른다. 구조적 위기의 원인이었던 조건들은 차츰 사라졌지만 세계경제의 대부분은 여전히 저성장과 실업, 그리고 무시무시하게 증가한 불평등에 시달리고 있다. 이것은 가장 부유한 계층의 부와 소득이 성공적으로 회복된 데 따른 대가이다.[1]

새로운 사회질서

현 시기 세계의 비극은 너무나 쉽게 세계화의 탓으로 돌려진다. 우리는 이 점에 대해 매우 신중할 필요가 있다. 세계화와 신자유주의라는 두 범주의 현상이 서로 연관된 것은 사실이지만 이는 두 개의 서로 다른 메커니즘에 속한다.

세계화 또는 세계경제의 국제화는 오래된 과정으로, 마르크스는 19세기 중반 『공산주의자 선언』(1848)에서 이를 자본의 내적 경향(세계시장의 수립)으로 증명해 냈다. 국제무역, 자본의 흐름 그리고 세계(전 지구

1) 다음 절의 분석은 Duménil and Lévy(2004)에서 빌려 온 것이다.

적 규모에서) 경제의 성장은 결코 신자유주의적 혁신이라고는 할 수 없다(7장을 보라). 하지만 외환거래의 증대, 국제자본 이동, 초민족 자본의 팽창 그리고 국제통화기금IMF이나 세계은행과 같은 국제적 금융기관의 새로운 역할은 현 국면의 특징이다. 미국의 우위가 새로운 것은 아니지만, 신자유주의는 소련의 몰락 이후 단일화된 세계에서 다른 제국주의 국가 집단 내부의 미국 헤게모니에 이바지하고 있다.

자본국제화의 특징은 항상 착취와 직접적 폭력이었다. 이것이 제국주의의 중심에 있다(8장과 9장을 보라). 제국주의는 무수한 전쟁의 기원이며, 수많은 사람들과 문화를 파괴했다. 제국주의는 인류의 일부를 노예의 처지로 몰아 넣었으며, 지구 전역에 걸친 가장 극단적인 형태의 고통을 초래했다. 케인즈주의적 타협의 세계는 식민주의 및 베트남전과 공존했다. 사실 새로운 국제주의(반세계화운동의 "다른 세계는 가능하다")에 대한 호소는 과거에 대한 향수를 표현하는 것은 아니다.

반면 신자유주의는 자본주의 기능양식의 새로운 규칙들을 지칭하는데 이는 중심부와 주변부 각각은 물론 그 둘 사이의 관계에 영향을 미친다. 그것의 주요 특징은 대부업자와 주주의 이익에 부합하는 노동과 관리의 새로운 규율, 발전 및 복지에 관한 국가 개입의 축소, 금융기관의 극적 성장, 금융부문에 유리하게 된 금융부문과 비금융부문 간의 새로운 관계 설정, 기업 인수 및 합병에 친화적인 새로운 법적 근거, 중앙은행 강화와 그 활동 목표를 물가 안정에 두는 것, 주변부 자원을 중심부로 유출하겠다는 새로운 결정을 포함한다. 예를 들어 자유로운 국제적 자본으로 야기된 지속 불가능한 주변부의 외채 부담과 황폐화 같은 세계화의 새로운 측면이 신자유주의와 함께 출현했다. 하지만 현 국면에서 신자유주의의 주요 특징은 세계 나머지 지역으로의 점진적인 확장이다. 즉 **신자유주의 자체**의 세계화이다.

신자유주의의 부상 : 자본의 부활

이러한 성질의 사건을 다루는 경우에는 항상 그렇듯, 신자유주의가 최초로 출현한 지점을 정확히 식별하기는 어렵다. 그것의 쇠락과 지양에 대해서도 마찬가지일 것이다. 특히 국제적으로 보면, 1970년대에 이미 전체적인 변화의 모습들이 발생하였다. '통화주의'는 새로운 이론적·정책적 조류를 나타냈다. 하지만 분명 상징적인 연도는 미 연방준비제도이사회가 갑작스럽게 이자율을 상승시키기로 결정한 1979년이다. 우리는 이것을 **1979년 격변**이라고 부른다.

1970년대는 이행기로 나타난다. 제2차 세계대전 이후 미국에서는 처음으로 1960년대 후반 지속적인 무역적자가 출현했다. 이는 분명 유럽 국가들과 일본의 지속적인 '따라잡기' catching-up와 관련되어 있었다. 과잉 달러가 〔미국 이외의〕 세계 다른 지역에서 축적되었고, 금태환에 대한 위협이 증가하였다. 달러는 다른 주요 국가들의 통화 및 금에 대해서 평가절하되어야 했다. 미국은 1971년 달러의 태환성에 종지부를 찍으면서 변동환율제를 도입하였다.

이러한 맥락에서 미국의 상대적인 힘의 감소가 있었지만 통화들의 변동은 미국에게 새로운 수단을 제공하였다. 그것은 이후 신자유주의적 틀이 되는 첫번째 구성요소였다. 1960년대의 제한limitations 이후 1974년 수립된 자본 유출입의 자유화와 같은 새로운 구성요소들이 신속하게 추가되었다. 영국이 1979년 그 흐름에 동참했고, 다른 유럽의 국가들 역시 뒤를 쫓았다. 신자유주의의 동역학은 진행 중이었고 케인즈주의 정책은 이미 비난받고 있는 처지였다.[2)]

---

2) 신자유주의에서 국가의 역할에 대해서는 Helleiner(1994)를 보라.

〈그림1〉 미국 가계 총 부(富) 중 최상위 1% 가계의 소유 비중(주택, 증권, 현금 및 내구 소비재 포함)

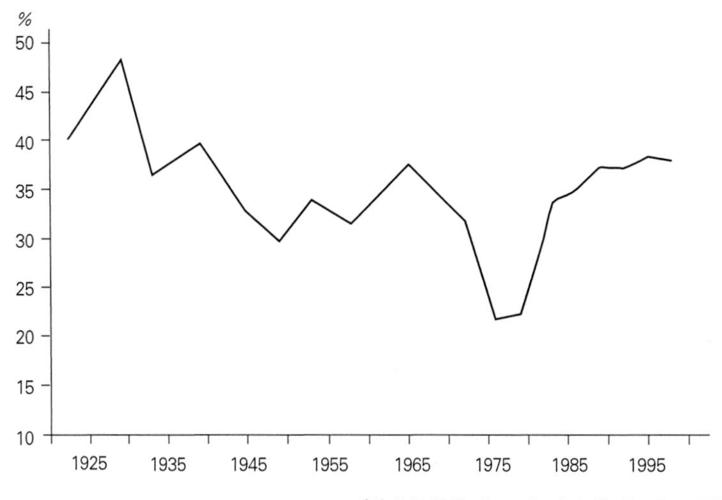

출처: E. Wolff, *Top Heavy*, New York: The New Press, 1996

집권 말기 지미 카터Jimmy Carter는 미국 경제를 진작시키고자 시도하면서 국제적 협력을 요구하였으나 허사였다. 특히 독일에서는 국제통화체계의 개조(마르크화 역할 증대)와 인플레이션에 대한 염려가 증대하고 있었다. 인플레이션을 억제하겠다는 결심 끝에 폴 볼커가 연방준비제도이사회 의장으로 지명되었고, 그 결과 6~8%에 달하는 실질이자율(인플레이션 보정) 상승으로 이어졌다. 인플레이션 이외에도 유럽과 미국에서는 실업 증가를 이유로 레이건과 대처가 부과한 새로운 노동 규율 조건이 창출되었다.

신자유주의의 핵심에 대해 아마도 〈그림1〉보다 더 많은 정보를 주는 일련의 자료를 찾기란 어렵다. 관찰 대상은 미국 가계의 총 부 중에서 최상위 1%가 차지하는 비율이다. 보는 바대로, 이 최상위 1%는 1970년대 이전에 총 부의 약 35% 이상을 소유하고 있었다. 이러한 비율은 1970년대 들어와서 20%대로 하락했다가 1980년대 다시 상승한다(Piketty and

Saez, 2003을 보라).

이러한 변동의 원인과 결과 모두가 설명되어야만 한다. 1960년대와 1970년대 자본의 수익성이 추락했다. 1970년대 기업들은 배당에 인색했고, 실질이자율도 낮거나 심지어 마이너스였다. 주식시장(역시 인플레이션으로 보정된)은 1970년대 중반 붕괴했고, 침체되었다. 이런 조건 하에서 지배계급의 소득과 부가 큰 영향을 받았으리라는 것을 이해하기는 쉽다. 이러한 시각에서 본다면, 이는 불평등이 극적으로 쇠퇴한 것으로 읽혀지기도 하였다. 신자유주의는 이러한 상대적 쇠퇴를 저지하기 위한 최상위 분파의 기도로 해석되기도 한다.

1970년대의 구조적 위기는 또한 (베트남전 패배 이후) 미국의 지배력이 실질적으로 쇠퇴했거나 했을 것이라고 보는 시기였다. 일본과 독일은 떠오르는 별처럼 보였다. 세 개의 중심(삼극, 즉 미국, 유럽, 일본)을 둘러싸고 형성된 세계질서의 경쟁도 격화되었다. 이러한 위협은 미국에서 다양한 산업 및 금융적 이해관계들이 하나로 수렴하는 데 지대한 공헌을 했고, 이는 곧 정당과 선거에 강력한 영향을 미쳤다(Ferguson, 1995). 이러한 위험은 대통령 선거 운동 당시 인민주의적 요소를 자극했고, 민족적 자긍심에 대한 호소로 이어졌다. 이러한 상황은 1979년 레이건 당선에 결정적이었다. 바로 그 시점에 금융은 볼커의 행동을 부추겼다(금융의 입장에서 이자율 상승은 세 가지 이점이 있다. 인플레이션을 억제하고, 채권자의 소득 및 부를 증대시키며[3], 복지국가에 대한 공격을 정당화하기 위해 국가채무의 증가를 활용한다).

이러한 사건들은 경기 부양적인 케인즈주의 정책의 실패와 독립적으로 평가되기는 어렵다. 케인즈주의는 1970년대의 구조적 위기를 해결

3) 인플레이션 억제는 이러한 두번째 목적 중 하나의 요소였다.

하지는 못했다. 그러나 유럽이나 일본 그리고 다수의 주변부 국가들처럼 강력한 국가 개입을 특징으로 하는 다른 모델들에 대한 신자유주의적 공격은 이미 진행되고 있었다. 유럽식 '사회주의'는 신자유주의 법칙에 재빨리 순응했다. 이것은 국제적 자본 이동 구조와 그에 수반하는 거시정책, 공기업 민영화와 공공 서비스 공급의 감소, M&A에 대해 우호적인 태도를 포함한다. 그러나 유럽에서는 대중적 저항이 일어나 사회보장제도의 상당 부분이 유지되었다. 이런 의미에서 혼합적 사회형태인 '사회신자유주의'가 출현했다(16, 24, 25, 29장을 보라).

신자유주의는 구체적인 권력 형세specific power cofiguration를 규정하지만, 그것이 자본주의가 변형되는 과정에 장기적인 경향이 지속되고 있음을 배제하는 것은 아니다. 19세기 말 이래 금융기관의 극적인 부상 및 그에 따른 자본의 집중화는 1980년대 이후 새로운 번영기를 맞이하였다. 이러한 금융 활동과 이에 부응하는 권력은 거대 금융지주회사로 집중되었다(가령 씨티그룹은 여러 나라에 위치한 3천 개 이상의 법인기업으로 구성되어 있으며 그 총 자산은 2000년 현재 4천억 달러에 달한다). 예를 들어 그들은 자산관리와 같은 새로운 기능을 전통적인 은행, 보험 활동에 전례 없는 규모로 결합시켰다. 미국에서는 유가증권을 뮤추얼펀드나 연금기금을 비롯한 모든 금융기관에서 사들일 수 있다. 모든 전통적인 '자본가들의' 임무는 거대한 규모의 관리·사무직에게 위임된다. 금융·비금융을 막론한 모든 영역에서 관리 혁명revolution of management이 진행 중이다.

거시정책의 측면에서 보면, 1980년대 내내 금융은 강력한 중앙은행에 대해 반대하지 않았지만 대신 중앙은행을 통제했다는 점을 강조하는 것이 중요하다. 화폐정책은 금융 친화적인 정책을 실행 가능케 하기 위해 금융의 손아귀에 쥐어진 결정적 도구가 되었다. 완전고용이라는 케인즈주의적 목표는 자본소유자들의 소득 및 부의 보존, 물가상승의 엄격한 통제로 대체되었다. 선진 자본주의 경제 내에서는 이 목적에 따른 일련의 법칙과 정책이 필요하게 되었다. 따라서 케인즈주의적 제도들이 문제였던 것이 아니라 〔전화되어야 하는〕 목표물이었다.

비용과 수익

신자유주의는 소수에게 이롭고 다수에게 해로웠다. 이러한 속성은 그것의 계급적 토대를 드러내 준다. 본 절은 미국과 유럽 그리고 일본에서 점차 주변부로 이동해 가면서 이러한 대조적인 대차대조표의 주요 특징들을 설명한다.

누구의 이익이며, 누구의 비용인가?: 계급분석

1979년 이자율은 경이적으로 상승하였고, 그것은 인플레이션 상승을 종식시켰다. 명목이자율의 점진적 하락에도 불구하고 실질이자율은 1980~90년대 내내 높게 유지되었다. 이는 미국 및 프랑스의 장기 이자율을 표시한 〈그림 2〉에 잘 나타나 있다. 명백히, 이런 높은 이자율은 채권자—개인이건 기관이건 간에—에게 유리하다. 게다가 주주에게도 역시 높은 배당률이 주어졌다. 1960년대에 배당금으로 분배된 이윤몫(조세 및 이자 지불 후)은 대략 30%였다. 그 비율은 점차 상승하여 20세기 말경 거의 100%에 달했다. 주가 지수도 이에 뒤따랐고, 2000년에 최고치에 도달했다.

동시에 일부 가계는 채권자의 지위로 상승했다. 1960년대, 1970년대 미국에서는 가계의 금융자산이 거의 가처분 소득(즉 이자 지불 후 소득)의 100%에 이르렀다. 이 비율은 신자유주의 기간 동안 150%에 달했

〈그림2〉 프랑스(1960~2001)·미국(1960~2002)의 장기 실질이자율 비교

출처: OECD, 통계편람(Statistical Compendium), 2001

다. 대칭적으로, 20세기 말 가계(부분적으로는 서로 다른 계층) 부채는 가처분 소득의 60% 내지 100%를 상회할 정도로 증가했다. 국가 또한 영향을 받았다. 미국에서는 높은 실질이자율이 재정적자를 급격하게 상승시켰다. 프랑스에서는 이자율의 상승이 적자의 직접적인 원인이었다(신자유주의는 높은 이자율을 〔재정〕 적자 탓이라 선전하며, 인과관계를 역전시키려고 한다).

이러한 자본주의의 새로운 과정은 금융투자, 그리고 일반적으로 금융적 활동을 훨씬 매력적인 것으로 만든다. '금융화' financialisation라는 용어는 이러한 금융투자로의 새로운 경향을 설명하기 위해 고안되었다(11장을 참조하라). 금융부문(금융기업)의 규모는 그 수익성의 상승과 비례해서 상당히 증가하였다. 1960년대 미국 금융기업의 자기 소유 자본(부채를 제외한 총자산)은 비금융기업의 25%에 머물렀다. 1970년대 구조적 위기 때 이 비율은 18%로 떨어졌다. 2000년에 그 수치는 거의 30%에 도

달했다. 직접적 방식이거나 계열사를 통한 방식이거나 금융 활동에 대한 비금융기업들의 점진적인 투자 역시 극적인 양상을 보였다. 게다가 증권의 소유는 점점 더 뮤추얼펀드와 연금기금과 같은 금융기관의 수중으로 집중되고 있다.

신자유주의의 주요 결과 중 하나는 자본소유자 중 상위분파의 소득과 부의 회복이다. 이들의 부는 주식, 채권, 어음과 같은 유가증권의 보유에서 두드러진다. 이는 그들의 소유에 금융적 특징을 부여하였다. 미국에서와 마찬가지로, 더 넓은 인구층이 이런 유가증권을 보유하고 있으며 이들은 특히 연금기금에서 그에 상응하는 소득을 벌어들이고 있다. 분명 — 일국적인 그리고 무엇보다도 국제적인 기준에 의하면 — 이러한 중간계급은 상대적으로 우호적인 상황을 향유하였다. 이것이 신자유주의적 퇴직급여 제공 방식이다. 그들이 더 부유해질 것이라는 믿음에 의해 행동한 이 사회집단은 현재 자본가계급의 일부가 되었다. 이런 생각은 1990년대 후반 그들의 포트폴리오 가치 상승에 의해 강화되었는데, 이는 덧없는 것일 뿐이었다. 이 집단의 부의 증가는 신자유주의가 그들의 지지를 얻을 수 있는 범위 내에서만 가능하였다. 거대한 기금으로의 자산 집중은 금융의 손아귀에 매우 강력한 수단을 제공하였다.[4] 그러나 2000년대가 되자 이 집단은 퇴직 이후 남부럽지 않은 삶을 영위할 능력을 위협당하는 새로운 상황에 처하게 되었다.[5]

---

4) 연금기금 운용으로부터 얻어지는 이윤을 제외한다면, 가장 수익성 높은 산업으로서 금융은 개인 경영인이나 공공정책을 규율하기 위해 자본을 다른 기업이나 나라로 할당하는 능력을 발휘한다. 추가해서, 생산수단의 실제 소유자의 일부로서 중간계급의 환상은 신자유주의의 유지를 위해 정치적으로 중요하다.

5) 미국 하층 노동자들은 노후대책이 없다.

저성장, 정체 그리고 위기

신자유주의가 1970년대 구조적 위기의 원인은 아니지만 구조적 위기가 한창일 때 등장한, 금융에 의한 소득의 유출은 위기의 효과를 확대—특히 저성장과 실업—하였다.

1970년대 구조적 위기를 초래한 이윤율의 하락 이후—1960년대 후반부터 1980년대 초반까지 주요 자본주의 국가에서는—새로운 수익성 상승 경향이 발생했다. 그러나 비금융기업 내에서 회복된 이러한 이익은 부유한 가계와 금융기관에 돌아갔다. 따라서 이자 및 배당 후 이윤을 척도로 삼는 비금융기업의 관점에서 볼 때는 수익성 회복이 명시적으로 나타나지 않는다. 이자 및 배당 후 이윤율은 20세기 말까지 계속 하락했다. 새로운 주식의 발행 또는 차입이 성장을 위한 조건인 실물투자 자금 조달을 위한 총액의 일부로 돌아왔다면 그런 식의 '풍성한' 분배는 문제가 되지 않았을 것이다. 그러나 그것이 아니었음이, 그리고 2000년대 초반에도 여전히 그렇지 않다는 것이 나타났다. 자본축적의 패턴(투자에서 기인하는 고정자본스톡의 성장)은 이자 및 배당 후 이윤율과 정확히 일치한다. 따라서 금융적 이해에 우호적인 신자유주의적 편향은 성장과 실업을 악화시켰다.

한편 제2차 세계대전 이후 중심부 경제의 성장은 종종 '혼합경제'라는 딱지가 붙은, 비금융경제에 친화적인 발전모델에 크게 의존했다. 이는 국가의 강력한 개입 때문이다. 낮은 이자율과 배당률 때문에 이윤은 비금융기업 내에 유보되었고, 고정자본에 투자되었다.

프랑스 경제의 사례에 대해 생각해 보자. 프랑스의 고정자본스톡 성장률은(감가상각을 제외한) 8%에 달하였다. 이 수치는 점점 하락해서 세기말에는 2%까지 추락했다! 이런 메커니즘은 보다 일반적인 자본주의 변화 과정의 일부다. 1990년대 이후 프랑스 기업들은 부채를 줄이기 위해 노력했다(투자의 자기 자금 조달 비율은 수년간 100%를 약간 상회하는 선에서 유지되었다). 여기에는 합리화와 집중의 과정이 수반되었다. **규모의 확대보다는 더 높은 수익성을, 성장보다는 합병을 선호하는** 이러한 조정은 새로운 생산능력을 창조하는 데 불리하게 작용했다. 〈표1〉에서 보는 바와 같이 성장과 고용에 대한 비용은 엄청났다.

미국에서조차 신자유주의는 성장과 축적의 모델로 생각될 수 없다. 1980~90년대 미국의 성장률은 이전 기간에 비해 낮은 수준에서 등락했다(〈표1〉을 보라). 프랑스처럼 극적이진 않았지만, 신자유주의가 기적이 아니라는 점 역시 명백하다. 성장의 면에서 미국 경제의 성적은 침체 전인 1993년과 2000년 사이에 발생한 '장기 호황'에 힘입은 바 크다. 이 호황은 대부분 세계 여타 부분에서 이례적으로 유입된 자본이 빚어낸 결과다(Duménil and Lévy, 2003).

신자유주의에도 불구하고 이미 존재하고 있던 자금 조달 양식 덕분에, 일본은 1980년대 초반의 이자율 상승 효과로부터 벗어나 있었다. 일본 자본시장의 이자율은 그 기간 동안 어느 곳에서나 상승했지만 기업들은 자기들에게 우호적인 이자율로 은행에서 대출받았다. 그러나 일본 금융기관의 변화는 진행 중이었고 국제금융에 대한 문호 개방도 점차 진행되고 있었다. 가장 큰 변화는 **제2의** 신자유주의의 충격으로 묘사될 수 있는데, 이는 1985년에서 1990년 사이에 발생했다. 기업들은 점진적으로 자금 조달 원천을 자본시장에서 구하게 되었다. 대출 비용은 점점 상승했고 기업들은 주식시장의 동역학과 그에 상응하는 지배구조로 이끌어지게 되었다. 이런 열기는 불과 수년 만에 부동산 투기에 의해 촉발된 금융 거품으로 이어졌다. 곧 비금융기업들은 더 이상 자금조달의 비용을 부담할 수 없음이 판명되었다. 금융기관들은 새로운 국제금융법칙에 따

〈표 1〉 연간 평균 성장률

기간	1950~59	1960~69	1970~79	1980~89	1990~99
미국	4.11	4.41	3.24	2.98	3.00
프랑스	4.54	5.71	4.10	2.37	1.72

출처 : 국민계정표(National Accounting Framework, BEA, INSEE)

라 점차 변화했다. 주식시장에 대한 투기적 도취감에 빠졌기 때문에 금융부문은 1990년대 거품의 폭발에 큰 상처를 받았다. 일본은 장기적 위기에 진입했다. 다른 나라와 마찬가지로, 실제로는 일본 경제의 신자유주의적 변화의 결과인 이 위기는 훨씬 더 철저한 〔신자유주의적〕 조정을 지지하는 논거로 사용되었다.

상이한 모습이지만 주변부의 경계에 놓인 국가로서, 한국 역시 신자유주의의 피해를 입증하는 설득력 있는 사례를 제공한다. 1997년 위기에 도달할 때까지 20세기 후반기 수십 년 동안 한국은 일본식 모델의 절정기보다 훨씬 높은 성장률을 기록했다(1997년 이전 한국의 마지막 침체기는 1980년이었다). 그 후 한국은 일본에서 실행된 것과 유사한 형태로 신자유주의에 대한 부분적 개방의 시기로 진입했다(29장과 30장을 보라). 1990년대 후반 기업의 자금 조달 비용은 이윤을 소진시키며 상승했다. 자신들의 이익의 관점에서는 신자유주의 요구조건이 목표였던 외국 자본들이 점진적으로 진입했고, 유동자산에 대한 편향이 증대하였다. 동아시아 국가들의 금융 붕괴의 최초 징후가 명백해지자 외국 자본들은 갑작스럽게 한국으로부터 이탈하였다. IMF의 충격요법이 계속된 위기의 극적인 결과들을 증폭시켰다. 한국이 세계의 신자유주의적 자본주의의 영역에 편입된 결과가 무엇일지 예측하기에는 여전히 이른 시점이다. 이전 경제 모델의 거대한 성장 잠재력을 철저히 파괴할 것인가? 성장률이 감소될 것인가? 새로운 거시경제적 불안정이 자리 잡을 것인가? 우리는 여전히 알지 못한다.

위에서 묘사된 메커니즘은 다음과 같이 요약될 수 있다. 그 대부분이 미국에 속한 국제 금융은 두 단계에 걸쳐 전략을 발전시켰다. ①특정 국가에 대한 진입을 위해 금융의 자유화를 얻어낸다(국가 공무원들과 공모하여). ②금융기관에 유리한 방향으로 비금융부문과 금융기관의 관계를 변형한다.

반주변부 국가들에 대한 착취와 황폐화

중심에서 멀어질수록 신자유주의로의 이행은 더 많은 피해를 입는다. 주변부 국가들 내에서 신자유주의의 첫번째 선언은 소위 '제3세계 외채위기'였다. 1960~70년대, 제3세계 국가들에 대한 대부분의 대부 결정은 공산주의에 대항하기 위한 거대한 정치적 목표에 따른 것이었다. 그러나 1970년대와 80년대 들어 정치적 조건이 달라졌다. 주요 원인은 1979년 실질이자율의 상승이었다. 그것은 주요 자본주의 국가들의 구조적 위기에 의해 악화되었는데, 이는 주변부 국가들의 수출에는 심각한 것이었다. 원유가격의 변동이 멕시코 경제에 영향을 끼친 것처럼, 원료와 에너지 가격의 하락은 주변부 국가들의 상황을 악화시켰다. 멕시코가 이전에 맺은 채무의 불이행을 공표한 1982년 8월에 위기가 시작되었다. 연쇄적인 반응이 일어났고, 1년 뒤 27개 국가들이 채무상환을 연장했다. 라틴아메리카 4개국(멕시코, 브라질, 베네수엘라, 아르헨티나)이 국제 부채의 74%를 보유했다.

(세계은행의 정의에 따르면) 소위 '발전도상국'의 부채에 대한 실질이자율은 (미국의 GNP 디플레이터를 사용했을 때) 마이너스의 이자율에

서 약 2%까지 상승하였다. 2000년에는 주변부 국가들의 부채가 1980년에 비해 4배 더 커졌다. 그 이면에 주로 발전도상국으로부터 미국에 위치한 중심부 은행으로의 거대한 이윤 유출이라는 점이 있다는 것은 명백했다. 발전도상국의 생산을 미국의 GNP 디플레이터에 의해 보정하면, 1996년 생산량은 1979년 수준에도 미치지 못한다.

외채로 인한 부정적 영향과는 관계없이, 자율적 발전전략의 폐기에서 오는 신자유주의적 의무가 주변부 국가들에 피해를 입혔다. 자본수출이 발전에 도움이 된다는 생각은 신화다. 달러 대비 환율의 안정성이 해외투자를 자극할 수 있다는 시각만큼 위험한 것도 없다. 실제로 그런 안정성은 단기적으로 금융투자를 고무할지는 모르지만, 지속적인 발전과 양립 가능하지 않은 것으로 나타난다. 높은 자금 조달 비용, 환율의 안정성 그리고 자유로운 국제자본 이동의 조합은 경기침체와 위기를 향한 신자유주의의 기본 '칵테일 요리법' 일 따름이다.

〈그림 3〉은 1960년 또는 1971년 이후 브라질, 멕시코, 아르헨티나의 생산(GNP 기준) 추이를 보여 준다. 다소 차이는 있지만 신자유주의 시기에는 성장률이 떨어지고 있다. 멕시코나 브라질의 경우 성장률이 1/2 또는 1/3로 감소되었다. 경기후퇴 역시 발생했다. 저성장과 경기후퇴는 새로운 신자유주의적 경로를 의미하는 아래쪽 선으로 나타나고 있다. 아르헨티나의 경우 1980년대 지속적인 성장 정체 이후 1990년대에 신자유주의로 전환했고 전환 초기인 1990년대 초반에는 새로운 성장 동력이 활기를 띠는 등 다소 복잡한 양상을 띤다. 잘 알려진 대로, 그 에피소드는 1990년대 말의 위기, 비극 그리고 사회적 발구로 종착했나(26장을 보라).

중심부 경제로 향하는 이익에 대해서는 종종 묘사된 바 있다. 천연자원(농산물, 광산물, 에너지)의 저가 전유專有, 초민족 자본에 의한 종종 극단적인 노동조건에 종속된 값싼 노동력 부문의 착취, 누적적인 부채로

〈그림 3〉 브라질, 멕시코, 아르헨티나의 생산량 비교(1996년 10억 달러 기준)

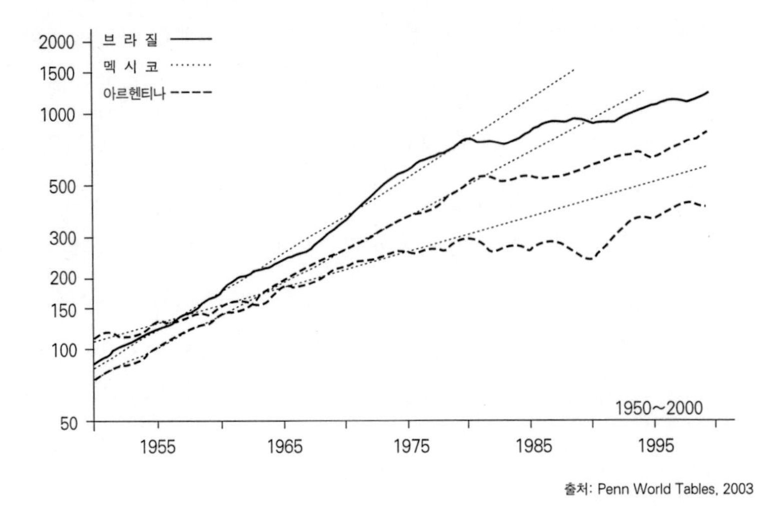

출처: Penn World Tables, 2003

인한 이윤의 유출 등이 당면한 문제들이다. 우리는 여기에 공기업 민영화 등을 포함하는 잠재적으로 더욱 수익성 높은 주요 경제부문의 점진적 전유를 덧붙여야 한다. 공기업 민영화는 초민족 자본이 전기통신과 같은 산업 전체를 저가에 매입하는 것을 가능케 하기 때문이다.

2000년 세계 여타 국가들에 대한 미국의 금융투자(재무성 증권, 채권, 기업어음, 주식 지분, 직접투자 등)는 총 3조 4,880억 달러에 달했다. 그에 따른 수입은 3,810억 달러였는데, 이것은 거의 11%에 달한다. 이와 같이 해외로부터 유입되는 자본량을 제외한다면 이 수입은 미국의 전체 기업의 세금을 공제한 후 총이윤량과 거의 동일—약 100%의 비율—하다.[6]

---

6) 1950년 이 비율은 고작 10%였다. 이는 1980년대 초 신자유주의와 함께 갑자기 증가했는데 대부분은 이자율의 상승과 연관된 것이었다.

이런 메커니즘은 신자유주의가 약탈적 체계임을 확인시켜 준다. 상이한 맥락에서 정도의 차이는 있지만 지배계급 상위 분파의 권력 강화는 그들의 국가와 주변부 국가를 불문하고 어디에서나 피해를 가져왔다. 정말로 그 자체 목적에 비춰 평가하면 신자유주의는 지배계급의 소득과 부를 회복하는데 매우 성공적이었을 뿐 아니라, 미국 경제의 우월성을 공고히 하였다. 그러나 이러한 탁월한 성과는 그 밖의 미국사람들과 세계의 다른 지역의 희생을 대가로 하였다.

2장_케인즈주의에서 신자유주의로: 경제학 패러다임의 이동

토머스 펄리*

지난 25년 동안 경제정책과 대중적 견해를 지배해 온 것은 신자유주의라고 알려진 보수주의적 경제철학이었다. '자유주의' 라는 용어의 사용은 19세기의 경제적 자유주의—영국의 맨체스터 학파—와 관련된 지적 계보를 나타낸다. 맨체스터 학파의 체계는 자유방임 경제학에 기초를 두었으며, 밀 수입을 제한했던 영국의 곡물법 폐지와 자유무역에 밀접하게 연관되어 있었다. 현대 신자유주의는 대체로 시카고 학파[1)]의 경제학과 관련되어 있으며, 시장경쟁의 효율성, 경제적 성과를 규정하는 개인의 역할, 정부 개입과 시장 개입과 관련된 왜곡들을 강조한다.

신자유주의는 ①소득분배 ②총고용결정aggregate employment determina-

---

* 토머스 펄리(Thomas I. Palley)는 미 연방의회가 설립한 미·중 관계의 국가적·안보적 차원에 대한 보고 및 감시 임무를 수행하는 미·중 경제 및 안보검토위원회(US-China Economic and Security Review Commission)의 수석 경제학자이다. 그는 *Plenty of Nothing: The Downsizing of the American Dream and the Case for Structural Keynesinism*(Princeton: Princeton University Press, 1998)과 *Post-Keynesian Economics: Debt, Distribution and the Macro-Economy*(London: Macmillan, 1996)의 저자이다. 최근 논문으로는 "The Economic Case for Labor Standards: A Layman's Guide", *Richmond Journal of Global Law & Business*(2001)과 "Asset Price Bubble and the Case for Asset-Based Reserve Requirements", *Challenge*(2003)이 있다.

tion에 대한 이론에 주로 기초하고 있다. 소득분배와 관련해서 신자유주의는 생산요소들(노동과 자본)이 가치만큼 지불받는다고 주장한다.[2] 이러한 소득분배는 공급과 수요 과정을 통해 달성되며, 요소들의 상대적인 희소성(공급)과 생산성(수요에 영향을 주는)에 의존한다. 총고용결정에 관해서 신자유주의자들은 유익한 생산요소들(노동을 포함하여)은 자유로운 시장에서 낭비되지 않는다고 주장한다. 대신에 가격에 의해 수요가 충족되는 쪽으로 조정되고, 모든 요소들이 고용된다. 이러한 주장이 시카고 학파 통화주의의 기초이며, 그들은 경제가 완전고용 수준으로 자동적으로 자기조정self-adjust한다고 주장한다. 결국 고용을 늘리기 위해서 화폐 및 재정정책을 영속적으로 사용하는 것은 인플레이션만을 발생시킬 뿐이다.[3]

이 두 이론은 엄청난 영향을 끼쳐 왔는데, 그것들은 1945년에서 1980년 사이의 기간 동안 지배적이었던 사상과 대조적이다. 이 기간 동안 지배적이었던 고용결정이론은 케인즈주의였다. 케인즈주의는 경제활동 수준이 총수요 수준AD[4]에 의해 결정된다고 주장했다. 게다가 케인즈주의자들은 자본주의 경제가 총수요 창출과정AD generation process 속에 존재하는 결점에 주기적으로 영향받기 쉽고, 결과적으로 실업이 발생한다고 단언하였다. 때때로 이러한 결점은 대공황이 예증하고 있는 것처럼

1) 시카고 학파의 주요 인물들은 밀턴 프리드먼(Milton Friedman), 조지 스티글러(George Stigler), 로널드 코스(Ronald Coase), 게리 베커(Gary Becker)이며, 그들은 모두 노벨상을 수상하였다.

2) 가치만큼 지불받는다는 것은 각 요소의 기여도에 의해 분배가 결정된다는 의미로, 주로 한계생산성이라는 지표로 측정된다.— 옮긴이

3) 화폐정책은 중앙은행에 의해 실행된다. 중앙은행은 경제활동 수준에 영향을 끼치는 이자율을 관리한다. 재정정책은 경제활동에 영향을 미치는 조세와 정부의 지출관리를 의미한다.

4) 총수요는 어떤 경제 내의 상품과 서비스에 대한 총수요 수준이다. 케인즈주의자들은 기업이 총수요 수준에 대한 자신들의 기대(expectation)에 기초하여 생산하며 그러므로 총수요 수준은 전체적인 경제활동 수준을 결정한다고 보았다.

심각하게 될 수도 있으며 경제 불황을 야기하기도 한다. 그런 고로 화폐 및 재정정책은 수요창출 과정을 안정화시키기도 한다.

케인즈주의자들은 소득분배와 관련해서는 언제나 분열되었고, 이러한 분열은 신자유주의자의 승리가 가능케 하는 데 결정적이었다. 미국의 케인즈주의자들(신케인즈주의자neo-Keynesian로 알려진)은 '가치대로' 지불된다는 신자유주의적 소득분배의 관점을 받아들이는 경향이 있으며, 반면 유럽의 케인즈주의자들(더 넓게는 케임브리지 학파와 연관되어 있으며 포스트케인즈주의자들로 알려진)은 그러한 관점을 받아들이지 않는다. 대신에 포스트케인즈주의자들은 소득분배가 제도적 요소들에 강하게 의존한다고 주장한다. 그리하여 요소들의 상대적 희소성과 생산성만이 문제가 아니라, 제도적 여건에 의해 영향받는 협상력 역시 중요하다. 이러한 관점은 노동조합, 최저임금 관련법, 노동에 있어 종업원의 권리, 그리고 실업보험과 같은 사회적 보장체계의 중요성을 설명한다. 마지막으로 경제에 대한 대중적 인식 또한 문제가 된다. 협상력이라는 관점에서 경제를 보는 대중들은 사회보장제도와 노동조합에 대해 훨씬 더 큰 정치적인 공감을 표시할 것이기 때문이다.

거대한 반전: 케인즈주의의 쇠퇴와 신자유주의의 부활

제2차 세계대전 이후 25년 동안(1945~70년) 케인즈주의는 경제활동 수준이 결정되는 방식을 이해하는 지배적 패러다임이었다. 화폐정책(이자율 통제)과 재정정책(조세와 정부지출 통제)의 현대적 수단이 발전된 것도 이 기간이었고, 노동조합 조직률도 역사상 가장 높았으며, '뉴딜'New Deal 형식의 사회보장과 규제제도가 확장되었다.

1970년대 중반 케인즈주의는 그 추진력을 잃게 되었고 부활한 신자유주의로 대체되었다. 이러한 부활은 1970년대를 특징짓는 OPEC의 오일쇼크와 베트남전과 연관된 사회적이고 경제적인 혼란을 등에 업고 나타났다. 하지만 이러한 혼란은 단지 입구entry point만을 제공했을 뿐이다. 신자유주의 부활의 궁극적 원인은 케인즈주의의 지적 분열과 '자유시장'이라는 신자유주의적 수사와 비견될 만한 대중적 지식을 개발하지 못한 데 있다.

케인즈주의가 지배적이었던 기간 내내 신자유주의적 부활의 기초를 제공했던 미국 내에는 [케인즈주의에 대한] 뿌리 깊은 보수주의적 반대가 남아 있었다. 이러한 적대감은 뉴딜 기간에도 존재했는데, 그것은 사회보장적 퇴직소득체계 창설에 대한 보수주의적 반대에서 나타났다. 그리고 이러한 적대감은 제2차 세계대전 이후에도 계속되었는데, 보수주의자들이 지원 아래 노동조합의 조직역량과 힘을 훼손하여 미국 노동자들이 노동조합을 형성할 수 있는 권리마저 빼앗아 버리는 단초가 된 1947년의 태프트-하틀리 법안Taft-Hartley Act에서 잘 나타난다(22장을 보라).

또한 신자유주의의 부활은 경제적이고 문화적인 요소들에 의해 조성되었다. 경제적인 수준에서 뉴딜식 케인즈주의의 성공은 그 자신의 파멸의 싹을 품고 있었는지 모른다. 그리하여 케인즈주의 정책에 의해 만들어진 호황과 전쟁 이후 기업과 노동 사이의 사회계약은 소득분배와 대중실업이라는 핵심적인 경제적 문제들이 마침내 해결되었다는 믿음이 생겨나는 데 기여했을 것이고, 결과적으로 대중들은 점점 이러한 조건을 만들어 낸 정책과 제도—노동조합 같은—들을 더 이상 필요 없는 것으로 보게 되었을 것이다.

문화적 수준에서 미국은 개척자 이미지의 전형인 급진적인 개인주의를 항상 찬양해 왔다. 이러한 급진적 개인주의는 냉전에 투하된 이데올로기적 대립에 의해 점점 더 고조되었으며, 그리하여 집단적인 경제행위에 대한 반감과 시장자본주의를 제한하는 것에 대한 부정을 불러일으켰다. 특히 집단적인 경제행위는 경제 관리에 대한 공산주의적 접근과 동일시되는 오명을 썼다. 냉전 때문에 '자연스러운' 자유시장은 정부 없이 존재하며, 정부규제가 후생을 축소시킨다는 경제학적 수사를 대중화시키는 비옥한 기반이 제공되었다(Palley, 1998a : 31~38).

정치·문화적인 요소들은 신자유주의의 부활을 설명하는 데 매우 중요하다. 그러나 또한 케인즈주의는 그 약점이 된 지적-내적 분할을 겪었다. 그러한 분할의 한 요소는 소득분배이론이다. 케인즈는 소득분배에 대한 한계생산이론의 신봉자였다. 그리하여 노동자들은 기업에서 가치를 평가하는 만큼 지불받는다. 이것은 노동조합과 기타 노동시장 개입 형태에 대해서는 그다지 정당성을 부여하지는 못했다. 오히려 노동조합과 시장에 대한 개입은 불균등한 협상력과 결합된 시장의 실패를 정정하는 것이 아니라 시장의 왜곡으로 표현되기도 한다. 사실상 케인즈와 케인즈주의자들이 총수요 수준 결정과 고용을 결정하는 총수요 수준의 역할을 이해하는 데 많은 기여를 하긴 했지만 그들에게는 생산조건들과 어떻게 그것들이 상호작용하고 총수요 수준에 영향을 주는가에 대한 적합한 분석이 존재하지 않았다.[5)]

두번째, 케인즈주의의 약점은 (특히) 명목임금과 가격의 하방 경직성이 실업의 원인이란 믿음이었다. 이러한 입장은 케인즈의 『고용, 이자 및 화폐의 일반이론』(1936)이 발표된 지 10년 후인 1940년대에 나타났다. 이러한 주장은 더 낮은 명목임금이 낮은 물가를 야기하고 그리하여 화폐보유의 실질가치를 증가시켜, 이번에는 소비지출과 총수요 수준을 자극한다는 것이다. 더구나 더 낮은 물가는 실질화폐공급을 증가시키고,

---

5) Palley(1998a)는 이 주제를 다루고 있다.

그리하여 이자율을 낮추고 투자지출을 자극한다. 이러한 방식으로 실업 문제는 더 낮은 명목임금과 물가로 풀 수 있다.

이러한 가격과 임금 신축성에 대한 신케인즈주의적 관점은 특히 미국 경제학자들이 채택한 관점이다. 사실상 그것은 실업의 책임이 가격과 임금의 경직성에 있다고 말한다. 이러한 경직성은 노동조합과 최저임금법 등을 포함한다. 어떤 의미에서 미국 신케인즈주의의 입장은 오늘날 신자유주의적 노동시장 신축성 의제의 암묵적인 선구자이다. 이러한 신케인즈주의적 분석은 미래에 대한 불확실성과 기업신뢰도의 악화로 인한 수요부족의 결과가 실업이라는 포스트케인즈주의적인 분석과는 뚜렷하게 대조적이다. 화폐경제학에서는 만약 사람들이 화폐보유를 결심한다면 소비가 침체되기도 하며, 가격 신축성은 채무의 영향으로 수요를 악화시키기도 한다. 더 낮은 물가와 명목임금은 채무자의 이자지불부담을 증가시키며, 그러한 이자지불부담은 지출삭감과 채무불이행의 원인이 된다.[6] 포스트케인즈주의 경제학의 최종 결론은 화폐에 기초한 계약이 거래비용을 줄임으로써 거대한 경제적 효율성을 낳지만 또한 가격과 명목임금 신축성을 통한 경제적 조정은 몹시 불확실하다는 것이다.

이러한 소득분배와 실업을 만들어 내는 명목임금의 하방 경직성의 역할에 대한 두 가지 차이가 케인즈주의자들 사이의 깊은 내적 분할을 만들어 내었다. 정책적 수준에서 〔이러한〕 차이들은 신자유주의자들이 시장 실패의 정정이라기보다 오히려 시장왜곡으로 뉴딜식 노동시장 혁신을 설명할 수 있는 길을 열었다. 이러한 혁신들은 경제적인 효율성의 근거가 부족했고 기껏해야 형평성 때문에 정당화될 수 있었다.

---

6) 가격과 명목임금 감소의 탈안정화 가능성에 대한 수학적 분석은 Palley(1996: ch. 4; 1999)의 연구를 보라.

게다가 이러한 구분은 케인즈주의적 완전고용의 화폐 및 재정정책을 공격할 수 있는 길을 열었다. 미국의 신케인즈주의자들은 물가와 임금이 현실적으로 하방 경직적이라는 실용주의에 입각하여 정책을 지지하였고, 이에 근거하여 정부의 정책개입을 요구하였다. 신케인즈주의자들이 제기한 것은 이론적인 결과라기보다는 가격과 명목임금 신축성의 경험적 가능성이었다. 이것은 지적으로 케인즈의 메시지에 대한 조악한 판본이었으며, 경제정책은 완전고용 목표를 포기하고 대신에 임금 신축성의 현실화에 집중해야만 한다고 주장하는 신자유주의 경제학자들에게 공공정책을 개방하는 결과를 낳았다.

신자유주의적 정책 실천

위에서 언급했듯이 신자유주의는 소득분배와 고용결정에 대한 이론으로 이해되기도 한다. 전자에 따르면 시장은 생산요소들을 가치대로 지불받게 하며, 그리하여 사회적인 보장제도와 노동조합의 필요성을 제거한다. 실제로 사회적인 보장제도는 시장과정을 저해하여 사회적 후생을 더 낮추기도 하며, 실업의 원인이 되기도 한다. 후자에 따르면 가격조정은 자동적으로 완전고용을 향하게 하는 경향이 있다. 이 틀에서 고용을 증가시키기 위한 정책개입들은 인플레이션의 원인이 되며, 실업을 증가시킨다. 이상의 설명이 대공황과 관련된 밀턴 프리드먼의 주장인데, 그는 연방준비은행의 잘못된 화폐 긴축이 대공황의 원인이라고 주장했다. 정책적 함의는 거시경제정책 결정자가 완전고용을 목표로 하는 케인즈주의적인 적극적 수요관리정책을 포기하는 것이다.[7]

현실적으로 미국에서 신자유주의적 정책의 응용은 많은 경우 제대로 실행되지 못하였다. 즉 실용주의는 신자유주의적 정책 입안자를 이론으로부터 괴리시켰다. 소득분배 면에서, 신자유주의적 정책은 일관되게 노동시장 탈규제를 촉진시키려고 모색하였다. 이것은 최저임금의 실질 가치를 하락시키고, 노동조합의 근간을 잠식하며 대개 노동시장의 불안정성을 조성하는 형태를 취하였다. 이 과정 속에서 신자유주의적인 정책은 고용보호와 임금 경직성이 불필요하다는 자신의 이론에 충실해 왔다. 그 결과는 임금과 소득불평등의 확대였다(Mishel et al., 2001; Palley, 1998a). 신자유주의자들에게 이러한 불평등이 발생하는 원인은 시장이 사람들에게 가치대로 지불하기 때문이며, 포스트케인즈주의자들에게 이러한 현상이 발생하는 원인은 기업 친화적인 노동시장의 세력관계 때문이다.

거시경제정책 면에서 신자유주의는 비일관적이고 기회주의적으로 적용되어 왔다. 그것의 이론적 수사와는 별개로 말이다. 1980년 초반, 신자유주의적 정책 결정자들은 시카고 학파의 통화주의 처방을 적용하려고 하였다. 이러한 처방은 화폐공급목표money supply targeting를 지지하는 케인즈주의적 이자율 미세조정 방식의 포기였는데, 그 결과로 OECD 국가들의 실업률이 대공황 이래 최고 수준에 다다랐으며, 세계 실질이자율을 가파르게 상승시켰고, 심각한 금융시장 변동성이 출현하였다. 이러한 상황은 통화주의적 실험을 포기하도록 하였으며, 이자율에 기초한 정책으로 복귀시켰다.

하지만 이자율 목표제를 사용하는 쪽으로 복귀함과 동시에 적극적

---

7) 게다가 프리드먼의 준칙정책(rules-based policy)은 제2세대 시카고 학파 경제학으로 보충되었는데, 그들은 정치인들이 자신들의 이기심에 의해 동기부여를 받으며, 대중을 기만하고 대중의 이해와는 반대되는 운영을 적극적으로 하게 되는 효과에 대해 주장한다. 그들에 따르면 이것은 정치적 통제로부터 자유로운 독립적 정책기관들을 요구한다. 이러한 주장은 정치적 책임을 배제한다는 의미가 곧 통제 권한이 있는 사람들의 이기심을 없애는 것이 아니라는 문제를 갖고 있다(Palley, 1997).

인 케인즈주의적 안정화정책이 존재했던 반면, 정책의 목표는 변화되었다. 특히 완전고용의 개념이 포기되었고, 그것은 '자연실업률' natural rate of unemployment 개념으로 대체되었다(또한 이것은 인플레이션을 가속화하지 않는 실업률, 인플레이션이 가속화 또는 감속하는 경향을 보이지 않는 수준에서의 인플레이션율로 가정되어 있는 NAIRUNon-Accelerating Inflation Rate of Unemployment로 알려져 있다. 21장을 보라). 이러한 자연율을 관찰할 수는 없으며, 추측건대 노동시장에서의 수요와 공급의 힘에 의해 결정된다. '자연[실업]율' 이라는 수사의 채택은 두 가지 목적에 봉사한다. 첫째, 그것은 높은 평균 실업률에 대한 정치적 구실을 제공하며, 노동자의 교섭 지위를 약화시킨다. 두번째, 그것은 높은 수준의 실질이자율을 유지할 수 있는 구실 또한 제공한다. 결국 높은 수준의 실질이자율은 금융부문과 부유한 자들에게 유리하다. 그리하여 이자율이 경기순환을 완화시키기 위해 경기 역행적으로 조정되어 왔다고 하더라도 그것의 평균은 여전히 높다. 마찬가지로 재정정책 또한 경기순환에 맞서 경기 역행적으로 조정되어 왔지만, 부유한 자들과 정치적 이해관계에 우호적으로 사용되어 왔다. 이것은 조세정책에서 아주 명백한데, 감세정책은 상위소득집단을 목표로 하는 것이었다.

절충적인 신자유주의적 안정화정책은 두 가지 문제를 제기한다. 첫째, 안정화정책은 올바른 정책 반응이지만, 신자유주의적 정책 입안자들은 모두 차선책으로sub-optimal 안정화정책을 이용한다. 이것은 최근 미국의 조세정책에서도 나타났는데, 부시 행정부가 2001년 경기침체에 대해 기회주의적으로 감세를 사용하였지만, ①주로 부유한 자들을 위한 것이었으며 그로 인한 경제적 혜택은 크지 않았고, ②경기침체와 맞서기 위해 오직 조세 감면을 일시적으로 요구하는 것이었음에도 영구적인 것으로 구상되었다. 두번째, 안정화정책의 사용 필요성은 경제에 대한 신자유주의적인 이론적 설명의 부적절성을 말하여 준다. 신자유주의적 모델에 따르면 시장경제는 결국 자동적이고 급속하게 완전고용으로 자기조정되어야 하기 때문이다. 종합적으로 살펴보면, 포스트케인즈주의자들이 직면하고 있는 문제는 두 가지 수준에서 제기될 수 있다. 첫째는 차선으로 취급되어 온 신자유주의적 안정화정책의 상세한 내용에 대한 설명을 요구할 필요가 있다. 두번째로 기초적인 신자유주의적 개념틀에 대해 문제를 제기할 필요가 있다. 이러한 두 개의 작업은 어려운 것이다. 정책의 상세한 내용에 대한 논쟁에 참여한다는 것은 경제적 개념의 근본적인 차이보다는 정도의 차이의 문제로 인식되는 논쟁이 될 위험이 있기 때문이다.

신자유주의 하에서 경제적 기록

1979년 대처와 1980년 레이건의 당선을 신자유주의적 경제정책의 지배가 정식으로 발족한 것으로 보기도 한다(22장과 23장을 보라). 그 이래로 25년 동안 신자유주의적 정책이념들은 선진국과 후진국 모두에 확대되어 적용되었다. 1945~80년 동안의 기간과 비교해 보면 이 기간은 선진국과 후진국 내의, 그리고 그 사이에서 실질적으로 더 낮은 경제성장과 소득불평등이 확대된 기간이었다(Mishel et al., 2001; Weisbrot et al., 2002).

선진국 내에서 경제적 논쟁은 '미국 모델' US model과 관련된 정책들에 대한 논의가 지배적이었다. 미국 모델과 관련된 정책들은 금융시장의 탈규제, 민영화, 사회보장제도와 노동조합, 노동시장 보호의 약화, 정부의 축소, 상위소득자에 대한 감세, 국제적인 상품과 자본시장에 대한 개방, 자연[실업]율로 가장된 완전고용의 포기를 포함하고 있다. 민영화,

자유무역, 수출주도형 성장, 금융자본 이동성, 탈규제화된 노동시장, 긴축적 거시경제정책을 옹호하는 '워싱턴 컨센서스' Washington Consensus가 국제경제정책을 지배하였다.

발전도상국에서 더 빠른 성장을 달성하는 데 실패한 워싱턴 컨센서스는—실제로는 성장 둔화로 이어졌다—그것을 상당히 의심해 왔던 〔이들의〕 격렬한 반발에 부딪혔다. 현재 광범위한 인식이 존재하는데 그것은 다음과 같다. 국제적 자본시장은 불안정성을 드러낼 수 있다. 수출주도형 성장은 국내 성장에 크게 도움이 되지 않으며 전 지구적 디플레이션과 바닥을 향한 경쟁으로 몰아넣기도 한다. 민주주의와 사회적 포용social inclusiveness을 위한 제도들이 성장을 위해 필요하다. 그리고 노동시장 보호는 착취를 막기 위해 필요하다. 하지만 더 많은 진전이 워싱턴 컨센서스에 대항하여 있어 왔지만 '미국 모델' 에 대항한 것은 그다지 많지 않았다. 결국 '미국 모델' 은 워싱턴 컨센서스를 포함하는 신자유주의적 정책의 궁극적 원천이다(12장을 보라).

대중들의 논쟁 속에서, 미국은 모범적 경제로 나타나며 경직되고 유연성 없다고 딱지가 붙은 유럽 경제들과 비교된다. 하지만 사실은 더 복합적이다. 두 모델 모두 강점과 약점을 가지고 있다. 미국적인 신자유주의 모델의 강점은 더 낮은 실업률, 더 높은 인구 대비 고용비율, 그리고 더 빠른 성장(부분적으로는 합법·불법적인 이민자들에 의한 인구성장에 의해 추동되는 것이다)이다. 유럽 모델에 대한 미국 모델의 상대적 약점은 소득불평등의 정도가 더 높고, 악화되었다는 점(미국 내의 CEO 봉급의 폭발적인 증대가 그 예이다), 더 높은 빈곤율, 더 낮은 생산성 성장(1990년대 중반까지), 더 긴 노동시간, 임금분배 하층에 속해 있는 사람들의 임금 정체이다.

만족의 경제학economics of happiness에 대한 연구(Blanchflower and

〈표 1〉 신자유주의와 포스트케인즈주의, 그리고 미국과 유럽 사이 경제정책의 차이

		거시정책 옵션	
		긴축	팽창
미시정책 옵션	보호의 제거	순수 신자유주의	미국
	보호의 유지	유럽	포스트케인즈주의

Oswald, 2002)는 미국 내의 만족도가 하락 추이를 나타내고 있고, 영국의 경우에는 변화가 없음을 보여 준다. 이 두 경제는 가장 공격적으로 신자유주의적 경로를 추구하였다. 그러나 신자유주의는 시민들의 더 높은 만족으로 이어지지는 못했다(16장과 24장을 보라).

미국과 유럽의 경제적 결과의 차이는 〈표1〉[8]을 통해 이해할 수 있다. 거시경제정책은 전체적인 실업률을 결정한다. 노동시장과 사회적 보호제도에 관한 미시경제정책은 소득불평등의 양상을 결정한다. 팽창적인 거시경제정책은 실업을 낮추는 반면, 축소적인 거시경제정책은 실업률을 높인다. 사회보장제도의 손상은 소득불평등을 악화시키는 반면 사회보장제도의 유지는 소득불평등을 일정하게 지속시킨다. 순수 신자유주의적 정책 구성은 보장〔제도〕의 파괴에 목표를 두고, 이 문제를 시장왜곡의 형태로 취급한다. 그리고 경기 역행적인 완전고용정책을 불필요한 것으로 취급한다.

현실적으로 정책은 순수한 신자유주의 이론이 제안하는 대로 이루어지지는 않았다. 미국은 거대한 재정적자를 수반하는 팽창적 거시경제정책과 경기 역행적인 이자율정책을 추구하였으며, 그것은 사회보장을 파괴하는 정책과 결합되었다. 그 결과 상대적으로 완전고용은 이루어진

---

8) 이러한 분석은 Palley(1998b)에 의거하고 있다.

반면 소득분배는 악화되었다. 대조적으로 유럽은 높은 이자율과 재정긴축을 중심으로 한 긴축적인 거시정책을 추구한 반면, 사회보장제도는 유지하였다. 그 결과 높은 실업률이 나타났고, 소득불평등은 약간 악화되었을 뿐이다.

마지막으로 〈표1〉은 포스트케인즈주의자들의 관점에서 권고되는 정책 구성을 이해할 수 있도록 해준다. 미시경제적 수준에서 적절한 소득분배를 확보하기 위한 사회보장제도와 노동시장 보호제도에 대한 필요성이 존재한다. 거시경제적 수준에서 정책은 완전고용을 보장하는 것으로 팽창적인 측면을 갖고 있다. 이러한 정책 구성은 그것이 기반하고 있는 이론적 틀과 잘 어울리며, 그러한 이론적 틀은 소득분배가 사회적이고 제도적인 힘에 강하게 영향받는 반면 완전고용은 총수요 수준의 관리를 요구한다는 것이다. 문제는 사회보호제도가 시장이 노동의 성과와 기업가 정신에 대한 적절한 인센티브를 유지하는 반면 기업들은 적절한 수준의 유연성을 갖도록 설계되는 것이다. 이것에 수반하여 거시경제정책은 적절한 총수요를 제공하여야만 하고 용인될 수 없는 높은 인플레이션을 발생시켜서는 안 된다.

거시·미시적 정책에 대한 위의 분석은 또한 몇 가지 중요한 정치적 교훈을 드러낸다. 미국과 유럽 모델 양자는 중대한 차이를 가지고 있다. 그러나 정치적으로 미국 모델—낮은 실업률을 가지고 있는—을 약화시키기는 어렵다. 동시에 유럽 모델은 노동시장 보호와 사회보장제도를 약화시키라는 압력 하에 있었다. 이러한 것은 낮은 실업률이 소득분배와 유권자들 사이의 공평성에 대한 관심보다 앞서 있다는 것을 말해 준다. 그와 같은 결론은 실업이 더 높은 만족비용을 수반한다는 만족의 경제학 연구에 의해 지지받고 있다. 사람들은 공평성에 관심을 갖지만 정치적으로 압도적인 성격을 갖는 것은 아니다. 이러한 것은 성공적인 경제 모델은 실업문제를 처리해야만 함을 의미하며, 유럽사회 모델이 어떤 방식으로 대륙의 거시경제정책에 의해 파괴되고 있는지를 보여 준다.

경제적 담론 속에서 정부를 새롭게 고안하기

가장 최선의 거시·미시정책의 혼합이 무엇인가에 대한 대중적 이해의 재형성과 더불어 정부의 경제적 역할에 대한 대중적 이해를 재형성할 필요가 있다. 정부의 경제적 개입에 대한 전통적인 자유주의적 설명은 독점, 자연독점, 공공재, 그리고 외부성[9]에 관련된 '시장 실패'에 집중되어 있다. 시장 실패가 최적 이하의 공급(아마도 과잉생산되거나 과소생산될)으로 이어지고 그 문제를 치유할 수 있는 정부의 개입—규제, 조세, 그리고 보조금 또는 철저한 정부의 생산통제—을 요구한다는 것이 기본적 아이디어이다.

시장 실패라는 개념은 극도로 강력한 것임이 증명되었지만 그것은 매번 '정부 실패'라는 용어로 틀 지어지는 신자유주의의 반대 주장에 직면하였다. 그러한 주장은 시장이 실패할 수 있지만, 시장 유형의 인센티브 부족과 관료적 비효율성 때문에 정부의 개입이 시장을 더욱 악화시킬 수 있다는 것이다.

9) 독점은 기술적 요인 또는 사적 행위들로부터 기인할 수도 있다. 두 사례 모두에서 경쟁의 이익은 발생하지 않는다. 공공재는 국방[서비스]과 가로등의 공급과 같은 활동들을 의미한다. 시장은 공공재를 충분히 공급할 수 없는데, 그것은 민간 생산자들은 행위자들이 재화를 자유롭게 소비하는 것을 막을 수 없기 때문이다[이는 공공재가 갖는 비배제성(non-excludability) 때문이다. 이로 인해 무임승차자(free rider)를 피할 수 없다]. 외부성은 다른 행위자의 후생에 영향을 미치는 어떤 행위자의 행동을 의미한다. 이러한 영향으로부터 발생하는 비용과 편익은 그 행위를 결정할 때 개인들에 의해 설명되는 것이 아니며, 차선(sub-optimal)으로 귀착한다[긍정적 외부성의 경우에는 사회적 최적 생산량보다 적게 생산되며, 부정적 외부성의 경우에는 사회적 최적 생산량보다 많이 생산된다].

정부 실패에 대한 주장은 급진적 개인주의의 문화를 갖고 있는 미국에서 커다란 반향을 일으켰다. 하지만 시장경제에서 정부의 역할은 훨씬 비중이 높아졌으며 이러한 기여는 충분히 인식되지 못하고 있다. 정부는 시장 실패를 치료하는 역할을 할 뿐 아니라, 교육과 보건에 관련된 본질적 서비스의 제공자이기도 하다. 더구나 정부는 재정과 화폐정책을 통해 경기순환을 안정화시키는 데 결정적인 역할을 한다. 더욱더 깊게 보자면 정부는 계약관행을 유지시키는 법적 체계를 제공하는 민간 시장의 작동에 필수적인 부분이다. 계약능력이 없다면 시장경제의 이익은 막대하게 감소할 것이다.

특히 제대로 이해되지 못하고 있는 부분은 '파괴적 경쟁'을 막는 정부의 역할이다. 그러한 경쟁은 죄수의 딜레마로 간주되는 조건과 관련되어 있다. 이것은 시장 인센티브가 차선의 균형을 발생시키는 행위를 하는 경제주체를 낳는 동시에, 시장이 사회적 최적 균형을 유지시킬 수 있는 인센티브를 발생시킬 수 없는 상황에 해당한다. 이러한 유형의 상황은 뇌물 수수 문제로 나타날 수 있다. 뇌물 수수는 그것이 경제적 효율성보다는 뇌물 지급에 기초하여 기업들의 이익을 배분하기 때문에 경제적으로 파괴적인 것이다. 이러한 이유로 사회는 뇌물 수수를 회피해야 한다. 하지만 규제되지 않은 시장은 뇌물 수수를 만들어 내는 경향이 있다. 만약 한 행위자가 뇌물을 주고받을 때 다른 행위자는 그러지 않는다면 뇌물을 주고받은 행위자가 더 나은 상황에 있는 반면 다른 행위자는 고통을 겪는다. 결과적으로 모든 행위자는 뇌물을 주고받는 데에 대한 인센티브를 갖는다. 그러므로 시장은 모든 행위자가 뇌물을 주고받는 '나쁜' 균형을 발생시킨다. 뇌물을 주고받지 않는 '좋은' 균형은 뇌물 수수를 막는 벌칙을 부과하는 법에 의해서만 유지될 수 있다. 이것은 정부의 행위가 최적의 효율적 결과를 유지하는 방식을 묘사한다. 현실세계는 정기적으로 파괴적 경쟁—예를 들어, 뇌물 수수, 과도한 광고 지출, 기업 투자에 영향을 주는 기초자치단체 간의 조세경쟁, 기업에 영향을 주는 노동의 기준을 단계적으로 하락시키는 국가들 사이의 바닥을 향한 경쟁—을 발생시키는 상황에 의해 영향 받고 있다. 이러한 모든 상황은 그것들을 치유하기 위한 정부의 개입을 요구한다.

포스트케인즈주의 vs 제3의 길 : 유사성과 차이들

마지막으로 토니 블레어Tony Blair가 영국 수상 재임시 말한 '제3의 길' 방식의 접근과 앞에 언급한 포스트케인즈주의적 해석을 비교할 필요가 있다.[10] 제3의 길은 공공정책에 대한 신자유주의적 지배를 무너뜨리기 위한 하나의 대안적 시도이다. 그것은 자유방임주의라는 제1의 길과 중앙계획국가경제라는 제2의 길 사이에 인간주의적 경로를 접합하려고 모색한다. 제3의 길은 어떤 의미에서 사적 소유와 국유화된 사업들의 결합을 주장했던 1960년대 혼합경제mixed economy와 공명하는 것이다.

하지만 그것이 시장의 인간화를 모색하였음에도 불구하고, 제3의 길은 근본적으로 포스트케인즈주의적 관점과는 다르다. 기본적으로 제3의 길은 자본주의 경제의 안정성과 소득분배에 관한 신자유주의의 주요 이론적 교의들을 받아들이고 있기 때문이다. 이러한 관점에서 보자면, 제3의 길이란 신자유주의적인 정부 실패에 대한 주장에 대항하는 것을 목표로 하여 그 이전에 있었던 정부 실패에 대한 접근을 갱신한 것에 다름 아니다. 따라서 제3의 길은 정부 실패가 어떻게 불완전 정보로 인해 발생할

---

10) Arestis and Sawyer(2001)는 제3의 길을 고수해 온 정부들에 의해 만들어진 사회에 적용되는 제3의 길 경제학(economics of the Third Way)에 대해 개관하고 있다.

수 있는지에 대해 강조한다. 이러한 불완전 정보에 대한 주장은 지난 20년 동안 이론적으로 인정되어 온 정부 실패에 대한 보충적인 원인이다. 게다가 제3의 길은 정부가 정부 실패에 대한 위험과 국유화를 통해 생산에 대한 통제를 하기보다는, 대신에 조세와 규제가 민간부문의 행위를 변화시키는 수단으로 선호된다. 유사하게 보건과 교육—시장에 의해 과소공급되는—과 같은 주요 서비스에 대해서는 정부가 계약을 맺고, 민간부분에서 생산되게 하는 편안한 방식을 택한다.

이러한 제3의 길이 보여 주고 있는 혁신은 원칙적으로 포스트케인즈주의적 접근과 모순되지 않는 반면, 포스트케인즈주의의 소득분배와 완전고용의 자동적 경향을 주장하는 신자유주의적 접근에 대한 거부라는 측면에서 여전히 근본적으로 다르다. 노동은 익명의 중립적인 시장과정에 의해 자동적으로 가치만큼 지불받지 않는다. 오히려 소득분배의 양상은 노동시장 제도들과 제도적 개입들에 의해 영향을 받는다. 그것은 시장이 노동보다 자본에 더 우호적인 경향이 있기 때문이다. 더구나 자본주의 경제는 불필요한 실업을 일으킬 수 있는 총수요 변동에 종속되어 있다. 가격과 임금의 하방 신축성은 이러한 문제를 해결하지 못하고, 그것을 악화시킨다. 결과적으로 수요부족의 문제를 해결할 수 있는 재정 및 화폐정책적 개입과 파괴적인 부채 디플레이션을 피하는 데 바람직한 명목임금 및 물가의 일반화된 폭락을 막을 수 있는 제도가 필요하다. 이러한 차이는 근본적으로 포스트케인즈주의와 제3의 길을 구별한다. 그리고 그것들은 영국에서 '구' 노동당과 '신' 노동당, 그리고 미국에서 '구' 민주당과 '신' 민주당 사이의 정책적 불일치를 설명한다.

3장_신자유주의 시대의 주류경제학

코스타스 라파비트사스*

1970년대 후반부터 경제학이론과 정책에서 신자유주의가 주름잡기 시작하였다. 그것의 일반적인 특징은 자유시장이 자본주의 경제에 대한 최적의 조직 메커니즘이라는 확신이다. 또한 그것은 정치·이데올로기·제도·사회적인 함의를 갖지만, 근본적으로 경제적 신념이다. 자유시장의 효능에 대한 신자유주의적 신념은 지난 30년 동안 특히, 국제통화기금IMF과 세계은행World Bank과 같은 국제적 조직들과 경제관료들, 그리고 유수의 대학들 내에서 주류경제이론의 특징이었다.

신자유주의의 지적인 기원은 오스트리아 신고전파 경제학의 탁월한 옹호자들 중 한 명인 프리드리히 하이에크Friedrich von Hayek와 밀접히 관련되어 있다(6장을 보라). 그러나 신자유주의 시기 동안 주류경제학에 대한 하이에크의 직접적인 영향은 매우 적었다. 더구나 1990년대에는 특히 국제기구들 내에서 주류경제학이론은 신자유주의가 갖고 있는 최악의 난폭성으로부터 후퇴하기 시작하였다. 시장이 자본주의 경제를 위한 최

---

* 코스타스 라파비트사스(Costas Lapavitsas)는 런던 대학교 아시아·아프리카 대학(SOAS) 선임 강사이다. 그의 연구영역은 화폐와 금융, 경제학사와 일본 경제이다. 그의 저서로는 *Social Foundations of Markets, Money and Credit*(London: Routledge, 2003) 등이 있다.

적의 조직 메커니즘이라는 통념을 유지하면서, 시장에 대한 규제를 모색하는 새로운 개입주의가 주류경제학 내에서 점진적으로 나타났다.

따라서 이 장은 신자유주의 기간 동안의 주류경제학 내에서 일어난 두 개의 관련된 발전들에 초점을 맞춘다. 두 개의 발전 중에 첫번째 것은 신자유주의와는 대조적으로 시장에 대한 통제뿐만 아니라 국가의 경제개입을 옹호한 전후 케인즈주의적 거시경제학의 쇠퇴이다(2장을 보라). 하지만 공식적인 케인즈주의의 쇠퇴에도 불구하고 신자유주의 시대 내내 정부에 의해 사용된 재정·화폐적 기술〔을 활용하는 정책〕이 케인즈주의적 성격을 가졌음을 언급해 두는 것이 중요하다. 그러한 기술의 보급은 활동가들과 저널리스트들이 공식적인 전후 케인즈주의주의가 복귀한 것으로 착각하게 만들었다. 특히 신자유주의가 위기에 처하고, 새로운 개입주의가 주류경제학 내에서 점진적으로 나타났던 지난 몇 해 동안 그러한 오해들이 나타났다. 이러한 새로운 개입주의가 전통적인 케인즈주의만큼 급진적이지도 않고 신자유주의와의 결정적인 단절을 나타내는 것도 아님을 이후에 보게 될 것이다〔2장의 논의와 비교해서 읽어 보라〕.

새로운 개입주의는 주류경제학 내에서 또 하나의 두드러진 발전으로 이어졌다. 즉 제도·정보와 사회적 관습을 미시경제학적 분석과 점진적으로 통합한 것이다. 이러한 통합은 최적의 결과를 전달하는 데 있어 자유시장의 우발적인, 또는 심지어는 체계적인 실패에 대한 경제적 분석을 위한 새로운 영역을 제공하여 왔다. 현재 주류경제학은 점점 자유시장이 시장 참가자들 사이의 정보 비대칭성, 사회적 제도들의 불완전한 작동, 또는 사회 전역에 걸친 신뢰의 부족들을 포함하는 많은 이유들로 인하여 제대로 작동하지 않을지도 모른다는 것을 받아들이고 있다. 정부의 정책이 정보의 흐름을 개선하고, 제도들을 창조하거나 개선하며, 또는 시장을 더 잘 작동시키게 하는 사회적 관습을 향상시키는 것 등을 제공하는 경제 내에서의 국가 개입에 대한 정당성을 제공하기 때문에 이러한 발전의 중요성이 과소평가되어서는 안 된다. 그럼에도 불구하고 새로운 경제적 개입주의는 신자유주의의 핵심을 훼손시키는 것은 아니다.

이러한 견지에서 다음 절에서는 전후 케인즈주의의 쇠퇴를 간략하게 다룬다. 지나고 보니, 이러한 새로운 사태는 자본주의 경제가 본질적으로 위기로부터 자유롭다는 오랜 믿음이 재출현한 것 이상은 아니다. 다음 절에서는 정보, 제도 그리고 관습에 대한 새로운 경제학에 집중하고, 그것이 자본주의에 대한 효과적인 이론적 비판을 제공하지 않음을 보일 것이다. 마지막 절에서는 간략한 결론을 맺는다.

케인즈주의의 쇠퇴

제2차 세계대전은 1930년대 대공황으로부터 국제 자본주의를 구했다. 전쟁은 국제 자본주의 경제의 핵심지인 미국의 생산수준, 고용, 생산성, 그리고 수익성을 복구하였다. 유럽에서는 조직 사회주의운동에 대한 일치단결된 정치적 공격과 마셜 플랜이 황폐화된 대륙에서 자본주의적 생산이 소생할 수 있는 조건을 만들어 내었다. 풍부한 노동공급과 끊임없는 기술진보 그리고 대중 소비의 점진적인 출현은 자본주의 역사 속에서 전례 없는 장기적인 경제 호황을 지속시켰다. 그 호황은 환율을 고정시킨 브레턴우즈 협정, 국제통화기금 그리고 세계은행과 같은 국제적인 제도들을 통해 작동하는 미국 헤게모니에 의존하고 있었다. 광범위한 빈곤과 불평등뿐만 아니라 억압과 부정의는 선진 자본주의 세계에서 사라지지 않았지만, 1950년대와 60년대 미국과 서구 유럽에 있는 대다수의 노동자들은 안정적인 고용과 실질임금의 상승을 기대할 수 있었다.

그 당시, 이러한 기적을 이룰 수 있었던 공의 대부분은 20세기의 가장 영향력 있는 경제학자인 존 메이너드 케인즈John Maynard Keynes에게 돌아갔다. 1930년대 대공황 한복판에서 쓴 자신의 책 『고용, 이자 및 화폐의 일반이론』에서 그는 애덤 스미스부터 자신의 선생이자 신고전파인 앨프리드 마셜Alfred Marshall에 이르는 경제학들을 '고전학파'라 지칭하면서, 지배적인 경제학 정통파들을 공격하였다. 그러한 공격은 유달리 준열한 것이었다. 그 이유는 첫째, 대공황은 자본주의 경제위기로의 경향을 확증하는 것으로 나타났고, 둘째, 케인즈가 정부 관료로 자연스럽게 옮겨간 주류경제학의 주도적인 인물이었기 때문이었다. 케인즈의 책은 경제학의 주류를 전복시키는 세 가지 급진적인 측면들을 가지고 있었다.

첫째로 케인즈는 정통 경제학의 근본적인 교의 중의 하나인 세의 법칙Say's Law을 거부하였다(Keynes, 1936: 16~21). 세의 법칙은 자본주의 경제 내의 유효수요와 공급은 일치되는 경향이 있다고 주장한다. 이러한 주장의 중요성은 자본주의적 위기의 맥락에서 명확해진다. 그러한 위기들은 상품들이 팔릴 수 없고 노동자들이 실업의 상태로 전락하는, 즉 총공급이 총수요를 초과하는 기간이다. 그러므로 세의 법칙은 본질적으로 장기적이며, 자생적인 자본주의 경제위기는 불가능하다는 주장이다. 대조적으로 케인즈는 총수요는 자본주의 경제 내에서 구조적으로 총공급에 비해 부족하다고 주장하였다. 케인즈에게 총수요의 체계적인 부족은 자유시장이 청산되는 데 실패한다는 것을, 그리하여 대량실업을 야기한다는 것을 의미한다.

첫번째 것과 밀접한 관련되어 있는 것으로, 케인즈가 화폐수량설을 거부하였다는 것이 그 두번째 측면이다. 18세기 이래로 존재해 온 이 이론은 물가 수준이 궁극적으로 화폐량에 의해 결정된다고 주장한다. 그리하여 어떤 기간에 발생하는 체계적인 가격상승의 직접적인 원인은 화폐공급의 팽창이다. 케인즈가 이미 세의 법칙을 거부했다는 데서 나타나는 것처럼, 그가 화폐수량설을 거부했다는 것은 놀랄 만한 일은 아니다. 만약 세의 법칙에 대한 폐기가 의미하는 것처럼 팔리지 않은 대량의 상품과 대량 실업이 자본주의 경제에서 나타난다는 것이 가능하다면, 몇몇 자본가들은 결과적으로 다른 상품에 대해서는 화폐수익을 지출하지 않으면서 상품을 판매했어야만 한다. 이런 종류의 자본가들이 화폐를 축장하는데, 따라서 이러한 화폐의 축장은 구매력을 고정시키고, 판매되지 못한 상품 스톡과 실업자들을 해소하는 데 필요한 수준에 유효수효가 도달하지 못하도록 한다. 이러한 자본주의적 현상을 파악하기 위해 케인즈(Keynes, 1936 : ch. 15)는 예를 들어 자본가와 여타 다른 이들에 의한 화폐축장의 유동성 선호이론the theory of liquidity preference[1]을 발전시켰다.

세번째, 케인즈에게 경제적 행위는 비가역적인 역사적 시간 속에서 발생한다. 그러므로 경제 행위자들은 미래에 대한 기대를 형성해야 한다. 그러나 기대의 형성은 전적으로 합리적이지 않고 항상 심리적인 충동들과 연루된다. 더구나 경제적 행위자들은 다른 사람들이 기대하고 있는 것, 그리고 그 다른 사람들이 또 다른 이들에게 기대하는 것을 예상해야만 한다. 경제적 의사결정으로 환원불가능한 심리적 요소들이 존재한다. 그것이 결정적으로 정통적인 경제학을 케인즈가 거부한 이유이다.

주류경제학에 대한 케인즈의 공격으로 말미암아 그는 '이단적' 이고 '급진적인' 경제학파에서 수용되었다. 그의 목적은 고전학파 정치경제학에 비견할 수 있는 새로운 거시경제학을 세우는 것이었다. 자본주의 경제가 총수요의 체계적 부족으로 나타난다고 주장하면서 케인즈는 일상

1) 한 자산이 다른 자산으로 전환되는 정도에 따라 '유동성' 의 정도를 구분할 수 있다. 그에 의하면 '유동성' 이 가장 큰 자산은 화폐이다. 케인즈의 유동성 선호이론은 화폐(위험도 없고, 수익도 없는)와 채권(위험은 있지만 수익이 존재하는) 간의 자산 선택에서 출발한다. 그리하여 이자율이 여기서 화폐보유의 기회비용인데, 이자율이 상승하면 화폐보유의 기회비용이 상승하면서 소비자는 화폐수요를 줄인다. 이자율이 하락하면 그 역의 과정이 일어난다. — 옮긴이

적인 정부 개입에 정당성을 부여하였다. 실업을 축소하고 총수요를 강화하려는 목적으로 공공지출을 부양하는 정부의 도구인 조세 감면과 낮은 이자율이 갑작스럽게 이론적으로 정당화되었다. 하지만 케인즈의 거시경제학이 신고전파 경제학 정통의 가치론과 별다르지 않다는 점을 언급해 두자. 자본가와 노동자 사이의 경제적 상호관계를 충분히 깊이 있게 재사고하지 못한다는 것은 신고전파와 마찬가지로 문제가 있는 부분이다. 그의 거시경제학은 광범위하게 받아들여지고 있는 신고전파적 근본 요소인 주관적 가치론에 의존하고 있다. 이것이 정통경제학에 대한 케인즈의 공격이 갖고 있는 가장 주요한 약점이고, 결국에는 신고전파에게 승리를 안겨 주었으며, 그들은 케인즈의 거시경제학에서 급진적인 내용을 제거하게 되었다.[2)]

제2차 세계대전에 뒤이은 장기 호황 기간 동안, 국가는 선진 자본주의 경제에서 더욱더 직접적인 역할을 수행하였다(16장을 보라). 국내총생산GDP 중 정부지출이 차지하는 몫은 끊임없이 증대하였다. 더 많은 생산설비(특히 공공설비)가 공적 소유가 되었다. 더구나 광범위한 복지 공급체계가 구성되었다. 복지는 보건, 실업급여, 교육과 주택공급을 포함하였다. 케인즈가 이론적으로 정당화한 국가의 경제적 개입으로 마침내 경제위기와 사회적인 혼란을 발생시키는 자본주의적 경향을 처리하는 것이 가능해졌다고 믿게 만들었다. 외관상으로 국가 개입은 과도한 사적 자본주의를 제한하고, 실업을 제거하며 모든 이들에게 복지를 제공하였다. 케인즈주의는 당면한 전후 몇십 년간에 지속되었던 '혼합경제'에 대

2) 이러한 점에서 케인즈와 마르크스는 [둘 다] 세의 법칙과 화폐수량설을 거부했음에도 불구하고 뚜렷이 구별된다. 마르크스는 그의 경제분석을 노동가치이론과 자본-임노동 관계의 착취적 본성에 기초를 두었다. 경제학적 정통파에 대한 그의 이론적 문제제기는 케인즈의 것보다 더 오래 지속되고 있음을 알 수 있다(Itoh and Lapavitsas, 1999: ch.2, p. 6).

한 자기만족적인 이데올로기 용어가 되었다.

이러한 이데올로기는 미국과 영국의 유력한 대학들의 경제학과 내에서 1950년대와 60년대 서서히 나타난 이론적인 구성물인 '신고전파 종합' neoclassical synthesis의 거시경제학 내에서 학문적 지지를 얻었다. 대학의 경제학자들은 그들이 알아볼 수 없게 될 때까지 케인즈 거시경제학의 급진적 요소들의 효과를 약화시켰다. '신고전파 종합' 에서 대량실업은 임금이 하방 경직적일 때만 발생할 가능성이 있다. 그러한 상황에 정부가 개입해야만 하고 총수요가 진작하여야 한다. 실업과 인플레이션 사이의 역관계를 주장하고, 정부에게 그 둘 사이의 선택 메뉴를 제공하는 필립스 곡선Phillips Curve은 이러한 사고를 요약하고 있었다. 뒤늦게 깨달은 것이지만, 1960년대의 전 대학 도서관들이 '신고전파 종합' 이 갖고 있는 장점들에 초점을 맞추는 학문적 저작들로 채워져 있었다는 것은 놀랄 만한 일이다. 현대 주류경제학은 이러한 작업들의 대부분에 대해 무관심하거나 심지어는 수치로 여기고 있다. 그러나 전후 공식적인 케인즈주의의 옹호자들은 최근의 대학연구자들과 마찬가지로 그들의 경제학이 가지고 있는 유효성을 신뢰하는, 오만한 사람들이었다.

공식적인 케인즈주의는 1973~74년의 제1차 오일쇼크에 뒤따라 발생한 위기에 의해 붕괴되었다. 주요 자본주의 국가들의 '과학적' 경제 개입은 고실업과 고인플레이션의 지속적인 결합을 해결할 수 없다는 것이 드러났다. 공공지출의 증가가 정부적자를 지속시켰으며, 그것이 전 지구적인 위기 현상을 악화시키는 것은 더 심각한 일이었다. 1970년대 중반에는 〔자본주의 경제의〕 수익성이 붕괴하였고, 특히 급속하고 지속적인 인플레이션을 통해 몇몇 선진 국가들 사이의 환율체계가 급격히 파열되었다. 전후 호황을 지속시킨 제도들은 브레턴우즈 협정이 대표적으로 그러한 모습을 보였던 것처럼, 1971년에 중지되었고 1973년에는 최종적으로 붕괴되었다.

신자유주의는 1970년대 후반부에 발생한 경제적 재난에 대한 정부의 반작용으로 생겨났다. 경제정책적인 점에서 보면 신자유주의의 근본적이고 장기지속적인 구성요소는 완전고용을 목표로 하는 개입주의의 포기였다. 실업은 자본주의 경제의 재안정화를 위해 필연적인 대가였다. 이러한 정책적 변화와 동시에 필연적으로 나타난 부수적인 현상은 대처 정부 하의 영국에서 특히 두드러지게 나타난 바대로 노동운동에 대한 대대적인 공격이었다. 노동시장 유연성(다른 말로 하면 실질임금 축소, 대량실업, 그리고 임시직 노동자의 확대)은 점진적으로 건강한 자본주의 경제의 특징이 되었다. 또한 복지 제공에 대한 부담이 증대되었고, 국가는 주로 공공설비의 민영화를 통해 생산설비에 대한 소유권을 포기하기 시작하였다. 뒤이은 수년간, 공식적 경제 이데올로기는 점점 자유롭게 작동하는 시장의 미덕을 주장하였고, 경제적 자원의 잘못된 할당을 국가 개입과 연결시켰다.

주류경제학 이론 내에서 케인즈주의에 대한 비난은 주로 화폐수량설의 부활된 버전[3)]인 밀턴 프리드먼의 통화주의에 의해 행해졌다. 프리드먼은 인플레이션—1970년대 가장 중요한 경제문제라 할 수 있는—을 상품에 비해 화폐가 너무 많아 발생하는, 순수하게 화폐적인 현상으로 취급하였다. 정부가 인플레이션과 실업의 조합 사이에서 선택한다는 것은 프리드먼에게는 불가능한 일이다. 자본주의 경제는 실업의 '자연율'을 가지며, 그러한 '자연'율 아래로 실제 실업률을 떨어뜨리려는 시도는 인플레이션으로 이어진다고 프리드먼은 주장하였다. 만약 정부가 인

3) 1970년대와 80년대, 프리드먼의 광범위한 작업은 강력한 힘을 발휘하였지만 오늘날에는 영향력이 거의 없다. 이 부분은 프리드먼의 저작(Friedman, 1956; 1970)을 중심으로 요약한 것이다.

플레이션을 회피하려고 한다면 화폐수량설의 고전적 처방에 의존하여야 할 것이다. 즉 정부는 화폐공급의 증가를 억제하여야 한다. [프리드먼의] 이러한 취지는 1970년대 발생한 급속한 인플레이션을 억누르려는 1980년대 미국의 레이건 행정부와 대처 정부에 빠르게 채택되었다.

화폐수량설이 갖고 있는 본질적 공백이 현실 문제로 나타나는 데에는 그리 오래 걸리지 않았다. 선진 자본주의 국가들 사이에서는 1980년대 전반부 동안 화폐공급과 물가 인플레이션의 경험적인 관계가 매우 불안정하였다. 화폐량이 예측할 수 있는 방식으로 물가에 영향을 미친다는 화폐적인 통념은 거짓임이 밝혀졌다. 설상가상으로 영국과 미국의 정부 양쪽은 사실상 화폐공급의 증가를 억제하는 데 실패하였다. 그러나 통화주의적 정책들은 경제위기를 가속화시켰고, 수많은 실업자를 양산하였다. 인플레이션은 결국 하락하였지만, 오직 소비와 투자 침체의 압도적 비중 덕택이었다.

프리드먼의 통화주의는 1980년대에 뒤안길로 사라지고, 주류경제학은 점점 로버트 루카스Robert Lucas를 중심으로 한 '새고전파 경제학'(Lucas, 1972; 1973)에 지배되기에 이르렀다. 신자유주의 시대에 거시경제학에 대한 루카스의 영향은 광범위하고 지속적인데, 그것은 자본주의 경제의 고유한 시장청산적 속성을 강조하였기 때문이다. 사실상 루카스는 지속적인 초과공급은 불가능하다는 세의 법칙을 부활시켰다. 만약 실업이 존재한다면, 그것은 정부정책 그 자체의 결과일 텐데, 예를 들어 자본주의 경제에 참가하는 사람들의 자유로운 경제적 선택에 의해 보증되는 수준 이상으로 억지로 총산출을 밀고 나아가려는 시도는 잘못된 것이다. 이러한 주장의 정부정책에 대한 함의는 의미심장하다. 경제가 본질적으로 자기균형적이기 때문에 국가는 그것의 작동에 개입하는 것을 삼가야만 한다. 루카스의 의도는 뚜렷하게, 그리고 신자유주의 시대의 주류거시경제적 정책에 강한 강조점을 남겼다. 즉 정부의 거시경제에 대한 개입은 백해무익하다. 실제로는 역효과를 낸다는 것이다.

그럼에도 불구하고 선진 자본주의 국가들은 거시경제적인 개입을 포기하지 않았다. 주류경제학자들이 만들어 낸 이데올로기적 주장에도 불구하고 말이다. 그러기는커녕 (1980년대와 1990년대 통상적인 현상인) 경제위기가 나타날 때마다, 정부는 전형적으로 재정과 화폐정책의 결합을 이용하여 정책들의 효과를 개선시키려는 시도를 해왔다. 즉 조세 감면을 통해 공공지출을 증가시켰고, 이자율을 낮추었다. 일본에서는 신자유주의에 대한 공식적인 지지에도 불구하고, 그리고 본질적으로 케인즈주의적인 도구를 사용한 거시경제적 개입이 지속되었다. 1990년대에 일련의 확장적 거시경제정책들이 지속적인 침체에 맞서려는 시도로 도입되었다. 심지어는 신자유주의적 이데올로기의 본산지라 할 수 있는 미국에서도 확장적인 재정과 화폐정책이 자주 경기후퇴라는 유령에 맞서기 위해 채택되어 왔다. 특히, 1998~2000년의 증권시장 버블 이후에 그러했다.

그리하여 거시경제적 개입은 신자유주의 시대 내내 매우 활발하였다. 더구나 GDP 중 국가 지출의 비율은 모든 선진 자본주의 국가에서 중요한 부분을 차지하고 있다. 1980년대와 90년대 국가의 경제적 개입에 대해 억수같이 쏟아진 신자유주의적 이데올로기 공격은 국가가 현대 자본주의 경제의 작동을 주재하는 존재라는 단순한 사실을 은폐할 수는 없었다. 그러나 완전히 사라져 버린 것이 있다면 그것은 경제 개입이 완전고용을 달성하고 사회복지를 보장하여야 한다는 통념—전후 케인즈주의의 특징—이었다.

1980년대와 90년대 내내 지속적으로 거시경제적인 개입이 중요했다는 사실은 정부가 끊임없이 개입들을 구성하는 방법에 대한 경제적 권고를 필요로 했다는 것을 의미한다. 이러한 점에서 신자유주의 시대 동안 케인즈주의 거시경제학에 대한 이론적 공격들은 자본주의 국가에게 피해를 주었다. 그러한 이론적 공격이 정부 행동의 안내자로서 전후 케인즈주의를 대체하지는 못했기 때문이다. 최근에 주류경제학은 자본주의 경제 내에서 제도들의 역할과 정보 전달 과정information dissemination을 분석하는 이론에 기대어 이러한 간극을 채우기 시작하였다. 그러나 자유시장의 유익한 속성에 대한 신자유주의의 근원적인 신념에 근본적인 단절이 없다.

정보, 제도들, 그리고 사회적 규범들에 대한 경제학

현대 주류미시경제학은 제2차 세계대전 이후의 케네스 애로Kenneth Arrow와 제라르 드브뢰Gerard Debreu가 발전시킨 일반균형이론의 틀에 의존하고 있다(Arrow and Hahn, 1971 참조). 일반균형분석은 오로지 사적 이익을 목적으로 하고, 이타적 행위를 하지 않으며 요구되는 목적을 달성하기 위한 필수적인 수단을 엄격하게 판단하는 '합리적 개인'을 그 축에 놓는다. 그러나 그 개인은 그 목적을 달성하기 위해 폭력이나 권력을 사용하지는 않는다(5장을 보라). 경제의 본질적인 영역은 개인들이 다른 이의 상품들과 교환하기 위해 자신의 상품을 가지고 오는 시장이다. 더 나아가 (극도로 비현실적인) 가정 속에서—즉 완전정보, 모든 분야에 〔일반화된〕 시장, 일반화된 가격 수용, 그리고 '외부성'이 없는(시장 결정에 대한 의도되지 않은 부수효과가 없는)—일반균형분석은 자유시장이 경제적 효율성을 달성한다는 것을 보여 준다.

하지만 신자유주의적 패권의 기간 동안, 신고전파 미시경제학 내에서 중요한 이론적 발전이 일어났다. 일반균형분석에 의한 접근을 통해 쉽게 설명되지 않던 자본주의 경제 내의 제도들과 광범위한 경제 현상들의 실존이 이러한 발전을 가능케 하였다. 한 가지 악명 높은 사례가 바로 화폐의 실존이다. 화폐는 직접적으로 소비되지도 않고 생산되지도 않는 하나의 자산이기 때문에 상품들 대신에 이자 수입이 없는 화폐로 자산의 일부분을 영구히 보유한다는 것은 '합리적 개인'이 보기에는 비논리적이다. 만약 '합리적인 개인'이 일반균형이론에서 가정하고 있는 것처럼 모든 범위의 시장에서 완전히 가격수용자들이라면 화폐를 교환수단으로 사용할 이유가 없다. 그들은 대신에 생산과 소비에서 아무런 이익을 주지 않는 화폐를 보유하지 않기 위해 미리 일련의 직접적인 상품교환을 계획했을 것이다. 요컨대, 순수한 일반균형에서 화폐는 자본주의 경제 내에서 아무런 역할도 없고, 논리적 지위도 없다. 근대적인 신고전파 미시경제학은 자본주의를 직접교환 또는 물물교환으로 취급하는 그로테스크한 입장에 있다.

1970년대 초반 이후로 신고전파 미시경제학은 화폐에 의해서뿐만 아니라, 은행에 의해서나 다양한 노동행위, 그리고 시장의 불규칙성에 의해 제기된 곤란한 이론적 퍼즐과 대결하기 위해 많은 노력을 기울였다. 경제적인 행위를 하는 사람들 사이에 가정되었던 완전정보의 가능성의 완화가 특히 선호되는 접근 방법이었다. 그 대신에 경제학자들은 자본주의적 시장들에서는 참가자들 사이에서 정보가 비대칭적으로 보급되는 것이 전형적이라고 가정한다. 자본주의 경제는 여전히 합리적이고 이기적인 개인들로 구성되어 있지만, 그러한 개인들은 상품들의 사용, 노동생산성, 투자계획의 질, 그리고 기타 등등을 판단하는 서로 다른 양의 정보를 가지고 있다고 가정된다. 문제는 만약 두 명의 비대칭적인 정보에 입각한 개인이 경제적인 교환의 장에 들어섰다면, 더 나은 정보에 입각한 개인이 그렇지 않은 이보다 이익을 볼 수도 있으며, 그 때문에 과도

한 수익을 얻을 수도 있다는 것이다. 그러한 상황 아래서 자유시장에서 예상되는 효율성이 사라질 수 있다는 것은 직관적이며, 정식화시켜 보여줄 수도 있다. 정보 비대칭은 자유시장 거래가 비효율적이라는 것을 의미하며, 다양한 경제적 현상을 이론적으로 설명하는 데 사용될 수 있는 하나의 결과이기도 하다.[4)]

주류경제학 내에서 정보-이론적 분석의 급증에 수반하여 자본주의 경제에 만연한 제도들과 규범들에 대한 이론적 중요성이 강조되었다. 이러한 접근의 〔이론적〕 지주 중에 한 명이라 할 수 있는 더글러스 노스 Douglass North는 경제적 제도들이 '합리적 개인들'의 선택을 구체화하는 사회적 관습이라고 강조하였다(North, 1981; 1990; 1999를 보라). 노스는 공개 시장에서 경제적 거래는 항상 참가자들에게 비용들을 감당하게 한다고 주장한다. 이러한 비용들은 합의(계약에 이르게 되는)에 도달하게 하는 비용들로부터 합의를 강제하는 데 포함된 비용들까지 다양하다. 시장을 둘러싼 제도들은 이러한 비용의 크기를 결정한다. 결과적으로 제도들의 실행이 경제 행위자들의 의사결정에 영향을 주고 그에 따라 자본주의 경제의 효율성에 영향을 준다. 본질적으로, 경제적 행위에 대해 가장 큰 영향을 최종적으로 행사하는 제도는 문화적이고 역사적인 맥락에서 작동하는 국가이다. 유사한 노선에서 올리버 윌리엄슨 Oliver Williamson은 상품교환의 거래비용에 초점을 맞추어 왔고, 이러한 비용들을 줄이는 데 있어 제도들의 역할을 강조해 왔다. 윌리엄슨은 이러한 것이 시장의 효율성을 개선시킬 수 있다고 강조하였다. 윌리엄슨은 경제적 제도들이 다른 제도들을 위계적이고 직접적으로 지배한다고 규정하였다. 이러한 제

4) 예를 들어, Akerlof(1970), Spence(1973), Stigliz(1974; 1994), Grossman and Stigliz(1980)를 보라.

도들의 특징이 거래비용들을 절감하고 자원배분을 개선한다는 것이다 (Williamson, 1975 ; 1985).

주류미시경제학 내에서 거래비용과 제도에 대한 강조는 경제분석과 사회규범들 그리고 관습들을 통합하려는 광범위한 움직임을 수반하였다. 미시경제학은 전통적으로 오직 '합리적 개인'을 대상으로 한 경제적 동기와 충동(비용과 편익의 무미건조한 미적분)으로 인식되어 왔다. 하지만, 1980년대와 90년대 주류경제학은 시장 참가자들이 사회적 규범의 영향 하에서 행동하게 된다는 것을 인정하였다. 이러한 것들은 사회적 예법, 또는 성적 행위와 같은 좁은 의미에서 경제적인 것을 넘어서 확장되는 사회적 영향들로부터 기인하는 자극들과 실천들이다. '노동'의 사회적 규범은—예를 들어 노동하는 것은 '좋은 것'이고, 실업은 '나쁜 것'이라는—젊은 노동자의 노동시장 행위에 대해 중요한 영향을 끼친다. 유사한 측면에서 경제학자들은 한편으로는 노동시장에 진입하는 데 있어 개인적 결정에 영향을 주는 '노동' 규범과 다른 한편으로 사회복지에 의해 일반화되는 '게으름' 사이의 긴장이 존재한다고 주장하기도 하였다.[5]

1970년대 초반 이후에 미시경제학에서 나타난 점진적인 전환은 종종 자유시장에 대한 신자유주의적인 신념에 대해 비판해 온 '새정치경제학' new political economy의 출현에 기여하였다. 예를 들어, 정보 비대칭성은 시장 비효율적인 실행을 가져오거나 심지어는 붕괴로 이끌 수도 있었다. 그로 인해 적절한 제도들이 시장을 유지하고 시장의 붕괴를 막아야 할 필요가 있다. 새로운 빛이 국가의 경제 개입에 다시 한 번 비추어지는 순

---

5) 다양한 시장들의 성과에 대한 사회적 규범의 중요성을 보여 주는 사례에 대해서는 Akerlof (1984)를 보라.

간이었다. 그것은 바로 국가의 개입이 시장의 불완전성을 제거하는 목적으로 이루어지며 그리고 시장 친화적임을 말해 주었다.

노동시장의 불완전성이 실업의 원인이 될 수 있다고 간주될 수 있기 때문에 노동시장은 시장 친화적 국가 개입의 한 예를 제공하여 줄 수도 있을 것이다. 그러므로 국가 개입은 고용계약의 강제와 계획뿐만 아니라 정보 흐름도 개선시켜, 아마도 더 높은 고용수준을 유지하는 데 필수적인 것일지도 모른다. 다른 예는 비대칭적 정보(투명성의 부족)로 완전한 오작동에 이를 수 있는 금융시장에 있다. 그러므로 국가는 자신의 개입이 불완전성을 제거하고 정보를 개선시키는 한에서 금융영역에 개입하는 것을 정당화시킬 수 있다. 더 광범위하게는 자본주의적 경제행위를 지지하는 사회적 규범—정직과 신뢰성과 같은—이 경제적 효율성을 개선하기 위한 사회적 정책을 통해 강화되고 촉진될 수 있다. 점진적이고 미세하게, 새로운 개입주의가 자본주의 경제의 미시경제학적 측면에 초점을 맞추고 시장의 불완전성을 개선하기 위한 시장 친화적인 정부의 행위를 옹호하면서, 주류경제학 내에 등장하고 있다.

최근 새로운 개입주의의 지도적 인물은 노벨상 수상자이자 국제기구 및 미 대통령 자문자인 조지프 스티글리츠Joseph Stiglitz였다. 스티글리츠의 영향은—특히 발전도상국과 관련하여—1990년대에 가장 컸다. 발전경제학의 영역에서 1970년대 초반까지 이론적 사고는 국가 개입이 바람직하며, 발전과정을 의식적으로 관리할 필요가 있다는 것이었다. 1970년대 이후, 그리고 발전도상국에서 신자유주의가 부상하자, 이른바 워싱턴 컨센서스가 특히 IMF와 세계은행, 그리고 다른 국제조직들 내에서 지배적인 발전이론으로 자리매김되었다(12장과 Fine et al., 2001을 보라). 워싱턴 컨센서스는 일련의 신자유주의적 이념이라고 할 수 있는데, 발전도상국들에게 거시경제적 안정성(전형적으로 빈곤층에 대한 보조금을 포함하는 정부지출의 삭감)을 달성하고, 국내 시장을 탈규제화하며, 국영기업을 민영화하고, 무역과 금융의 개방을 요구하는 것이다. 놀랄 것도 없지만, 그러한 정책들의 결과들은 1980년대와 90년대 내내 1인당 소득과 성장의 측면에서 매우 실망스러웠다. 그러는 동안, 금융위기가 발전도상국에서 통상적인 일이 되어 버렸다. 1990년대 이후 스티글리츠는 시장에 대한 몇몇 제한된 수준에서 국가 개입을 옹호하고, 정보-이론적인 분석Information-theoretic analysis에 의지하여 워싱턴 컨센서스를 지속적으로 공격해 왔다.

워싱턴 컨센서스에 대한 스티글리츠의 공격은 본질적으로 특히 발전도상국에서 신자유주의와 대결하고 있는 사람들에게 매력적이었다. 결과적으로 스티글리츠의 급진주의는 케인즈의 이론에 훨씬 못 미치는 이론임을 인식하는 것이 중요하다. 자유시장에 대한 그의 비판에도 불구하고 스티글리츠는 현대 주류신고전파와 근본적으로 대결하고 있지는 않다. 그는 실업과 위기를 발생시키는 경향이 있는 자본주의의 고유한 불안정성에 대해 더 심도 깊게 고찰하지 못한다. 그러기는커녕 그는 만약 시장이 순수 경제이론에서 요구되는 것처럼 작동했다면 자본주의는 정말로 가장 효율적인 체계가 되는 것이 가능했을 것이라 말한다. 하지만 불행하게도 시장은 그것들을 완벽하게 작동되지 못하게 하는 정보의 차이로부터 기인하는 불완전성을 가지고 있다. 결과적으로 스티글리츠는 본질적으로 시장의 성과를 정밀하게 개선시키기 위해 국가가 개입을 통해 시장 불완전성을 다루기를 바라고 있다.

신자유주의적 워싱턴 컨센서스와 스티글리츠의 대안적 접근 모두 시장이 경제를 조직하고 자원을 배분하는 데 있어 다른 어떤 사회적 메커니즘보다 우수하다고 여긴다. 그 두 가지 접근 사이의 공통적인 기반은 새로운 미시경제학으로부터 나온 주장들이 정책처방과 국제경제조직들에 대한 분석을 이미 구체화하고 있다는 한에서는 분명하다. 1990년대 이래로 IMF와 세계은행의 견해는 전형적으로 시장이 더 나은 성과를 갖게 하는 사회적 환경을 창조하고, 부패를 감소시키며, 투명성을 재고하고, 정보 흐름을 개선할 필요가 있다는 언급들로 가득 차 있다. 그동안 국제적 조직들의 경제정책들이 갖고 있는 신자유주의적 핵심은 변하지 않은 채 남아 있다.

결론을 대신하여: 마르크스주의 정치경제학의 지속적인 타당성

신자유주의적 패권의 시대는 마르크스주의 정치경제학에 유익한 것은 아니었다. 마르크스주의 경제학은 점진적이지만 냉혹하게, 학계를 포함한 여러 영역에서 영향력과 명성을 잃었다. 이러한 마르크스주의 경제학의 주변화는 그것이 특히 국제적 자본주의의 주기적 위기 기간 동안 발생한 것이기 때문에 설명하기가 쉽지 않다. 그러나 노동자운동에 대한 영향력의 상실과 소련의 붕괴는 의심할 바 없이 그러한 주변화에 기여하였다. 영향력의 상실에도 불구하고, 마르크스주의 정치경제학은 주류경제학에 대한 주요한 대안으로 남아 있으며, 자본주의적 착취와 억압에 반대하는 사람들에게는 여전히 타당하다. 마르크스주의 경제학은 자본주의 경제의 고유한 불안정성과 자유시장의 비효율성을 보여 준다. 자유시장 전사들의 이데올로기적인 허언과 자유시장에 대한 경솔한 옹호와 대결하는 데에 있어 어려움은 거의 없다. 전 세계적인, 특히 발전도상국에서 신자유주의적 정책의 채택이 빈자와 약자에게 재앙적인 결과를 가져왔다는 것을 쉽게 보일 수 있다.

이 장에서는 신자유주의의 이론적 영향력이 정점을 지났다는 것을 살펴 보았다. 심지어는 주류경제학 내부에서조차도 정보, 제도 그리고 사회적 규범에 주목하는 사고의 비판적 흐름이 자본주의 시장의 최적성에 대한 단순한 이데올로기적 신념을 흔들어 놓고 있다. 주류경제학 이론 내에서 새로운 개입주의의 부상은 마르크스주의 정치경제학에 대해 복잡한 문제를 제기한다. 마르크스주의는 자본주의 경제가 작동하는 사회적 틀을 중요한 것으로 여긴다. 그리고 자본주의 경제의 성과에 극히 중요한 것으로 사회적 규범과 정보, 제도들을 다룬다. 그러나 마르크스주의 경제학은 또한 자본주의 경제의 억압적이고 착취적인 성격을 보여준다. 자본주의적 제도들과 사회적 규범들은 자본주의 사회의 핵심에 있는 계급 분할에 깊은 영향을 준다. 자본주의 경제의 성과는 자본주의 사회의 계급들 사이의 대립과 억압, 착취로부터 분리될 수 없다(5장을 보라). 이것은 계급의 이해와 대립으로부터 절대 자유로울 수 없는 자본주의 국가의 경제적 개입에도 유효하다.

신자유주의에 대한 주류경제학적 비판들은 자본주의 경제의 사회적 측면을 인식하면서, 자본주의 시장의 약점에 재주목하는 데 성공적이었다. 그러나 그러한 비판들 중에서 가장 급진적인 것조차도 전형적으로 자본주의적 계급 분할과 권력의 함의를 인식하는 것을 꺼린다. 그들은 이론적 분석 속에서 사회계급에 대한 단순한 언급조차도 꺼린다. 결과적으로 그러한 이론들은 자본주의적 착취와 억압에 맞서 싸우는 사람들을 위한 효과적인 토대를 제공할 수 있는 능력이 없다. 이러한 작업은 마르크스주의 정치경제학이 계속해서 수행할 것이다.

4장_신자유주의의 경제적 신화

안와르 사이크*

우리는 거대한 부와 광범위한 가난이 특징인 세계에 살고 있다. 가장 부유한 나라들은 1인당 연간 GDP가 3만 달러 이상인 반면, 가장 가난한 나라들은 천 달러 이하이다. 그리고 그러한 지독하게 낮은 수준조차 높은 수준으로 오도될 수 있는데, 그 나라들 내부에는 평균수준보다 훨씬 낮은 소득으로 살아가고 있는 가난한 사람들이 존재하고 있기 때문이다. 1억 2천만 명의 사람들 이상이 ─ 이 지구상에 살고 있는 다섯 명 중 한

---

* 안와르 사이크(Anwar Shaikh)는 뉴욕에 있는 뉴스쿨 대학(New School University) 정치학·사회과학 대학원 경제학과 교수이다. 그는 또한 버드 컬리지(Bard Colledge)의 레비 경제연구소 거시모형팀의 연구원이자 수석경제학자이다. 그는 *Mesuring the Wealth of Nations: The Political Economy of National Accoutns*(Cambridge: Cambridge University Press, 1994, E.A. Tonak와 공저)와 *Globalization and the Myths of Free Trade*(London: Routledge, 2007) 등을 썼다. 그의 최근 논문으로는 "Nonlinear Dynamics and Pseudo-Production Functions", *the Eastern Economic Journal*(2005); "Who Pays for the 'Welfare' in Welfare State?: Multi-Country Study", *Social Research*(2003), "Labor Market Dynamics within Rival Macroeconomic Frameworks", *Growth, Distribution and Effective Demand*(Gary Mongiovi, ed., Armonk, N.Y.: M.E. Sharpe, 2004), "An Important Inconsistency at the Heart of the Standard Macroeconomic Model", *Journal of Post Keynesian Economics*(2002, W. Godley와 공저)가 있다. 또한 그는 국제무역, 금융이론, 정치경제학, 미국 거시경제정책, 성장이론, 인플레이션이론과 공황이론에 대해서 집필해 왔다. 그는 또한 *Cambridge Journal of Economics*의 편집위원이기도 하다.

명이 — 하루 1달러 이하로 연명하는 처지에 있다. 중국을 제외하고, 지난 10년 동안의 급속한 세계화는 가난과 굶주림의 증가와 관련되어 있다. 1,300만 이상의 어린이들이 이 기간 동안 설사병으로 죽었다. 현재 50만 명의 여성들이 매해 1분에 한 명 꼴로 임신과 출산 과정에서 죽는다. 8억 명 이상이 영양실조에 시달리고 있다(15장과 UNDP, 2003: 5~8, 40을 보라). 그러나 우리는 지구의 전체 인구에 대해 보호와 의료, 상당한 식량을 제공할 수 있는 수단을 오래 전부터 가지고 있다.

전 세계를 위해 이러한 문제들을 다룰 수 있는 가장 최선의 방식은 무엇일까? 이 질문에 대한 일반적인 해답은 그 단순함에 놀랍기까지 하다. 바로 제한되지 않는 전 지구적 교역을 통해서 가능하다는 것이다. 이것이 신자유주의라고 불리는 교리의 본질이다.

신자유주의의 이론과 실천

신자유주의는 현대적인 세계화가 지배하고 있다. 신자유주의적 실천은 주류경제이론에 근거한 다음과 같은 일련의 이론적 주장에 의해 정당화된다. 시장은 자기 조정적인 최적의 사회구조로 나타난다. 만약 시장이 제약 없이 작동한다면, 시장은 모든 경제적 요구를 최적화하여 충족시킬 것이고 모든 경제적 자원들을 효율적으로 사용하며, 진심으로 일하고자 하는 모든 사람에게 자동적으로 일자리를 제공했을 것이라고 주장한다. 확대해 보면, 시장의 세계화가 전 세계에 이러한 이익을 확장하는 가장 최선의 길이었을 것이다. WTO의 전 사무총장 마이크 무어Mike Moore를 인용해 보자면, "[세계의] 가난한 자들을 도울 수 있는 가장 확실한 방법은 시장을 개방하는 것이다"(Agosin and Tussie, 1993: 9). 이것이 신자유주의의 첫번째 공리이다.

이런 관점에서 현대 사회에 주기적인 경제위기들, 실업, 가난이 존재하는 이유는 시장이 노조와 국가, 그리고 문화와 역사에 기초한 다수의 사회적 실천들에 제약받아 왔기 때문이다. 이러한 역사 해석은 가난한 나라들뿐만 아니라 부유한 나라에도 적용된다. 성공적인 세계화는 전세계적인 '시장 친화적' 사회구조를 필요로 한다——고용자가 자신들이 원하는 사람을 고용하거나 해고할 수 있도록 노조의 힘을 축소시키고, 국영기업의 노동자들을 국내 자본영역 내로 들어오게 하기 위해 그 기업들을 민영화하고, 국내 시장을 외국 자본과 외국 상품에 개방함으로써 시장 친화적 사회로 이행시킨다. 이것이 신자유주의의 두번째 공리이다.

신자유주의적인 이론과 실천은 활동가들, 정책 결정자들, 학계로부터의 저항을 받아 왔다. 그럼에도 불구하고 이런 개념은 여전히 엄청난 권위를 지니고 있다. 신자유주의적 개념은 대중적 인식과 대부분의 정책 서클들 내에서, 그리고 사회과학 내에서 막대한 영향력을 끼치고 있다. 현실적인 측면에서 보면, 이런 의제를 지지하는 강력한 국가들과 기구들이 시장의 법칙을 확대하는 데 성공해 온 동시에 전 지구적으로 극악한 가난과 불평등의 심화가 존속하고 있으며 위기가 폭발하고 있다.

신자유주의의 경제적 원리로서 자유무역론

신자유주의의 이론적 근거는 정통적인 자유무역론에 의존한다. 정통적인 자유무역론의 핵심 주장은 경쟁적인 자유무역이 자동적으로 모든 국가들에 이익이 된다는 것이다(10장을 보라). 폴 크루그먼Paul Krugman은 이를 (주류)경제이론의 '신성한 교의' sacred tenet라고 말했다(Krugman, 1987 : 131). 그 의미를 평가하기 위해 다음과 같은 논의를 고려하자. 비판자들은 오늘날 세계가 주류자유무역론에서 가정하고 있는 경쟁적 조건과는 매우 반대의 상황이라고 지적한다. 그 비판들은 부자 나라들이 현재 자유무역을 설파하고 있음에도 불구하고, 그들 자신은 보호무역과 국가 개입에 심히 의존하여 발전 사다리에 올라탔음을 말해 주며, 심지어는 오늘날에도 부자 나라들은 자신들이 설파하고 있는 교의를 따르지 않고 있다는 점을 지적한다(Agosin and Tissue, 1993 : 25 ; Rodrik, 2001 : 11 ; Chang, 2002 ; Stiglitz, 2002).

신자유주의의 옹호자들에게는 이러한 비판자들에 대해 준비된 답변이 있다. 그들에 의하면 진실로 경쟁적인 조건들이 예전에는 이루어지지 않았기 때문에 과거[의 경험을 말하는 것]는 유용하지 않다. 하지만 국제기구들의 도움으로 경쟁은 전 지구적으로 확장될 수 있다. 그리고 그랬을 때 자유무역의 약속은 이루어질 것이다. 그러므로 특히 발전도상국에서 시장에 대한 제약을 제거하는 것이 필수적이고(Bhagwati, 2002 : Lecture 1), 바로 이러한 것이 신자유주의의 핵심적인 결론이다.

이러한 과정에서 논쟁은 얼마나 면밀히 그리고 어떤 사회적 비용으로 현실 시장을 충분히 경쟁적으로 만들 수 있는가가 핵심이 되었다. 신자유주의를 비판하는 사람들은 권력이 현대 사회를 지배하고 있기 때문에 시장은 절대 교과서적 방식으로 작동하지는 않을 것이라고 주장한다. 왜냐하면 독점력, 계급권력, 국가권력, 그리고 주변부에 대한 중심[국가들]의 권력(McCartney, 2004)이 지배하고 있기 때문이다. 현실 사회를 경쟁 모형에 강제 적응시키려는 시도는 성공할 수도 없고 광범위한 '부수적 피해' collateral damage를 만들어 낼 것이다. 신자유주의의 옹호자들은 시장에서 발생하는 추정상의 장기적인 이익으로 단기적인 전환 비용 transition cost을 정당화한다. 만약 그 비용이 다른 사람에 의해 치러질수록 그 장기적인 이익은 더 많은 것이다. 지지자들은 자신들이 '충격요법' 이라 부르기도 하는 극단적 형태 속에서 [시장으로] 전진하는 가장 최선의 방법은 거슬리는 제도들과 관습들에 대한 전면전이 될 것이라 주장한다.

이 논쟁에서 결정적인 것은 양측 모두 신자유주의의 근본적인 전제를 받아들이고 있다는 것이다. 즉 충분히 경쟁적인 조건이 주어져 있다면 자유무역은 약속한 대로 작동**할 수도** 있었다. 이 장에서는 이 주장이 그 자신의 지반 위에 있을 때조차도 틀린 것이라 주장한다. 저발전에 동반하는 발전, 빈곤과 나란히 존재하는 부, 실업에 동반하는 고용을 발생시키는 것은 경쟁의 부족이 아니다. **그것은 경쟁 그 자체이다.**

국가들 사이의 자유무역은 국가 내의 경쟁과 매우 동일한 방식으로 작동한다. 그것은 (경쟁적으로) 약한 것보다 강한 것의 편이다. 이러한 관점에서 보면, 세계화는 부수적 피해를 발생시킬 것이다. 또한 이것은 발전된 국가들도 자신들이 발전도상에 있을 때, 제약 없는 국제 경쟁이 바로 자신들의 발전계획에 대한 위협이라는 사실을 꽤 올바르게 인식하고 있었음을 말해 준다. 현재 그렇게 강력히 부정하고 있는 것을 그 당시에 그들은 진실로 알고 있었다. 즉 시장의 거대한 힘은 더 광범위한 사회적 의제에 매어 있을 때 가장 잘 활용된다.

주류자유무역론의 논리

자유무역에 대한 교과서적인 소개는 고의적인 잘못된 설명으로부터 시작한다. 우리는 자유롭게 시작되는 물물교환과 관련된 **개인**들로 두 국가를 다루도록 요구받는다. 그 개인들—사람들이 말하는—은 만약 그들 각각이 그 과정에서 이익을 얻을 것이라 생각한다면 아마도 그 밖의 어떤 것에 대한 보상으로 무언가를 넘겨줄 것이다. 만약 그들의 기대가 옳다면 각각은 정말로 이익을 얻을 수도 있다. 이리하여 자유무역은 참가하는 모든 이에게 이익을 준다. 그 밖의 것은 사소한 것이다.

그러나 어떤 마법의 속임수처럼, 이것은 주요한 미스디렉션 misdirection[1]을 끼워 넣는다. 자본주의 세계에서 대외무역에 관여하는 것은 바로 **기업들**businesses이다. 국내 수출업자는 외국의 수입업자에게 물건을 파는데, 매번 그 물건은 외국의 거주민들에게 팔린다. 반면 국내 수입업자는 외국의 수출업자로부터 물건을 사고, 다시 우리에게 판다. 이러한 사슬의 각 단계에서 사업 결정에 동기를 부여하는 것은 바로 이윤이다. 국제무역이론은 사실상 경쟁이론의 부분집합이다. 그러므로 주류자유무역론을 제대로 이야기하기 위해서는 국제 경쟁이 항상 이익이 된다는 것을 보여 줄 필요가 있다. 이것이 주류자유무역론의 실질적인 요점이자, 신자유주의의 실질적인 근본이다. 만약 그러한 것이 언급될 만한 곳이 있다면, 오직 고급 교과서에서나 가능할 것이다.[2] 만약 그렇지 않다면 의구심은 슬며시 기어들어 갈지도 모른다.

제대로 이야기하려면 몇 가지가 필요하다. 첫째, 만약 어떤 두 국가 사이의 무역이 수출과 수입 사이의 불균형으로 이어진다면, 이러한 것은 상대가격 변화의 보정補整을 야기한다. 한 국가가 무역적자에 시달리고 있다고 가정하자. 이것은 수출업자에 의해 외국에 판매된 상품의 가치가 수입업자에 의해 국내에서 판매된 상품의 가치보다 낮다는 것을 의미한다.[3] 이러한 불균형을 자동적으로 교정하기 위해서는, 수출품이 외국인에게 더 값싸게 제공되어야만 한다. 그렇다면 외국인이 아마도 더 많이

---

1) 마술의 기본으로 관객의 주위를 다른 곳으로 돌리는 것을 말한다. — 옮긴이

2) 중급 교과서는 [국가와 개인 사이의] 규범적인 정의를 대체함으로써 때때로 국가를 개인으로 취급하는 허구적 이야기와 국제 경쟁의 실제 법칙들을 정교화하는 데 필요한 것 사이의 차이를 덮어 버린다. '국가들' 각각은 교역에서 이익을 얻을 것이기 때문에, 비교우위 원칙에 따라 교역에 관여해야 한다고 말한다. 이것은 국가가 제국주의, 전쟁 또는 약탈 등에는 관여하지 말아야 한다고 말하는 것과 같다. 그것은 희망을 준다는 측면에서는 만족스러울지 모르겠으나, 현실적인 결과를 설명하는 데 있어서는 부족하다(Magee, 1980: 14~19).

사게 될 것이다. 두번째, 이러한 상대가격의 변화는 무역적자 해소에 효과적임에 틀림없다. 이러한 것은 수입품의 화폐가치에 비해 수출품의 화폐가치를 상승시켜야 함을 의미한다. 정반대의 경우가 완전히 가능한데, 예를 들어 수출품의 가격이 10% 떨어지고, 외국인들이 이러한 상품을 5% 더 구매했다고 가정하자. 그러면 수출품의 총화폐가치는 오르기보다는 오히려 더 떨어진다. 왜냐하면 가격의 하락이 〔판매된〕 수량의 상승보다 크기 때문이다. 그리하여 주류이론은 또한 판매된 수량이 가격의 하락에 민감할 것이라고 가정한다.[4] 국제무역론에서 첫번째 필요조건은 무역적자를 경험하고 있는 한 나라의 교역조건(공통의 통화로 표시되는 수입품 가격에 대한 수출 가격)은 자동적으로 하락한다는 것이고, 반면 두번째 필요조건은 이러한 하락이 무역적자를 해소하는 데 충분하다는 것이다. 모든 것을 감안했을 때, 이러한 두 가지 가정은 무역적자와 무역흑자 또한 자기소멸적임을 확증한다. 그렇다면 발전의 정도, 자원, 노동비용 등의 차이와 상관없이 각 국가는 세계시장 속에서 자신의 몫을 유지할 수 있을 것이다. 다른 말로 하자면, 자유무역은 각 국가가 세계시장에서 경쟁적이 되어야 함을 보여 준다(Arndt and Richardson, 1987 : 12).

앞선 가정들은 이야기가 잘 풀어 나가는 데 필수적인 것인 반면, 충분한 것은 아니다. 우리는 고용에 대한 함의를 고려할 필요가 있다. 무역

3) 여기서 저자가 말하고 있는 가격은 일반적인 의미의 명목가격을 말하고, 가치는 상품의 수량에 가격을 곱한 것을 의미한다. — 옮긴이

4) 이 마지막 필요조건은 '탄력성 조건'(elasticities conditions)이라고 알려져 있다. 무역수지는 수입품 가치에 대한 수출품 가치의 비율로 표현될 수 있다. 만약 이것이 1보다 작으면, 국가는 무역적자를 경험한다. 만약 수출품 가격이 떨어지고 〔이러한 가격의 하락이〕 판매된 수출품의 양을 상승시킨다면 수출품의 가치가 상승하리란 보장은 없다. 유사하게, 수입품 가격의 상승이 판매된 수입품 양을 하락시킬지도 모르지만 수입품의 가치가 하락하리라는 보장은 없다. 그리하여 교역조건이 가정된 방식으로 움직일 때조차 수량이 충분히 민감(탄력적)하지 않다면 무역수지는 개선될 필요가 없다. 탄력성 조건은 이야기가 제대로 만들어지기를 위해 요구되는 일련의 제약들이다.

에 노출된 국가들 내에서 어떤 부문의 일자리는 줄어들지도 모르고, 다른 부문의 일자리는 늘어날지도 모른다. 어떤 기업은 번창하고, 반면 다른 기업은 파산할지도 모른다. 이것은 〔무역에〕 연루된 국가에서 〔발생할 수 있는〕 전반적인 실업 사태의 가능성을 배제하지 않는다. 그럼 이야기를 좀더 진행해 보자. 주류이론은 경쟁적 시장이 일자리를 원하는 모든 이들에게 자동적으로 제공할 것이라는 가정을 통해 이러한 문제를 해결한다. 이러한 것이 무역이론에까지 〔영향을〕 미치게 되면 국제적인 조정이 전반적인 실업으로 이어지지 않을 것임을 확실히 보여 주게 된다. 왜냐하면 직장을 잃은 사람들은 아마도 다른 직장을 얻게 될 것이기 때문이다. 이러한 것이 전통적인 국제무역론의 세번째 지주pillar이다.

요약하자면, 주류무역론은 세 가지 주장에 의존하고 있다. 첫째, 어떤 국가의 무역에서 〔발생하는〕 적자는 수입품 가격에 대한 수출품 가격의 하락—교역조건의 하락—을 일으킨다. 두번째, 그러한 하락은 수입품의 화폐가치에 대한 수출품 화폐가치의 증가—무역수지의 균형—를 낳는다. 이러한 것은 수입품에 대한 수출품의 상대가격 하락보다 수입품에 대한 수출품의 상대적인 물리적 비율이 더 많이 상승할 것—알맞은 탄력성—을 요구한다. 그리고 세번째, 시간이 흐른 뒤에 어떤 국가도 국제무역으로부터 〔발생할 수 있는〕 전반적 실업에 시달리지 않을 수 있다. 이러한 세 가지 명제는 **신고전파의 비용에 대한 비교우위이론**을 구성한다. 그것은 국가들이 집단적으로 국제무역으로부터 〔이익을〕 얻을 것임을 의미한다.

비용에 대한 비교우위론과 **요소**에 대한 우위론을 구별하는 것이 중요하다. 이 두 가지는 개념적으로 별개의 것임에도 불구하고, 자주 혼동된다. 비용에 대한 비교우위론은 국가들 사이의 국제무역이 양 국가에서 완전고용으로부터 벗어나지 않으면서도 무역균형에 도달할 수 있다는 것을 의미한다. 여러 국가들 중 하나가 무역이 개방된 상황에서 절대적으로 낮은 비용을 갖고 있어서 초기에 무역흑자를 올리고 있을 때조차, 비용에 대한 우위론은 자유무역이 자동적으로 초기에 발생한 우위를 소멸시킬 것이라고 말한다. 이것이 무엇을 의미하는지 이해하기 위해서 무역이 개방되었을 때, 우리는 외국 경쟁자들에 대한 절대적인 비용 우위에 따라 흑자국 내의 모든 산업에 대한 순위를 정할 수 있다고 가정하자. 그러면 자동적으로 무역흑자를 침식하는 자유무역 때문에 적어도 초기의 절대우위를 가진 산업들은 우선 그들의 우위를 잃게 될 것이다(요컨대 우리는 이론에서 제출된 메커니즘으로 되돌아가는 것이다). 이것은 생존자들에게 반복되어서 나타나야만 할 것인데, 적자가 초기에 발생한 무역흑자를 모두 사라지게 하기에 충분할 때까지 진행된다. 최종적인 생존자들은 예를 들면, 가장 거대 규모의 초기 비용에 대해 '비교' 우위를 가지고 있는 연쇄의 상위를 차지한 산업들까지가 될 것이다. 명백히 그 역이 무역적자가 존재하는 초기 절대열위 국가들에서도 유지될 것이다. 여기서 가장 유리한 위치에 있는 것은 가장 초기에 비용에 대한 비교열위에 있던 산업이다.

요소에 대한 비교우위론은 비용에 대한 비교우위론이 무역을 관장한다고 가정하고, 대신에 비용에 대한 우위 사슬의 최상위에 있는 어떤 국가의 특정한 산업을 설명하려고 모색한다. 기본적인 대답은 〔그러한 최상위에 있는 특정〕 산업은 생산에 있어 값싼 국지적 투입물로부터 가장 많은 이익을 얻는 곳이다. 그리고 국지적으로 값싼 투입물은 매번 관련된 '생산요소'(토지, 노동, 자본)의 상대적인 풍부함에서 비롯될 것이다. 그러므로 만약 토지가 어떤 국가에서 상대적으로 풍부하다면 요소우위론에 따라, 농업과 같은 토지집약적인 산업들이 국제무역에서 비용에 대한 비교우위를 가지는 것이 가장 그럴 듯하다.[5)]

우리는 주류무역이론이 시장의 힘에 의해 무역불균형이 자동적으로 제거되고 전반적인 완전고용을 유지하게 된다고 결론짓는 것을 보았다. 그러므로 국제무역은 어느 누구에게도 해를 끼치지 않고 더 싸게, 그리고/또는 원하는 만큼 상품에 접근할 수 있도록 해준다. 모든 것은 만약 국가들이 오직 시장이 그 마법을 부릴 수 있도록 할 때에만 최선의 결과를 내게 될 것이다.

주류무역이론은 경험적인 증거가 전혀 지지해 주고 있지 않다는 첫 번째 난점을 지니고 있다. 무역불균형은 발전도상국 내에서도, 선진국에서조차도 자동적으로 소멸되지 않았다. 과거에도 그렇지 못했고, 고정환율제 아래서도, 변동환율제 아래에서도 그렇게 하지 못했다(Harvey, 1996). 그러기는커녕 끊임없는 불균형들이 훨씬 흔한 일이다. 예를 들어, 미국은 거의 30년 동안 무역적자에 시달리고 있는 반면, 거의 40년 동안 일본은 무역흑자를 누려왔다. 유사한 문제가 완전고용이 경쟁적 시장들의 자연스러운 결과라는 주장에서도 발생한다. 거의 지난 10년 동안 심지어 선진 국가조차도 3%에서 25% 사이의 실업에 시달렸다. 물론 발전도상국에서의 문제는 더욱 심각하다. 그곳은 최근 13억 명의 실업자와 비정규직underemployed[6]이 존재하고(ILO, 2001), 그들 중 많은 사람들이 그들의 일생 동안 적당한 직업을 가질 가망이 없다. 경제학자들의 상당수는 자본주의가 **선진**세계에서조차 완전고용을 향한 자동적인 경향을 갖

---

5) 이러한 주장의 신고전파적 버전은 공인된 헥셔-올린-사무엘슨(Heckscher-Ohlin-Samuelson: HOS) 모형으로 정식화되어 있다. 이러한 모형은 노동과 자본의 직접적인 흐름을 다룰 필요가 없는 단일 상품의 국제무역이 국가들 사이의 실질임금과 이윤율을 균등화하는 경향을 갖는다는 그 이상의 명제로 발전하였다. 이러한 것은 HOS 모형의 '요소가격균등화' 정리(factor price equalization theorem)로 알려져 있다(Magee, 1980: ch. 2).

고 있지 않다고 주장한다. 이것은 오랫동안 케인즈주의와 칼레츠키적 분석의 기초가 되어 왔다(2장과 3장을 보라).

두번째 난점은 주류국제무역론이 〔국가들 내부의, 그리고 국제적인〕 경쟁을 취급한 데 있어 놀랄 만한 이론적 태도변화about-face를 요구한다는 점이다. 경제학자들은 **국내의** 경쟁을 논의할 때, 강한 자가 약한 자보다 더 많은 이익을 얻을 것이 분명하다고 말한다. 만약 두 개의 기업이 동일한 시장에서 경쟁한다면, 더 낮은 비용의 기업은 더 높은 비용의 기업과의 경쟁에서 승리하는 경향이 있다. 전자〔낮은 비용의 기업〕는 그 규모를 확장할 것이고, 후자는 감소시킬 것이다. 경제학자들은 경쟁 덕택으로 이러한 결과가 발생하였다고 찬양한다. 왜냐하면 그러한 결과를 가져오는 경쟁이 부실기업을 퇴출하기 때문이다. 동일한 논법을 국가 내부의 어떤 두 **지역** 사이에 적용할 수 있다. 낮은 비용의 생산자를 가진 지역은 높은 비용을 가진 지역에 그곳의 생산물을 더 많은 구입하지 않더라도 자신들의 생산물을 더 많이 팔 수 있는 경향을 갖는다. 그리하여 낮은 비용의 지역은 지역 간 교역에서 흑자를 향유할 것이고, 높은 비용의 지역은 지역 간 교역에서 적자를 면치 못할 것이다. 정통 경제학은 이것이 문제가 되지 않는다고 본다. 그들은 경쟁력이 떨어지는 지역에서 실업을 당한 사람들이 더 경쟁적 지역에서 새로운 일자리를 찾을 것이라 가정하기 때문이다.

그러나 동일한 경제학자들이, 예를 들면 국제무역 같은 **국가들 사이의 경쟁**을 논의할 때, 이전의 이론을 포기하고 다른 것으로 대체한다. 국가 내부의 경쟁이 강한 것들에 이익이 되는 반면, 국가들 사이의 경쟁은

6) 'underemployed' 라는 용어는 정규직 일자리를 구하려고 하지만, 파트타임 직업밖에 구할 수 없는 사람들을 정의하는 것이다. 건강이나 개인적인 이유로 정규직 근로를 할 수 없는 사람들은 여기서 제외한다. — 옮긴이

약한 곳을 강화하고 강한 곳을 약하게 한다. 이러한 것은 성경 구절에서나 나올 법한 호소가 될지는 몰라도, 〔이론적인〕 묘사로서는 부족하다. 그러면 함정은 어디에 있는 것일까?

국제적 규모의 현실적 경쟁

국제무역론은 현실적인 국제 경쟁이 국내 경쟁과 마찬가지로 작동한다고 인식하자마자 더 이상 신비스러운 것으로 보이지 않게 된다. 바로 더 강한 경쟁력을 가진 것에 우호적이라는 것이다(Shaikh, 1980, 1996; Milberg, 1993, 1994).

두 지역 간에 벌어지는 국내 경쟁의 사례로 돌아가 보자. 우리는 모든 학파가 낮은 비용의 생산자를 가진 지역이 지역 간 교역에서 발생하는 흑자를 향유하는 경향이 있는 반면 높은 비용의 지역은 교역에서 적자에 시달리게 된다는 데에 동의한다는 것을 보았다. 또한 두 국가 사이의 경쟁에서는 모든 학파가 국제무역이 개방되어 있을 때, **초기에는** 유사한 결과를 갖는다는 데 동의한다. 낮은 비용에서 생산을 하게 되는 국가는 무역흑자를 향유하고, 다른 곳은 무역적자를 겪는다. 더구나 모두 다 무역흑자국이 사들이는 것보다 더 많은 물건을 팔고 있기 때문에 국제적 자금의 순 수혜자가 될 것이라는 데 동의한다. 적자국은 매번 자금의 유출을 겪을 것이다.

주류무역론과 현실적인 경쟁이론 사이에 발본적인 분기가 일어나는 것이 바로 이 지점이다. 주류무역론은 흑자국에서 만약 정부 당국이 고정된 수준에서 환율을 유지한다면 자금의 유입이 그 국가에서 물가의 일반적인 수준을 상승시킬 것이라 이야기한다. 이것은 수출가격 또한 상승할 것임을 의미한다. 역으로 만약 정부에서 환율이 시장의 압력에 반응하기를 용인하다면, 주류이론은 자금의 유입이 환율을 상승시킬 것이라 이야기한다. 즉 수출품이 [그것을 구입하는 외국인에게] 비싸게 될 것이라는 이야기이다. 정반대의 운동이 무역적자국에서 발생한다. 그리하여 실질환율(물가수준으로 조정된 명목환율)의 자동적인 운동 때문에, 흑자국의 경우, 대외 시장에서 수출품 가격은 상승하고, 국내 시장에서 수입품 가격은 하락한다.[7] 다른 말로 하면 흑자국의 교역조건은 자동적으로 상승하고, 반면 적자국은 자동적으로 하락한다. 이러한 것이 비용에 대한 비교[우위]론의 근본적인 전제이다.

국가들이 한 번 국제무역에 연관되면, 상품의 상대가격은 **더 이상** 그들의 상대적인 생산비용에 의해 조절되지 않는다는 것이 바로 비용에 대한 비교이론의 필연적인 함의이다. 무역이 개방되어 있다면 각 국가의 경쟁은 상대적 비용에 의해 조절되는 상대가격을 만들어 낸다. 이리하여 국제적인 상대가격일 뿐인 교역조건은 초기에 수출품과 수입품의 상대적인 비용에 의해 조절된다. 그러나 비용에 대한 비교론은 교역조건이 자신의 변화를 통해 무역의 균형을 가지고 오는 방식으로 움직일 것을 요구한다. 그것은 더 이상 상대적인 비용에 의해 조절되지 않는다. 그것들은 절대로 두 주인을 섬길 수가 없는 것이다(Shaikh, 1980 ; 1996).

---

7) 다음과 같은 사례를 고려하여 보자. 일본이 단위당 2,000엔의 평균 수입품 가격(1엔 당 0.01달러의 환율에서 수입된 [가격으로 하면] 단위 당 20달러)과 단위당 1,000엔의 평균 수출품 가격이라는 [교역조건에서] 무역흑자를 갖고 국제무역을 개방하였다. 그러므로 초기의 교역조건은 1000/2000=1/2이다. 주류무역론에 따르면, 만약 환율이 고정되어 있다면 일본의 무역흑자는 인플레이션의 원인이 된다. 그리고 미국의 무역적자는 디플레이션의 원인이 된다. 그리하여 일본의 수출품 가격은 단위당 1,200엔으로 오를 것이고, (일본의 수입품 가격인) 미국의 수출품 가격은 단위당 16달러(고정환율 아래에서 1,600엔에 해당하는)로 떨어질 것이다. 다른 한편으로 변동환율제라면 환율이 1엔당 0.015달러로 상승할 것이다. 이러한 것은 일본 수출품의 국내 가격(1,000엔)에 영향을 주지는 않을 것이지만, 미국으로부터의 수입품 가격을 1,333엔으로 올릴 것이다. 어떤 경우에도 일본의 교역조건은 1/2에서 1200/1600=1000/1333=3/4로 올라갈 것이다. 일본의 초기 경쟁적 우위는 미국의 초기의 경쟁적 열위가 회복되는 것처럼, 자동적으로 침식당할 것이다.

현실적인 경쟁이론은 바로 반대의 결론에 이른다. 경쟁은 가격을 지배하므로, 매 시기 상대적인 실질비용에 의해 조절되는 교역조건도 지배한다. 초기의 무역흑자를 향유하고 있는 나라에서 그에 따른 자금의 유입은 신용의 이용 가능성을 강화한다. 그러한 신용의 이용 가능성은 낮은 이자율을 가능케 한다. 역으로 초기에 무역적자에 시달리고 있는 국가에서는 자금의 유출이 신용시장을 경색시켜 이자율이 오를 것이다. 적자국의 높은 이자율과 흑자국의 낮은 이자율에 동반하여, 이윤추구적인 자본은 흑자국으로부터 적자국으로 흘러들어가게 될 것이다. 그리하여 흑자국은 세계시장에 순 대부자가 될 것이며, 적자국은 순 차입자가 될 것이다. 무역불균형을 소멸시키는 것이 아니라, 이러한 자본의 흐름이 무역불균형을 상쇄시킬 때까지 계속될 것이다. 무역불균형은 **영속적**일 것이며, 특히 적자국은 국제적인 채무국이 될 것이다. 이것은 역사적인 맥락과도 일치한다.

그러므로 현실적인 경쟁이론은 국제무역이 가장 낮은 실질비용을 가질 수 있는 국가들에 우호적임을 보여 준다. 실질비용은 매번 세 가지 요소—실질임금, 기술발전 수준, 천연자원의 이용가능성—에 의존한다. 높은 실질임금은 비용을 높이지만 높은 수준의 기술과 천연자원 이용의 용이성은 비용을 낮춘다.

부국은 높은 기술적 수준을 가지고 있고 풍부한 천연자원을 가지고 있지만, 높은 실질임금을 가지고 있을 때가 많다. 빈국은 일반적으로 낮은 수준의 기술을 가지고 있지만, 때때로는 풍부한 자원을 가질 때도 있다. 그리고 실질임금은 낮다. 예를 들면 자유무역과 같은 국제적 경쟁은 이러한 서로 다른 두 개의 무리를 대립하게 할 수 있다. 각 국가에서 국제적으로 경쟁력을 갖춘 부문은 이익을 얻을 것이고, 그렇지 않은 부문에서는 어려움을 겪을 것이다. 일자리는 확장되고 있는 부문에서 창조될 것이고, 축소되고 있는 곳에서는 줄어들 것이다. 이러한 상황을 감안할 때, 빈국들은 만약 충분한 비용에서 우위를 가져다주는 천연자원이 있다고 하더라도 낮은 수준의 기술을 보완할 수 있는 낮은 수준의 임금이 〔경쟁적인〕 부문들에 요구될 것이다. 역으로 부국은 천연자원과 높은 수준의 기술에서 우위를 갖는다.

그러나 이러한 국제적 분업은 실행 가능하지 않다. 우선 현실적인 경쟁 속에 무역이 어떤 나라에서 균형을 이루게 하리라는 보증은 없다. 전적으로 개별 국가가 세계시장에서 경쟁적일 수도 있는 몇 개의 소수 부문을 가지고, 매우 제한된 수출품을 가질 수 있다는 것은 가능하다. 지속적인 무역적자(수입이 많은)를 겪고 있는 국가들은 그들의 준비금을 탕진하고 그러한 적자를 만회하기 위해 대외 차입(대외 자본유입)에 의존한다. 통화위기와 경제의 붕괴는 종종 그러한 상황에서 발생한다. 두번째, 일자리의 증가가 일자리의 손실을 상쇄한다는 아무런 보증도 없다. 그래서 고용의 측면에서 몇몇 국가는 이전보다 더 악화될 수 있다. 세번째, 빈국의 낮은 임금이라는 우위조차 만약 기술이 **더 급속하게** 발전하지 않고/않거나 실질임금이 부국보다 **더 급속하게** 상승한다면, 유지될 수 없다. 이러한 움직임의 결정적인 변수는 기술진보의 차이이다. 만약 부국이 더 빠른 속도로 진보하다면, 빈국은 그들이 가진 비용의 우위〔낮은 임금〕를 유지하기 위해 실질임금의 차이를 더 넓혀야만 할 것이다. 그러나 빈국이 충분히 급속하게 기술〔진보〕의 속도를 낸다는 보증은 자유무역 내에 존재하지 않는다. 마지막으로 빈국의 값싼 노동력이 외국 자본에 대하여 강력한 유인제가 될 가능성이 있다. 외국 자본은 그들의 발전된 기술을 낮은 임금이라는 이점에 접목시킬 수 있다. 그들이 자본을 〔더 낮은 임금의 우위를 가진 곳으로〕 이동시키거나(〔그러한 과정에서〕 부국의 노동자들은 일자리를 잃을 수도 있다). 또는 그들은 새로운 사업을 창출할지도 모른다. 그러나 어떤 경우에라도 지방 특유의 노동집약적 생산을 축소시키고 〔이러한 과정에서〕 많은 노동자들을 해고할 수 있다. 외국 자본은 확실히 그러한 과정 내에서 이윤을 챙길 것이다. 그러나 그것이 그들이 파괴한 것보다 더 많은 일자리를 만들어 낸다는 것은 아니다. 좌우간에 이것〔더 많은 고용의 창출〕은 그들의 목적이 아니다.

그 자체로 목적인 발전

신자유주의는 자유무역이 경제발전을 추구하는 데 가장 최선의 길이라 주장한다. 그러나 그러한 교리는 국제적 경쟁이 강한 곳을 약화시키고, 약한 곳을 강화시킨다는 그릇된 개념을 전제하고 있다. 현실적인 경쟁은 꽤 다르게 작동한다. 강한 것에 유리하고, 약한 것에 불리하다. 이러한 관점에서 보면, 해방된 자유무역에 대한 신자유주의적 요구는 부국의 선진기업에 가장 유리한 전략으로 보이기도 한다.

또한 이것이 서구의 국가들 자신이 그리고 그 다음에 일본, 한국, 그리고 아시아의 호랑이들이 〔발전의〕 사다리를 타고 오르고 있을 때에는 자유무역이론과 정책에 맹렬히 반대했던 이유이다. 그들을 성공으로 이끌었던 실제 정책들을 이해하도록 해준다는 것도 마찬가지로 중요하다(하나의 거대한 사회적 의제의 일부분으로서 자원과 지식, 시장에 대한 국제적 접근을 이용하는 것). 공평한 경쟁의 장을 만드는 것이 목적이 되어야 하는 것이 아니라, 불리한 경쟁자의 수준을 높이는 것이 목적이어야만 한다. 이러한 점에서 빈국에서 신자유주의를 실천한다는 것은 특히 무자비한 처사이다.

5장_신자유주의적 사회이론

사이먼 클라크*

신자유주의는 하나의 교리로서 근대 경제학의 굽힐 수 없는 신념에 기초하고 있다. 하지만 근대 경제학은 과학적 학문도 아니고, 아주 구체적이고 정교한 사회이론도 아니다. 신자유주의의 기초는 애덤 스미스의 『국부론』(1776)까지 거슬러 올라간다. 지난 두 세기 동안 스미스의 주장은 엄격한 분석으로 정식화되었고, 발전해 왔다. 하지만 신자유주의가 기초하고 있는 근본적인 가정은 스미스에 의해 제출된 것 이상은 아니다(3장을 보라).

스미스가 무역규제로부터 이익을 챙기는 기생적인 중상주의 국가들에 대해 가한 비판이 신자유주의의 근본이다. 스미스는 자유로운 교환으로부터 손실이 발생한다면 아무도 자발적으로 참여하지 않을 것이기 때문에, 교환이란 당사자들 모두에게 필연적으로 이익을 실현하는 거래라

* 사이먼 클라크(Simon Clark)는 워릭 대학교(University of Warwick) 사회학과 교수이다. 그는 마르크스와 마르크스주의에 대한 광범위한 저서를 집필했으며 최근에는 러시아 노동조합과 노동조직들 및 국제적 노동조합과 노동조직들과 긴밀히 작업하면서 러시아의 자본주의로의 이행에 대한 저서를 집필하였다. 그는 *Marx, Marginalism and Modern Sociology*(Lodon: Macmillan, 1982, 1991), *Keynesianism, Monetarism, and the Crisis of the State*(Cheltenham: Edward Elgar, 1988), *Marx's Theory of Crisis*(London: Macmillan, 1994) 등 여러 저서를 썼다.

고 보았다. 밀턴 프리드먼이 제안한 것처럼, 신자유주의는 "경제적 거래에 참여하는 양 당사자들이 그것으로부터 이익을 얻을 것이라는 기초적 명제"에 의존하고 있다(Friedman, 1962: 55). 결과적으로 거래[또는 무역]의 자유에 대한 어떠한 규제도 각 개인들의 상황을 개선시킬 수 있는 기회를 막고, 그들의 후생을 감소시킬 것이다. 더구나 스미스는 시장의 팽창이 특화를 증대시키고, 그래서 분업을 발전시킬 것이라 주장했다. 교환을 통해 얻는 이익은 다른 사람을 희생시켜 특정 당사자에게 돌아가는 것이 아니다. 교환은 분업의 증대를 통해 얻어지는 이익을 교환의 두 당사자들에게 분배하는 수단이다. 스미스의 주장에서 나오는 직접적인 결론은 자유로운 교환을 방해하는 어떠한 장벽도 분업의 발전을 제한하여 국부의 성장과 그 국가의 시민들 모두의 번영을 제한한다는 것이다.

스미스는 중상주의 국가와 결합된 이권의 정치적 영향력 때문에 자신의 과학적 주장이 그리 큰 반향을 일으킬 것이라곤 생각하지 못했다. 그러나 19세기가 시작되자, 스미스의 학설은 기생적 국가에 대한 전복적 공격으로부터 자유주의 국가의 이데올로기적 정통성으로 전화되었다(Clarke, 1988: ch. 1). 국가의 역할은 더 이상 무역의 규제와 관세를 부과하는 것이 아니라, 민족적 경계 내에서 그리고 그것을 넘어 무역의 자유를 확장하는 데 자신들의 힘을 활용하는 것이다.

자유주의에 대한 낭만주의적 비판과 사회주의적 비판

스미스에 의해 제출된 자유주의적 교리는 두 방향에서 공격받기에 이르렀다. 한편으로 스미스의 이상사회는 각자의 자기이익을 추구하는 고립된 개인들의 사회이다(반면 여자들과 아이들은 부양가족이다). 마치 그것은 마거릿 대처가 자신의 악명 높은 연설에서 말한 것과 같다. "사회라는 것은 없다. 남자와 여자, 그리고 가족만이 존재한다."(*Woman's Own*, 3 October, 1987과 이 책 17장을 보라) 스미스에 대한 '낭만주의적' 비판은 이러한 모델이 직접적인 만족을 모색하는 동물적 조건 이상으로 인간성을 끌어올리는, 그리하여 개인보다 더 높은 가치를 제공하는 대다수 인간사회의 개별적 특징들—도덕성, 종교, 예술, 그리고 문화—을 무시한다고 주장한다. 다른 한편으로 자유무역의 이익이 더 경제적으로 발전한/또는 정치적으로 강력한 당사자에게 흘러들어간다는 것은 경험적으로 알 수 있다(4장을 보라). 자유무역은 더 발전된 생산자에게 경제적 이익을 가져다주는 반면, 경쟁이 불가능한 사람들에게는 빈곤을 부과할 뿐이다. 그리하여 열악한 조건의 생산자들이 파산하고, 수많은 대중들이 일자리를 잃고, 국가 전반의 거래가 원활히 이루어지지 않는 주기적 위기가 일어난다. 이러한 경험은 생산적으로 후진적인 국가에서 민족적 산업과 소규모 생산자를 위해 국가의 보호가 필요하다는 요구를 만들어 낸다. 소규모 생산자들은 은행가의 권력으로 인해 자신을 유지하는 데 필요한 신용에 대한 접근[경로]을 차단당하는 데 어려움을 느낀다. 동시에 저발전 국가의 자본가들은 민족산업들에 대한 관세보호를 모색한다. 물론 자유주의적 정치경제학자에게는 주기적 위기와 파산이 시장의 건강한 활동의 일부이다. 채찍을 동반하는 당근이 더 진취적인 생산자들에게 주어진다. 시장은 경제적인 것일 뿐만 아니라, 도덕적인 힘이다. 시장은 게으르고 무능한 자들에게 벌칙을 주고, 진취적이고 열심히 일하는 자들에게는 보상을 준다.

자유주의에 대한 보수적 비판은 이상적인 중세사회 형태로—개인주의보다 공동체, 민족 그리고 종교의 제도와 가치가 중요시되는—시계를 거꾸로 돌림으로써 자본주의의 악덕을 부정한다. 하지만 자본주의의 동역학으로부터 이익을 얻을 수 있는 사람들에게 주는 풍요의 극적 증가로 인해 자본주의의 심장부에서는 그러한 보수적인 반응이 정치적으로 비현실적인 것이 되었다. 그곳에서 자유주의에 대한 비판의 지배적인 형태는 보수적이기보다는 개혁주의적이다. 자본주의가 주는 이익은 유지하려고 하면서 그와 동시에 부정적 결과들을 제거하기 위해 개혁을 도입한다. 19세기에는 개혁주의가 화폐체계의 조절에 집중했다. 문제가 항상 화폐 부족으로 나타났기 때문이었는데, 자신의 이익을 위해 신용통제를 이용하려고 했던 은행가들 때문이었다. 20세기 개혁주의는 국가의 시장규제에 대한 직접적인 개입에 더 초점을 맞추었고, 경쟁으로부터 취약한 부분을 보호하였다. 개혁주의의 주요 취지는 항상 동일하였다. 자본주의의 좋은 측면은 유지하고 나쁜 측면은 제거한다. 개혁주의에 대한 자유주의의 반응 또한 항상 같다. 좋은 것과 나쁜 것 모두 동일한 동전의 양면이다. 실패에 대한 벌칙은 성공에 대한 보상과 분리될 수 없다. 자본주의와 결합된 악덕은 자본주의 탓이 아니다. 그러나 그 자본주의적 기준에 맞추어 살 능력도 없고 그러려고 하지 않는 자들의 실패로 악덕이 나타난다. 그러므로 자유주의는 자본주의에 대한 과학이라기보다는 신학이다. 죄인들이 자신들이 지옥에 있다고 신을 비난할 수는 없다. 지옥을 피하는 방법은 정숙한 삶을 사는 것이다.

19세기 초반 이래로 자본주의에 대한 사회주의적 비판은 자본주의의 암묵적인 가정인 사적 소유에 대한 비판을 기초로 하여 그 이데올로기적 정당성과 더욱 급진적인 비판을 발전시켜 왔다. 애덤 스미스의 경제학에서 행위자는 단지 고립된 개인이 아니라 소유자인데 그 이유는 그 고립된 개인들 중 몇몇이 다른 사람의 노동으로부터 이윤을 얻을 수 있는 법적 권리를 포함하고 있는 힘을 가진 사람들이기 때문이다. 사회주의적 비판은 자본주의가 만들어 내는 불평등이 단지 시장 실패의 결과 아니라 불평등한 재산분배의 표현이라는 것을 알았다. 그리고 '시장 사회주의들'은 공동 소유에 기초한 생산조직, 사적 소유의 사회화 그리고/또는 평등화를 요구하였는데, 그것은 자유로운 신용의 이용가능성이 그 기초에 있어야만 한다.

자유주의에 대한 마르크스적 비판: 사적 이해의 사회적 결정소

자유주의에 대한 더 급진적인 비판이 사적 소유에 대한 사회주의적 비판에서 출발한 마르크스Karl Marx와 엥겔스Friedrich Engels에 의해 발전되었다. 마르크스는 자본주의의 악덕이 불평등한 재산분배에서 유래하는 것이 아니라, 사적 소유라는 제도 그 자체로부터 유래한다는 것을 지적하면서 한 걸음 더 나아간다. 자본주의적 사적 소유는 상품으로 판매되는 노동의 생산물에 대한 사적 소유권에 기초한다. 그러므로 사적 소유는 인간 본성에 새겨지고 신에 의해 승인된 어떤 자연적 제도가 아니라 생산자의 행위가 시장에 의해 조절되고 그것을 통해 매개되는 특정한 사회적 생산 형태의 표현이다. 더구나 자본주의적 사적 소유는 사물에 대한 소유권이라기보다는 가치에 대한 소유권이다. 이러한 가치는 화폐의 총액으로 표현된다. 이러한 가치의 양은 주어진 것이 아니라 사회적 교환과정을 통해 결정되고 시장 가격의 등락에 의해 하룻밤 사이에 파괴되거나 상승하기도 한다.

상품 생산이 일반화된 자본주의 사회에서 가치는 상품으로 교환되는 노동의 생산물일 뿐만 아니라 노동하는 능력 그 자체이다. 많은 사람들이 독립적인 생산을 할 수 있는 수단을 가지고 있지 않으며, 대규모 생산을 착수하는 데 요구되는 생산수단과 노동력을 구입하기에 충분한 돈을 가지고 있는 소수의 자본가들에게 자신들의 노동력을 팔아야만 한다. 모든 생산수단의 소유자로서 자본가들은 시장에서 판매할 모든 생산물의 소유자이다. 자본가들에 의해 전유되는 이윤은 자신들이 고용한 사람들에게 원래 생산에 투여한 것보다 더 많은 양의 화폐로 판매될 수 있는 상품을 생산하도록 강요하거나 설득시킬 수 있는 능력에 달려 있다. 이러한 의미에서 이윤의 원천은 자본가들이 노동력으로부터 추출할 수 있는 종업원들의 생존에 요구되는 것 이상의 잉여노동이다. 마르크스의 가치론과 잉여가치론에서 획득할 수 있는 통찰력은 바로 이러한 것이다 (Clarke, 1991 : ch. 4).

자본주의적 사적 소유는 생활용품과 같은 개인적 소유와는 꽤 다르다. 자본주의적 사적 소유는 사적으로 전유된 사회적 소유—사회적 생산의 생산물과 생산수단—이다. 더구나 그것은 개인의 사회 참여를 규정하는 소유에 대한 권리 또는 그러한 권리의 결여이다. 자본주의 사회의 구성원들은 사적인 개인과 그들의 가족들이 아니다. 그들은 이미 특정한 사회계급의 성원으로 정의되는 개인들이며, 그러한 사회계급은 오직 가장 중요한 생존수단에 대한 접근성과 사회적 생산 참여 양식의 표현이며, 그들이 소유하고 있는 재산 규모와 성격에 기초하고 있다. 이러한 의미에서 마르크스는 마거릿 대처의 말을 뒤집는다.

> 사적인 이해는 그 자체로 이미 사회적으로 규정된 이해이다. 그리고 그것은 사회에 의해 제공되는 수단과 더불어 사회에 의해 주어진 조건 내에서 달성될 수 있다. 그리하여 사적인 이해는 이러한 조건들과 수단들의 재생산에 구속된다. 그것은 사적 개인의 이해이지만 그것의 **내용**뿐만 아니라 **형식** 그리고 그것을 실현하는 수단은 모든 것과 관계없이 사회적 조건에 의해 주어진다. (Marx, 1973 : 156 — 강조는 원저자)

'시장 사회주의자들' 에 대한 비판에서 마르크스는 사회가 재산이 동등하게 배분된 상태에서 출발할 때조차 화폐가 소수의 손에 축적되고, 동시에 다수는 자신의 생존을 위해 돈을 벌 수 있는 수단을 잃고 다른 사람을 위해 일하도록 강요받음으로써 시장과정은 필연적으로 부와 빈곤의 양극화와 불평등을 낳는다고 주장하였다. 그리하여 〔부를 축적한〕 소수는 다수의 부불노동에 대한 전유를 기초로 하여 자본을 더욱 축적하고, 빈곤과 부의 양극화는 누적될 것이다. 재산의 불평등한 분배는 시장의 형식적인 평등에 대한 왜곡이 아니라 필연적 전제 조건이며 그 결과이다. 인구의 대다수는 기껏해야 자신의 생존을 보장할 만큼의 돈을 벌 뿐이며, 독립적인 생산자로 생존할 만큼의 부를 축적한다는 것은 기대할 수 없다. 그리하여 임노동의 삶을 살 수밖에 없게 된다. 그동안 자본가들은 종업원들의 잉여노동으로부터 얻은 이윤을 통해 자신의 자본을 증대한다. 그리고 그들이 더 많은 잉여노동을 추출할수록 더 많은 것이 그들의 이윤으로 될 것이다. 그러므로 일반화된 상품 생산의 결과는 더 증대된 규모에서 인구의 대다수에 대한 착취와 불평등을 재생산하는 부와 빈곤의 양극화이다.

물론 계급정체성이 필연적으로 가장 근본적인 결정소임에도 불구하고 사회구성원의 삶의 경험과 전망에 있어 유일한 결정소는 아니다. 임노동을 할 수밖에 없는 이들의 운명은 노동시장 내의 경쟁에 의해 결정된다. 희소한 기술을 가진 이들은 자신들의 특권이 잠정적이고 노동시장 조건과 생산〔방식〕의 변화에 항상적으로 위협받음에도 불구하고 일반 노동자들보다 더 나은 노동조건을 향유하고 더 많은 돈을 번다. 적절한 기술도 없고 병약하다는 이유로 자본의 요구를 만족시키지 못하는 사람들은 실업 상태에 빠지거나 자신의 생존을 다른 사람에게 의존하여야 한다. 자본가들도 모두 성공하는 것은 아니다. 소규모 자본가들은 자신들의 생존에 요구되는 만큼만 벌 수 있을지도 모르고 그래서 자본축적을 할 수 없을 수도 있다. 소규모이고 성공하지 못한 자본가들은 낙오하여 노동자대열에 합류한다. 그러므로 노동자계급과 자본가계급들은 분화되어 있지만 그러한 분화는 어떤 방식으로든 자본주의 사회의 근본적인 계급적 성격을 훼손하지는 못한다(3장을 보라).

유사하게 개별 자본가와 노동자들은 어떤 계급의 구성원으로서 그들 자신을 주체적으로 동일시하지 못할 수도 있다. 개인들의 사회적 정체성이 그들의 계급에 의해 정의됨에도 불구하고 그들은 사회에 참여하여 전 범위의 사회적 특성을 가지는 개인으로서 서로 관계한다. 노동자는 자신들이 특정한 숙련을 보유하고 있거나 자신들의 고용주가 계속적으로 번창할 때만이 임금과 고용 안정성을 보장받을 수 있다. 그러므로 노동자는 자신들의 이익을 다른 노동자와 동일시하는 것이 아니라 다른 민족과 경쟁하고 있는 '민족'의 이익 또는 생산부문, 직업에 동일시한다. 자본가는 다른 자본가와 경쟁할 수 있는 자신의 능력에 의존하고 독점력의 실행 또는 재정상 특권과 국가규제를 통해 경쟁에서 우위를 확보하기도 한다. 그러므로 자본가는 자본가계급 전체의 이익이 아니라 그 자신의 기업, 산업, 민족국가의 이익에 동일시할지 모른다. 유사하게 자본가는 종업원의 헌신과 독창성을 이용할 수 있는 능력에 의존한다. 상대적으로 우호적인 노동조건과 임금의 제공은 종업원과 사용자를 동일시하는 데 도움이 되기도 한다. 자본가들의 능력이 그것을 통해 확보될 수도 있다. 마지막으로 많은 사회적 동일성이 경제적 이해관계에 대한 인식에 의해 실증될 수도 있겠지만, 다른 동일화의 원천인 문화적·정치적 동일성과 중첩되거나 심지어는 그것들에 의해 좌우될지도 모른다. 그러나 자본가들과 노동자들의 주관적 동일시의 기초가 무엇이든 간에 그것이 그들의 대립적인 계급적 이해와 계급적 위치에 의한 삶과 삶에 대한 전망의 객관적 규정을 손상시키지는 못한다.

자본주의 생산체계의 동학

애덤 스미스는 "소비는 모든 생산의 유일한 목적이자 결말"이라 가정하였으며, "그것을 증명하려는 시도가 불합리할 것임은 자명하다"(Smith, 1910: Vol. 2, p. 55)는 좌우명을 갖고 있었다. 이것은 항상 자본주의에 대한 자유주의적 방어의 한 지주가 되어 왔다. 하지만 그러한 주장이 합리적인 인간 노력의 특징을 나타내는 데 얼마나 자명한 것인지 간에, 자본주의 사회의 불합리성이 자본주의의 비합리성에 대한 자명한 증거임을 밝히는 것은 자본주의에 대한 가장 피상적인 이해로도 충분하다. 마르크스와 엥겔스는 자본주의적 생산의 유일한 목적이 인간의 필요를 만족시키기 위한 물건들의 생산에 있는 것이 아니라 자본축적을 유지하기 위해 끊임없이 이윤을 향해 추구하는 것임을 보였다. 물론 자본가들은 생산물을 위한 시장을 찾아내야만 하지만 그것이 생산의 목적이 될 수는 없다. 생산물의 판매는 자본가들에게 더 이상의 자본축적에 대한 장벽이 될 뿐이다.

이윤에 대한 추구는 자본가들의 자유로운 선택의 문제가 아니라 그들의 생존의 조건으로 부과된다. 이윤을 확보하기 위해 그리고 자본가들로서의 그들의 지위를 유지하기 위해 자본가들은 끊임없이 생산비용을 절감하기 위한 혁신과 투자를 하여야 한다. 자신의 경쟁자들보다 더 낮은 비용으로 생산할 수 있는 자본가는 더 높은 이윤을 얻고, 시장에서 자신의 경쟁자들을 퇴출시킬 수 있다. 그래서 모든 자본가들은 현상을 유지하기 위해 보다 앞서 나아가야 한다.

경쟁은 단지 자본가들에게 노동생산성을 증가시키고 새로운 상품을 개발하기 위한 혁신과 투자만을 강요하는 것은 아니다. 또한 그것은 자본가들에게 임금을 인하하라는 압력을 끊임없이 강제한다. 이것은 노동강도를 높이고 고용된 노동자의 수를 줄이라는 압력이다. 기술적으로 우위에 있지 못한 자본가는 노동일을 연장하고 임금을 축소하며 종업원들의 노동강도를 증가시키고 남아도는 인력을 해고해야만 경쟁 속에서 이윤을 유지할 수 있다. 기술적인 우위를 가진 자본가는 더 나은 노동조건을 제공할 수 있는 능력을 가지고 있다. 그러나 그는 경쟁자가 따라잡기 전에 자신의 이점을 최선의 것으로 만들기에 여념이 없다. 그래서 그는 남아 있는 종업원들에게 더 높은 임금을 지급한다고 하더라도 가능한 최대 수준으로 노동강도를 강화하여야 하고 고용을 축소하여야 한다. 그러므로 경쟁 압력을 통해 모든 자본가들에게 부과되는 자본축적의 고유한 경향은 노동강도의 강화, 노동일의 연장 그리고 실업이다. 노동계급에게 주어지는 결과는 항상적인 자본 수요의 변화에 따른 고용 불안정성의 심화이다. 자본 수요의 강화는 사람들을 실업의 대열로 점점 몰아넣는다. 자본축적은 필연적으로 초과 노동과 실업, 호황과 빈곤의 양극화로 이끈다. 이것을 마르크스는 '자본축적의 절대적 일반법칙'으로 묘사하였다(Marx, 1976: ch. 25).

노동생산성, 노동강도의 강화 그리고 노동일을 연장하는 쪽으로 생산방법을 변형시키는 것은 경쟁 압력에 의해 모든 자본가들에게 부과된다. 경쟁 압력을 극복하는 이러한 종류의 수단들은 생산된 상품량의 항상적 증대로 이어진다. 이러한 상품량의 증대는 매번 각 개별 자본가들이 직면하는 경쟁 압력을 강화하는 과잉생산이다. 그러므로 시장을 결코 소비자가 선택의 자유를 실행하는 사회적 필요에 종속시킬 수는 없다. 시장은 자본가들이 필사적으로 이윤을 위해 자신의 잉여 생산물을 처분하길 모색하는 장소이다. 자본주의적 경쟁은 어떤 해결책이 아니라 더 이상의 자본축적으로 나타나는 과잉생산의 항상적 경향을 표현하며, 전지구적 규모의 새로운 필요의 창조, 노동강도의 강화, 생산능력의 파괴

그리고 실업을 통해서만 극복될 수 있는 장벽이다(Clark, 1994).

자본주의는 소비자의 필요에 상응하는 것이 아니라 만족될 수 없는 필요의 끊임없는 창조에 의존한다. 호황과 번영을 일반화하는 것이 아니라 결핍을 일반화한다. 노동의 짐이 덜어지는 것이 아니라 인구 대다수—젊은이, 노인, 허약한 사람, 불충분한 숙련을 갖고 있는 사람—가 자본의 요구를 만족시킬 수 없고 빈곤의 나락으로 빠지게 될 순간까지 노동이 증대한다. 시장은 사회에 기여하는 개인 능력의 기초를 판단하는 것이 아니라 자본축적과 잉여가치 생산에 기여하는 개인 능력의 기초를 판단하는 '자연선택' natural selection의 도구이다. 이것이 신자유주의의 상투어들 내에서 표현되는 도덕 법칙이다.

신자유주의자들은 자본축적에 기초하여 고용된 사람들의 생산수준이 점진적으로 상승하고 있다는 것을 근거로 '자본축적의 절대적 일반법칙' 이라는 마르크스의 분석에 이의를 제기한다. 그리하여 종종 마르크스의 탓으로 돌려지는 '궁핍화 테제' 가 무의미하다고 주장한다. 하지만 전 지구적 수준에서 그 법칙의 유효성은 '그것을 증명하려는 시도가 불합리함이 자명' 하다. 자본축적은 고용된 사람들의 생활수준이 확실하게 증가된 축적의 메트로폴리탄 중심에 집중되어 왔다. 그러나 과잉생산으로의 고유한 법칙은 잉여생산물 처분을 시도하기 위해 세계시장을 발전시키며 전 세계로 그 촉수를 확장시켰다. 주변 지역에 있는 토착 생산자들은 가격인하의 형태로 전 지구적인 자본주의적 경쟁에 맞섰다. 그러한 가격인하는 소규모 생산자들의 소득을 하락시켰고 토착자본가들의 대량 파괴로 이어졌다. 남아 있는 자본가들은 오직 임금을 줄이고 노동강도를 강화함으로써 살아남을 수 있었다. 메트로폴리탄 중심의 자본축적은 세계 나머지 지역의 궁핍화에 의해서만 지속될 수 있었고, 그것은 전 지구적 규모의 실업과 과잉노동, 부와 빈곤의 양극화로 이어졌다.

메트로폴리탄의 축적 중심조차 자본축적의 고유한 경향을 부정할 수 없다. 실질임금이 상승해 온 반면, 자본에 의한 새로운 필요의 창조는 사람들의 생존에 필요하다고 사회적으로 결정된 것이 급속도로 증가했음을 의미하였다. 그리고 그것들은 일하려고 하는 사람들 중 많은 사람에게 그들의 필요를 만족시키려면 가계소득을 증대시켜야 하는 처지에 놓이게 하였다. 동시에 많은 사람들이 자본의 증대한 고용에 대한 요구를 충족시킬 수 없는 반면, 고용되어 있는 사람들은 직장을 잃을 것이라는 위협에 시달렸다. 임금노동을 통해 생존에 요구되는 필요를 충족시킬 수 없는 사람들은 다른 이들, 가족의 다른 구성원 또는 가계, 국가나 자선단체로부터 필수품 공급을 의존하여야만 했다. 국가가 지급하는 연금과 실업급여는 자본주의적 축적의 희생자들에게 얼마간의 보장으로 작용하지만 자본의 자선으로 볼 수는 없다. 그것은 노동조합과 노동계급이 정치적 투쟁을 통해 얻어 낸 것이다. 더구나 자본축적 경향을 거스르는 집단적인 복지제공 비용의 상승은 집단적 복지제공을 보험에 기초한 체계들을 통해 사적인 것으로 대체하려는 신자유주의적 시도로 이어졌다. 그러한 보험에 기초한 체계는 불행에 대한 공포를 강화하고 그곳으로부터 이윤을 얻어 냄으로써 다수의 노동 인구에 대한 착취를 강화할 수 있는 또 다른 경로이다(16장을 보라).

마르크스와 엥겔스에게 자본주의는 전적으로 악인 것은 아니다. 자본주의는 이전에 꿈꿀 수 없었을 정도로 사회의 생산능력을 발전시킨다. 그러나 그것은 거대한 인적비용(그리고 여기에 오늘날 우리는 환경비용을 추가할 수 있다) 하에서 이루어진다. 마르크스와 엥겔스는 이 부분에서 자유주의자들의 개혁주의자들에 대한 비판에 동의한다. 자본주의의 비용은 그 이익과 분리 불가능하다. 낡은 자유주의자들은 모든 개인이 그들에게 밀어닥칠 운명을 선택할 자유가 있다고 믿는다. 그래서 시장의 심판은 도덕적 심판이다. 열심히 일하는 것, 선견지명, 독창성과 기업정신은 보상받게 될 것이다. 반면 게으름과 무기력함은 처벌받을 것이다. 그럼에도 불구하고 시장의 심판이 정의가 아님을 인식하고 있는 자유주의자들은 자본주의의 이익이 그러한 비용을 능가한다고 믿으며 그 비용은 보상 메커니즘—수혜자가 희생자들을 배상해 주는 '사회 안전망'—을 통해 개선될 수 있다고 믿는다. 중도적 자유주의자들은 자본주의가 완전하다고 믿지는 않지만 그것이 가능한 최선의 것임을 믿는다. 다시 한 번 마거릿 대처의 말을 빌려 오면, "대안은 없다".

마르크스와 엥겔스는 "능력에 따라, 그리고 필요에 따라"라는 원칙으로 생산이 조직되는, 자유롭게 연합된 생산자의 자기 의식적·민주적 통제 하에 사회적 생산이 존재하는 완전히 새로운 종류의 사회가 대안이라고 믿었다(Marx, 1962: 24). 그들은 자본주의가 생산의 사회화와 모든 인간의 필요를 민주적으로 조직된 사회 내에서 만족될 수 있는 범위로 생산력을 발전시킴에 따라서 [자유로운 생산자 연합]사회를 위한 물질적이고 사회적인 조건을 창조하고 있다고 믿었다. 마르크스와 엥겔스가 확실히 자본주의가 끊임없이 만족될 수 없는 새로운 욕구를 창조하고 그래서 그것을 만족시킬 수 있는 그 이상의 생산력 발전을 요구한다는 것에 대해서는 과소평가했음에도 불구하고 말이다. 그러한 대안의 설득력은 소련과 중국과 같은 마르크스주의들 자신들이 선포한 체제에 의해 심각하게 손상되었다. 그러나 이러한 체제들은 저발전된 생산력을 기초로 공산주의 사회를 건설하였고 군사화된 권위주의적 국가의 관료적 통제 하에서 사회적 생산이 이루어지는 마르크스주의적 비전에 대한 서투른 모방에 불과하다.

마르크스주의적 비전이 현실적인가 아닌가에 대한 질문은 소련과 중국의 경험에 의해 해결되는 것도 아니고 이론적으로 해결될 수 있는 것도 아니다. 그것은 이론적이라기보다는 실천의 문제이고 그것은 마르크스와 엥겔스가 부과한 문제가 아니라 자본주의에 의해 인간에게 부과된 질문이다. 사회 발전이 자본의 축적에 지배받은 지는 인간 역사 중에 200년도 채 안 된다. 축적이 주기적 위기와 대량 파괴적인 군사 대립에 의해 계속적으로 중단되었음에도 말이다. 1930년대 대공황에서 일어난 파괴와 제2차 세계대전은 50년 이상 지속될 세계적인 규모의 자본주의 팽창에 의한 자본축적의 새로운 길을 열어 놓았다. 지난 10년 동안 자본주의는 세계 구석까지 펼쳐진 지리적 한계에 도달하였다. 그래서 자본은 축적의 한계를 극복하기 위해 그 내부로 들어와야만 한다. 자본주의가 아직 인류 또는 환경을 파괴하지 않았다는 사실은 그것이 너무나 먼 미래에나 일어날 일이란 것을, 그리고 전 지구적 위기 또는 전쟁을 통한 자본의 대량 파괴에 의해 계속적인 팽창이 일어날 것임을 말해 주는 것도 아니다. 자본의 고삐 풀린 팽창은 신자유주의가 찬양하는 인간의 미래이다. 마르크스적 비판은 세계 수백만, 수억 명의 사람들의 대답과 공명한다. 바로 '대안은 틀림없이 존재한다'.

신자유주의적 프로젝트

신자유주의는 무엇보다도 19세기 영국과 미국에서 지배적인 정치 이데올로기였던 자유주의 정치경제학의 근본적 신념이 부활한 것이다. 정치경제학의 논증은 직관과 주장보다는 엄격한 분석에 기초하게 되었지만 정치경제학의 힘은 그들의 분석적 엄격함보다는 이데올로기적 호소에 의존한다. 자유주의의 이데올로기적 호소는 19세기 말로 갈수록 쇠약해졌다. 그때는 조직된 노동자계급의 부상에 의해 촉진된 '사회개혁'에 대한 요구가 증대하였으며 자본주의가 낳은 '사회문제'에 대한 인식수준 또한 높아졌다. 경제학의 지배적 부분들은 더 이상 시장의 탁월성에 근거하여 사회개혁에 대한 요구를 부정할 수 없었으나 대신에 시장경제의 현실을 자유주의 이념의 결핍으로 묘사하는 '불완전 시장'과 동일시하는 것으로 개혁의 범위를 한계 지으려 하였다. 자유주의적 사회모델은 이상적인 것으로 존속하고 있지만 이러한 이상은 시장의 힘으로만으로는 얻어질 수 없다는 것을 알게 되었다. 즉 그것은 국가의 손길에 의해 보충되어야만 하는 것이었다. 20세기 초반에 이루어진 점진적인 사회개혁은 전후 '케인즈주의적 복지국가'의 더 체계적인 개혁주의에 의해 대체된다. 전후 재분배 수단으로 재정정책의 체계적 적용과 시장의 결점을 치료하기 위한 거시경제적 조절을 기초로 한 것이었다.

신자유주의는 '케인즈주의적 복지국가'의 위기에 대한 이데올로기적 응답으로 나타났다. 그러한 위기는 전후 재건 붐의 종말과 결합된 일반화된 자본주의의 위기에 의해 촉발되었고 1970년대 베트남에서 미국이 벌인 전쟁 비용 상승에 의한 것이었다(Clark, 1988: chs. 10~11). 그러한 위기는 인플레이션의 상승과 정부 재정적자에 의한 자금난의 증대와 함께 전 지구적 자본축적의 속도를 둔화시키는 것으로 나타났다. 인플레이션과 정부의 재정적자는 엄격한 화폐정책의 시행과 함께 정부가 국가 지출을 삭감하도록 하였다. 케인즈주의의 비참한 실패의 특징으로 보이는 것들이 신자유주의자들에게는 긍정적 미덕으로 갈채받았다. 그들은 1980년대 초 경기침체가 한창일 때 시장 만능이라는 전통 자유주의적 도그마를 주장하였고 세계 시장자유화의 진전에 기초하여, 그 결과로 재개된 전 지구적 자본팽창이 그러한 주장을 정당화하였다.

신자유주의는 그 힘을 이데올로기적 호소에 의존하고 있지만 그것이 단순한 이데올로기인 것만은 아니다. 그것은 현대 자유주의 경제학의 과학적 기초에 의지하여 자신의 외양을 꾸미고 있다. 현대 자유주의 경제학은 시장 행위자의 행동과 시장의 성격에 관한 단순한 주장에 의존하던 19세기의 전임자들처럼 도그마적이진 않다. 신자유주의에 대한 경제학적 비판은 반복적으로 신자유주의적 모델이 얼마나 제한적이고 비현실적인지를 드러내 왔다. 하지만 신자유주의적 모델이 비현실적이라는 것은 다소 초점이 빗나간 것이다. 왜냐하면 신자유주의적 모델은 세계를 묘사하는 것이라기보다는 세계 자체를 이야기하는 것이고 이루어져야 할 세계를 다루는 것이다. 신자유주의의 문제는 현실세계에 더 적절한 모델을 만드는 것이 아니라 그러한 모델에 맞게 적절하게 현실세계를 변화시키는 것이다. 이것은 단지 지적 환상인 것이 아니며, 현실적인 정치적 프로젝트이다. 신자유주의는 전 지구적인 지적·정치적·경제적 권력의 지도적 위치를 점하고 있다. 그들 모두는 전 세계의 사람들을 자본의 윤리와 심판에 종속시키려는 신자유주의적 프로젝트를 현실화시키기 위해 동원된 사람들이다.

6장_신자유주의와 정치, 그리고 신자유주의적 정치

로날도 뭉크*

신자유주의는 현재 신자유주의자들로 구성된 권력층은 물론이고 그것에 도전하고 있는 운동들의 정치적 지평 모두를 지배하고 있다. 그것은 전지구적인 정치적 전화의 조건을 틀 지우는 새로운 사회정치적 기반을 수립하였다. 이 장에서는 신자유주의의 정치적 충격뿐만 아니라 대체로 주목받지 못해 왔던 신자유주의적 정치 그 자체를 검토한다. 이러한 논의는 신자유주의적 이데올로그들의 '자연주의적' 관점과는 모순되는 자유시장 체계의 정치적 **형성**에 대한 검토에서 시작한다. 이것은 오직 시장에 의해 국가가 쇠퇴되는 것만을 강조하는 신자유주의적 정통파와는 달리 신자유주의에 의해 자본주의 국가가 **재편성되는** 방식을 비판적으로 검토한다.

첫번째 절에서는 정치적 생활의 모든 측면에 영향을 주는 신자유주

* 로날도 뭉크(Ronaldo Munck)는 더블린 시립 대학교(Dublin City University)의 사회학 교수이자 '국제화 · 문화 상호주의 그리고 사회발전' 팀의 주임연구원이다. 저서로는 *Marx@2000*(London: Zed Books, 2000)과 *Globalisation and Labor: The New 'Great Transformation'*(London: Zed Books, 2002), *Globalisation and Social Exclusion: Transformationalist Perspective*(Kumarian Press, 2004) 등이 있다. 그는 노동운동의 관점에서 대항세계화운동(counter-globalisation movement)를 연구하고 있다.

의에 의해 창조된 새로운 정치적 기반에 대한 검토를 다룬다. 두번째 절에서는 신자유주의적 정치학의 프로젝트와 변혁적 정치 프로젝트를 통해 신자유주의를 넘어설 수 있는 가능성에 대해 살펴본다. 민주주의가 하나의 정치적 유행political currency으로 '가치절하' 되는 방식은 아마도 지난 사반세기 동안 신자유주의가 미친 가장 나쁜 효과일 것이다. 그러나 지난 몇 년 동안 이 헤게모니는 도전받고 있으며 '대안은 없다' 라는 신자유주의에 대한 안이한 신뢰는 일부분 가시게 되었다. 이것은 아마도 신자유주의를 '넘어설' 수 있는 정치적 운동, 즉 마지막 절에서 고려되는 다양한 변형들을 위한 공간을 만들어 냈다.

우리는 실제 현존하고 있는 신자유주의와 사고체계로서의 신자유주의의 발단을 구별해야만 한다. 신자유주의적 사고체계는 제2차 세계대전 기간에 쓰인 프리드리히 하이에크의 저술에서 발전되고 밀턴 프리드먼(1962)에 의해 1970년대에 대중화된 이념으로까지 거슬러 올라갈 수 있는 반면, 현존하는 신자유주의는 거시안정화 프로그램, 무역의 자유화와 경제의 민영화(또는 탈국가화)를 중심으로 한 더 실천적인 버전이다(3장을 보라). 현실적인 신자유주의는 실천적 발전전략으로서 '워싱턴 컨센서스' 를 의미하며, 그것의 옹호자들은 하이에크에 의해 시작되고 이른바 오스트리아 학파에 의해 발전된 특정한 신자유주의적 이론과는 정당성 측면에서 거리를 두고 있기도 하다. 그리하여 '워싱턴 컨센서스' 라는 용어를 만들어 낸 존 윌리엄슨John Williamson은 "내가 본질적으로 신자유주의적 이념으로서 간주했던 것은 …… 자본 자유화 조치 같은 정책, …… 통화주의, 공급주의 경제학, 또는 최소국가를 의미하는 것은 결코 아니었다" 고 주장한다(Williamson, 2002: 2). 사실상 이러한 개념들은 소규모 우파 압력집단 내부 이외에는 워싱턴 또는 그 밖의 다른 곳에서의 컨센서스를 지배하고 있는 것은 아니다. 이것이 강조되어야 할 중요한 차이점이며, 그것은 신자유주의에 대한 비판적 설명 내에 종종 혼동되어 나타나기도 한다(3장과 12장을 보라).

신자유주의와 정치: 시장의 형성

신자유주의에서 시장은 자원의 효율적 분배에 대한 합리성을 상징한다. 다른 한편으로 정부 개입은 효율성과 자유에 반하는 것이며 [시장의] 합리성을 위반하기 때문에 바람직하지 못한 것으로 간주된다. 하이에크에 따르면 시장에 기초한 사회는 개인적 자유를 양성한다. 그러나 배리 스마트(Smart, 2002: 95)가 언급하고 있는 것처럼, "이러한 사회는 계획을 통해서가 아니라 시장, 교환과정, 즉 다른 이들에 대한 서비스와 상품을 매번 추구하고 그들에게 상품과 서비스를 공급하는 것을 통해 유지된다". 시장에 의해 창조된 질서는 [인위적으로] 계획되거나 설계된 어떤 사회조직과 비교해도 효율성과 형평성의 관점에서 더욱 우수한 것으로 간주된다. 폴라니(Polanyi, 2001: 60)가 말하고 있는 것처럼 이러한 체계는 "사회적 관계에 배태되어 있는embedded 경제 대신에 사회적 관계가 경제체계 속에 배태되거나" 훨씬 더 있는 그대로 말하자면, "시장경제는 시장사회 속에서만 기능할 수 있다". 시장은 끊임없이 그 자신의 이미지를 사회에 투영하려고 한다.

만약 우리가 시장형성에 대한 이론적 관점보다는 역사적 관점을 취한다면, 신자유주의적 관점과는 반대로 이러한 시장형성이 항상 경쟁적인 정치 과정이었지 자연적인 사건이 아님을 알 수 있을 것이다. 제2차 세계대전 기간에 19세기 산업혁명의 첫번째 '거대한 변환'에 대해서 썼던 칼 폴라니는 "전국 시장의 출현이 정부의 통제로부터 경제적 공간의 점진적이고 자생적인 해방의 결과가 결코 아님"을 명확하게 보여 줬다

(Polanyi, 2001 : 258). 시장 사회와 시장 규칙들은 자연적 또는 자기발생적인 어떤 과정을 통해 진화한 것이 아니다. 그러기는커녕 폴라니가 주장하듯, "시장은 비경제적 목적을 위해 사회에 시장 조직을 부과하는 정부에 의해 종종 폭력적으로 그리고 의식적으로 이루어진 개입의 결과였다"(Polanyi, 2001 : 258). 그래서 정치는 〔경제를〕 항상 '지휘하며', 만약 우리가 정치적 수사의 표면 아래를 들춰 볼 수 있다면 순수하게 경제적인 과정 같은 것은 존재하지 않는다. 마르크스가 자본주의 형성에 필연적인 '본원적 축적'에 관해서 주장했던 것처럼, 시장형성과 시장 사회는 매우 명확한 승자와 패자가 존재하는 폭력적 사건이다.

자기 조절적 시장이라는 관념은 고전 자유주의의 핵심에 있으며 오늘날에도 여전히 전 지구적 신자유주의의 담론 속에 투영되어 있다. 폴라니가 다시 한 번 지적하는 것처럼 "경제적 자유주의의 진정한 의미는 지금 첫눈에 알아볼 수가 있다. 세계적 규모의 자기 조절적 시장은 이러한 거대한 메커니즘의 기능을 보증하는 것에 다름 아니다"(Polanyi, 2001 : 145). 그리하여 자유주의는 오직 우리가 세계화라고 알고 있는 경제·정치·사회·문화 과정의 복잡한 연속적 발생을 통한 세계사의 현 단계에서만 실현된다. 이러한 프로젝트를 수행하기 위해 초민족적인 자본가계급은 1970년대와 80년대를 거치며 '탈배태된 자유주의' disembedded liberalism를 만들려는 계획적인 노력을 한다. 그리고 그것은 1990년대에 담론적으로나 실천적으로 신자유주의적 세계화에 승리를 안겨 준다. 자본의 이동성이 촉진되고, 자유무역이 신성시되며 노동은 더 '유연화' 되고 거시경제적 관리는 완전히 시장 지향적이 된다. 물론 시장이 사회 관계와 정치 질서로부터 사회적 분열과 정치적 혼란 없이 '탈배태' 될 수 있는지가 문제이다.

우리는 오늘날 현존하고 있는 신자유주의가 국가에 대한 직접적 반격이라고 믿지 않으며(다음 절에서 보게 된다) 신자유주의를 지배하고 있는 규칙과 시장의 끊임없는 재형성 및 형성을 요구하는 것으로 이해하고 있다. 국제무역체제 ― 첫번째로는 GATT(관세와 무역에 관한 일반협정)였으며 현재는 WTO(세계무역기구)인 ― 는 공식화된 체계를 통해 전 지구적 시장이 효과적으로 조절되고 분쟁이 해결될 수 있는 주요한 메커니즘이다. 합의에 도달할 수 있는 전 지구적 권력에 대한 정치적 방해물이 존재하고 있음에도 불구하고, GATT로부터 WTO가 요구하는 보다 공식적이고 '사법적인' 규제체계로의 이동이 필요했던 것은 바로 세계무역량의 양적 급상승 때문이다. 국제적 규범 전체는 계약법, 특허, 그리고 중재절차로 구성되어 있으며 거대하게 증대한 국제무역량을 조절하기 위해 수립되었다. 다자적 경제기구들을 지배하는 강력한 국가들이 협상하는 것이 바로 이런 국제적 규범 집합이다. 그것들은 신자유주의가 가정하고 있는 바와 같이 자연적으로 발생하는 것은 아니다(10장을 보라).

국가의 재설정

우리는 정부 개입이 시장형성에서 얼마나 결정적인지에 대해서 보았다. 그러나 신자유주의는 국가 개입의 '후퇴'라는 외관상 모순적인 사명을 중심 교리로 가지고 있다. 로베르토 망가베이라 웅게르Roberto Mangabeira Unger에 따르면, 현실적(그에 따르면 '활동하고 있는')으로 신자유주의 내의 이데올로기적 통일성ideological unity의 주요한 원천, 즉 그것의 중심적인 **정치적** 교리 중 하나는 "정부의 영향력 박탈에 대한 소극적 합의이며, 그 의미는 국가가 [이미] 수립된 사회질서에 개입할 수 없도록 하는 것이다"(Unger, 1999: 58). 실천적 측면에서 그것은 신자유주의적 정치가의 주요한 임무를 나타낸다. 하이에크 같은 자유주의적 이론가들에게 항상 그 표적은 '과잉' 또는 '팽창된' 국가부문으로 보이는 것에 있다. 그들은 '자유' 시장을 규제하려는 시도와 개입, 궁극적으로 이러한 것들이 나타내는 개인들의 자유에 대한 침해에 관심이 있다. 경제에 대한 국가의 개입은 하이에크의 가장 유명한 저서 『노예의 길』(1944)이라는 제목처럼 제약 없는 '집단주의'로 이어질 것이다(신자유주의적 신념에 따르면 공산주의라는 결과를 가져올 발단). 하지만 현실적으로, 현존하는 신자유주의는 단순히 국가를 후퇴시키려고 하거나 그것을 규제의 영역으로부터 벗어나게 하려는 것은 아니다.

신자유주의의 첫 단계는 1973년 칠레의 피노체트 군사 쿠데타와 그에 이은 '시카고 보이스'Chicago Boys(대체로 시카고 대학에서 '프리드먼식' 프로그램을 교육받은 칠레 경제학자 집단) 프로젝트이다. 그것은 1979년 이후 영국의 마거릿 대처와 1981년 이후 로널드 레이건에 의해 수행된 경제정책을 통해 더 구체화된 형태로 나타났다. 하이에크와 프리드먼을 본받아 피노체트, 대처 그리고 레이건은 국가 개입을 후퇴시키고 자유시장 메커니즘을 공고히 하는 데 강한 국가를 이용하였다. 이것이 케인즈주의와 발전국가를 정치적 기반으로부터 후퇴시키는 데 기초한 신자유주의 혁명의 첫 단계이다. 노동시장은 '탈규제화' 되었고 노동은 더 '유연' 해졌다. 경영자들의 '경영권'은 화려하게 복귀되었고 시장은 '정치적' 제약에 시달리지 않아도 되었다. 신자유주의를 향한——역사적 맥락과 정치적 과정에 의해 형성된——경로가 다양해졌으며 1980년대 말 신자유주의는 매우 패권적 양상을 나타냈다. 그리고 이전의 복지국가와 발전국가는 외관상으로 낡은 것으로 취급당하였다. 이 시대는 '대안은 없다'가 말 그대로 통용되던 시기였다.

전 지구적 신자유주의의 두번째 단계는 1990년대에 시작되었다. 이 시기에는 단지 국가의 '후퇴'라기보다는 새로운 정책의 '개시'가 이루어졌다. 펙과 티켈(Peck and Tickell, 2002: 388~9)은 신자유주의의 소극적 단계가 가지고 있는 자연적 한계에 도달하자, 더 '적극적'이거나 혁신적인proactive 정책이 요청된다고 주장하였다. 그리하여 "결과는 내파implosion가 아니라 재구성reconstitution이며 신자유주의적 프로젝트 자체는 점진적으로 클린턴과 블레어 행정부가 채용한 제3의 길 방식의 왜곡에 의해 더 사회적으로 간섭주의적이며 개선적인 형태로 변용metamorphosis 되었다". 브라질의 페르난두 엔리케 카르도주Fernando Henrique Cardoso 행정부(1995~2002)는 신자유주의적 양식이 대서양 남쪽으로 이동한 것임에 다름 없다는 사실을 추가적으로 이야기할 수 있게 해준다. 자유화와 상품화를 통해 시장의 논리를 단순히 확장하는 것은 이젠 불충분하며 신자유주의 프로젝트는 복지개혁, 형사정책, 도시 정비, 대두되고 있는 망명자 문제를 포함하는 사회적 영역으로 확장되어야만 한다. 국가의 후퇴만으로는 불충분하며 이민자들, 한부모 가정single-parent families, 죄수와 같은 저항적 성원들, 그리고 사회의 '비정상적인' 또는 사회적으로 '배제된' 성원들이 신자유주의적인 **정치**의제를 위해 규제되어야 하며 그 정치의제의 통제 하에 있을 필요가 제기되었다. 이러한 것이 [현재] 이행되고 있는 신자유주의의 사회 조절적 측면이다.

그래서 우리는 신자유주의가 국가를 재설정하는 데 있어서 하이에크가 원하는 방식처럼 국가를 후퇴시켰다기보다는 형태를 변화시켜 왔다고 말할 수 있다. '탈규제'(국가 조절체계의 제거)라는 오만한 정책은 사실상 새로운 시장적 규칙과 '새로운' 자본주의의 발전을 용이하게 하는 정책들을 동반하는, 새로운 조절의 형태를 창조하고 있다. 사회는 시장의 이미지로 변형되고 국가 그 자체는 현재 '시장화'되었다. 필립 커니Philip Cerny가 '경쟁국가'라는 그의 모델을 발전시키면서 이야기한 바와 같이, '국가의 상품화'로의 전환은 영토 내의 경제적 행위들을 육성하는 것이 목표로 되거나 그렇지 않으면 국부에 기여하고 국제적 발전이라는 측면에서 더 경쟁적이게 하는 것에 목표를 두고 있다(Cerny, 2000: 30). 이러한 경쟁국가 모델은 더 이상 민족경제의 발전을 목표로 하지 않는다. 오히려 전 지구적 수준의 신자유주의를 육성하는 것이다. 그리하여 민족국가의 정치적 영역은 재구성되며 민족국가의 '내부'와 '외부' 사이의 낡은 분할은 퇴색되었다. 국가의 기능이 새로운 전 지구적 질서에 맞추어 재조직화되는 것처럼 국가는 낡은 민족국가들의 질서 속에서 '심판'으로서가 아니라 그 자체로 시장에서 활동하는 '선수'로 행동하기 시작하였다. 조절은 공동선을 위해 수행되는 어떤 것이 아니라 세계화 프로젝트 그 자체를 위한 것이 되었다.

새로운 매트릭스

신자유주의의 승리는 서구에서 케인즈주의 모델과 남반부에서의 발전주의 모델의 실패에 대한 인식에 의존하고 있다. 이러한 정치-경제적 패러다임 각각은 전 지역의 정치, 경제 그리고 사회적인 파라미터들이 놓여 있는 사회-정치적인 매트릭스로 이해될 수 있다. 라틴아메리카 연구를 위한 개념들을 배치시키면서 가레통Garretón과 공저자들은 사회-정치적 매트릭스SPM에 대해 다음과 같이 언급하였다.

> 국가, 즉 정당정치체제 또는 대의구조(전반적 요구를 모아 내고 정치적으로 국민을 참여시키는), 문화적 지향들과 관계들을 갖는 사회적 행위자들의 어떤 사회-경제적인 기초(공식적인 국가구조 바깥에 있는 시민사회의 다양성과 참여를 포함하는)들 사이의 관계—정치적 체제에 의해 제도적으로 매개되는 모든 것—를 말한다. (Garretón et al., 2003: 2)

우리의 목적은 신자유주의가 어떤 범위까지 경제·정치·사회 관계의 본질과 공적·사적 영역을 구성하는 전 지구적 규모의 자본주의적 발전을 위한 새로운 사회-정치적 매트릭스를 표현하고 있는가를 검토하는 것이다.

폴라니에 따르면 19세기의 국제체계는 강대국들 사이의 세력균형, 국제 금본위제, 자기 조절적 시장 그리고 자유주의 국가에 의존하였다. 그렇지만 그 체계의 원천과 기반은 자기 조절적 시장에 의존하였다(Polanyi, 2001 : 3). 20세기 후반부에 발전한 국제체계는 '세계화', '정보사회', 그리고 '네트워크 사회' 등으로 다양하게 불려 왔다. 그러나 그것의 원천과 기반은 의심할 바 없이 전 지구적 시장이었다. 가계로부터 세계경제까지 인간 행위의 다양한 규모 그리고 사회의 전 수준에서 '경쟁력'이 강조된다. 발전모델은 국가—발전과정의 기반이었던—로부터 발전의 주요 벡터인 '민간부문'으로 이동하였다. 그것은 오직 최소 수준의 규제만을 요구하는 것이다. 근대성과 문명이라는 모델이 이 새로운 정치적 매트릭스의 영향 하에서 전환된 것이다. 개인주의적이고 합리주의적인 시장에 기초하는 서구 모델은 유일하고 진정한 경로로 간주되었으며 다른 모든 것들은 평가절하되었다. 정치적 가능성의 지평은 극적으로 폐쇄되었다.

신자유주의의 정치적 효과에 대한 분석의 대부분은 서구의 선진 산업사회를 중심으로 이루어졌다. 신자유주의는 근본적으로 사회 내의 사적인 영역과 공적 영역 사이의 전통적 관계를 변경시키고 '탈정치화' 시켜 왔다. 하지만 신자유주의적 혁명은 시장의 힘이 미치는 영향력을 국가가 완전히 통제했던 곳인 국가사회주의 또는 관료주의적 사회주의체제였던 동구권 국가에 훨씬 더 많은 악영향을 주었다. 심지어 세계은행은 동구에서 '시장[으로의] 이행'이 가져온 비참한 사회·정치적 결과를 승인해야만 했다. 그러나 신자유주의가 가장 황폐한 효과를 발휘했던 곳은 남반부의 가난한 국가들, 즉 '발전도상국'이라 불리는 국가들이었다. 고전적이고 급진적인 발전이론은 내던져지고 '천편일률' one size fits all적인 신자유주의적 치료약 세트로 대체되었다(Colcough and Manor eds., 1993). '워싱턴 컨센서스'는 남반부의 국가들에서 실제적으로 수행될 것들을 체계화하였으며 새로운 발전논쟁을 만들어 내었다. 모든 발전논쟁들은 이러한 소위 컨센서스의 파라미터 내에 있어야만 하였다.

정치적 매트릭스는 담론이 그것을 표현하고 지지하는 만큼만 효과적이다. 그리고 여기서 신자유주의는 꽤 최근까지 눈부시게 성공을 거두고 있다. 그리하여 '개혁'이라는 용어는 토지분배 또는 소득분배와 결합해 사용되는 것이 중단되었고, 경제의 개방과 정치적 통제 또는 규제로부터 시장을 '해방'시키는 신자유주의적 담론과 동의어가 되었다. 신자유주의는 정치적 자유에 대한 자유주의적 개인주의 개념과 신고전파 경제이론을 성공적으로 접합하였다. 그리하여 부르디외가 '강한 담론'으로서 신자유주의를 분석하면서 주장한 것처럼, 교과서 바깥에서는 정말로 존재할 수 없는 신자유주의 같은 이론이 "자신을 **현실화하고** 경험적으로 정당화하는 데" 이상하리만큼 효과적이었다(Bourdieu, 1999: 2). 우리가 다음 절에서 살펴볼 것처럼 정치적 프로젝트로서 신자유주의가 영향력을 미치고 있는 것은 바로 그러한 종잡을 수 없는 힘 때문이다.

신자유주의 정치: 평가절하된 민주주의

신자유주의에서 시장은 자원을 배분하는 가장 효율적인 방식일 뿐만 아니라 인간의 자유를 달성하는 최적의 환경이기도 하다(Friedman, 1962). 신자유주의 이론가들에 따르면 자유를 위협하는 것은 바로 경제적 생활에 대한 정부의 개입이다. 좌파의 '전체주의들'에 대항하는 자본주의적 민주주의를 위한 필연적 기반이 바로 경쟁적 자본주의이다. 물론 현실적으로 신자유주의의 사도들은 1973년 이후, 피노체트 장군이 잔혹한 형태로 도입한 신자유주의를 지지하는 것에 대해 어떤 모순도 느끼지 못했다. 정당정치에 대한 제한과 노조에 대한 억압은 그들이 신봉했던 민주주의의 시장 친화적인 버전을 회복하는 데 있어 필연적이었다. 주목할 만한 것은 이렇게 근본적으로 보수주의적인 신자유주의자들의 정치비전이 진보적으로 보이는 것에 성공했으며 심지어는 '혁명적'으로까지 보였다는 것이다. 예를 들어 노동권과 같은 기본적인 사회적 권리와 기본적인 정치적 자유가 과거지향적인 시대착오로서 나타났다. 새로운 포스트 사회주의 기간의 새로운 '상식'인 신자유주의가 바로 미래였다(20장을 보라).

신자유주의는 시민을 소비자로 바꾸려고 한다 : 나는 쇼핑한다, 고로 존재한다

신자유주의가 도래하자 시민권의 고전적인 민주주의의 표상 속에 있는 다층적 측면과 시민 역량의 증대는 쇼핑몰의 기쁨과 신용카드의 힘으로 축소되었다. 그러한 것들이 민족국가 내의 그리고 민족국가들 사이에 뚜렷이 위계화된 계급구조 내 자신의 위치를 따라서 실현되든지 아니든지 말이다. 심지어 시민권의 '정치적' 개념은 진부해졌고, 현실적으로 형식적일 뿐만 아니라 드물게 이루어지는 투표장 방문 정도로 축소된다. 어떤 경우에는 민주적 참여의 불안한 징후가 많은 나라들에서(특히 미국) 선거 투표자 수의 급감으로 나타난다. 시민권은 정부와 신자유주의 이전의 구습과 동등하게 여겨진다. 암묵적으로 제시된 논의에 의하면 개인은 그·그녀의 정체성을 소비를 통해 훨씬 잘 표현할 수 있다. 낡은 산업자본주의 하에서 생산이 정체성과 계급분할의 표지가 되어 왔던 반면 현재는 소비가 두드러지게 되었다. 확실히 새로운 전 지구적 시장 내에서 소비는 극히 중요한 경제적 필요를 만족시키고 있다. 그러나 또한 그것은 사회의 문화적 재구조화에 이바지하고 있다. 전체 소비과정 ― 광고, 마케팅, 유행창조를 통한 구상에서부터 판매까지 ― 은 소비가 끊임없이 혁명화될 수 있도록 정체성들을 분해하고 더욱 유동적인 것으로 만들었다. 정치의 공적 장소는 더욱 정태적인 것으로, 시민의 소비자화the citizen-become-consumer를 충족시킬 수 없는 것으로 보여진다.

웅게르가 제시하듯이 "신자유주의……에 의해 선호되는 정치는 상대적 민주주의relative democracy이다. 즉 신자유주의가 감당할 수 있을 만큼의 민주주의다"(Unger, 1999: 68). 새로운 민주주의는 왜소화되어, 제한적이고 위임적delegative 의미만을 지니고 있을 뿐이다. 신자유주의 이데올로기에 의해, 지금까지는 국가의 무게에 짓눌려 있던 개인적 자유가 강조되었지만 정치적 대의체계는 탈가치화되었고 시장의 법칙을 정치에 적용하려고 하였다. 관료제에 대해 표현되는 적대성과 탈전문화된 정치에 대한 요구 뒤에는 민주주의에 대한 심각한 거부가 도사리고 있다. 금권金權이 전에 없는 정치적 영향력을 미치고 있으며, 정치는 여타 다른 상품과 마찬가지로 시장화되었고 패키지화되었다. 놀랄 것도 없이, 비록 전체 정치과정에 대한 소외가 일반적인 현상은 아닐지라도 많은 시민들이 정치에 대한 관심을 잃었고, [정치적] 각성과는 거리가 멀어졌다. 신자유주의적 경제적 의제 하에서 훨씬 더 제한적으로 된 정치적 선택은 정치정당 대부분이 공유하고 있는 기반이 되었고 정치적 차이는 의미가 없어졌다.

또한 신자유주의는 '시민사회'와 같은 전통적 민주주의 개념을 전복시키고 민주주의 목록에 '사회적 자본'과 같은 새로운 보수주의적 개념을 도입한다. 1970년대 동안 남반부와 동구의 권위주의적 체제 하에서 시민들이 조직되고 민주주의를 위해 동원되는 곳은 시민사회(그람시 Antonio Gramsci에 따르면 경제와 국가 사이의 영역)의 영역이었다. 그 이후 '시민사회'는 '큰 정부' big government에 대항하는 성전을 수행하는 신자유주의적 프로젝트에 의해 움직여 왔다. NGO부터 노조까지 모든 비국가적 행위주체non-state actor가 국가를 대체하고 통제권을 갖게 되도록 고무되었다. 특히 세계은행은 민주주의에 대한 지원과는 다른 이유에서 탈정치화된 '시민사회'의 옹호자가 되었다. '사회적 자본'이라는 개념은 세계은행에 의해 채택되었고, 신자유주의적 경제용어 내에서 공동체 조직화라 알려진 것으로 분류되었다. 민주주의 담론의 이러한 보충적 과정은 1990년대 신자유주의의 정당화의 주요 요소였다.

대안은 없는가?

〔대처의〕 '대안은 없다'는 신자유주의의 헤게모니가 당연한 담론으로 여겨지던 1990년대까지 타당한 담론인 것처럼 보였다. **어쩔 수 없는 선택**일 때조차 동구권에서 자본주의로의 이행의 구상자들과 남반부의 많은 정치 지도자들은 신자유주의적 신조의 열렬한 지지자가 되었다. 프랑스에서는 하나의 신조로서 신자유주의를 **'유일사상'** pensée unique이라고 불렀다. 그것은 적어도 본질적으로는 좌파부터 우파까지 모든 정당들이 동의하는 세계를 보는 하나의 시각이었으며 하나의 사고체계였다. 그러나 1990년대 중반이 되면 세계은행이 워싱턴 컨센서스를 '넘어서는' 방법에 대해 공개적으로 논의하기 시작한다. '제도문제'라는 완전히 새로운 슬로건의 배후에서 세계은행은 신자유주의 혁명이 장기적인 자본주의적 거버넌스의 안정성에 관한 주요한 사회문제들을 대비하여야 함을 알고 있는 것으로 보였다. 사회가 조절되지 않은 자유시장의 파괴로부터 자신

을 효과적으로 보호하는 폴라니의 유명한 '대항운동' counter-movement이 도래한 것인가?

무엇보다도 어떤 '숙명론적' 정치이론에 대항하여 우리는 항상 정치적 대안들이 존재한다는 것을 이해할 필요가 있다. 현실을 지배하고 있는 다소 '숙명론적' 접근보다는 경제적 자유주의에 대한 더 미묘한 차이를 발전시키는 데 도움을 주는 웅게르의 광범위한 정치철학에서 얻을 것이 많다. 예를 들어 웅게르는 우리에게 민주주의의 정치·경제적 제도적 배치의 대다수가 우연적이거나 적어도 사회적으로 구성된 것임을 인식하라고 말한다. 모든 정치적 현상 배후의 숨겨진 원인들을 찾는 '심층구조' deep structure 이론가들에 반대하여, 그는 구성적 맥락formative context[1]을 변화시키는 우리의 능력을 부정하는 '구조 물신주의'의 한계들을 보여준다. 웅게르는 사회·정치적인 분석 뒤에 있는 모든 종류의 숙명론적 가정에 반대하고 있다. 그는 사회적 담화의 무력한 꼭두각시로 우리 자신과 사회를 설명하는 사회적 이해 방식으로부터 탈출하라고 말한다. 우리는 그러한 사회적 담화를 만들었고 그 안에 살고 있거나 그러한 사회를 존재할 수 있도록 법적 형태의 강제를 동원하기도 한다(Unger, 1999: 7). 그러나 역사는 의외의 것이 될 수 있으며 심지어 사회적 (재)창조는 가장 일어나지 않을 것 같은 환경 속에서 발생하기도 한다.

전 지구적 신자유주의 프로젝트의 논리 내에는 심지어 '고급 전략' high road과 '저급 전략' low road이라고 불릴 만한 것들이 존재한다. 자본주의의 많은 다양성이 존재하는 것처럼 신자유주의로의 경로 또는 그것을 통과하는 다양한 경로가 존재한다. 시장 메커니즘의 효율성에 관한 기본

1) 웅게르가 발전시킨 개념으로 행위자의 조직 내의 실천적이며 이성적인 절차를 분별하는 제도들의 배열과 인지적 상들(cognitive images)의 집합을 말한다. — 옮긴이

적 합의는 국가규제와 시장의 적절한 혼합에 대해 현재 진행 중인 경제적·정치적인 심각한 논의를 은폐하여야 한다. 낮은 임금과 저숙련에 기초한 '저급 전략'에 반대하여, 신자유주의와 효과적으로 경쟁하고 있는—특히 2002년 아르헨티나의 비참한 경제 붕괴 이후에—신구조주의적 발전neo-strucutralist development 이론에 의해 촉진되고 있는 경제의 '형평성을 동반한 성장'에 기초한 '고급 전략'이 존재한다. 그러한 사건 또는 과정은 아마도 소련의 붕괴가 신자유주의에 중요한 의미를 가지는 만큼 사회주의적 계획에 중요한 것이 되었다. 지배적 담론은 현재 어떻게 시장이 그 자신과 사회 및 정치를 규제할 수 있는가가 아니라 단지 그것이 신자유주의를 구제할 수 있다는 이유만으로 어떻게 '거버넌스'가 강화될 필요가 있는가에 훨씬 더 초점이 맞추어져 있다.

웬디 라너Wendy Larner의 유익한 유형학을 따라서(Larner, 2000) 신자유주의가 하나의 정책(또는 정책 집합)이라는 것과 그것이 하나의 이데올로기이지만 또한 근본적으로 '통치성'governmentality에 관한 것임을 명심해야 한다. 신자유주의가 정부를 폄하하기는 하지만, 그것이 거버넌스 자체를 소홀히 여긴다는 의미는 아니다. 거버넌스는 종종 명령적이라기보다는 네트워크화된 정치의 '포스트정치적' 방향키로 보여진다. 푸코Michel Foucault의 마지막 저작들에서 발전된 '통치성'은 정치적 프로그램들이 신자유주의적 개인들과 결합하는 방식과 지식의 제도화에 관한 것이다. 신자유주의에 대한 대안을 파악하기 위해서는 그러한 통치성의 복잡성 내에 무엇이 존재하는지를 이해하여야 한다. 신자유주의는 그것에 대한 비판들이 집중하고 있듯이 경제정책들의 집합 또는 심지어 이데올로기가 아니라 우리가 현재 살고 있는 복잡한 글로벌 세계의 거버넌스를 위한 하나의 전략이다. 대안들이라면 그것이 어떠한 것이라도 21세기의 전 지구적 거버넌스라는 복잡한 문제에 대해 대답해야 할 필요가 있다.

신자유주의를 넘어서?

알랭 투렌(Touraine, 2001: 24)에 의하면 "자본주의의 승리는 너무나 비용이 많이 드는 것이고 견딜 수 없는 것이라 모든 편에 있는 모든 이들이 신자유주의적 이행으로부터 벗어나는 길을 찾으려 하고 있다". 이러한 주장은 아마도 신자유주의의 유연성과 가변성을 과소평가하는 것이며 그것 내부에 상존하는 위기를 과대평가하는 것이다. 그러나 확실히 정치적 논쟁은 현재 신자유주의 '이후', '너머' 또는 '포스트신자유주의' 적 삶에 대해 논의하고 있다. 세계은행과 그 밖의 집단에 의해 추구되고 있는 증보되고 쇄신된 워싱턴 컨센서스는 현존하는 신자유주의가 어떤 측면에서 실패해 왔는지에 대한 암묵적 인정이다. 현재 칭송받고 있는 '좋은 거버넌스' 라는 척도는 여전히 세계 대부분의 지역에서 전진하지 못하고 있는 민주주의적 발전과 동일한 것이 아니다. 새로운 신자유주의적 의제가 시장이 자기 조절적이 아니며 자기 정당화할 수 없는 것이라고 인식하고 있는 반면, 그것은 여전히 시장을 규제(예를 들어, 외부성을 다루는)하고 시장을 정당화(예를 들어 사회적 파트너쉽과 사회적 보호)하는 형성 중인 제도이다.

신자유주의에 대한 진보적이며 더 민주주의적인 대안을 개발하기 위해 우리는 '시장이 모든 것을 다룰 수는 없다' 라는, 통상적으로 받아들여지고 있는 진부한 문구를 넘어서 나갈 필요가 있다. 민주주의 그 자체의 의미는 이러한 논쟁에 관련되어 있다. 많은 이들이 신자유주의에 대한 대안을 부르짖고 있지만 현재의 제안들이 시장에 대한 적당한 순응에 머물거나 시장에 반대하는 단편적 조치라는 데에 문제가 있다. 전 지구적인 민주주의 프로젝트의 구성은 신자유주의에 대한 진보적 정치 대안을 통합하려는 주장들의 핵심이다. 그것은 '코스모폴리탄적 민주주의' 의 다소 공허한 서구 지향적 개념과 지방주의localism의 유혹, 전 지구적 신자유주의를 거부하는 '근본주의적' 대안들을 동일하게 거부해야 할 필요도 있을 것이다. 어떠한 대안적 정치경제학도 사회전체적인 거시경제적 안정성에 대한 간절한 요구를 무시하지는 못하며, 과거의 정치적 불안정성과 사회적 참상을 야기하였던 하이퍼인플레이션의 시절로 돌아가지도 못한다.

하지만 이러한 논쟁과 갱신 과정 이전에 신자유주의의 계획적인 탈정치화정책을 역전시키는 방안에 대해 논의해야만 한다. 정치적 미래에 대해 논쟁하고 민중의 이해를 대표할 수 있는 곳 안에서 정치가 적절하게 재구성될 때 그러한 정책이 역전될 수 있을 것이다. 특히 국제적 수준에서—예를 들면 2003년의 반전 시위에서 볼 수 있듯—재활성화되고 있는 공적 영역의 몇 가지 징후들이 있다. '참여'와 '자기결정'이라는 신자유주의적 수사는 전복될 수 있으며, 그것은 능동적 시민의 실천과 갱신된 개념들을 통해 이루어진다. 신자유주의적 세계화에 의해 국가들 사이의, 그리고 그 내부에서 창조되어 방대한 규모로 확대된 불평등 수준에 대한 해답을 신자유주의나 고전적 사회민주주의가 제공할 수는 없다. 실천적 대안들이 시민사회 내부로부터—아마도 '사회적' 좌파로부터—많은 영역에서 나타나고 있다. 그것은 세계적인 사회운동적 노조주의의 지역적 민주주의운동과 참여 예산participatory budget 등으로부터 나타나고 있다.

신자유주의에 대한 대안들은 좁게 정의된 '정치적인' 공적 영역으로부터 재정치화된 시민사회로의 이행 속에서 나타날 것이다(19장을 보라). 세계은행은 확실히 신자유주의적 세계에 대한 사회적 지지를 획득하고 그것에 '사회적' 얼굴을 입히는 시민사회의 중요성을 이해하고 있다. 현재 문제가 되는 것은 신자유주의에 의해 '자유' 시장으로 환원되고 있는 '자유'의 개념이다. 폴라니는 그가 살던 당시 "우리를 사회의 현실과 마주할 수 있도록 하는 시장 유토피아에 대한 포기"를 주장한 바 있다(Polanyi, 2001: 267). 그러고 나서 경계선이 다양한 경제이론들의 상대적인 기술적 이점이 아닌 정치적인—자유 또는 민주주의의 본질—것으로 나타난다. 사회의 (재)발견은 자유의 잠재적 재탄생을 나타낸다. 폴라니에 따르면 복잡한 사회 속에서 자유는 오직 "경제학을 계약적 관계와 동일시하는, 그리고 계약적 관계를 자유와 동일시하는 사회의 시장적 관점"에 대해 전혀 정반대의 정치철학을 기반으로 하는 (정치적) 조절을 통해서만 이루어질 수 있다(Polanyi, 2001: 266).

7장_신자유주의, 세계화, 그리고 국제관계

알레한드로 콜라스*

시장 원칙의 보편적이고, 경계가 없는, 그리고 비가역적인 확산을 통해 국가와 사회를 재생산하는 전 세계적인 과정으로 '세계화'를 전유한 것이 현대의 이데올로기로서 신자유주의가 얻은 주목할 만한 성과 중의 하나이다. 신자유주의는 일련의 이론적 원칙들과 사회-정치적 실천들을 모두 포함하는 것으로 우리의 사회적 삶들의 대부분의 영역에 자본주의적 시장 관계를 확대하고 심화시킨다(5장과 6장을 보라). 신자유주의는 세계화라는 통념을 기반으로 '공적인 것' the public이라는 개념을 맹공격하였으며, 그[공격]에 수반하는 제도들을 정당화하였다. 이 과정은 보통 피할 수 없는 것으로서 빈곤, 불평등, 후진적 경제에 필요한 만병통치약으로 표현된다. 따라서 긴축재정에서부터 반노동자적 법제정에 이르는 신자유주의 정책은 세계화라는 주문呪文을 통해 '유일한 규칙' the only game on town으로 정착되었다. 그러한 정책들은 또한 편리하게 외부의 탓으로 돌려진다. 정책 채택의 책임을 '전 지구적 시장'의 외부적이며 회피

---

* 알레한드로 콜라스(Alejandro Colás)는 런던 대학교의 버크벡 칼리지(Birkbeck College)에서 국제관계를 가르치고 있다. 저서로는 *International Civil Society: Social Movements in World Politics*(Oxford: Polity Press, 2002)가 있으며, *Historical Materialism*의 편집위원이기도 하다.

할 수 없는 힘의 탓으로 돌린 것이다.

이 장에서는 세계화를 필연적인 것으로 간주하는 대부분의 신자유주의적 주장들에 문제를 제기한다. 분명 지난 30년 또는 그 이상 동안 세계 정치경제의 재구조화와 국제적 질서의 재편이 이루어져 왔다. '세계화' 개념을 통해 이러한 변화를 반드시 설명할 수 있는 것은 아니지만, 이 범주의 신자유주의적인 전개를 통해 설명할 수는 있다. 세계화는 다양한 별개의 과정들을 포함하는 설명적 용어인데, 그러한 과정들 중 어떤 것은 세계경제의 사회-경제적 동역학뿐 아니라 지배계급과 자본주의 국가에 의해 행사되는 정치적 권위와 관련하여 설명되어야 한다.

이 장의 첫번째 절에서는 세계화의 다양한 의미들을 고찰하고, 세계화가 지칭하는 다양한 현상들을 구분한다. 바라건대 이를 통해 신자유주의적인 용어법은 세계화가 국가에 의해 **만들어**지지는 않았지만 국가를 통해 폭넓게 매개되었다는 사실을 회피한다는 사실이 분명해질 것이다. 두번째 절에서는 신자유주의적 세계화——개념과 정책 모두——가 사실상 세계적 규모에서 국가와 시장 사이의 관계를 재구조화하는 것을 목표로 하고 있음을 말할 것이다. 이러한 독해를 통해 신자유주의는 '공적인 것' 이나 국가의 정치적 권위보다 '사적인 것' 과 시장의 경제권력에 특권을 부여하며, 역설적으로 지배계급들에게 유리한 국가 주도적이고, 다자적인multilateral 시장의 **재규제**re-regulation를 통해 이를 달성하는, 완전히 **정치적**인 프로젝트로서 등장한다. 세번째 절에서는 국제적 관점에서 신자유주의적 재규제의 경험적 사례들을 살펴본다. 여기서 초점은 신자유주의적 세계화를 재생산하는 초민족적 계급들의 역할, 공산주의의 붕괴, 그리고 국제적인 다자적 행위자들——브레턴우즈 체제나 WTO와 같은——에 맞춰진다. 그러한 제도들이 속해 있는 국가들에 신자유주의적 정책들을 부과하는 힘을 인정한다 할지라도 그 권위가 가지고 있는 지역적 근거 역시 강조될 것이다. 결국 신자유주의적 세계화는 모든 사회현상과 마찬가지로 현실과 유리된 불가해한 외적 힘이 아니라, 널리 알려진 제도들과 사회적 집단들, 즉 자본주의 국가와 그 지배계급들에 의해 추동되고, 지지되는 과정이다.

세계화의 여러 의미들

1990년대에 '세계화' globalisation라는 단어는 민족적 경계를 넘어서는 사회-경제적, 정치적 상호연관의 증대를 설명하는 데 널리 사용되었다. 권위 있는 일부 해석에 따르면 '세계화'는 사회적 관계의 '시·공간적 압축'이다. 반면 다른 이들은 민족국가를 넘어서는 동시에 그 위에 존재하는 정치적 권력의 증대(예를 들어, 다양한 행위자들에게 정치적 권위가 위임되는 것이나 유럽연합 주권의 '공동출자' pooling를 통해)를 강조한다. 대개 세계화는 민족국가의 상대적 쇠퇴와 이에 따른 마약류, 화폐, 인간, 이념, 음악의 리듬, 오염물질 등 무엇이든지 초민족적 이동이 확대되는 것으로 이해되고 있다. 어떤 이들은 전 세계의 사람들이 점차 보편 인권과 같은 공통의 사회-정치적 규범 혹은, 텔레비전 연속극과 같은 문화적 형태들을 공유하고 있다고 말하면서 세계화에 대한 양적 정의에 질적인 측면을 추가한다. 많은 경우 질적인 측면은 '세계성' globality을 현재의 인간 조건을 정의하는 특징으로 만든다. 하지만 우리가 세계화의 유용한 정의를 존속시키려고 한다면 이러한 주장들은 그 맥락이 설명되어야 하며, 경우에 따라 한정적으로 사용되어야 하고, 어떤 경우에는 완전히 기각될 필요도 있다.

우리는 먼저 세계화 현상에 대한 극단적 옹호자들의 일부가 제기하는 것처럼 세계화가 전 세계적인 사회 관계의 동질화 또는 수렴과 연관되어 있다는 주장을 거부해야 한다. 사실 세계화는 새로우면서 동시에 이미 존재하기도 하는 사회-경제적·정치적 위계들을 재생산하는 매우 불균등한 과정이다. 이를테면, 흔히 점증하는 경제 세계화의 지표로 외국인 직접투자FDI가 언급된다. 지난 30년간 외국인 직접투자가 실제로 증가해 온 것은 사실이지만, 그것들은 유럽, 동아시아, 북미의 중심부 자본주의 경제에 압도적으로 집중되어 있다.

우리가 세계화를 정치적 과정으로 간주한다고 한다면, 제도·규범·가치의 보편화는 진전되지 않았다. 민주화의 예를 생각해 보자. 1980년대와 90년대에 다시 한 번 라틴아메리카, 아시아, 동·중부유럽의 수많은 독재체제가 붕괴되었다. 그러나 이러한 (선거) 민주주의의 폭발은 불가역적인 것도, 무제한적인 것도 아니었다. 세계 인구의 상당 부분은 여전히 자유롭게 선출되지 않은 체제에 의해 통치되고 있으며, 독재적 권위가 제거된 많은 국가들도 권위주의적 지배—특히 아프리카와 구 소련에서—로 되돌아갔다. 따라서 널리 칭송되는 민주화의 '제3의 물결'은 굳건한 국가 권위의 장벽에 부딪쳤다. 지배계급들이 경제 자유화와 사회-정치적 억압을 결합시킴에 따라 중국이나 중동과 같은 체제들은 정치적 세계화의 힘에 영향받지 않고 있다.

마지막으로, 세계화를 조장하는 문화의 '잡종'hybridisation을 구성해 온 많은 것들이 있다. 몇몇 관찰자들에 따르면 마이클 잭슨부터 맨체스터 유나이티드까지, 랩 음악부터 「반지의 제왕」에 이르는 문화적 대상들은 너무 보편적으로 인식 가능해져서 우리는 오늘날 공유된 '세계적 문화'global culture를 얘기하기도 한다. 다른 이들은 비슷한 맥락에서 새로운 문화적 형태들이 세계화의 **결과로서** 등장하고 있다고 주장해 왔다. 그래서 이념·언어·이미지·음악적 형태·요리 스타일의 전 세계적 이동이 특정한 문화의 범주 안에 위치 지어질 수 없는 '세계 음악', '퓨전 요리' 혹은 '탈식민적 소설'과 같은 **독특한** 세계적, 혹은 최소한 초민족적인 문화적 생산물들을 만들어 내고 있다는 주장이 제기된다. 그 중에서도 특히 통신 기술에서의 놀라운 진보와 도쿄, 시드니, 뉴욕, 런던과 같은 소위 세계 도시들로 다양한 문화들의 집중으로 촉진되어 민족 경계의 범위와 그것을 가로지르는 문화적 형태의 '잡종'을 부인하기는 어려울 것이다. 그러나 그러한 이종교배의 불균등성과 그것의 위계적 차원을 강조하는 것이 중요하다. 빈곤, 문맹의 구조적 장애, 사회적 혹은 지리적 이동성의 부족으로 인하여 세계 인구의 대부분은 퓨전 요리나 탈식민적 소설의 즐거움을 공유할 수 없다.

그렇다면 사회-경제적·정치적·문화적 표현에서의 세계화가 무제한적이지도, 불가역적이지도 않다는 것이 분명해진다. 그러나 이러한 성질이 민족적 경계를 가로질러 그 도달 범위를 확장함으로써 일어나는 '세계화', 또는 더 정확하게는 '초민족화'의 이름 하에서 유용하게 분석되기도 하는 일련의 상호 작용들의 존재를 부정하는 것은 아니다. 다국적 기업의 수와 범위는 실제로 증가했고, 국제 NGO들과 다국적 기업들을 둘러싼 거래가 기하급수적으로 증가했으며, 국제적인 다자적 조직들의 범위와 권력 역시 팽창했다. 따라서 경험적으로 지난 30년간 초민족적 관계들이 증대되었다는 것을 부인하기는 어렵다. 그러나 마찬가지로 그것이 본래적으로 갖는 불균등하고 위계적인 속성 때문에, 자본주의적 세계화는 이미 **달성**된 조건이라기보다는 진행 중인 **경향**이라고 이해되어야 한다.

또한 그러한 접근은 세계화에 대한 지배적인 관점에 대해 보다 일반적인 설명을 가능케 하는데, 이는 〔세계화가〕 역사적으로 전례가 없는 경향이 아니라는 것이다. 세계화에 대한 많은 연구들은 세계의 사회-경제적, 지정학적 조직화에 있어서 제2차 세계대전 이후의 어떤 시점(보통은

1973년)에 있었던 극단적인 단절의 존재를 전제한다. 이 '세계화의 시대'는 종종 이전의 역사적 시기와 대비되는데, 이 역사적 시기 동안 경제·정치·문화·사회는 대체로 민족국가의 권위를 둘러싸고 조직되었으며, 영토적으로 한정된 공동체들이 필요로 하는 요소와 맞물렸다. 따라서 이 주장이 제기하듯이 세계화의 특징 중의 하나는 과거 30년 동안 〔이루어진〕 민족국가의 한계를 넘어서는 그러한 사회-경제적·문화적·정치적 행위들의 '과잉' overflow이다.

이는 새로운 경험에 대한, 혹은 아니면 새로운 〔형태의〕 세계화를 둘러싼 격렬한 역사적 논쟁들에 끼어드는 것이 아니다(유용한 정리로는 Held et al., 1999의 논의를 참조). 솔직히 초민족적transnational 흐름(금융과 통신, 이주)과 민족 이상적supranational 제도들(국제기구와 국제적 옹호 단체, 범민족주의적pan-nationalist 혹은 지방주의적 운동)은 제2차 세계대전 이전에 세계화와 결합했다. 문화적 '잡종'의 경우, 그것은 인류 그 자체만큼 오래 되었다. 따라서 일단 세계화를 이미 달성된 조건이 아니라 경향으로서의 과정으로 이해된다면, 과거, 특히 '제국의 시대'(1875~1914)인 19세기 후반 동안 상당한 사회-경제적, 정치적 상호 의존과 상호 침투와 같은 비슷한 운동이 존재했다는 것을 수용할 만한 보다 큰 여지가 존재한다는 점에 주목하는 것으로 충분할 것이다. 이러한 관점에서 본다면 세계화는 새로운 것이라기보다 부활한 것이다. 그리고 세계화의 특징은 질적인 변화라기보다는 양적인 가속화이다. 간단히 말해서, 〔지금의 세계화는〕 1848년 『공산주의자 선언』에서 마르크스와 엥겔스에 의해 너무나도 강력하게 포착된 자본축적의 일반화 경향이 주로 자본주의 국가를 매개함으로써 상당한 정도로 고삐가 풀린 구체적인 역사 시기와 관련 있다.

신자유주의, 국가 그리고 세계화

신자유주의자들이나 그들의 비판자들 모두 세계화가 무한한 자본주의의 동역학에 의해 달성되는 과정이라는 점에 동의한다. 신자유주의적 이론가들과 정책 입안자들에게는 이러한 자본주의적 시장의 보편을 향해 가는 동역학이 바로 자본주의적 시장의 거대한 매력이다. 따라서 대부분의 신자유주의자들에게 세계화는 속박받지 않는 자본주의적 시장의 자연스러운 결과물, 즉 국가에 의해 형성된 인위적 왜곡을 밝혀내고 정치적 이익이나 낡은 관습을 자유롭고 평등한 교환과정으로부터 제거하는 과정으로 간주된다. 그러한 자본주의 시장의 신자유주의적 (혹은 신고전파적) 해석들의 지배적인 가정은 세계가 합리적으로 효용-극대화를 하는 단위들(일반적으로 기업들)로 구성되어 있다는 것인데, 이들은 제한되지 않는 자유로운 교환을 통해 이익을 추구함으로써 결국에 시장균형을 발생시킨다. 이 균형점은 부를 생산하고 한정된 자원(인적 자원, 천연자원, 혹은 생산재 자원)을 분배하는 가장 효율적인 방식을 나타내며, 따라서 이는 '자유시장'과 '비교우위'의 미덕을 입증하는 것이다. 분명, 자본주의적 시장에 대한 이러한 이해가 국가와 다른 '사회적 이익' 집단들에 의해 강요되는 인위적인 정치적 제한들을 감소시키고, 세계적 규모에서 경쟁적 자원배분을 통해 전 세계적 부의 창출과 분배를 보장하는 과정으로 세계화를 보는 신자유주의적 개념들을 지배하고 있다. 여기서 글로벌 자본시장은 비정치적이고, 순수하게 '경제적'인 영역으로 이해된다.

신자유주의에 대한 비판자들은 자본주의 시장을 매우 다른 방식으로 본다. 그들은 마르크스, 그람시, 폴라니를 포함하여 다양한 범주의 사회이론가들로부터 영감을 얻어 자본주의 시장을 기회의 영역이 아니라, 필연의 영역으로 사고한다. 따라서 특히 마르크스주의자들은 17세기에 자본주의 시장이 등장한 이후부터 어떻게 강압과 강요를 통해 막대한 세계 인구들이 시장의 명령을 통해 자신을 재생산하도록 강제받는지를 강조한다(8장 참조). 신고전파적 개념과 반대로 자본주의 시장에 대한 이러한 이해는 상품교환을 자연스러운 것이 아니라고 이야기하며, 대신에 현재 우리의 사회적 재생산 형태가 역사적으로 얼마나 독특한 것인지, 특히 그 재생산 형태가 식량, 주거, 교육, 혹은 육아와 같은 기본적 욕구를 시장에 의존한다는 점에서 얼마나 기묘한 것인지를 강조한다. (우리의 목적에 있어서) 마르크스주의자와 다른 비판자들이 강조한 대로 전 지구적인 자본주의 시장의 재생산에 대해 정치와 국가가 맡은 중요한 역할은 더욱 중요하다. 그들은 자본주의를 단지 '경제적'인 관점에서 보는 것이 아니라, 우리의 사회적 삶의 '문화적', 혹은 '이데올로기적' 측면뿐만 아니라 국가의 '정치적' 권위를 포괄하는 일련의 **사회적 관계**로 간주한다. 이 글로벌 자본주의의 정치경제는 최소한 두 가지 의미에서 이해될 수 있다.

첫째, 신자유주의적 세계화 이론가들에 대한 비판자들은 글로벌 자본시장이 '자유롭고 평등한' 교환의 재생산을 보장하는 국가의 권위 — 이를테면 국가의 법적, 강압적, 이데올로기적 권력들 — 에 의존한다는 점을 지적한다. 자본시장의 교환은 '사회공학' social engineering의 메커니즘으로부터 자유로운 자연적이고 유기적인 과정이 결코 아니며 자본시장의 교환은 근대국가만이 제공할 수 있는 일종의 사회적 산업 기반 시설, 제도적 규제, 그리고 법의 집행을 필요로 한다. 더 추상적인 용어로는, 자본주의적 가치 증식의 논리는 시간의 전유(노동시간과 자본에 대한 미래 수익 모두)를 전제하고 있음에도 불구하고, 또한 특정한 장소에서의 축적을 필요로 한다. 이러한 방식의 독해에서 자본주의적 세계화는 '공간 재정립' spatial fixes, 즉 국가의 합법화와 더불어 자본주의 시장의 재생산을 유지하는 규제, 통제와 감시의 다양한 장소들—공장 담벼락에서부터 국경에 이르기까지—에 대한 언급 없이는 이해될 수 없다(Harvey, 2000). 더욱 세련된 신자유주의자들은 '야경국가'에 대한 이러한 필요와 〔더불어〕 심지어는 교육과 〔직업〕 훈련의 형태에서 어떤 기본적인 '인적 자본'을 생산하는 국가의 필요성을 인식한다. 그러나 그들은 대체로 이러한 역할을 정치적으로 중립적인 것으로, 즉 단순히 훨씬 더 효율적인 시장 동학을 가능하게 하는 제도적 보조물adjunct로 간주한다. 다르게 말하자면, 그들은 전체적으로 국가를 시장으로부터 자율적인 힘으로 간주한다.

반면에 신자유주의적 세계화의 비판자들은 지속적으로 글로벌 자본의 재생산을 지탱하는 적대적 사회관계에 주목함으로써 또 다른 의미의 정치의 역할을 강조한다. 신고전파적 분석에서 보는, 현실로부터 유리된disembodied 효용극대화를 추구하는 합리적 행위자들과는 반대로, 신자유주의와 세계화에 대한 비판자들은 불가피하게 모든 시장교환이 갖는 사회적 성격을 강조하고, 결과적으로 시장교환이 갈등적이고 착취적이며, 때로는 억압적인 성격을 갖는다는 점을 강조한다. 특히 마르크스주의자들은 자본주의적 세계화를 국가 안에서, 동시에 국가 간에서 발생하는 계급투쟁의 산물로 해석하며, 따라서 재정적자(예를 들어 정치적 권위를 넘어서는 최근의 유럽 '안정성 협약'stability pact을 통해 유럽으로 이전된)는 국내의 계급적 적대를 국제적이고, 따라서 더욱 정치적으로 중립적이고 동떨어진 공간으로 돌려놓기 위한 전략으로 해석될 수 있다고 말한다(24장 참조). 우리가 잠시 후에 보겠지만, 이와 유사하게 역사유물론적 분석들은 초민족적 수준에서 조직되고, 세계적 규모에서 자기 의식적으로 고유의 정책과 프로그램을 표명하는 세계화의 매개체가 사회계급들 그 자체라고 생각한다. 어떤 방식이든, 이러한 비판적 접근들이 주목하는 것은 실제로 신자유주의적 세계화가 확인 가능한 제도들과 사회적 집단들에 의해 조정되며, 사회적 계급들 사이의 (그리고 종종은 계급들 내의) 사회-경제적이고 정치적인 적대에 의해 추동되는 과정이라는 점이다.

그렇다면 우리는 신자유주의자들과 그 비판자들이 자신들의 정책처방들policy prescriptions의 관점에서뿐만 아니라, 우리의 사회적 세계social world를 어떻게 분석할 것인지에 대한 기본 가정에 있어서도 서로 다르다는 점을 알게 된다. 신자유주의자들이 국가와 국가 이외의 정치적 권위들을 경쟁적 효율성, 번영, 기회의 평등을 향한 시장의 자연적 진보를 가로막고 왜곡하는 '지대 추구적' 제도들이라고 간주하는 반면, 신자유주의를 비판하는 이들은 자본주의 국가와 그 정치적 제도들을 자본주의적 시장의 재생산을 보장하는 데 있어서 존재하는 계급 이익들의 사회적 중재자로 이해한다. 글로벌한 시각에서 보자면, 이러한 특유의 이론적 차이들은 세계화의 본질에 대해 극단적으로 반대되는 관점들을 낳는다. 신자유주의자들은 세계화를 궁극적으로 국제무역, 전 세계적인 경제 통합, 그리고 경쟁적 성장에 대한 자연스럽고 건강한 욕구를 추구하는 자유시장의 결과로서 해석한다. 반면에 신자유주의의 비판자들은 세계화를 우리의 사회적 삶의 더 많은 영역을 글로벌 자본시장에 종속시키려는 정치적 결정들을 통해 조장되고, 설계되는 과정으로 이해한다. 이 두 진영 모두 자본주의가 세계화의 중심이라는 점에 동의하지만, 자본주의가 단순히 '인간 본성'의 결과인지, 혹은 완전히 반대로 반인간적 시장 종속성의 이식移植인지에 대해서는 근본적으로 차이를 보인다. 이어지는 절에서는 어떻게 신자유주의적 정책과 원칙들이 과정으로서의 자본주의적 세계화와 관련되는지를 설명하기 위해 좀더 〔범위를〕 좁혀서 신자유주의적 세계화의 최근 역사에 초점을 맞출 것이다.

어떻게 그리고 왜 세계는 신자유주의적으로 되었는가?

신자유주의가 자본주의적 세계화를 초래하지는 않았지만, 분명 이 과정에 수반되었고, 용이하게 했다. 사실 신자유주의 — 이론과 정책 모두 — 는 1973년 이후 세계 자본주의체계의 위기에 대한 대응으로서 설명될 수 있는데, 그 위기는 이후 자본주의적 세계화의 초민족적 경향들을 심화시키고 가속시켰다. 그 위기는 정치적이었고, 동시에 경제적이었다. 그 위기는 국가들(자본주의 국가와 혁명적인 국가에서 모두 마찬가지로)의 정당성에 의문을 제기했고, 발전된 자본주의 경제들을 장기간의 인플레이션, 경기후퇴, 대량 실업으로 몰아넣었다. 또한 그 위기는 더 취약한 자본주의 경제들을 국제채무질서를 통해 신자유주의적 재편에 종속시켰다. 이 위기로부터 벗어나자 새롭게 구성된 사회세력들에 의해 지지받는 일련의 정책처방이 등장했는데, 이 사회적 세력들은 위에서, 그리고 이 책의 다른 부분에서 설명된 신고전파적 원칙들에 의지함으로써 우리가 오늘날 세계화라고 알고 있는 상호의존성과 다자적 규제들을 촉진했다. 자본주의적 세계화와 마찬가지로 신자유주의의 확산은 모든 종류의 사회-정치적 논쟁과 우연성들에 영향을 받는 불균등하고 장기적인 과정이다. 독일이나 일본과 같은 몇몇 핵심 자본주의 국가들은 상당히 유화된diluted 신자유주의의 형태를 채택했고, 반면에 인도나 중국과 같이 더 큰 〔규모의〕 발전도상국들의 경제는 국제적, 정치경제적 결정 요소들보다 국내적 요소들에 의해 결정된 자신들 고유의 속도에 맞춰 이러한 정책들을 실행했다. 따라서 신자유주의적 정책들의 전 세계적 확장에 있어서 다양한 국면들을 확인하고, 이러한 정책들이 국제체계의 위계 속에서 상이한 능력과 위치를 점하는 국가들에 의해 수행되는 다양한 방식들을 구분하는 것은 중요한 일이다.

신자유주의적 세계화가 절정에 이른 것은 1980년대이지만, 이미 1970년대에 피노체트의 칠레 정권은 자유[시장]경제와 억압적 국가가 결합할 가능성을 입증했다. 외국 자본에 대한 경제 개방, 국내 생산의 수출시장으로의 전환, 국영기업의 민영화, 사회적 지출과 고용 권리의 후퇴, 재산세와 자본 이득세의 폐지, 그리고 노동운동에 대한 체계적인 억압으로 인해 칠레는 이후 심각한 사회-경제적, 정치적 위기로부터 등장했던 신자유주의적 '반혁명'에 영감을 제공했다(Taylor, 2002). 1979년 대처의 영국 수상 선출과 1980년 미국 대통령 선거에서의 레이건의 승리는 만성적인 복지 자본주의의 위기와 자본주의 중심부에서 고조된 계급적대에 대한 대안으로서 '신우파' New Right가 등장할 것임을 예고했다. 이 책의 다른 장들에서 이미 정치에서의 이러한 우편향적 전환을 많이 살펴보았기 때문에, 여기서는 이러한 현상에 대한 세 가지 국제적 차원에 초점을 맞추는 것으로 충분할 것이다.

첫번째 차원은 신자유주의의 '초민족적' transnational 차원이라고 하는 것이 더 적절할 것이다. 이것은 1970년대와 80년대에 북대서양 양쪽 모두에서 긴축재정, 금융과 무역자유화, 민영화와 외국인 직접투자에 대한 개방 등을 포함하는 경제정책상의 소위 '워싱턴 컨센서스' 라는 것[1]을 의식적으로 옹호해 왔던 여론형성 엘리트들과 정책 집행자들practitioners의 등장을 가리킨다(12장 참조). 그람시의 저작들로부터 영감을 얻은 마르크스주의 학자들은 '계급분파' 라는 용어를 사용해 발전된 자본주의 세계를 가로질러 존재하는 부르주아 영역들이 3자 위원회Trilateral Commission부터 G7(지금은 G8)에 이르기까지 전 세계적인 신자유주의 정책들을 정식화하고 촉진하며 조직하기 위해 사적·공적 제도들을 통해 초민족적으로 선진국 경제를 조직했다고 주장한다.[2] 이러한 설명에서 신자유주의와 세계화는 자본의 자유주의적-코스모폴리탄적 분파들이 경제의 세계화를 뒷받침하고, 그리하여 그러한 세계화된 경제를 관리하는 데 있어서 국내로부터 기인하는 자본 부분들에 대한 자신들의 고유한 중심적 역할을 확고히 함으로써 서로를 강화한다. 몇몇 '초민족적 역사유물론자들' 은 심지어 신자유주의가 "대체로 초민족적 법인기업들과 사적 금융제도들에 포함되어 있는 발전된 전 세계적 생산수단의 소유주들로 구성된" 새로운 초민족적 국가와 지배계급의 등장을 전제한다고 주장한다(Robinson, 2001 : 215).

우리가 그러한 주장들을 진심으로 받아들이든, 실증적, 혹은 개념적으로 받아들이든 상관없이 벤치마킹, 관리, 회계 감사, 규제 혹은 자본주의적 세계화의 메커니즘을 사회화하는 품질 관리의 초민족화를 무시하기는 어렵다. 이러한 측면에서 신자유주의는 그것이 경영대학원, 상공회의소, 혹은 소프트웨어 패키지를 통해 행위규범, '좋은 행위', 그리고 의사소통 형식들을 표준화하고, 보편화하는 한에서 세계화의 이데올로기라고 할 수 있다. 또한 신자유주의는 종종 '미국적 삶의 방식' 의 전형적인 형태rendition를 수출하는 시청각 매체를 통해 이러한 가치들을 재생산한다.

신자유주의의 세계화에 대한 두번째 국제적인 측면은 북반부에서 좌파의 정치적 쇠퇴와 남반부에서 비자본주의적 발전 형태의 위기 속에 존재하는데, 특히 이들은 구 소련 블록에 의해 영감을 얻고 지지를 받았던 이들이다. 왜냐하면 신자유주의의 세계화는 '신우파' 승리의 결과일 뿐 아니라, 좌파 패배의 결과이기도 하기 때문이었다. 1980년대에 자본주의 중심부의 좌파들은 사회주의적 변혁에 대한 주장을 포기하거나 혹

---

1) '워싱턴 컨센서스' 라는 용어는 윌리엄슨(Williamson : 1993)에 의해 만들어졌다.

2) 이러한 입장에 대한 고전적인 언급은 반 데어 페일(van der Pijl, 1984, 1998)과 길(Gill, 1990)에서 볼 수 있다.

은 선거 패배라는 현실에 직면해야 했다. 심지어 공산주의자들과 더욱 급진화된 남유럽의 사회주의 정당들은 그들 저마다의 자유민주주의로의 이행 경로에서 단절rupture보다는 개혁을 선택했다. 1981년 사회주의적-공산주의 정부 하의 프랑스의 경우처럼, 혹은 1986년에 NATO 회원국 잔류 문제로 국민투표를 실시했던 스페인의 경우처럼 현실의 정치적 일탈들에 직면했을 때, 좌파는 국내·국제적인 정치·경제의 압력에 굴복했다. 영국에서는 선거에서의 계속된 패배와 1984~85년에 걸쳐 진행된 대처의 광부 파업 진압이 노동운동의 사기를 꺾고, [심지어] 해체시켰다. 1980년대 말까지 발전된 자본주의 세계의 모든 사민당들과 대부분의 공산주의당들은 자신들을 정치적 스펙트럼에서 온건한 중도좌파 안에 확고히 위치시키는 이데올로기적, 조직적 변화를 경험했다. 이러한 우익화는 클린턴, 블레어, 슈뢰더Gerhard Schröder, 그리고 바로 그 뒤를 따르는 음베키,[3] 카르도주Fernado Cardoso에 의해 주도된 '제3의 길'로 공식화되었다(21장을 보라).

주변부에서는 1989~91년에 걸쳐 일어난 '현존 사회주의'의 급작스러운 붕괴가 탈식민적인 혁명 국가들의 정당성의 장기적 쇠퇴에 종지부를 찍었다. 제3세계의 혁명 국가들은 공산주의 몰락 훨씬 이전에 기본적인 욕구의 확대 발전과 (국내적이고 동시에 국제적인) 사회-경제적, 정치적 평등의 촉진과 관련해서 독립 이후에 태어난 세대들의 기대를 충족하는 데 실패하고 있었다. 1970년대에 포르투갈어권 아프리카의 해방과 1979년 니카라과와 이란의 혁명 승리는 서로 결부되어 생각될 수 있는데, 이 혁명의 승리는 전 지구적 좌파에 대해 일시적인 도덕적 배경으로

3) 타보 음베키(Thabo Mbeki). 현 남아프리카공화국 대통령. 자세한 사항은 이 책의 27장을 참조하라. — 옮긴이

기여했고, 논란의 여지는 있지만 '신우파'로 재편성하려는 국제적인 우파들 사이에서 충분한 관심을 유발시켰다. 그러나 아프리카, 중앙 아메리카에서 일어난 반혁명적 지구전wars of attrition에 의해 진행된 이 새로운 혁명 국가들의 약화는 혁명 후 이란의 근본주의자들의 결속으로 이어졌고, 곧바로 다시 불붙었던 사회주의적 국제주의의 기대를 약화시켰다. 1980년대와 90년대 초기에 아시아, 남아프리카, 남미의 독재정권들이 붕괴했을 때, 그들은 사회주의가 아닌 자유민주주의에 〔권력을〕 이양했다. 민주적 발전으로 가는 비자본주의적 경로에 대한 기대는 훨씬 더 달성하기 어려운 것이 되었다. 사실, 많은 아프리카 국가들에서 공산주의의 외피veneer는 너무 약한 것이어서, 베를린 장벽이 붕괴된 후에 이전의 '사회주의 지향적 국가들'이 '신자유주의적인 신흥시장'의 자격을 갖춘 국가들로 스스로를 재규정하는 데에는 불과 몇 달이 걸렸을 뿐이다. 이러한 좌파의 이데올로기적 패배라는 국제적 정세 속에서 신자유주의적 반혁명이 정치판을 휩쓰는 것은 피할 수 없는 것이었다.

국제체계 내의 약한 국가들과 경제에서 신자유주의는 대체로 국제금융기관들international financial insititution: IFIs의 형태로 표면상 훨씬 더 강한 외적 강제에 의해 이루어졌다. 신자유주의 확산의 이러한 세번째 국제적 차원은 구조조정 프로그램Structural Adjustment Programmes: SAPs의 메커니즘(오늘날 '빈곤 극복 전략 보고서' Poverty Reduction Strategy Papers라고 알려진)을 통해서 1980년대에 나타났는데, 이 프로그램들은 국제금융기관들로부터 차관을 받는 조건으로 이행되었다. 구조조정 프로그램의 역사는 복잡하고 다양한 것이지만, 본질적으로 1980년대 제3세계의 외채위기의 결과로서 등장했다.[4] 1980년대 초기의 계속된 채무불이행은 국

4) 이에 대한 좋은 참고자료는 Mohan et al.(2000)에서 볼 수 있다.

제통화기금에 의해 상환을 보증하는 채무국들의 '미시경제 토대'의 '재건'과 '조정'을 목표로 하는 계획의 구상으로 이어졌다. 공공지출 예산 삭감, 통화 평가절하, 수출 장려, 무역과 자본 자유화 조치, 민영화와 감세는 그러한 구조조정 프로그램의 핵심적 구성요소들 중 하나이다. 당연하게도 이러한 정책들은 신자유주의적 정부들에 의해, 혹은 그 정부들을 위해 운영되는 대부기관들(국내 및 다자적)에 의해 강력하게 뒷받침되었고, 1990년대까지 주요 국제금융기관 중 어떤 곳도 구조조정을 이행하지 않으려는 국가에게 신용을 확대하지 않았다.

따라서 국제금융기관들과 WTO나 OECD와 같이 그와 관련된 다자적 기관들이 신자유주의적 세계화를 매개했다는 점에는 의심의 여지가 없다. 그러나 또한 국내의 사회세력들이 이 과정을 이끄는 데 있어서 도움이 되었다는 점을 주목하는 것도 중요하다. 멕시코, 브라질, 인도와 같이 더 유력한 발전도상국 경제들 중 몇몇은 신자유주의적 구조조정을 겪었는데, 그것은 단순히 워싱턴에 있는 경제학자들이 그들에게 신자유주의적 [구조]조정을 하라고 충고했기 때문이 아니라 그 국가들의 지배계급들(혹은 그로부터 나오는 계급부문들)이 (종종 선거를 통한 [권력]위임 후에) 신자유주의적 구조조정을 하는 것이 그 국가의 집단적 이익이라고 결정했기 때문이었다. 다른 국가들(예컨대 짐바브웨)은 국제통화기금 없이 구조조정을 수행했지만, 많은 국가들은 지속적으로 국제금융기구들과의 협의를 재협상하고, 중단하거나 무시해 버렸다. 다른 말로 발전도상국들은 단순히 운 없는 희생자들이나 신자유주의적 세계화의 수동적 대상이 아니었다. 즉 그 국가들에는 다른 국가들과 마찬가지로 자신들 고유의 이익과 전략을 가지고 있는 계급들과 사회세력들이 존재하고 있으며, 이들이 가진 이익과 전략의 대다수는 신자유주의의 지배적 이데올로기와 일치하는 것이다.

신자유주의적 세계화를 넘어서?

1848년에(아마도 영국 해군에 의해 중국 항구들이 강제적으로 국제무역에 개방되었던 때보다 5년 앞서) 마르크스와 엥겔스는 부르주아지의 혁명적 힘에 대해서 "그 상품들의 값싼 가격이 모든 중국의 장벽들을 무너뜨리는 강력한 대포이다. …… 그것은 소멸의 고통 위에서 모든 국가들이 부르주아 생산양식을 채택하도록 강제한다"고 말했다. 실제로 그렇게 되는 데에는 1세기 반이 더 걸렸지만, 2001년 중국의 WTO 가입으로 세계를 자본주의의 형상으로 바꾸는 과정은 점차 현실이 되어 가는 것으로 보인다(비록 오늘날 중국 상품의 가격이 다른 '월마트'Wal-Mart들을 무너뜨리고 있지만!).

어떤 이들은 우리가 더 이상 신자유주의 세계에 살고 있지 않으며, '시장의 실패'를 바로잡는 데 있어서 국가의 역할을 인정하는 포스트 워싱턴 컨센서스가 권력의 전 세계적 중심들을 지배하고 있다고 주장해 왔다. 분명 신자유주의는 1980년대와 90년대에 그랬던 것처럼 귀에 거슬릴 정도로 자신만만해하지도 않고 모든 것을 지배하고 있지도 않다. 그러나 눈에 띄는 쇠퇴는 또한 조용한 승리를 말하는 것이기 때문에 외양에 속아서는 안 된다. 사실, 신자유주의적 반혁명은 우리 사회를 변화시키는 데 있어서 너무도 성공적이었기 때문에 더 이상 그것의 개념적 주장을 정당화하거나 그 정책들을 공공연하게 방어할 필요가 없어졌다. 20년 전만 해도 정치적으로 맞지 않았던 구조적 실업의 필연성, 통화주의 경제학, 노동유연성의 필요성과 같은 신자유주의적 가정들은 오늘날 정치적인 상식이 되었다. 낮은 소득세, 공공사업의 민영화나 무역과 자본 자유화 조치를 포함하는 신자유주의적 정책들은 현재 모든 무능한 중도좌파정당의 중추적 토대이다. 그리고 이 '급진적 중도'를 지탱하는 것의 대부분은 물론 우리 시대의 불가피하고 막을 수 없는 특징으로 작동하는 세계화 담론이다.

그러나 신자유주의적 세계화가 '신우파'의 승리를 통해 정치적으로 정교화된 만큼, 그것은 또한 자본주의에 반대하는 민주적 세력들의 결집을 통해 정치적으로 중단될 수도 있다. 결국 우리가 살고 있는 세계의 특징인 심각한 불평등과 엄청난 부정, 그리고 무자비한 파괴의 뒤에서 이들을 추동하는 힘들은 본질적으로 신자유주의도, 그리고 심지어 세계화도 아니다. 그보다 이러한 조건을 자연스럽게 만드는 것은 자본가계급과 그들을 지지하는 이들의 이윤에 대한 집착이다. 신자유주의는 불가피한 사회적 재생산의 체계가 아니고 일련의 철회 가능한 정책들이다. 마찬가지로 자본주의적 세계화에 대한 비판자들 중에서 국가들을 가로질러, 그리고 국가들 사이에서 증가하고 있는 사회·경제·문화적 상호 연결과 협력을 제거하려는 이들은 거의 없을 것이다. 대신 세계화의 이러한 긍정적 측면을 민주화하고 평등하게 하는 것이 핵심이다. 따라서 신자유주의 세계화의 가장 큰 도전자는 자본주의에 대항하는 전 세계적인 민주적 대안이다.

2부
지형에 대한 조사

8장_저발전 국가에서 신자유주의와 본원적 축적

테렌스 바이어스*

이 장은 신자유주의 시대인 오늘날 저발전 국가들less developed countries: LDCs에서 벌어지고 있는 본원적 축적primitive accumulation 과정들과 그 의미에 관한 것이다. 이를 적절히 분석하기 위해 —그리고 확실하게 본원적 축적 개념을 이해하기 위해 —그 과정들을 역사적 맥락속에서 살펴볼 필요가 있다. 오늘날의 선진자본주의 경제의 본원적 축적, 식민주의 하의 본원적 축적, 발전국가의 본원적 축적이 그것이다. 이 글의 첫 세 절에서는 이 세 가지 맥락을 분석할 것이다.

오늘날의 선진자본주의 경제들은 과거에 자본주의로의 이행을 겪었고 그 중심에는 자본주의적 산업화가 있었다. 자본축적은 자본주의를 규정하는 특성 중 하나이다. 가장 간단하게 이것을 우리는 생산수단(건물,

---

* 테렌스 바이어스(Terence J. Byres)는 런던 대학교 정치경제학 명예교수이다. *Journal of Agrarian Change*의 공동편집인이자 *Journal of Peasant Studies*의 전(前) 공동편집인이었다. 그는 인도와 더 넓게는 농업문제에 대해 광범위한 저술활동을 하고 있다. 그의 저서로는 *Capitalism from Above and Capitalism from Below: An Essay on Comparative Political Economy*(London: Macmillan, 1996)가 있고, 편저로는 *The State, Development Planning and Liberalisation in India*(Oxford: Oxford University Press, 1998)와 *Redistributive Land Reform Today*(Oxford: Blackwell, 근간) 등이 있다.

기계, 원재료, 도구 등)의 축적으로 규정할 수 있다.

경쟁이 치열해지면서, 축적에 대한 압박이 자본주의의 중심 동학이 된다. 그리고 자본축적은 자본주의 하에서 경제성장 형태를 취한다. 이것이 자본주의적 생산관계에 의해 지배되는 경제의 구조적 특징이 되었을 때, 우리는 그것을 자본주의적 축적이라고 일컬을 수 있다. 그러한 축적은 규칙적이며, 확장된 토대로 나아가는 강력한 경향을 가지고 있다. 하지만 모순이 존재한다(축적과정이 진행되면서, 예를 들어 이윤율 저하와 같은 축적을 둔화시키는 경향들이 구체화될 수 있다). 또한 오랜 기간 지속되는 과잉축적의 위기(마르크스주의자들이 실현위기라고 부르는 것으로, 자본과 소비재 모두 소비자들이 구매할 수 있는 것보다 더 많이 생산되는 상황)에 빠질 수 있다.

이는 모두 선진자본주의 경제에서 분명히 드러나는 것이며 선진자본주의 경제를 분석하기 위해서는 자본주의적 축적에 필수적인 복합적 작동구조에 대해 다루기를 요구한다. 그러나 자본주의적 축적이 이루어지고 후진적인 경제가 자본주의적 산업화로 이행하기 위해서는 특정한 조건들이 필수적이었으며, 그러한 조건들은 장기적이고 광폭한 과정들을 통해 역사적으로 형성되어야만 했다.

그런 과정들은 본원적 축적의 개념으로 포착된다. 본원적 축적은 자본주의적 축적과는 구분되는 것으로 유럽의 봉건주의에서 자본주의로의 이행에 관해 서술한 마르크스의 『자본』 제1권(1976: 714, 775, 873~940)에서 처음으로 전개된 개념이다. 그것은 두 가지 이유 때문에 필수적인 것으로 여겨졌다. 첫째, 자본주의적 이윤이 미약했던 상황에서, 축적 초기의 재정을 조달하기 위해 필요한 잉여를 형성하는 수단으로서. 둘째, 자본주의적 상품들을 위한 국내 시장을 형성하는 방법으로서 필요했다.

우리는 본원적 축적을 비시장적 수단을 사용하여 자산(가장 대표적으로 토지)을 비자본주의적 계급에게서 잠재적으로 자본가가 될 가능성이 있는 계급에게 이전시키는 것이라고 정의할 수 있다. 그리고 이런 과정은 일반적으로 강탈·강제 퇴거를 통하든 명목상의 가격으로 구매하는 것을 통하든 **강압적 힘**에 의한 국가 승인이나 중재로 이루어진다. 영국에서의 고전적 예는 인클로저였다. 인클로저가 된 지역에서는 개활지와 공유지가 지주들에 의해서 사적으로 소유되었고, 작은 구역으로 나뉘어 대규모의 자본주의적 차지인들에게 임대되었다.

본원적 축적의 주된 특징은 농민들을 토지 및 그 밖의 다른 생산수단으로부터 분리시키고 자산을 잠재적 자본가에게 이전시키는 것이었다. 자본주의적 산업과 자본주의적 농업에 투여되는 노동력은 그렇게 생성되었고 생존수단으로부터 뜯겨져 나온 그 노동력(프롤레타리아)과 함께 자본주의적 상품을 위한 국내 시장이 만들어졌다.

식민지적인 본원적 축적

마르크스는 더 나아가 서유럽 국가들에서 자본주의적 축적이 확립되기 이전에 축적은 그 국가들의 경계 밖인 식민지 주변부에서 시작된 본원적 축적 과정에 의해 가능했다고 주장했다. 마르크스는 이를 상당한 중요성을 갖는 것으로 간주하였다. 우리는 그것을 본원적 축적으로 규정지을 수 있고, 국내적 본원적 축적과 구분 지을 수 있다.

15세기 말부터 식민지적 본원적 축적은 힘과 폭력을 통해 미국으로, 아시아로 그리고 아프리카로 확산되었다. 이것은 약탈, 토착민으로부터 토지를 강탈하고 그 강탈한 토지를 식민지 정착자에게 할당하는 것, 노예제, 노예제 플랜테이션 그리고 불평등 교환(예를 들어 식민지 국가들이 중심부에 불공평한 수출 잉여를 조달하고 있는 것에서 분명히 드러나는)을 수반했다. 식민지 시대에 본원적 축적의 비용은 원주민들에게 ―― 식민 모국과 식민지와 중심부의 지배계급에게 일정한 경제적 이익을 주도록 ―― 무자비하게 부과되었다. 대체로 우리는 15세기 식민주의의 시작과 1945년 이후 식민주의의 종언 사이에서, 식민주의가 두 가지 방법으로 국내적 본원적 축적을 확장시켰다고 말할 수 있다. 첫째는 식민지 농업과 산업이윤을 증대시켜 중심부로 이전시키는 방법이었으며, 둘째는 중심부 본국 시장에 식민지 시장들을 의미 있는 수준으로 통합시키는 것으로, 이 시장들은 자본주의 산업에 중요한 공헌을 함과 동시에 더 거대한 국내 자본형성을 가능하게 했다(이러한 관점에서 쓰여진 노예제에 대한 훌륭한 연구로 Blackburn, 1997 : 509~80을 보라).

식민지적 본원적 축적은, 유럽에서 본원적 축적이 그랬던 것처럼, 저항과 투쟁을 경험했다. 그러나 유럽에서와 달리, 식민지적 본원적 축적의 잔혹한 행로는 그러한 투쟁에 의해 중단되지 않았다. 하지만 진정으로 확연한 차이는 〔식민지에서〕 토지와 생산수단으로부터 유리되어 프롤레타리아트가 된 사람들이 농업이나 산업 모두에서 거의 일자리를 찾을 수 없었다는 것이다. 대체로 그들은 농촌의 잉여노동력으로 남았다.

식민지적인 본원적 축적에서는 서유럽의 국내적인 본원적 축적과는 달리 생산자들이 생산수단으로부터 아주 완벽하게 분리되지는 않았다. 그것은 커다란 잉여노동력의 저수지를 만들었지만, 또한 상당수의 빈농층이 토지를 소유하는 것을 허용했다(대체로는 차지인으로, 그리고 종종 물납소작인의 형태로). 독립과 함께, 더 심화된 그 이상의 본원적 축적을 위한 큰 여지가 있었고, 당시에 이 국가들에서 자본주의적 전환이 가능했었더라면, 실제로 그러한 본원적 축적이 필수적이었을 것이다. 그러나 유럽의 경험은 그러한 전환이 고통 없이 재빠르게 일어나지는 않았을 것이라는 교훈을 준다.

1945년 이후 발전주의 시대에 저발전 국가들에서 국내적 본원적 축적

우리는 시도에 그쳤던 사회주의적 이행에 대한 어떠한 논쟁도 다루지 않을 것이다. 예를 들면 10월 혁명 이후 소련, 1945년 이후 동유럽 국가들 및 중국, 북한, 북베트남, 쿠바에서와 같은 시도들 말이다. 그러나 그러한 국가들에서도 유사한 국내적 본원적 축적 과정들이 진행되었다. 그것은 산업적 기반을 확장하려는 노력으로서, 1920년대 집산화 이전 소련에서 있었다. 프레오브라젠스키는 이 과정들을 설명하기 위해 '사회주의적인 본원적 축적'이라 묘사하였다(Preobrazhensky, 1965: 77~146). 그것은 소비에트 국가가 경제의 전前사회주의적 부분들로부터 잉여를 전유하기 위해 경제 외적인 힘을 사용했음을 의미한다. 그것들은 사회주의적 이행의 다른 시도들에서도 역시 작동했다.

비사회주의 저발전 국가들에서 독립은 본원적 축적 과정의 중단을 의미하지 않았다. 그러나 '발전주의 국가' 시대 당시의 본원적 축적은 완전히 다른 맥락에서 시작되었다. 당시 근저에서 진행되던 자본주의 산업화와 더불어 발전국가의 본원적 축적은 그 축적이 국내의 자본주의적 전환의 일부가 될지도 모를 **가능성**을 제공했다. 자본주의적 축적을 위한 조건이 확립되지 않았던 기간만큼의 국내적인 본원적 축적이 필요했다.

오늘날의 선진자본주의 국가들이 식민지적 본원적 축적을 통해 국내의 본원적 축적을 크게 증가시킬 수 있었던 반면, 현대의 저발전 국가들은 그렇게 할 자원이 없었다. 다국적 기업들을 경유하는 민간자본과 원조의 공급이 짐을 덜어 주었을지 모르나, 가능한 한 좋은 쪽으로 판단한다고 하더라도 식민지적인 본원적 축적이 역사적으로 〔선진자본주의 경제에〕 이루어 주었던 정도는 아니었다. 규모는 제외하고서라도, 결정적 차이는 식민지적인 본원적 축적이 완전히 식민지 국가의 강압적인 권력

안에 있었던 반면, 현재의 저발전 국가들은 상위의 경제권력에 종속되어 있다는 점이다.

1940년대부터 1970년대 초반까지 지속되었던, 1945년 이후의 발전주의 시대에, 국내적인 본원적 축적은 명확한 흔적을 남겼다. 발전주의적 국가의 보호 아래, 광범위한 토지개혁 시도들이 있었고, 그것은 소유권의 개혁과 재분배적 개혁이라는 두 가지 주된 형태를 취했다. 자본주의 이행이 제한적인 상황에서 비-시장 수단들에 의한 자원들(즉 토지)의 이전을 시도했다는 점으로 보아, 토지개혁은 본원적 축적의 원형적 형태이다. 그 두 가지 주요 형태들 중에서, 재분배적 토지개혁은 더욱 분명하게 본원적 축적의 한 방식mechanism이다. 왜냐하면 그것은 대토지 소유자들에게서 소규모 토지 소유자들이나 혹은 토지를 전혀 소유하지 못한 사람들에게로 토지를 재분배하려 하기 때문이다. 토지소유권 개혁은 본원적 축적의 방식이라고 불리기에 분명하지는 않지만 부농들이 비-시장 수단들로 더 많은 토지를 획득하도록 추동함으로써 토지의 강탈을 고양한다는 점에서 그러한 조건으로 보일 수도 있다.

재분배적 개혁은 두 가지 예외를 제외하고는 대체로 성공적이지 못했다. 두 가지 예외는 매우 특이한 경우로서 남한과 타이완의 예이다. 이 나라들에서는 토지가 비-시장 수단에 의해 초기 자본주의적 농민들에게 이전되었고 그 농민들은 더욱 생산적인 농업을 확보하였는데, 이는 자본주의 이행과 성공적으로 연계된 본원적 축적의 대표적인 예이다. 각각의 경우, 변형된 농업은 자본주의 산업화에 효과적으로 공헌했다.

그러나 다른 곳에서는 재분배적 토지개혁이 목적 달성에 거의 성공을 거두지 못했다. 토지개혁은 빈농에 대한 토지강탈을 가속화하는 결과를 가져왔고 그러한 경우에 종종, 그들은 (말하자면, 인도에서처럼) 법률에 대한 희망을 버리게 되었다. 토지가 점유되고 경작되는 조건들을 개선하기 위한 일련의 수단들을 구체화시키는(공동경작을 폐지하고, 지대를 통제하며, 소유의 분산화를 없애는 것 등등) 토지소유권 개혁은 부농과 중농들과 관련해서는 일부 성공을 거두었으나 빈농들에게는 거의 이득이 되지 못했다. 반대로 그것은 빈농에 대한 토지소유권 박탈을 조장했다.

예외들을 언급하긴 했지만, 토지개혁은 농촌에서 자본주의적 전환을 초래하거나 혹은 자본주의적 산업화를 촉진하기에는 매우 부족했다. 실제로 저발전 국가들에서 농업의 전반적인 침체와 산업화 계획들의 실패가 분명한 것처럼 보였다.

1960년대 중반, 저발전 국가들에서 위기가 서서히 드러나고 있었다. 그것은 본질적으로 축적위기였는데, 과잉축적이 아니라 과소축적under-accumulation(불충분한 생산수단)의 위기였다. 1970년대 초반에는, 그 위기에 대한 대응이 있었다. '될 만한 것에 투자한다' betting-on-the strong는 그 정신과 함께, '신기술' (새로운 고산출량의 종자들과 같은 생화학 화합물과 트랙터로 대표되는 새로운 기계 투입들)이 1960년대 말부터 농촌에 도입되었다. 그것은 1970년대 초까지 최고조에 달했고, 농촌에 본원적 축적 과정들의 강력한 집약화를 가져왔다. 그것은 아시아(인도에서 매우 강력하게)에서 시작되었고 아프리카와 라틴아메리카 전체 국가들로 퍼져 나갔다. '발전주의적 국가' 는 사망했고 신자유주의의 시대가 예고되었다.

신자유주의 시대의 국내적 본원적 축적

신자유주의 시대에도 그러한 비시장적 이전들은 강력하게 지속되며, 농촌에서는 종종 계급투쟁의 주제가 된다. 실제로 '발전주의 국가' 의 사망과 함께 비시장적인 이전들은 증대되었다. 그러나 조건들이 질적으로 변화함에 따라 〔그런 이전들도〕 본질적으로 다른 양상을 띠게 되었다.

우리는 중국의 경우를 구별할 필요가 있다. 실제로 중국에서도 자본주의적인 본원적 축적이 널리 작동하지만, 그것은 종류와 중요성 면에서 볼 때 다른 곳에서 작동하는 것과는 다르다. 이에 대해서는 다음 절에서 논의된다.

신자유주의 시대에는 여러 가지 점에서 직접적으로 국가를 매개하는 본원적 축적이 축소되었다. 그에 따라 토지개혁은 정책의제에서 사라졌다. 본원적 축적은 다른 방식들로 진행되었다. 그 방식들 중 일부는 직접적인 국가 입법행위에 의해 이루어졌다. 다른 일부는 그러한 방식으로 이루어지지 않았다. 신자유주의의 주요 정책 처방인 국가의 후퇴로 더욱 노골적이고, 종종 비합법적인 본원적 축적의 형태들이 명백하게 나타났다. 적어도 그것들이 암묵적인 국가의 지원을 받지 않았다고 말하기는 어렵다. 확실히 신자유주의 국가는 본원적 축적을 막기 위해 개입하지 않았기에, 실제로는 공범자가 된 것과 같다. 그런 본원적 축적의 형태들은 다양한 본성을 가지고 있고 광범위하게 표현된다.

1980년대 말까지 라틴아메리카에서, "농민은 농지를 이용할 권한을 보호받기가 어려웠고 평균적인 농장 크기는 농민 가계들이 농장 외부, 특히 대부분은 농업 노동시장에서 수입의 원천을 찾을 수밖에 없도록 줄어들고 있었다"(de Janvry et al., 1989: 396). 한편으로 국가가 후퇴했고 신자유주의는 주요 산물들의 가격을 내리고 소생산자들의 부채를 증가시키는 자유주의적 경제를 낳았다. 다른 한편으로 국가는 후퇴한 것이 아니라, 현재 다른 방식으로 개입하고 있다. "신자유주의적 토지정책들은 징발에 초점을 맞추던 이전의 방식을 폐기했고, 대신 민영화, 탈집산화, 토지 등록 및 토지 권리titling를 강조했다"(Kay, 2000: 129). 본원적 축적의 한 형태로 고유의 공동체들을 파괴하고 그들이 토지를 파는 것을 부추기도록 법제화가 도입됨으로써 또 다른 형태의 본원적 축적에 길을

터 주었다. 그러한 공동체들에서는 경제 외적인 수단들에 의해 토지소유권이 박탈되고 명백한 프롤레타리아화가 진행된다. 본원적 축적에 의해 생성된 소유권 박탈의 담론—본원적 축적에 의해 생성된 담론—이 두드러진 이러한 과정에 대항하여 아래로부터의 강력한 운동—토지침탈이나 점유와 같은—들이 있었다. 그러나 이러한 운동들이 뚜렷한 성공을 거두고 있지는 못하다.

피터스(Peters, 2004: 269)는 현대 아프리카에서 '토지에 대한 경쟁과 분쟁이 퍼지고 있는 것'에 대해 지적하고, "상대적으로 개방적이고, 타협적이며 적응할 만한 관습적인 토지소유와 토지사용 체계의 상에 대해 심각한 의문을 품으면서, 대신 사회적 분할을 심화시키는 배제와 계급 형성의 과정들을 밝힌다". 토지에 대한 경쟁과 분쟁이 신자유주의 시대에 증가해 왔다는 것은 명백하다. 이것은 본원적 축적의 운용방식modus operandi이다. 신자유주의적/구조조정 시대에 아프리카 국가들에서 "아프리카 정부의 토지와 노동시장에 대한 통제가 강화됨으로써, 본원적 축적에 대한 고전적 마르크스주의 패러다임이 그 타당성을 얻고 있다"(Bryceson, 2000: 55). 그러나 그것은 식민주의 및 포스트식민주의 시대 시기 이전에 〔이미〕 명백한 타당성을 가졌다. 신자유주의 시대 이전에 본원적 축적은 국가의 명백한 후원 하에 진행되었다. 그러나 현재, 국가의 철수와 함께 토지에 대한 빈농들의 접근성이 확실히 약화되었고 그들은 임노동자 혹은 소상인들로 전락했다. 최소한 이러한 점에서 아프리카 농민들은 라틴아메리카의 농민들과 아주 닮아 있다. 이러한 빈농들은 본원적 축적의 명백한 희생자들이다.

우리는 아시아에서 진행 중인 본원적 축적의 극단적인 사례 하나를 묘사할 수도 있을 것이다. 그것은 방글라데시의 사례이다. 예컨대, "신문을 대강만 훑어 보더라도 방글라데시와 같은 나라들에서 토지 탈취와

'비시장적' 이전들이 일반적이며 많은 개인들이 소유권에 관한 거대한 불확실성의 맥락 속에서 자신들의 토지를 유지하지 못하고 있다는 것을 알 수 있다"(Khan, 2004: 98). 방글라데시에서는

> 이런 유형의 비시장적 이전들은 문서들을 조작하고, 거짓 소송을 제기하며, 즉각적으로 정치적 약자들로부터 토지를 강탈하고 떼어 내도록 폭력 혹은 폭력의 위협을 사용하기 위해 강력하고 잘 연계된 경찰력, 사법권력, 토지 조사관들 및 종종 폭력배들로 구성된 사병私兵들을 활용한다. (Khan, 2004: 98)

정확하게 같은 일들이 현대 인도의 비하르Bihar, 많은 아프리카 국가들, 그리고 라틴아메리카 일부에서 일어나고 있다고 언급할 수 있다.

이것은 가장 적나라한 형태의 본원적 축적이다. 그러나 그것이 자본주의적 전환에 자원을 공급하는가? 그것이 자본형성을 위한 자금조달과 자본주의 산업화의 동력원을 위한 원천을 만들고, 국내 시장을 증대시키는 데 이바지하는가?

한 가지 예만 들어 보아도 이를 알 수 있는데, 이 예는 그 밖의 다른 많은 것들을 예증하는 것처럼 보인다. "방글라데시와 같은 나라들에서 본원적 축적은 (시장처럼) 오직 상대적으로 규모가 작은 농장들 사이에서 토지의 작은 구획들을 '휘젓는' 영구적인 과정에만 기여하는 것으로 보인다"(Khan, 2004: 98~9). 우리는 '변화하는 것이 없는 변화'라고 지칭되는 것의 지속적이고 자체 재생산적인 과정을 보고 있다(Khan, 2004: 94). 이와 같은 곳에서 본원적 축적은 단지 제로섬 게임일 뿐이다. 고전적 정의에 따르면, 제로섬 게임이란 획득할 수 있는 재화의 양이 고정되어 있는 게임, 즉 한 행위자에 의해 획득된 것은 모두 다른 행위자가 잃은

것이고, 그에 따라 최종적인 사회-경제적 발전이 있을 수 없는 게임이다.

몇 가지 예외들을 제외하고, 자본주의적 전환이 강력하게 진행되고 있는지는 명확하지 않다. 가장 주목할 만한 예외들로 '비사회주의적' 동아시아 국가들인 타이완과 한국 그리고 중국이 있다. 우리는 다음 절에서 중국을 살펴볼 것이다. 본원적 축적은 자본주의적 전환을 위한 필요조건이지만 충분조건은 아니다. 많은 저발전 국가들에게 존재하지 않는 그 밖의 다른 필요조건들이 있다. 그것은 충분한 규모로 축적된 도시 부르주아지, 전체적인 자본주의 전환에 기여할 수 있는 정도로 농업문제를 해결하는 것, 그리고 과감한 개입이 가능한 국가의 존재이다. 신자유주의 정책들은 필수적인 국가 개입을 막고, 저발전 국가에 대한 보호를 부정하고, 필수적으로 요구되는 농업 [부문]의 변화를 좌절시켜 자본주의적 전환을 향한 어떠한 경향들도 억제한다.

결론적으로 많은 저발전 국가들에게는 본원적 축적의 명백한 손실을 상쇄하는 확실한 자본주의적 전환도 없고, 궁극적으로 고용기회를 창출하는 성공적인 자본주의적 산업화도 없다. 대다수의 경우 기껏해야 고통스러울 정도로 느린 진척만이 있었을 뿐이다. 그러나 그것은 역사적 경험에 의해 이미 예상되는 결과였다.

중국과 본원적 축적

다음으로는 중국에서 일어난 사회주의로부터의 의미심장한 이동에 대해 이야기할 것이다. 첫째로 (1978년에 시작되고 1984년에 완수된) 농업의 탈집산화는 공동체들을 파괴했고, 농업의 상당부문을 민영화시켰으며 장기임대를 통해 가족 영농을 부활시켰다. 두번째로 도시산업 내의 국가부문[의 비중]이 확고하게 유지되고 있었던 한편으로, 민영화가 1990년대 신중하지만 꽤 상당한 정도로 나타났다. 게다가 1991년에는 증권시장이 생겨났고, 합자회사들이 1988년 법률제정에 뒤이어 등장하였다. 새로운 민간부문들은 본질적으로 최소한 원형적인 자본주의〔요소〕로 보일 수도 있을 것이다. 세번째로 1978년 이래로 시장이 실질적으로 용인되어 왔다. 농업과 산업 양 부문에서, 일련의 가격개혁들이 도입되었다. 1988년이 되자 이미 가격들의 25%만이 국가에 의해 정해졌다. 그 후로 일시적 소강상태를 거친 후 중요한 가격개혁들이 계속 실시되었다.

게다가 국내적 본원적 축적의 작동을 보여 줄 수 있는 확실한 특징들이 있다. 첫번째, 1978년부터 농촌의 수백만 중국인들이 토지에서 쫓겨났다. 사실상 토지를 강탈당하고 프롤레타리아화된 것이다. 브라말(Bramall, 2000: 175)은 "거대한 잉여노동력 풀pool이 80년대 말 중국의 발전전략의 급진적 방향 전환에 의해 생성되었던 것 같다"고 주장한다. 1980년대 후반까지 5천만에서 7천만 사이의 일시적 이주자들로 구성된 '유동하는 인구'floating population가 출현했다. 두번째로 농촌의 산업화가 부분적으로 확실히 비자본주의적 자원들로부터 나온 자금에 의해 조달되었다. 1980년대에는 농촌에서 민간 비농업부문이 극적으로 성장했다. 지방정부가 핵심적 역할을 하게 되었고, 그들은 농업부문의 이윤을 농촌의 산업 활동에 투자하였다(Bramall, 2000: 397). 새로운 기업들은 민간부문에 의해 관리되도록 임대되었다. 여기에 아마도 더 이상 사회주의적이 아니면서 아직은 자본주의적이라 할 수 없는 부문의 기금에 의해 자금이 도달되는 미래의 자본주의 기업이 존재했었다. 세번째로, 도시지역에서 부상하고 있던 자본가들은 종종 부패를 통해 민간 사업들을 조성하기 위한 국가 재원들을 흡수하면서, 즉 비자본주의적 원천들을 통해 자본에 접근하였다(Holstrom and Smith, 2000: 8). 〔이러한 형태로〕 자본가계급이 형성되었다. 마지막으로, 수많은 국유기업 노동자들이 국가 고용에서 벗어나 시장으로 향하게 되었다. 즉 그들은 자본주의적 프롤레타리아의 일부분이 되었다. 이러한 과정의 일부로 소위 말하는 '철밥통', 즉 "보장된 직업들, 국가 보조 주택, 무상 의료"(Holstrom and Smith, 2000 : 8) 등에 대한 파괴가 진행되었다.

요컨대 비자본주의적 원천들에서 자본형성을 위한 자금조달(국가부문이든 비자본주의적 농업부문이든), 생산수단(특히 토지)으로부터 농촌 노동자들의 분리, 그리고 국유기업들로부터 노동자들의 분리는 명백하다. 이러한 것들은 국내적 본원적 축적으로 인지될 수 있다.

이러한 모든 것들에서, 중국은 러시아보다 매우 조심스러웠고 성공적이었으며, 훨씬 손실을 입지 않았다. 확실히 중국은 이례적인 속도로 성장하고 있고 거대한 비율과 규모로 산업화를 진행하고 있다. 중국 경제는 확실히 오늘날 세계에서 가장 역동적임에 틀림없다. 산업화는 상당한 성공을 거두었다. 한 가지 조잡하지만 명확한 척도를 들어 본다면, 노동력의 구조 속에서 농촌이 차지하고 있는 비율이 1970년 81%에서 1985년 62%를 거쳐 1998년에 50%로 급격하게 감소했고, 산업이 차지하고 있는 비율은 같은 시기에 10%에서 21%를 거쳐 23%로 증가했다. 이러한 현상의 기초는 이미 이전부터 존재하던 것이다. 그러나 자본주의적 본원적 축적의 한 형태가 최근의 이런 추세를 추진하고 있다고 그럴듯하게 주장할 수도 있을 것이다.

결론 : 국가의 중요성

역사적으로 본원적 축적은 자본주의로의 이행에서 가장 초기 단계의 중심이었고, 거대한 고통과 사회적 낭비를 양산하였다. 그럼에도 불구하고 본원적 축적은 성공적인 자본주의로의 이행과 그에 수반하는 구조적 전환을 위한 필요조건이었을 뿐, 결코 사전준비의 의미 이상을 갖지는 못했다. 그러한 이행은 전면적인 자본주의적 산업화와 변형된 생산적 농업을 필요로 해왔으며, 그러한 요구조건의 충족은 누적적인 자본주의적 축적으로 이어졌다. 〔또한〕 특정한 종류의 계급형성을 필연적으로 동반했다. 관련된 과정들 모두는 신흥 자본주의 국가에 의해 여러 가지 방법으로 매개되어 왔다. 축적을 목표로 삼고 있는 자본주의적 계급들과 프롤레타리아트(농촌과 도시 모두에서)의 형성이 결정적이었다. 프롤레타리아트는 농민의 토지와 다른 생산으로부터 분리되면서 형성되었다.

신자유주의적 정책들은 확실히 강탈의 과정을 집중시키고 가속화시킴으로써 저발전 국가들에서 본원적 축적의 속도를 재촉하였다. 그러나 그에 상응하는 강한 국가의 부재〔상황〕 속에서, 이러한 것들은 자본주의적 변형의 속도를 가속화시키는 데는 뚜렷한 기여를 하지는 못했다. 중국은 하나의 교훈을 주는 사례이다. 중국은 신자유주의적 정책 패키지와 유사한 어떤 것도 채택하지 않았다. 산업의 민영화, 시장의 승인 등등은 상대적으로 천천히 진행되었고 무모하게 추구되지 않았다. 게다가 핵심적으로, 중국은 후퇴하지 않았다. 그것은 능동적으로 개입하는 성장 추동 국가였다.

9장_신자유주의적 세계화: 제국 없는 제국주의?

후고 라디스*

이 장은 변화하고 있는 제국주의의 본성과 신자유주의 이데올로기 및 실천들과의 관계를 살펴본다. 곧장 모순이 드러난다. 신자유주의는 국가가 최소한의 역할만 하면 자유시장에 의해 모든 경제적 삶이 조절된다고 생각한다. 제국주의는 전통적으로 정치·군사적 수단을 통해 다른 국가들을 지배하려는 한 국가의 권력 행사에 대한 것이다. 그렇다면 어떻게 그 두 가지가 조화될 수 있는가? 신자유주의자들이 위선적 혹은 인종주의적(부유한 백인의 북반부를 위한 자유, 가난한 비백인의 남반부에 대한 억압)이라는 것은 정당한가? 그리고 우리는 현재 '제국 없는 제국주의' 혹은 네그리와 하트가 간단하게 '제국'이라고 부르는 것에 살고 있는가?

이러한 질문들에 답하는 데 있어서 주된 문제는 제국주의가 여러 가지 다른 방식으로 정의되어 왔다는 것이다. 주류정치학자들은 그것을 하나의 정치적 지배형태로 분석해 왔는데, 그러한 정치적 지배형태의 근본

---

* 후고 라디스(Hugo Radice)는 리즈 대학교(University of Leeds)에서 정치학과 국제학을 가르치고 있다. 그는 1970년 사회주의경제학자회의(CSE)의 설립을 도왔다. 그의 최근 작업은 세계화와 동유럽의 자본주의 부활에 초점을 맞추고 있다. 그는 최근에 세계자본주의 정치경제에 대한 책을 쓰고 있다.

적 요소들은 서로 다른 역사적 단계에서도 변화하지 않는 것이다. 마르크스주의자들은 제국주의를 직접적으로 주어진 생산양식의 본질과 관련시켜 왔다. 자본주의의 경우에 그것은 특유한 **정치경제**와 관련된다. 제국주의의 변화하는 본성은 자본주의 정치경제의 가장 중요한 특징들을 잘 드러낸다. 시장의 '경제'와 국가의 '정치'가 착취와 억압에 기초한 사회질서로서 자본주의를 확장하고 공고화하는 데 어떻게 **상호보완적인** 역할들을 하는가?

이후 이 장에서는 자본주의와 제국주의가 1945년 이래로 어떻게 변화해 왔는지를 살펴본다. 첫번째 절에서는 외견상의 '제국의 종언' end of empire에 대해서 살펴본다. 그때는 1945년 이후 탈식민화와 민족국가의 발전 시기였다. 두번째 절에서는 1970년대 발생한 전후戰後 질서의 변환 — 북반부의 민족적 케인즈주의와 남반부의 발전주의 붕괴와 더불어 — 을 고찰한다. 그 후 세번째 단락에서는 현 시기의 새로운 제국주의 — 초민족 자본과 남반부 국가들의 주권종속에 기초한 다양한 형태의 전 지구적 정치경제를 살펴본다.

탈식민화 — 자유주의의 종언, 제국의 종언?

현대의 제국주의 개념은 대부분 1870년대에서 1945년까지의 시기와 관계되어 있다. 그 시기 전 지구적 자본주의 정치경제는 선도적인 제국주의 세력들에 의해 수립된 식민 제국들colonial empires 사이의 경쟁에 집중되었다. 레닌의 고전적인 분석에서 식민지 제국주의는 산업 독점의 증가 및 산업과 은행자본의 금융자본이라는 새로운 형태로의 융합과 밀접하게 관련되었다. 외국인 투자는 식민지에서 천연자원을 수탈하고 새로운 시장에 대한 지배력을 얻는 것을 목적으로 했다. 그것들은 영토적 정복과 직접적인 정치적 지배에 의해 보호되고 확장되었다.

레닌과 대부분의 20세기 마르크스주의자들에게, 경쟁 제국들 사이에 전쟁이 벌어지고, 그 결과 노동자들의 불만이 증대하고 제국의 심장부 내에서 자본주의의 전복이 발생하는 것이 이러한 형태의 제국주의가 갖는 본질적 결과였다. 확실히 많은 전쟁들이 있었지만 1917년 러시아와 1949년 중국을 제외하고 이 전쟁들이 사회주의혁명으로 이어지지 않았다. 오히려 그 전쟁들은 결국 세력 간 관계를 조정하는 국제질서를 구축하도록 하였으며 식민 제국들이 독립된 민족국가들의 '제3세계'로 대체되도록 이끌었다. 이러한 새로운 발전은 제1차 세계대전 이후, 아직 남아있던 구 유럽 제국들(러시아, 오스트리아-헝가리, 오스만 터키)의 붕괴와 새로운 민족국가들의 등장, 국제연맹의 창설과 아시아, 아프리카, 그리고 카리브해 지역에서 반식민지 독립운동의 성장으로 나타났다.

제2차 세계대전 이후, 1945년부터 1979년까지의 시기는 실제로 식민지 제국주의의 종말의 징후로 보였다. 국제연맹과 마찬가지로, 국제연합체제의 구조도 명백하게 인권과 자결이라는 중요한 부가사항과 함께 주권국가로서의 지위와 불간섭의 보편적 원칙들에 기초했다. 미국과 영국에 의해 만들어진 새로운 국제경제질서는 자유무역의 자유주의적 원칙뿐만 아니라 전쟁기 동안의 국제적 금융 불안정에 대한 집단적·협력적 해결에 기반했다(11장을 보라). 패배한 추축국뿐만 아니라 승리한 연합국 식민 제국들의 해체는 1940년대 후반부터 전 지구적 자본주의의 정치를 변환시켰다. 이러한 새로운 세계질서 속에서 **민족적 재건과 발전**은 신·구 주권국가들의 중심 과제가 되었다.

동시에 자유주의적 자본주의와 그것의 지배적 이데올로기 — 신고전파 경제학 — 는 1914년 이래로 〔발생한〕 경제, 사회 및 정치적 재앙들에 의해 완전히 믿을 수 없는 것이 되었다. 제2차 세계대전이 끝나면서,

경제사학자 칼 폴라니(Polanyi, 2001), 경제학자 조지프 슘페터(Schumpeter, 1975) 및 복지의 대변자 윌리엄 베버리지(Beveridge, 1960) 모두는 '자유-시장' 자본주의는 몰락했다는 데 동의했다. 비록 철저한 사회주의는 아닐지라도 국가규제와 사회적 재분배를 일정 부분 도입했기 때문이다. 가장 중요하게, 케인즈(Keynes, 1936)는 신고전파 경제학을 완전히 몰아내고 국가자본주의의 새로운 시대에 걸맞는 새로운 경제 이데올로기를 공급하기 위한 자세를 취하는 것으로 보였다. 이 저자들 중 누구도(아주 초기의 슘페터를 제외하고는) 이 시기 제국주의에 직접적으로 관심을 갖지는 않았지만, 그들은 확실히 탈식민지적 경제발전을 위한 정책과 계획들을 개발하고 제국주의적 착취로 인한 경제적 손실을 교정하고 반제국주의적 투쟁에 관련된 학자들, 활동가들 그리고 정치가들을 고취시키는 데 도움을 주었다(3장과 6장을 보라).

전후 질서가 정치적 자결과 국가 주도 발전의 새 시대를 예고하는 것처럼 보였지만, 이것이 국제경제의 불평등과 저발전을 종식시키지 않았다는 것이 재빨리 명백해졌다. 전후 호황은 새롭게 지칭된 제3세계 일부에도 해당되는 것이지만, 무역과 외국인 투자 모두에서, 무게중심center of gravity은 식민지적 '북반부-남반부' 형태에서 선진 국가들 사이의 경제적 관계의 증가로 변화하였다. 더 나아가서 북반부-남반부 [사이의] 교역과 투자 형태들은 식민지적인 과거의 형태들에서 거의 변하지 않았다. [즉] 그 초점은 북에서의 산업성장과 소비를 촉진하는 데 필요한 1차 산물들의 추출과 거래에 맞춰져 있었다. 특히 UN '라틴아메리카 경제위원회' UN Economic Commission for Latin America: ECLA의 라울 프레비시Raúl Prebisch와 개발 경제학자 한스 징거Hans Singer는 1차 산물들의 생산자들이 향유하는 교역조건the terms of trade—즉 선진 국가의 제조업에서 생산된 상품들을 구입하기 위해 판매되어야 하는 1차 생산품의 양—은 1870년에서 1939년까지 끊임없이 악화되는 경향을 갖는다고 주장하였다. 이러한 것이 필연적인 것은 아니었음에도 불구하고 그것은 전통적인 식민지 유형의 수출에 대한 의존도를 줄이기 위해 효과적인 산업화 전략을 모색하던 선진 국가들에게 강력한 동기를 제공하였다.

또한 두 가지 다른 경향들이 나타났다. 첫번째로 이미 확립된 생산자들과의 경쟁으로부터 상당 기간의 보호 없이 제3세계에서 새로운 산업들을 세우는 것은 대단히 어려웠다. 소위 '유치산업' 문제라고 불리는 이 경향은 영국의 산업적 우위에 직면하여 19세기의 후발 산업국들에 의해 보호주의가 만연했던 것과 정확하게 일치했다. 두번째로 전후 질서에서 국제금융에 대한 지속적인 통제가 1914년 이전 남반부 국가에서 기초적인 생산개발에 자금을 공급했었던 '금융 제국주의'와 같은 것을 제거했음에도 불구하고, 하나의 새로운 제도가 북반부-남반부의 경제적 관계를 구축하는 데 있어서 유사한 역할을 하게 되었다. 다국적 기업이 [선진 경제로] 도약하려는 야망을 품은 발전주의 국가들의 자본, 기술, 그리고 시장에 접근하는 데 있어 필수불가결한 요소로 드러났다.

이 세 가지 특징들에 대한 비판적 분석을 통해 정통 마르크스주의자들과 새로 등장한 신좌파들 모두에서 '신제국주의'와 '신식민주의'라는 테제가 출현했다. 미국 학자 폴 배런Paul Baran은 더 나아가서 탈식민지적 변형에서 중대한 **정치적** 제약constraint을 확인했다. 그들의 부와 권력이 교역과 투자의 식민지적 형태들을 유지하는 것과 연계되어 있는, 지역 '매판 자본가계급'의 견고한 지위가 그것이다. 1960년대 그러한 비판은 '종속이론'으로 진화했고, 종속이론에서 경제적 제국주의는 오늘날 남반부에 대한 식민주의의 직접적인 정치적 지배는 없지만 착취는 지속되는 것으로 취급되었다. 그러나 이것과는 별개로 자결과 주권에 기초한 조화로운 새로운 세계질서에 대한 상상은 당치도 않은 것으로 판명되었다. 무엇보다도 대안적인 '세계체계', 즉 소련 공산주의의 세계체계는 제3세계 내의 사회적 투쟁들을 즉각적으로 '국제화하는' 포괄적 의미의 '동-서' 강대국 간 투쟁을 의미했다. 이러한 맥락에서 강력한 서구의 이익들이 위협받을 때마다, 직접적인 정치적 **지배**에 대한 회피가 결코 정치적이고 군사적인 직접적 **간섭**을 배제한 것이 아니었다. 조금만 예를 들면, 브라질, 과테말라, 도미니카공화국, 콩고, 이집트, 이라크, 이란, 베트남 그리고 인도네시아에서 이와 같은 상황이 나타났다. 무엇보다도 북반부의 지배와 간섭에 저항하려는 제3세계 지도자들 공동의 —1956년 반둥회의에서 시작했던 비동맹운동에서의 — 노력들은 북반부에 의해 체계적으로 저지되었다.

게다가 1945년 이후 시기의 제국주의는 새로운 형태를 취했다. 북반부에 의한 남반부의 착취는 무엇보다도 경제적 수단들에 의해 이루어졌다. 1차 생산자들은 경제개발에 자금을 공급하는 데 충분한 수입을 창출할 수 없었다. 반면 다국적 기업들은 초기 산업화단계의 이익들에서 제일 큰 몫lion's share을 획득하기 위해서 화폐, 지식 그리고 시장에 대한 그들의 통제권을 이용했다. 그러는 동안 정치적 독립은 새로운 '거대 세력들'에 의해 세워진 강제들에 종속된 상태로 묵인되었다. 그러나 현재 세계는 다시 변했고 제국주의의 구조들이 다시 한 번 변형된 새로운 국면으로 들어갔다.

케인즈주의와 민족발전의 종언

1945년 이후 케인즈주의·발전주의적 국가 모델의 후원 아래에서 자본주의의 운명을 회복시키려는 시도에 심각한 도전을 제기한 세 가지 특징이 있었다.

첫번째 중요한 특징으로 산업이 발달한 북반부의 국가들에서 산업 노동자들을 사회주의 정치로부터 성공적으로 분리시킨 고임금, 고생산성, 완전고용의 결합이 나타났다. 그러나 그것은 전통적으로 자본주의적 규율을 부과하는 데 이용된 구속들, 즉 임금 삭감과 실업을 제거하는 대가를 치렀다. 대신에 재정과 화폐정책의 운용에 의지하는 케인즈적 대안은 본국의 사회적 합의와 해외 경제지원 제도들 — 대표적으로 미국으로부터의 자본수출과 국제수지 부족을 조정하기 위한 IMF의 시기적절한 지원 — 에 의존했다. 그러나 미국 자본의 참여로 서유럽과 일본에서 자본주의가 부활함에 따라, 증가하는 무역과 투자 흐름들은 관세를 낮추고 국제자본이동에 대한 통제를 약화시키면서 더 큰 자유화로 이어졌다. 1960년대 강화된 국제 경쟁은 브레턴우즈 국제통화질서(고정된 환율과 금-달러 연동)를 약화시켰을 뿐만 아니라, 노동자들이 그들의 전후 경제적 소득postwar economic gains을 유지하려고 함에 따라 강한 인플레이션 경향을 발생시켰다. 소득정책과 재정 및 통화 팽창에 주안점을 둔 케인즈적 타협을 유지하기 위한 시도들은 무역과 통화 투기를 통해 전 세계적으로 이전되고 가속화하고 있던 인플레이션으로 상황을 더욱 악화시키는 데 일조할 뿐이었다. 1967년부터 1972년까지의 시기에는 인플레이션과 실업을 중심으로 하는 영국, 프랑스, 이탈리아, 미국의 사회·경제적 위기가 등장했는데, 이 위기들은 고인플레이션, 통화조정, 대량의 노동불안정, 완전고용 종말을 포함하는 것이었다. 통화주의자들 — 밀턴 프리드먼과 프리드리히 하이에크가 주도 — 이 제시한 처방은 자유시장(특히 노동에 대한)과 강한 국가(무엇보다도 재정과 통화 규칙에 집중된)의 회복을 요구하는 것이었다. 1979년 미 연방준비제도이사회의 의장으로 폴 볼커가 (레이건이 아니라 카터에 의해) 임명된 것은 1976년 영국에서 예산 삭감을 부과한 것과 함께, 전 지구화하고 있는 자본의 가장 중요한 두 중심부 내에서 통화주의자들이 제시한 정책들의 적용으로 이어졌다 (1~3장, 11장과 22장을 참조하라).

전후 세계의 두번째 특징은 세계정치의 한 세력으로서 제3세계가 등장한 것이었다. 특히 1970년대는 국제적인 부와 권력의 균형을 교정하기 위해 발전도상국들의 새로운 노력들이 나타났다. 칠레에서 아옌데의 선출, OPEC의 석유가격 인상, 미국의 베트남전 패배, 마지막 남은 식민지 제국의 해체(포르투갈 식민지), 로디지아〔짐바브웨〕에서 해방전쟁의 시작 및 이란의 샤Shah 정권 전복 등이 포함된 북반부의 세계지배에 대한 도전들이 있었다. 이러한 상황에서 남반부의 새로운 경제질서에 대한 요구는, 사실상 전 지구적 수준에서 케인즈주의의 재건을 제안한 전후 발전주의의 절정을 표상했다. 그러나 몇 년 사이에 이러한 노력들은 극적으로 역전되었다.

이러한 역전의 한 가지 중요한 요소는 급속한 금융 세계화였다. 미국에 의해 주도되었던, 은행들에 의한 해외 대부는 1950년대 이래로 꾸준히 증가해 왔고 '역외' 금융(특히 미국 바깥에서 보유되는 달러의 대부와 차입에 기초한, 유로달러 시장이라고 일컬어지는)의 출현으로 이어졌다. 1974년 석유수출국기구OPEC에 의해 부과된 석유가격의 급격한 인상은 그 국가들에 의외의 거대한 수입을 가져다주었고, 그러한 수입은 한 번에 소비 가능한 것이 아니었다. 대신 그 소득들은 북반부의 민간 은행에 예금되었고, 그 은행들은 이후에 석유 소비국가들 그리고 좀더 일반적으로 현금이 부족한 제3세계 국가들에 자금을 빌려 주었다. 한동안 이것이 경제 성장을 추동했으나, 뒤이어 발전도상국들은 북반부에서 채택된 새로운 통화주의적 정책들—우리가 살펴본 것처럼—의 여파에 휩쓸리게 되었다. 이자율이 상승하여 채무변제 비용이 증가되었고, 반면 국가 지출과 민간 지출의 감소는 제3세계 수출품에 대한 수요와 가격 침체로 이어졌다. 1982년 9월, 멕시코 정부는 더 이상 채무를 변제할 수 없음을 공표했고, 이는 현재까지 지속되고 있는 외채위기의 도래를 예고하였다. 동시에 남반부에 대한 북반부의 대외정책에 새로운 침략성이 나타났다. 아프리카, 중동 및 인도차이나에서 미국은 (공식·비공식적으로) 앙골라와 모잠비크의 급진적인 새 정권에 대항한 남아프리카 괴뢰들을 지원하고, 이란에 대항한 이라크 바트당 정권을 지원했으며, 베트남에 대항한 캄보디아 폴포트 정권을 지원하면서 봉쇄와 파괴의 전 지구적 전쟁에 앞장섰다. 이러한 모든 일들에서 북반부 강대국들의 공통적인 이해는 북을 위한 채무 징수관으로 IMF와 세계은행을 개조함으로써, 미국과 일본 사이의 무역 긴장을 해소한 1985년 플라자 협약에서 정점을 이룬 공적인 정부 간 수뇌 회담(G5/6/7 회담들)의 성장을 통해서, 정부 간 제도와 절차의 수 및 범위의 성장을 통해서, 그리고 3자 위원회와 빌데르베르크 Bilderberg Conference[1] 및 다보스 회의의 좀더 비밀스런 노력들을 통해서 유지되었다.

전후 체계의 세번째 토대는 자본주의 서방과 공산주의 동구권으로 분할된 '양극적' 특성이었다. 1970년대 동-서 관계는 극적인 변동을 겪었다. 베트남 전쟁 과정, 러시아의 체코에 대한 거침없는 침공, 그리고 아

1) 매년 100여 명의 은행가, 경제학자, 정치가, 정부관료 등이 참석해 3일간 개최하는 유럽과 북아메리카에서 가장 영향력 있는 회의. 해마다 서유럽 각국을 돌면서 개최되는 이 회의에서 각 대표자들은 회의 중에 진행된 토론 내용에 대한 비밀을 지킬 것을 맹세하고, 엄중한 보안상태에서 회의가 진행된다. 빌데르베르크 회의의 목적은 사적이고 비공식적인 분위기를 조성함으로써 국내 정책 및 국제정세에 영향을 미치는 인사들이 서로에 대해 잘 알 수 있게 하고, 아무런 구속 없이 직접적으로 그들의 공동 과제를 토론할 수 있는 기회를 마련하는 데 있다. 회의가 끝난 뒤 이에 대한 개인 보고서는 과거에 참가했거나 현재 참석한 사람들에게만 회람되며, 보고자들은 이름을 명시하지 않고 자신의 국적만 밝히도록 되어 있다. 네덜란드의 베르나르트 공작이 창설한 이 회의의 명칭은 1954년 첫 회의가 개최되었던 네덜란드 오스테르베크 시의 호텔 이름에서 따왔다. 빌데르베르크 회의의 국제운영위원회는 거의 매년 새로운 대표자를 선출하며, 헤이그 시에는 소규모로 운영되는 사무국을 두고 있다. — 옮긴이

프리카에서의 새로운 해방투쟁들은 핵대결의 '1차 냉전'이 교착상태에 이르렀다는 것을 서방사회에 나타내는 것처럼 보였다. 비록 제3세계에서 적대가 계속되면서 거짓임이 드러났지만, 소련에 대한 더 나은 경제적·외교적 관계를 추구하는 브란트의 동방정책Ostpolitik, 닉슨의 중국 방문, 그리고 유럽에서 협력과 안보를 위한 헬싱키 협정 등 데탕트로의 변화가 일어났다. 그러나 레이건과 대처 선출 이전에 이미 새로운 냉전이 형성되고 있었다. 대표적으로 미국 정부는 손실은 크고 이길 수 없는 분쟁으로 소련을 끌어들인다는 분명한 목적을 가지고, 아프가니스탄에서 소련의 지원을 받고 있던 정부에 대항해서 싸우고 있던 이슬람 게릴라 집단을 은밀하게 지원했다. '악의 제국'에 대항한다는 레이건의 공식 선언은 군사비 지출의 급격한 증가를 통한 새로운 공세의 시작, 기술적·경제적 봉쇄의 재개, 대리전쟁에 대한 더 많은 원조 그리고 소련과 동유럽에서 반체제운동들에 대한 이데올로기적 탈취의 전조가 되었다. '1차 냉전'(1950년대와 1960년대의 핵대결)은 '상호 절멸'의 교착상태로 끝났지만, 1970년대까지 소비에트 블록은 내부 민주주의와 경제적 역동성의 부족에 기인한 장기 침체기로 접어들었다. 1989년 베를린 장벽의 붕괴는 블록 전체에 걸친 공산주의의 붕괴를 재촉했다. 덩 샤오핑 치하 중국에서의 친시장적 개혁과 함께, 이것은 전 지구적 규모에서 자본주의의 승리를 알리는 신호가 되었다.

신자유주의적 세계화, 자본주의의 최고단계?

1970년대 이래로 세계질서 재편의 이러한 세 날실들은 밀접하게 얽혀 있고, 신자유주의는 공통의 이데올로기적 틀을 제공해 왔다. 우리가 '제국주의'라는 용어를 정형화된 식민지 제국들이 아니라, 전 지구적인 부와 권력의 불평등을 재생산하고 있는, 역사적으로 변화하고 있으며 불확실한 구조들의 묶음과 관련지어 보면, 과연 우리는 어떤 종류의 제국주의에 살고 있는 것일까? 30년 전에 마르크스주의자들은 세 가지 가능한 유형들 사이의 균형에 대해 논쟁했다. 경쟁 세력들 사이에 불가피한 경쟁과 투쟁의 세계라는 제국주의에 대한 레닌주의적 개념, 세력들에 의해 연합적으로 운영되는 집단적 '초제국주의' ultra-imperialism라는 카우츠키의 시각, 그리고 전후 미국 헤게모니 하의 '최강제국주의' super-imperialism가 그것이다. 그러나 1970년대부터 이러한 논쟁은 세계화와 신자유주의의 동시 부상으로 대부분 현실성 없는 것이 되어 버렸다. 세계화는 무역, 외국인 투자 및 전 지구적 금융의 급속한 성장에 집중되어 왔고, 이러한 것들은 민족적 정치경제들 간의 상호의존성을 의미심장하게 증가시켰다. 동시에 신자유주의의 부상은 전후 자본주의의 지배적 이데올로기인 케인즈주의적 과정 속에서, 그리고 경제정책에서 화폐 및 재정긴축, 민영화, 자유화라는 소위 '워싱턴 컨센서스'로 극적 전환을 했다는 것에서 명백해진다.

둘 사이의 연결고리는 공통적으로 **국가의 후퇴 혹은 약화**에 집중되어 있다고 간주되어 왔다. 그러나 이것은 발전된 북/서의 '강한' 국가들과 남/동의 '약한' 국가들 간 경험상의 극적 차이를 은폐하고 있다. 국가들이 전체적으로 약화되었다는 것(세계화에 대한 분석가들 대부분이, 그들이 그것에 찬성하든 반대하든 공통적으로 가지고 있는 믿음)은 절대 사실이 아니다. 정확하게는, 세계화는 국가가 장려하든지 혹은 저항하든지〔상관없이〕 '경제' 문제에 국한되지 않는다. 오히려 국가 그 자체가 세계화되어 왔다(6장과 7장을 보라). 이것을 이해하는 핵심은, 촘스키Noam Chomsky 식의 어법을 빌리자면, 동의를 만드는 수단으로서 자본주의적 정치에 초점을 맞추는 것이다.

신자유주의 이데올로기 내에서, 자본주의적 민족-국가들을 위한 정부규범들은 국제 경쟁이라는 이데올로기 주변에서 재편되었다. 노동자들에게는 고용과 [사회]보장은 저비용에 기초한 세계시장에서의 승리를 통해서만 보장받을 수 있으며, 민간부문이 이것을 성취하는 데 효과적이기 때문에, 고이윤과 낮은 조세에 대한 전망이 있을 경우에만 자본가들의 투자를 유인할 수 있다고 선전하였다. '대안이 없다'의 국내 정치란 이것이다. 모든 국가들에서 복지의 축소, 민영화, 그리고 노동시장 유연화에 동원된 것도 동일한 주장들[에 기초한 것]이었다. 이것이 자본주의적 국가——자본을 위해 노동을 관리하는——의 중심 목표를 성취하기 위한 새로운 형태이다.

동시에 이런 세계화 시대의 제국주의는 자유주의적 국제주의 혹은 국제화된 자유주의라는 새로운 이데올로기로 세계질서를 재편한다. 모든 곳에서 노동자들이 다국적 기업을 고용의 궁극적 원천이자 생존 수단의 공급자로 받아들이게 된다면, 민족자결이라는 대립적 이데올로기는 없어져야만 한다. 종속이론가들이 제기했던 것처럼, 전 지구적 자본은 모든 곳에서 엘리트들과 '중산층'의 합의와 지지를 필요로 하며, 복잡한 경제, 정치, 사회, 문화적 통제기구들이 이러한 목적을 위해 개조되어야만 한다. 전 지구적 미디어는 이러한 사회적 계급들을 사로잡은 공허한 소비주의를 세계 도처에 퍼뜨린다. 빈곤은 어디에서나 개인의 무능에 기초한 '사회적 배제'로서 재인식되고, 정치는 비슷비슷한 지대추구적 정치인rentier-politician들이 대중들을 호도하면서 손쉽게 경력을 쌓을 수 있는 권익을 위해 경쟁하는 주기적 선거로 축소된다. 자유주의적 개인주의가 뿌리를 내리게 되자, 정부의 새로운 규범들에 대한 국가의 순응은 궁극적으로 자본의 본질적 요건을 대표하는 내·외부적 압력의 조합으로 확보된다.

그러나 모든 민족 엘리트들이 이러한 방식으로 그들의 국내 정치 개조에 성공하는 것은 아니다. 그들은 국내적으로 저항에 맞닥뜨리고, 더 넓은 국제 경쟁의 세계에서 지위를 잃을 현재적 가능성에 항상 직면한다. 1990년대에 이러한 문제는 '국가 실패' state failure의 하나로 학자들과 국제기구들에 의해 공식화되었다. 국가 실패가 인종적, 종교적 혹은 다른 '수직적인' 사회 분할들과 연결되어 있고, 국가의 기본적 기능에 영향을 주는 경우에, 주권 국가의 경계는 더 이상 지켜지지 않는다. 그것[경계]들은 재분할 혹은 병합을 통해 다시 그어질 수도 있고, 인권에 대한 지역적 혹은 전 지구적 집행자로서 역할을 하는 다른 국가들에 의해 침범당할 수도 있다. 이 같은 처리 방식은 새로운 질서에 복종하지 않고 있는 아프가니스탄과 이라크와 같은 '깡패' 국가들에게 적용된다.

반면, 이런 국가 실패가 오히려 '수평적' 사회 분할들, **계급**투쟁들에 기인하는 곳—공산주의 실패 이후의 동유럽이나 최근의 베네수엘라와 아르헨티나처럼—에서 엘리트들이 선호하는 선택은 그들의 권력을 보호하기 위해 외세와 국제적 제도들의 지원을 얻는 것이다. 그들은 아마 시기적절한 대부 또는 무역 특혜를 요구할 것이며 국내의 반대자들을 그러한 지원을 위협하는 세력으로 묘사할 것이다. 동시에 엘리트들은, 인종적이고 종교적인 차이들을 거리낌 없이 사용하면서, 시민들에게 다른 나라들의 노동자들과 경제적으로 경쟁하라고 재촉하기 위해서 주저함 없이 민족주의의 역사적 원천들을 이용한다.

결론

광범위한 역사적 의미에서, 이러한 새로운 형태의 제국주의의 결과는 전 지구적인 동시에 민족적인 사회질서로서, 바로 전 세계에 걸친 자본주의의 광범위한 '재-배태' re-embedding이다. 전후 질서는 자본가들의 주요한 정치적 양보들의 결과로 일어났다. 공산주의 확산을 저지하면서 세계경제를 회복시키기 위해, 그들은 북반부에서는 케인즈주의적 복지국가를, 남반부에서는 발전주의 국가를 위한 길을 열어 주었다. 그러나 이러한 양보들은, 북반부의 조직된 노동자운동에서부터 남반부의 탈식민지적 체제들까지, 제국주의가 떠받치고 있는 국내와 국가 간 모두에서의 부와 권력의 불평등에 대한 정치적 도전들의 토대를 제공했다. 반대로 전 지구적 자본주의의 새로운 질서는, 민족적으로든 전 지구적으로든, 이러한 도전들을 종결하기 위한 새로운 정치를 형성하려고 모색한다. 신자유주의의 역할은 이러한 도전을 종결하는 데 필요한 이데올로기적 정당성을 공급하는 데 있다. 여전히 자본주의적 착취와 억압에 반대하는 사람들의 대응 또한, 국지적이고 민족적인 정치적 주도권과 과거 반자본주의 투쟁의 중요한 특징이었던 국제주의를 연결하기 위해 점차 세계화되어야만 한다.

10장_신자유주의와 국제무역:
순수 경제학인가, 아니면 신념에 대한 질문인가?

소날리 데라냐갈라*

1980년대 이래로 국제경제학에서의 정설은 신자유주의적인 자유무역에 대한 신념이었다. 이러한 정통적 신념은 특히 발전도상국을 위한(무역의 자유화가 정책의 중심인) 정책권고로 나타났다. 1990년대 후반 이래로 발전정책에서 정통적 신념이 몇 가지 수정을 거쳐 왔음에도 불구하고, 자유무역이 성장과 번영을 촉진한다는 확신은 여전히 확고부동하게 유지되었다.

이 장에서는 자유무역의 신자유주의적인 사례에 대한 이론적이고 경험적인 기초를 검토한다. 우리는 이러한 사례들이 이론적으로 불안정하며 경험적으로도 지지되지 않는다는 것을 밝히려고 한다. 더 나아가 궁극에는 무역에서의 신자유주의적 입장이 자유시장적 과정의 효능에 대한 신념에 전적으로 의존하고 있으며, 이론적으로나 경험적으로 취약한 기반을 가지고 있다는 것을 알게 될 것이다.

---

* 소날리 데라냐갈라(Sonali Deraniyagala)는 런던 대학교의 아시아·아프리카 대학(SOAS) 경제학 강사이다. 발전도상국의 산업과 무역정책, 거시경제정책과 빈곤, 발전도상국 제조기업들의 동역학이 연구 관심사이다.

신자유주의와 국제무역: 주요 명제들

국제무역에 대한 신자유주의적 접근은 국제무역이 경제성장과 전 지구적 번영을 촉진한다는(4장을 보라) 명제에 기초하고 있다. 1980년대 초 이후 국제경제학에서 신자유주의의 등장은 자유무역의 잠재적 최적화라는(무역정책에 대한 상투적인 지혜를 반영하기에 이른) 관점에 거의 공리적 지위를 부여하였다. 자유무역 속에 내재된 신념은 신자유주의가 그 절정에 다다랐을 때 보급된 '워싱턴 컨센서스'의 본질적인 부분이기도 하였다.

이러한 국제무역과 무역정책에 대한 신자유주의적 입장은 몇 가지 명제로 구성된다. ▪자유무역은 소비자 후생을 극대화시킨다. ▪자유무역은 전 지구적인 자원배분을 최적화한다. ▪자유무역은 생산성을 증가시키고, 경제성장을 촉진한다. ▪무역정책에 있어 정부의 개입은 일반적으로 후생과 성장을 감소시키며, 시장을 왜곡시킨다. ▪자유무역체제를 가지고 있는 국가들은 '폐쇄된' 체제를 가지고 있는 국가들보다 빠르게 성장한다. ▪관세인하와 비관세 장벽 완화에 의한 무역자유화가 무역정책의 중심이 되어야만 한다.

1990년대 이래로 이러한 신자유주의적 워싱턴 컨센서스에 몇 가지 수정이 이루어졌음에도 불구하고(3장과 12장을 보라), 자유무역의 효능에 대한 신념은 여전히 의문의 여지가 없는 것으로 남아 있다. 무역정책에 대한 신자유주의의 지배적인 관점은 초기의 명제들에 새로운 일련의 무역정책 개혁을 추가한다. 무역정책 개혁은 더 이상 관세의 축소에 한정되지 않을 뿐만 아니라, 광범위하게 제도적이고 법적이며 정치적인 개혁을 포함한다. 이러한 관점은 전 지구적인 무역정책을 조정co-ordinate하는 WTO(세계무역기구) 같은 국제적 조직의 목표에 명확하게 나타나고 있다. WTO는 다양한 협정과 기준들을 통해 제도적이고, 규제적이면서 법적인 기준들의 국제적 조화를 이루려고 노력하고 있다. 그러므로 무역 정책은 현재 이전에는 국제무역영역 밖의 문제였던 국내 투자, 지적재산권, 법제개혁과 같은 문제들까지 확장된다. 하지만 이렇게 수정된 신자유주의적 관점의 주요하고도 본질적인 특징은, 자유무역과 전 지구적인 통합이 성장과 발전을 촉진하고 빈곤을 감소시킨다는 여전히 남아 있는 신념이다.

국제무역, 성장과 빈곤: 신자유주의적 관점

무역이론 내에서, 표준적인 헥셔-올린 모형Heckscher-Ohlin model은 자유무역이 최적이라는 결론을 내린다. 헥셔-올린 모형은 극도로 제한적인 가정 하에서 무역의 자유화에 의해 최적의 자원배분이 달성될 수 있음을 보였다. 이 모형에 따르면, 무역은 국가들 사이의 비교우위에 기초해야만 한다. 그러한 비교우위는 매번 생산요소의 상대적 풍부함에 의해 결정된다. 하지만 지난 20년 동안, 이러한 결론들과 가정들은, 국제무역의 복잡성을 제기하고 자유무역으로부터의 일탈이 성장과 후생을 증진시키기도 한다는 점을 제기한 다수의 이론적 모형들에 의해 의문시되어 왔다(Kurgman, 1984). 이러한 의문들에도 불구하고 국제무역에서 계속되는 신자유주의의 행군은 감소될 기미가 없다.

무역과 성장

신자유주의적 경제학자들은 대외 개방이 경제성장을 촉진하고 훨씬 더 개방된 경제가 폐쇄된 경제보다 훨씬 급속하게 성장한다는 몇 가지 이론적 주장을 이용한다. 자유무역은 정태적이고 동태적인 이익을 이끌어 내는 것으로 이해된다. 물론 정태적인 것보다는 동태적인 것이 더 중요시된다. 무역에 대한 제약이 소멸됨과 동시에 부존자원은 비효율적인 부문에서 효율적인 부문으로 이동함으로써 무역으로부터 나오는 '최종적인' 이익이 발생한다. 하지만 이러한 정태적인 이익이 크지 않다는 것은 잘 알려진 사실이다. 그러므로 개방의 성장촉진 효과는 장기적인 동태적 이익으로부터 발생한다. 자유무역으로부터 나오는 장기적 이익과 관계된 다양한 주장들은 문헌들에 잘 나타나 있다. 하지만 그것들 중에 많은 것은 상당히 임의적인 가정에 의존하고 있으며 이론적으로 취약하다(Rodrick, 1995; Deraniyagala and Fine, 2001).

무역으로부터 발생하는 정태적 후생은 특히 지대추구rent seeking[1]와 같은 정치경제적 문제의 구체화를 통해 확대될 수 있었다. 무역에 대한 정부 개입의 자원비용resource cost은 지대추구의 존재로 인해 몇 곱절 증가된다. 더 자유로운 무역체제는 성장을 촉진시키는 데 더 많은 자원을 사용하고 지대를 축소시켜 경제성장을 증대시키는 것으로 나타난다. 하지만 보호무역 하에서 지대추구의 양이 증대한다는 사실을 보여 주는 추정들이 존재하는 반면, 그 추정의 정확성은 의심받아 왔다(Ocampo and Taylor, 1998).

규모의 보수 증가Increasing returns to scale는 종종 무역자유화로부터 나오는 동태적 이익의 중요한 원천으로 언급된다. 중립적인 무역체제neural

---

1) IMF의 수석 경제학자인 앤 크루거(Anne Krueger) 등이 제시하는 것으로 독점적 지위를 통해 얻을 수 있는 이익을 위해 경제주체가 투입하는 자원비용. 경제주체가 독점적 지위를 얻기 위해 자원을 투입하게 되고, 그러한 자원은 사회적인 낭비가 된다. 이를테면, 보호관세 등의 무역에 대한 간섭을 통해 몇몇 주체가 이익을 얻을 수 있지만 이 주체들의 지위는 그만큼의 자원을 투입하여(이를테면 로비 활동과 같은) 수립되는 것이다. 이러한 비용이 사회적인 비용이며, 낭비라는 것이다. — 옮긴이

trade regime[2]의 창출은 수출을 장려하고 세계시장에 참가하도록 하며, 기업이 더 높은 산출수준에서 생산할 수 있도록 하고 규모의 경제로부터 이익을 얻을 수 있도록 한다. 이것은 전체적인 경제성장을 촉진한다. 하지만 이러한 주장은 무역자유화가 필연적으로 보수 증가에 영향을 주는 행위들을 확대할 것이라는 가정에 기초하고 있다(Rodrick, 1995). 만약 자유화 이후 줄어든 보호 부문에 규모의 경제가 집중되어 있다면, 무역으로부터의 동태적 이익은 실현될 수 없다.

그러므로 개방과 성장에 관련된 많은 이론적 주장들은 구체적 조건들과 가정들의 여하에 달려 있다. 그러한 구체적인 조건과 가정들은 성장과 개방 간의 정(+)방향의 인과관계가 전형이라기보다는 예외적인 것임을 뜻한다. 부분적으로는 이러한 이유에서 개방과 성장에 대한 논쟁의 대부분은 주로 경험적인 문제가 되어 왔다.

1980년대 국제무역론에서 신자유주의의 등장은 그때까지 보호주의적 수입대체정책을 따르던 발전도상국들의 경제적 붕괴에 주로 영향을 받았다. 이러한 국가들의 경제적 붕괴는 직접적으로 개입주의적인 무역정책 때문이라고 해석되었다(Balassa, 1988). 하지만 이러한 해석에는 서너 개의 문제가 있다. 많은 발전도상국이 약 1970년대 중반까지 보호무역 아래서 만족스러운 경제성장률을 경험하였다. 그 시절 사하라 이남 아프리카의 몇몇 국가들은 가장 빠르게 성장하는 발전도상국들 사이에 끼어 있었다. 특히 라틴아메리카와 같은 수입대체체제에서의 생산성 성장 또한 튼튼하였다. 발전도상국들은 1970년대 중반 이후 심각한 경제적 침체를 겪었는데, 이러한 침체는 외부적 충격(1973년에 있었던 석유가격

2) 중립적 무역체제는 수출품과 수입품 사이에 또는 국내 시장을 위한 생산과 수출품 사이의 차별을 없애기 위한 인센티브 구조를 이야기한다. ― 옮긴이

의 인상)과 이러한 충격에 대처하기 위한 거시경제적 정책 조정의 무능력에 의해 더 잘 설명된다. 1970년 후반 경제성장의 붕괴를 무역정책 탓으로만 돌리는 것은 무역정책의 실패와 거시경제적인 실패를 혼동하는 것이다.

1990년대 무역자유화에 대한 일반적 입장은 소수의 경제성장과 무역정책의 효과를 측정하는 극도로 유력한 계량경제학 연구들에 의해 지지되었다(Dollar and Kraay, 2000). 이러한 계량경제학적 연구들은 자신들이 무역개방과 경제성장 간의 의미심장한 정방향의 인과관계를 보여주고 있다고 주장하였다.

하지만 계량경제학과 데이터가 갖고 있는 문제들은 몇 가지 결정적 비판에 귀착하였다(Rodiguez and Rodrik, 2001). 그러한 연구들의 대부분은 척도문제에 시달리고 있다. 대부분의 무역개방에 대한 척도가 무역정책의 방향보다는 무역량을 반영하는 것이다. 또한 인과성의 방향 또한 정립되기 어렵다. 급속한 경제성장이 무역의 증가로 이어지는 강한 확률이 존재하기 때문이다. 게다가 무역정책의 경제성장에 대한 효과도 수많은 다른 잠재적 요인들이 주어진 가운데 그것만 고립시켜서 분석하기가 어렵다.

그러므로 신자유주의 진영의 주장과는 반대로, 자유무역이 경제성장을 촉진한다는 경험적 증거는 미확정된 것으로 남아 있다. 하지만 자유무역이 성장을 촉진하는 잠재력을 가지고 있다는 일반적인 믿음은 굳건하다. 윈터와 그의 공저자는 성장과 무역에 대한 경험적 연구에 대한 광범위한 평가를 하면서, "단순한 일반화의 매력이 대부분의 연구자들을 그러한 결론들을 진지하게 취급하도록 현혹한다"고 말한다(Winter et al., 2002: 10).

무역과 생산성

또한 자유무역을 옹호하는 신자유주의적 주장은 무역이 장기적인 경제성장에 영향을 주는 구체적인 통로를 확인하는 데 초점을 맞춘다. 중심적인 문제는 생산성 성장에 대한 것이다. 자유무역을 옹호하는 주장에 따르면 무역자유화를 통해 농업뿐만 아니라 특히 공업에서 더 급속한 생산성 성장이 나타난다. 무역자유화에서 발생하는 정태적인 이득이 아주 작다고 한다면, 생산성 성장은 자유화가 〔경제〕성장을 촉진하는 주요한 메커니즘으로 나타난다. 하지만 이러한 주장에 대해 더 면밀한 검토를 해본다면, 이론적으로는 물론이고 경험적으로도 요령부득의 상황에 놓인다.

보호무역의 경우에는 국내 생산자들을 위한 내부 시장captive market을 제공함으로써 비용 절감을 할 수 있는 기술진보를 추동하지 못한다. 따라서 자유무역은 장기적인 생산성 성장에서 나오는 이익을 확보할 수가 있다. 하지만 대부분의 정통적인 문헌들에서 무역자유화가 기술진보와 생산성 성장을 촉진하는 정확한 메커니즘은 절대 명쾌하게 설명되지는 않는다. 그것은 주류이론이 바로 그 문제에 대해서는 침묵하기 때문인데, 무역자유화를 지지하는 몇몇 이론은 경쟁의 격화가 모든 부문의 생산성을 촉진하는 기술진보를 발생시킨다고 주장한다(Balassa, 1998). 그러한 이런 단순한 명제는 기술진보가 때때로 과점적인 시장구조에 의해 촉진된다는 사실을 발견한 다른 연구들을 무시한다(Deraniyagala and Fine, 2001).

경험적 연구의 실질적인 부분은 산업과 기업 수준에서 생산성에 대한 무역정책의 효과를 검토하는 데 있다(Rodrik, 1995). 전체적으로 이러한 연구가 내놓고 있는 증거는 확정적이지 못하다. 몇몇 연구자들은 수입대체와 생산성 성장 사이의 음(−)의 상관관계가 존재하고 있음을 발견한 반면, 가속화하는 생산성 성장률은 보호수준의 높고 낮음과 상관없이 모든 부문에 발견되어 왔다. 게다가 이러한 경험연구들은 주목할 만한 결점들을 가지고 있다. 그러한 연구들은 일반화하기가 어렵고, 국가의 적용범위와 무역체제의 정의에 따라 다양하다. 그러한 연구들의 대부분이 생산성 성장에 영향을 미치는 다른 요소들을 적절히 통제하면서 인과성의 방향을 수립하는 데 실패하였다. 하지만 이러한 실패가 생산성에 대한 무역개방의 긍정적인 효과에 대한 신자유주의적 주장들을 감소시킨 것으로 보이지는 않는다. 많은 분석가들은 단순히 긍정적인 인과적 고리가 존재한다는 것을 가정하면서 나아간다.

무역과 빈곤

1990년대 무역개방에 대한 신자유주의적 논리는 개방의 확대가 빈곤을 감소시킨다고 강조하는 것이었다. 무역과 빈곤은 경제성장을 통해 연결되고, 무역자유화에 이은 경제성장은 빈곤감소책으로 나타난다. 급속한 경제성장이 어떤 국가의 소득분배를 악화시킬지도 모르지만, 이러한 것을 자유무역으로부터 발생하는 사례로 보지 않는다. 그리하여 개방의 확대는 소득분배를 극도로 악화시키는 결과를 가져오지 않으며, 단기적인 소득분배 악화는 빈곤에 대한 성장의 긍정적인 효과로 상쇄된다(Winters, McCulloh and Mckay, 2002). 하지만 국제무역에 대한 신자유주의적 문헌들 대부분에서 무역과 빈곤 사이의 관계에 대한 정통적인 연구는 경험적인 약점들과 이론적 비일관성을 가지고 있다(15장을 보라).

개방을 빈곤감소로 이어지게 하는 몇 가지 메커니즘을 확인할 수 있다. 중립적 무역체제의 창출이 많은 발전도상국들에서 자본집약적인 수입대체적 활동으로부터 자원을 이동시킴으로써 노동집약적인 생산을 증가시키는 것으로 나타난다. 이것은 특히 비숙련 노동에 대한 수요를 증가시키고 비숙련자 임금에 대한 상승압력을 발생시킴과 동시에 빈곤율 incidence of poverty의 감소가 나타난다. 하지만 결과적으로 빈곤율이 하락할 것인지는 비숙련 노동자의 소득이 빈곤선 이상으로 상승할 것인가에 달려 있다. 더구나 수출부문에 가장 집약적으로 사용되는 노동은 발전도상국 기준에서 상대적으로 숙련된 노동일 가능성이 존재한다. 만약 상대적으로 숙련된 노동자가 가난한 자들 사이에서 소수에 불과하다면 빈곤은 감소하지 않을 것이다.

무역자유화에 따른 농업〔부문의〕 성장이 주류 국제무역론을 다루는 경제학자들에게는 빈곤감소를 가져오는 것으로 여겨진다(14장을 보라). 〔그러한 주류경제학들은〕 자유화에 따른 농업생산물의 증가가 더 낮은 빈곤율을 가져올 것이라 기대한다. 하지만 일찍이 언급했던 것처럼, 개선된 가격 인센티브에 상응해 기대되는 농업〔생산물〕 공급은 언제든지 가능한 것은 아니다. 더구나 농부들 중의 일부가 산출 〔규모의〕 확대에 의한 가격 상승에 반응할 때조차 가난한 농부들은 이러한 과정에서 배제되어 있으며(만약 그들이 자급농업 규모의 적은 잉여만을 생산하고 있다면) 농촌지역의 빈곤감소에 대한 긍정적인 효과는 매우 작을 것이다. 또한 무역정책 개혁이 자급농업으로부터 가난한 사람들에게 더 증대된 소득을 가져다주는 환금성 작물 재배로 이동을 유발할 것이라 예견할 수 있다. 만약 환금성 작물의 가격이 경기변동에 종속되어 있다면 농부들은 증대된 위험과 불확실성을 기꺼이 감수해야 할 것이다. 그리고 〔그런 경우에〕 환금성 작물 생산은 증대되지 않을지도 모른다. 또한 빈곤에 대한 자유화의 효과는 농촌의 가난한 사람들이 농업생산물, 특히 식량에 대한 순 구매자 또는 순 판매자인지에 달려 있다. 만약 가난한 사람들의 대다수가 식량의 구매자라면, 식량 가격의 상승은 빈곤을 증대시킬 것이다.

또한 무역개방이 부패나 지대추구[3]에 대해 영향을 미치면서 빈곤을 감소시킨다고 주장한다(2장을 보라). 자유화 이후에 지대추구가 감소한다는 신자유주의자들의 가정은 빈곤감소를 위한 자원들이 개혁 이후에 더욱 풍부해진다는 주장으로 이어진다. 지대추구의 감소라는 문제를 별도로 하고도, 무역정책 개혁이 갖고 있는 자원과 소득에 있어서의 함의가 복잡하게 전개됨을 언급해 놓는 것이 중요하다. 만약 자본과 같은 유동적 요소들에 대한 조세부과를 통한 수입을 증가시킬 수 있는 정부의 능력이 감소한다면 개방은 가끔 빈곤감소를 위한 노력을 제약하기도 할 것이다. 무역자유화는 또한 무역세trade tax에 영향을 미침으로써 간접적으로 빈곤에 영향을 준다. 자유화의 초기 단계에는 〔수입품에 대한〕 수량제한quantitative restriction으로부터 그에 상응하는 높은 수준의 관세로 이동함에 따라 무역세로부터 얻어지는 수입이 상승한다. 하지만 그 결과로 평균적 관세가 하락하고 무역세 수입은 하락한다. 이러한 수입의 감소는 빈곤감소를 위한 정부의 지출을 억압하는 것으로 나타난다. 이러한 연관관계가 변하지 않는 것은 아니지만, 빈곤에 대한 개방의 효과를 분석할 때 확실히 명심해야만 하는 것이다.

신자유주의와 정치철학

이 장에서의 논의는 자유무역이 성장과 후생을 최적화한다는 신자유주의적 신념의 이론적이고 경험적인 약점을 보이는 것이었다. 우리가 언급

---

3) 부패와 지대추구는 상호 관련된 개념으로 보면 된다. 무역개방은 이러한 왜곡된 구조를 일소할 수 있는 기회이며, 이를 통해 낭비된 사회적 비용(또는 자원)을 빈곤감소로 돌릴 수 있다는 것을 의미한다. ― 옮긴이

한 것처럼 이러한 다양한 결점들을 상세하게 다루고 있는 문헌들이 막대하게 존재하고 있는 반면에, 이러한 문헌들이 신자유주의 진영의 자유무역에 대한 근본적인 성찰로 이어지지는 않는다. 1990년대의 수정된 신자유주의적 정통 담론들은 포스트 WTO 시대에 더 광범위해진 무역정책 개혁의 내용들을 포함하면서 자유무역을 여전히 신뢰하고 있다.

궁극적으로 개방에 대한 신자유주의적 지지는 순수 경제학이라기보다는 정치적이고 철학적인 기반에 근거하고 있음을 알 수 있다. 경제이론은 자유시장의 사례가 더 효율적임을 증명하고 있지 않지만, 자유시장은 여전히 철학적인 기반들 위에서 정부개입보다 더 선호된다. 신자유주의적 입장은 시장이냐 관료냐에 대한 입장을 취할 필요가 있다고 주장하는 랄과 라자파티라나(Lal and Rajapathirana, 1987: 209)에 의해 적절히 파악될 수가 있다. 바그와티(Bagwati, 1980: 41)는 경제이론이 자유무역을 정당화할 수 없을 때조차, "자유무역이 더 상식적인 것이자 지혜로운 것"이라고 말한다.

결론

이 장에서는 자유무역에 대한 신자유주의적 입장의 한계들에 대해 다루었다. 여기에서 지적된 구체적 사례들은 별도로 하더라도, 개방이 보편적으로 이익이 된다는 명제는 또 다른 근본적인 쇠퇴를 겪고 있다. 이것은 '[무역]개방은 성장과 빈곤에 좋은 것'이라는 주장이 다양한 제도적이고 역사적인 맥락에 동등하게 적용된다는 가정이다. 그리하여 1990년대의 몇 가지 수정이 있었음에도 불구하고 신자유주의적 접근은 무역정책과 그 결과를 매개하는 제도적 요소들에는 덜 주목하고 있다. 무역자유화정책의 실행과 그것이 발생시키는 효과는 개별 국가에 구체적이고 역사적이며 정치적인 요소들을 조건으로 한다. 지난 20년 동안 발전도상국에서 무역자유화의 경험은 일정한 일련의 정책 '청사진'이 종종 성장과 빈곤과 같은 주요 지표들에 일탈적 효과를 갖는다는 것을 보여 준다. 신자유주의적 컨센서스에 의해 추진되는 무역자유화는 자유롭거나 더 자유로운 무역이 경제학적 담론에 의해 편애된다는 것을 의미하는 반면, 어떤 무역정책의 결과를 야기하는 복잡하고도 예견하기 힘든 개별 국가의 구체적이고 역사적이며 정치경제적인 요소들을 우리가 이해하는 데에는 그리 큰 도움을 주지 않는다.

11장_일상적인 화폐적 실천의 안식처: 국제적인 화폐금융에서의 신자유주의적 꿈

얀 토포로프스키*

경제적 자유주의의 세계적 견지에서 보면 국가 간 결제라는 점에서 국가의 경계를 넘나드는 신용과 화폐자본의 이전은 항상 주요한 역할을 해왔다. 어떤 정부 또는 사회적 감독 없이 전 세계 구석구석까지 무역이 가능하게 하고, 어떤 곳에서나 자본주의 기업을 육성할 수 있도록 하는 것은 국제적 화폐 및 금융활동 덕분이라 생각되어 왔다. 이러한 관점 뒤에는 약 1870년대에서 1914년까지 〔지속된〕 세계통화가 고정환율에서 태환되었던 금본위제 시기에 대한 향수가 자리 잡고 있다. 제1차 세계대전 기간 동안 그러한 체계는 붕괴하였고, 그것은 국제적으로 경제 및 자본 유출입의 정지로 이어졌다. 미국 정부와 영란은행Bank of England 고문이었던 올리버 스프라그Oliver Sprague는 1925년 금본위제의 복귀를 환영하면서

---

* 얀 토포로프스키(Jan Toporowski)는 런던 대학교 아시아·아프리카 대학(SOAS) 발전정책과 연구센터(Centre for Development Policy and Research)에서 연구하고 있으며, 레버훌름 특별연구원(Leverhulme fellow)이며 케임브리지 대학 울프슨 칼리지 종신교수이다. 그는 버벡 칼리지와 버밍엄 대학을 졸업한 후에 펀드매니징과 국제 은행업에 종사하였다. 그의 저서로는 *The End of Finance: The Theory of Capital Market Inflation, Financial Derivatives and Pension Fund Capitalism*(London: Routledge, 2000)이 있다. 그는 현재 폴란드의 경제학자 미하일 칼레츠키의 지적 전기를 준비 중에 있다.

다음과 같이 말하였다.

> 이러한 일상적인 화폐적 실천의 안식처로의 복귀는 금본위제가 국제적 안정성의 합리적인 척도를 유지하는 데 본질적인 요소라는 일반적인 확신을 나타낸다. 그리고 국제적 안정성을 위해 〔금본위제를〕 대체할 만하고 실행 가능한 어떤 것도 존재하지 않는다. (League of Nations, 1930: 53)

화폐와 환율에 대한 금본위제의 부재가 금융 불안정성과 관련되기에 이르렀다. 그러한 불안정성은 국제적 금융체계가 경제적 문제를 다루는 자동적인 메커니즘을 제공할 수 있다는 망상을 불러일으켰고, 또한 그러한 망상의 근원이었다. 뉴욕에 있는 국가경제조사국the National Bureau of Economic Research: NBER은 1940년에 다음과 같이 보고하였다.

> 1925년 이전에는 정상〔체계로〕 복귀와 안정적 환율을 달성하려고 집중하였고, 1925년 이후에는 일반적으로 은행가와 세계는 안정적 환율이 갖는 탁월함에 분별력을 잃고 있었다. 경제적 불균형이 자동적인 힘에 의해 조정될 것이라는 환상은 세계의 금융적 사고 속에서 지배적인 것이었다. (Brown, 1940: 801)

어떠한 불균형이라도 자동적으로 공급과 수요를 일치시키는 시장의 힘에 의해 소멸될 것이라는 신자유주의적 계획에서 국제금융은 극도로 중요한 위치를 차지하고 있다. 어떠한 〔형태의〕 금융 불안정성도 민족적 또는 국제적 금융체계의 불완전성 탓으로 돌려지는데, 그러한 불완전성은 자본주의 체계를 변화시키지 않고서도 치유될 수도 있는 것으로 여겨진다. 현 시기, 이러한 관점은 '큰 정부'라는 케인즈주의적 체계와 경제 안정화정책이 붕괴하면서 다시 나타난 것이다(2장을 보라). 경제에 대해 직·간접적으로 정부의 관리가 행해지던 케인즈주의 시대에, 자유방임적 자본주의의 옹호자들은 그러한 케인즈주의정책은 경제 안정성과 자본주의적 기업정신을 훼손한다고 주장하였다. 오늘날 정부들은 정부의 정책을 비즈니스와 금융을 촉진시키는 데 종속시킨다(홉슨은 이미 한 세기전쯤에 "사적 이익을 위해 국고를, 사적인 투기의 담보물로 공적 자원을 유용하는 것"을 비난한 바 있다. Hobson, 1938: 59, 97을 참고하라). 케인즈주의적 안정화정책이 포기됨에 따라 증대된 경제적 불안정성은 그것에 대한 설명은 물론이고, 안정성을 촉진하는 다른 종류의 척도들을 요구하고 있다. 국제금융체계는 경제적 혼란의 원인이 되고 있으며 '금본위제'적 신념—일련의 국제적 화폐와 금융적 배합을 통해 자본주의의 문제들이 자동적으로 시장의 힘에 의해 해결되리라는—에 집착하는 자본주의 옹호자들의 개혁적 열정의 표적이 되고 있기도 하다.

국제금융의 부상

제2차 세계대전이 끝나자, 서구의 연합국들의 정치 수뇌들은 1944년 미국의 브레턴우즈에서 개최된 정부 간 경제회의에서 '일상적인 화폐적 실천의 안식처로의 복귀'를 모색하였다. 그러나 그때까지 금본위제로의 복귀 가능성은 존재하지 않았다. 금준비gold reserves가 없는 중앙은행들은 금본위제로 복귀할 수가 없었고, 소련 바깥에 존재하는 금들 중 4/5 이상이 미국에 있었다. 브레턴우즈 논의의 결과는 간접적인 금본위제였다. 중앙은행들과 정부들에게는 미국 달러에 대해 고정환율을 지속시킬 의무가 있었다. 반면, 순금 1온스당 35달러의 비율에서 달러를 금과 태환할 수 있도록 하는 책임은 뉴욕의 연방준비은행에게 주어졌다. 국제통화기금IMF은 고정환율체계를 유지하는 역할을 담당하게 되었다. 정부들은 IMF의 승인 없이 통화의 환율을 변화시킬 수 없게 되었다. 만약 중앙은행이 고정환율을 유지하기 위해 금 또는 달러를 바닥낸다면, IMF는 달러를 대부할 것이다. 하지만 그러한 대부는 매우 엄격한 조건 하에서 이루어진다. 또한 전쟁에 의해 황폐화된 국가들의 재건과 가난한 국가들에게 경제개발 자금을 계속 지원하기 위한 세계은행World Bank이 브레턴우즈에서 설립되었다.

이때부터 국제금융에 대한 달러의 헤게모니가 시작되었다. 사실상 달러는 세계의 모든 여타 다른 통화들과 자산들을 구입할 수 있는 통화였다. 다른 모든 통화는 그것이 발행된 국가에서는 지불이 유효한 것이지만, 그 나라 바깥에서는 받아들여지기 힘들다. 하지만 환율 안정성이 지속가능한 것은 아니었다. 1940년대와 50년대 내내, 매해 10억 달러 이상의 국제수지 적자가 미국에서 발생하였다. 이러한 〔적자로 인해 유출된〕 달러가 미국 상품 또는 금융자산의 구입을 위해 돌아오는 경우는 드물었다. 미국의 이자율은 낮았고, 준비통화로서 달러의 지위 때문에 해외의 모든 은행은 달러를 보유하려고 시도하였다. 이러한 상황은 미국에게 유일무이한 '발권이익' seigniorage의 특권을 주었다. 미국인들은 연방준비은행이 찍어 낸 달러화로 초과 수입품들에 대해 지불할 수 있었다. 사실상 다른 모든 국가는 수입품에 대해 지불하는 외국 통화를 바닥내지 않게 하기 위해 수요억제책을 통해 수입품에 대한 수요를 통제 하에 두고 있었다. 한국과 타이완에 대한 개입과, 뒤따라 발생해 막대한 비용을 지불하게 된 베트남 전쟁은 달러의 점진적인 유출을 증가시켰다.

미국 바깥에서 보유되는 달러는 영국에 출현하였으며, 그 이후에는 싱가포르에서 출현한 비공식적이고 규제받지 않는 달러시장에서 보유되었다. 이 시장들의 이자율은 미국 내에 있는 규제된 시장들보다 훨씬 높은 수준이었고, 이것이 '유로달러시장'—어쨌든 주요 은행은 미국은행이었기는 하지만—이 달러예금을 빨아들일 수 있었던 원인이었다. 또한 차입자들은 외국통화차입에 대한 중앙은행의 규제에 종속될 필요가 없으므로, 간편하게 유로시장의 은행들로부터 차입할 수 있었다. 중앙은행의 규제는 브레턴우즈에서 고정된 환율을 유지하는 방식 중에 중요한 부분이었다. 특히, 정부는 자신들이 IMF로부터 차입하는 것보다도 더 완화된 조건에서 유로시장으로부터 차입할 수 있음을 알게 되었다. 유로시장은 유로통화Eurocurrency[1)]들을 '역외'에 보유하거나 발행된 국가 밖에 보유하는, 더 작은 〔규모의〕 시장들과 유로통화 채권시장을 낳았다.

유출된 자본 중의 일부는 다시 되돌아왔고, 금과 교환되었다. 그래서 이 몇십 년간의 기간 동안 미국으로부터 금준비가 꾸준히 유출되었다. 1970년에는 미국이 브레턴우즈에서 체결된 고정된 비율에서 금에 대한 달러의 태환성을 유지하는 데 어려움을 겪고 있었음이 명백해졌고, 1971년 미국 정부는 금 지불을 정지시켰다. 그리고 1973년에 고정환율이 포기되었다(22장을 보라).

국제금융의 문제들

1971년 브레턴우즈 체제가 붕괴된 이후, 주요 자본주의 경제는 '스태그플레이션'이라고 불리는 인플레이션〔이 동반된〕 침체〔국면〕에 접어들게 되었다. 원료가격은 1973년에서 1976년 사이에 네 배나 급격히 상승—

---

1) 통화가 발행된 곳 이외의 서유럽 은행들에 보유된 각국의 통화이다. 대표적으로 유로달러는 달러가 발행된 미국 이외의 국가에 소재하는 달러표시 예금을 말한다. — 옮긴이

원유가격의 상승에서 가장 뚜렷하게 나타났다—하였다. 발전도상국들은 갑작스럽게 거대한 무역흑자를 체험했다(만약 수출상품으로 원유와 같은 값비싼 상품을 보유하였고 인구가 적었다고 한다면). 원유를 수입품해야 한다면 무역적자가 발생하게 되었다. 수출을 통해 확대된 소득은—특히, 석유수출국가들에서—유로시장에서 자신들의 길을 찾을 수 있었다. 그 점에서 주요 차입자들은 더 이상 버티기 힘들 만큼의 무역적자를 보유한 국가들이었다. 수출흑자를 국제은행체계를 통해 만성적인 무역적자국들로 '리사이클링' 하는 것이 외채위기로 인해 붕괴되는 것은 오직 시간 문제였을 뿐이었다.

1982년 11월 멕시코 정부 그리고 그에 뒤이어 브라질, 아르헨티나, 그리고 폴란드는 대외 채권관계를 충족시킬 수 없음을 선언하였다(국내부채는 항상 더 풀기 쉬운 문제였는데, 그것은 정부가 조세를 부과하고 부채상환을 위해 중앙은행에서 신용을 획득할 수 있기 때문이었다). 시장의 힘에 맡겨지자 위 국가들에 대부를 해준 은행들은 지불불능 상태에 빠졌고, 파산하게 되었다. 부채가 이러한 방식으로 '소멸' 되자, [외채위기 속에서] 살아남은 은행들로부터의 더 신중한 국제적 차입이 재개되었다. 하지만 경제적 자유주의자들이 1970년대 국제적 부채를 팽창시켰던 유력한 미국의 국제적 은행들에 박수를 보냈던 데 반해, 1980년대 로널드 레이건의 시장 지향적인 미국 정부는 시장을 70년대 은행들이 했던 방식대로 돌아가게 하지 않았다. 처음은 아니었지만, 1930년대 대공황 기간에 미국 은행들의 파산은 만약 미국의 국제적 은행들이 파산하도록 용인된다면 발생했을지도 모를 '체계적 파산' systemic failure이라는 경제적 파국을 상기시키곤 하였다.

고정환율 붕괴와 유로시장에서 정부들이 용이하게 차입할 수 있었던 조건들로 인해 1970년대에 주변화되었던 IMF가 복귀하게 이르렀다.

IMF의 새로운 기능은 미국의 국제적 은행체계의 우위를 재건하기 위해 그 은행체계로부터 차입해 온 정부들의 부채를 처분하는 것이었다 (Strange, 1986). 처분의 대가는 '구조조정'이라고 알려진 엄격한 디플레이션적 금융 안정화였다. 이것은 표면상으로는 자발적으로 보였지만, 대부를 신청하는 정부들은 어떻게 하면 IMF의 승인을 얻어 내는지에 대해서 알고 있었다(12장을 보라). 국제 은행들에게 더 많은 대부를 요청했던 1986년 베이커 플랜Baker initiative of 1986은 실패하였다. 말하자면 대부분의 은행가들은 적어도 부채를 상환할 수 없는 정부들에게 더 많은 돈을 대부하는 것이 경솔한 행위임을 깨달을 만큼의 경험은 가지고 있었다.

1989년 브래디 플랜Brady initiative은 더 성공적이었다. 브래디 플랜은 대외 은행 부채를 일부 감가시킴과 동시에 미 정부 채권에 의해 보증되는 채권으로 교환하는 것을 의미한다. 그러한 브래디 채권Brady bonds에 대한 보증에 미 재무성이 관여한다는 것은 독자들의 관점에서 보자면 미국 정부가 국제금융시스템의 안정성에 책임을 지고 있음을 암시하는 것이며, 나의 관점에서 보자면 국제금융이 미국의 이해에 따라 움직이고 있다는 징후로 나타났다. 어느 쪽으로든 미국 은행의 재건을 조직하고 있는 미 재무성과 IMF와 더불어 브래디 플랜은 딱히 〔앞서 말한 의미에서〕 신자유주의적이라 하기는 힘들었다. 이러한 재건에 대한 그들의 헌신은 신흥시장 위기의 결과로 1990년대 외국 은행들에게 권고되고 부과된 가혹한 청산과는 대조적이었다(Brenner, 2002).

국제금융의 안정화

브래디 플랜은 1980년대와 1990년대 미국과 영국, 그리고 일본(1991년까지)의 장기 증권〔주식 및 채권〕시장의 가격 폭등 덕분에 성공할 수 있었다. 이러한 장기 증권가격의 폭등은 브래디 플랜이 용이하게 실행될 수 있도록 해주었다. 또한 부채를 보유하고 정부와 은행의 자금조달을 위해 〔노력하고 있는〕 국가들이 자본시장에 장기 채권을 판매하는 데 상대적으로 그다지 비용이 들지 않도록 해주었다. 장기 증권시장의 가격 폭등은 두 가지 결과를 만들어 냈다. 우선 국제결제은행은 1989년 바젤 협약에 의해 더 위험한 대외 자산과 대부에 대비하여 추가적인 자본 요구조건을 부과할 수 있게 되었다. 유동 자본시장liquid capital market에 대한 접근권을 갖는 은행들은 자본 요구조건을 강화하기가 상대적으로 용이하였다.

북미와 영국의 유동적인 자본시장이 부상함으로써 발생한 두번째 효과로 그 외의 다른 정부들이 자국 시장 내의 그러한 〔형태의〕 유동 자본시장을 형성하려고 모색하는 노력으로 이어졌다는 점을 들 수 있다. 그러한 시장은 발전도상국 또는 신흥공업국들 내의 정부들에게 국내에서 자국 통화이기 때문에 상환과 관리가 더 쉬운 부채를 발행할 수 있는 가능성을 제공하기로 했다. 그런 금융 발전은 이미 1980년대 채무국 정부에게 부과된 '구조조정' 하에서 이미 예상되었다. '구조조정' 배후에는 민간기업이 정부규제 없이 자연적으로 번성한다는 이론이 있다. 하지만 민간기업의 확대는 금융적 자원을 요구한다. 이 이론은 민간투자를 위해 국내 저축을 이용하고 국내 저축에 외국인 저축을 부가시킬 수 있는 하나의 방식으로 금융 자유화 또는 그것의 옹호자들에게는 '금융심화' financial deepening를 신자유주의적 의제 전면에 부각시켰다. 발전도상국과 신흥공업국에서 대형 은행money centre과 증권시장 활동의 활성화는 금융 자유화를 촉진하였다. 한번 증권시장이 부상하면 외국의 포트폴리오 투자가 투기적 이익의 가능성을 보고 모여 들었다. 이렇게 외국 자본을 끌어 들였고, 그러한 외국 자본의 국내 통화로의 태환은 환율 안정화에 도움이 되었다. 발전도상국과 신흥공업국의 그러한 시장을 '신흥시장' 이라고 부른다. 그것은 후진적이고 정부 통제('금융억압')가 있던 시절로부터 현대적이고 합리적이며, 계몽된 국제금융시장의 힘의 궤도로 진입했다는 의미이다.

하지만 신흥시장으로의 자본 유입은 들어온 것보다 더 급속한 유출로 이어지기도 한다. 특히 금융 팽창과 그것으로부터 기인하는 투자 호황은 신흥시장 국가의 막대한 수입수요를 만들어 낸다. 그리하여 수입의 증가는 환율을 안정적으로 유지하는 데 필요한 자본 유입량을 더욱 증가시킨다. 만약 환율이 하락된다면 외국 자본 보유자의 자산(대개 북미와 서유럽에 본거지를 두고 있는 투자기금들)이 평가절하될 것이다. 그러한 어떠한 종류의 [자산에 대한] 평가절하의 위협이라도 신흥시장에서 자본 도피의 원인이 될 가능성이 있다. 그러한 평가절하가 사실상 1995년 멕시코, 1997년 동아시아, 1998년 러시아, 2001년 터키, 2002년 아르헨티나의 금융시장 붕괴에 필연적인 원인이 되었다(Stigliz, 2002).

1982년 국제적 외채위기부터 1998년 러시아 위기까지를 대충 훑어보면, 자금조달 비용이 이전의 위기에 비해 2배로 늘어난다는 사실을 알 수 있다. 1994년 멕시코 위기 때도 그것을 해결하기 위해 1982년 위기보다 두 배의 비용이 들었고, 1997년 동아시아 위기도 그것을 안정화시키는 데 멕시코 위기보다 두 배의 비용이 들었다. 그리고 러시아 위기는 동아시아 위기의 두 배의 비용이 들었다. 국제적 은행들과 투자기금의 와해를 막으려는 과정에서 발생하는 이러한 비용 상승은 국제통화기금과 신흥시장 국가의 국민들에게 전가되었다. IMF가 신흥시장 국가정부에 대부를 해야 했고, 그동안 그 국가의 국민들은 IMF 지원의 대가인 공적 서비스의 퇴보와 경기침체를 견뎌 내야만 했다. 1990년대 중반이 되자 이러한 상황이 지속 가능하지 않다는 것이 명확해졌다. 미국 정부가 거의 IMF의 재원 중 40%를 제공하고 있으며 그리하여 국제적 금융 안정성

확보를 위해 계속 화폐를 공급할 수밖에 없기 때문이었다.

IMF는 이러한 금융적 부담을 덜기 위해 1990년대 말에는 정부들에 대한 선택적 자동지원체계로 이동하였다. 현재 IMF는 회원국 정부의 금융 안정성에 대해 공표하고 있으며 '확고한' 금융시스템을 가진 나라들만이 IMF의 지원을 기대할 수 있다. 하지만 신흥시장 정부들은 미국의 국제적 은행이 워싱턴에서 미치고 있는 영향을 알고 있다. 그러므로 신흥시장에서 그런 은행들의 활동을 유지하는 것이야말로 신흥시장이 위기를 겪는 순간 워싱턴의 지지를 확보할 수 있는 보험증서이다. 이러한 방식으로 IMF는 결국 그리고 마지못해 2002년 아르헨티나 위기를 지원하게 되었다.

결론

신자유주의자들은 개인 이익의 자유로운 추구는 자연스러운 시장의 힘이 발생하도록 하여 일반적인 사회·경제적인 이익으로 전환되고, 그러한 사익의 추구가 제어될 수도 있다고 본다. 이러한 교리는 금융자산이 갖고 있는 정치·사회적 힘을 간과한다. 특히 이러한 교리가 국제금융에 적용될 때 그러한 힘의 정체는 명백해진다. 금융 자유화의 옹호자들이 원하는 것처럼 합리적이고 투명해지기는커녕, 금융체계는 여전히 부패한 채로 남아 있고 국가 지원에 의존하고 있다. 오직 부패의 수혜자들만 변경되었을 뿐이다. 예전에는 가난한 나라의 저급 관료들이 그들이 원하는 프로젝트에 희소한 금융자원을 이용했다. 현재는 국제적인 은행가와 펀드 매니저, 미국 정부에 있는 그들의 지지자들, 그리고 그들의 동맹들이 그들이 선호하는 친미 정권과 기업들에 자금을 대고 있다. 그렇지만 〔금융〕 안정성은 확보되지 않고 있다. '건전한' 금융시스템을 가진 국가들에 대한 선택적 지원은 위기가 발생해도 IMF는 나서지 않는다는 것을 의미하는 것이 아니라 워싱턴에 친구가 있는 국가들에서 위기가 발생하지 않는 한 돕지 않겠다는 것이다.

국제적 금융에 대한 비판들은 시스템을 안정화시키고 경제·사회적 발전의 목적에 적합하게 만드는 다양한 안들을 제시하였다. 1940년대와 50년대 존재했던 국가 간 자본 통제로의 복귀가 가장 공통적인 의견이었다. 많은 경우 그러한 통제는 1990년대에도 사라지지 않았다. 하지만 해외에서 보유되는 국제적 은행 예금들과 금융자산은 현재 너무 거대하여 그러한 통제를 실시하기가 어렵다. 예컨대 그러한 규제를 없앤 주요한 이유는 실행될 수 없기 때문이라는 게 정확하다.

가장 유명한 안정화 수단으로 토빈세Tobin tax가 있다. 이 토빈세는 1970년대 미국의 탁월한 케인즈주의 경제학자인 제임스 토빈James Tobin에 의해 환율 안정화 수단으로 제시되었다. 토빈세는 모든 외환거래에 대해 0.5%에서 1%의 조세를 부과한다. 토빈세에 대한 최근의 지지자들은 빈곤국가의 금융발전 프로젝트에 그러한 수익을 사용하자고 제안한다. 이러한 제안은 더 정당한 국제적 질서를 요구하는 활동가들 사이에서 진정으로 대중적 지지를 받고 있다. 하지만 폴 데이비드슨Paul Davidson과 같은 미국의 포스트케인즈주의자 같은 경우에는 국제적 금융 문제의 규모에서 볼 때 효과를 발휘하지 못할 것이라 비판한다. 스코틀랜드의 경제학자인 존 그랄John Grahl은 다만 미국 이외의 지역에서 금융시장의 발전을 더 어렵게 만들 것이라 주장한다(Grahl and Lysandrou, 2003). 케임브리지[대학]의 케인즈주의자인 제프리 하코트Geoffrey Harcourt는 투기에 대한 조세 부과에 찬성한다. 그러한 조세로부터 발생하는 기금은 주요한 사회·경제적 개선을 위한 자금이 될 것임에 틀림없다. 그러나 금융 안정화의 맥락에서 보면 그러한 조세의 부과 자체가 투기를 소멸시킨다는 증거는 없다. 시장은 투기가 수익이 높은 곳에 집중될 때 훨씬 더 불안정해진다. 나 같은 경우에는 투기적 판매 또는 구매의 균형을 맞추기 위해 중앙은행이 증권을 구매하고 판매하는 방식이 더 효과적으로 금융시장을 안정화시킨다고 주장했다(Toporowski, 2003). 하지만 이것은 중앙은행이 작동하는 방식에 근본적 변화가 없다면 실행될 수 없다.

빈곤과 과소고용, 그·그녀의 정부가 외국의 은행과 금융적 이해를 위한 채권 수금업자로 나섬에 따라 발생한 공동체와 정치의 사회적 기초 구조의 붕괴를 겪고 있는 발전도상국 시민들에게는 〔자신들에게 부과되고 있는〕 그러한 체계가 비록 사회적이진 않더라도, 주요 수혜자 국가의 경제적인 기초 구조 또한 붕괴시킨다는 것을 안다고 해서 위안이 될 수는 없다. 미국과 영국의 금융체계가 〔자본시장을 중심으로 한〕 적립식 연금체계의 강제 가입으로 유지되고 있는 자유방임적 금융에 의해 매우 부풀려져 있지만, 그들의 산업성장과 고용은 부진한 상태에 있다. 실물 투자를 촉진하는 가장 최선의 길이 국제적 펀드 매니저 또는 투자 은행과 금융에게 돈을 위탁하는 것이라면서 금융의 중요성을 강조하는 신자유주의자들에게 미국과 영국의 빈약한 투자 기록은 모순으로 나타난다. 하지만 시장에서 얻을 수 있는 투기적 이익들이 남아 있는 한 그러한 체계를 개조함으로써 더 효율적으로 만들 것을 요구하는 국제적 협력에 반대하는 강력한 이해관계들이 존재할 것이다.

12장_워싱턴 컨센서스에서 포스트 워싱턴 컨센서스로: 경제개발을 위한 신자유주의적 아젠다[1)]

알프레두 사드-필류*

지난 20년 동안, 경제발전정책에 대한 논쟁은 주로 이른바 '워싱턴 컨센서스'를 둘러싸고 진행되었다. 이 '컨센서스'는 워싱턴 D.C.에 근거한 세 기관, 즉 세계은행, 국제통화기금IMF, 그리고 미 재무성의 빈국에 대한 신자유주의적 정책처방과 신고전파 경제학으로의 수렴을 반영한다. 그 결과로 컨센서스는 유럽중앙은행ECB과 세계무역기구WTO를 포함하는 다른 기관으로도 확장되었다.

이 장에서는 신자유주의와 워싱턴 컨센서스를 결합하는 정책처방과 이론, 그리고 그것들과 이른바 '포스트 워싱턴 컨센서스' 사이[관계]에 대해 정치경제학적으로 검토한다. 그리고 신자유주의 시대의 경제발전 문제에 대한 몇 가지 반성을 하며 글을 맺고자 한다.

---

* 알프레두 사드-필류(Alfredo Saad-Filho)는 런던 대학교 아시아·아프리카 대학(SOAS)의 교수이다. 그는 *The Value of Marx: Political Economy for Contemporary Capitalism*(London: Routledge, 2002)을 썼고 벤 파인과 함께 *Marx's Capital*, 4th edn.(London: Pluto Press, 2004; 한국어판: 『마르크스의 자본론』, 박관석 옮김, 책갈피, 2006)을 저술했다. *Anti-Capitalism: A Marxist Introduction*(London: Pluto Press, 2003)을 편집하기도 하였다.

1) 이 원고를 준비하는 동안 그들의 발표되지 않은 논문을 검토할 수 있게 해준 벤 파인(Ben Fine)과 카를로스 오야(Carlos Oya)에게 감사한다.

신고전파 경제이론과 워싱턴 컨센서스

워싱턴 컨센서스와 신자유주의를 결합하는 정책들을 설명하는 데 현대적인 신고전파이론의 세 가지 측면이 특히 중요하다. 미시경제적 수준에서 신고전파이론은 국가의 **비효율성**과 시장의 **효율성**을 가정한다. 그러므로 국가보다는 시장이 경제성장, 국제적 경쟁력, 그리고 고용창출과 같은 경제발전문제를 다루어야만 한다(3장을 보라).

거시경제적 수준에서 이러한 접근은 세계경제의 특징이 '세계화'의 끊임없는 진전과 자본 이동성이라고 가정하고 있다(7장을 보라). 이러한 관점이 외국의 생산·금융자본의 유인을 통한 급속한 성장의 가능성을 보여 주고 있기는 하지만, 이러한 가정은 오직 국내적 정책이 (금융)시장의 단기적 관심에 순응할 때 — 만약 그렇지 않다면 외국·국내 자본 모두 다른 곳으로 떠날 것이다 — 만이 달성될 수 있다. 결국 가장 중요한 경제정책적 도구는 이자율이다. '올바른' 이자율이 국제수지 균형, 낮은 인플레이션, 지속적인 투자와 소비를 유지하게 하기 때문에 높은 장기적 성장률을 달성할 수 있다는 가정이다.

다른 말로 하면, 신자유주의는 빈국들이 가난한 이유가 주로 기계, 산업기반 또는 화폐의 부족(일반적으로 경제학자들이 받아들이는 의미로) 때문이 아니라, 오히려 잘못된 국가 개입, 부패, 비효율성, 그릇된 경제적 인센티브들 때문이라고 말한다. 또한 신자유주의는 국제무역과 금융 — 국내 소비보다는 — 이 경제발전의 엔진이라고 주장한다.

워싱턴 컨센서스의 신자유주의적 전제는 확실한 발전정책이 '본질적인 것으로' 요구됨을 의미한다. 무엇보다도 먼저, 국가는 오직 다음과 같은 세 가지 기능에만 집중하도록 축소되어야 한다. ①대외적인 침략에 대한 방어. ②시장을 기능하게 하기 위한 법률적이고 경제적인 산업기반

제공. ③시장 관계를 확장하고 보존하기 위한 사회적 〔이익〕집단 사이의 중개(6장을 보라). 국가의 기능이 쇠퇴하고 '자유시장'이 확장됨에 따라, 상대가격은 정치적으로보다는, 자원의 유용성과 소비자 선호에 의해 결정될 것이다. 자유시장〔에서 형성되는〕 가격은 그것들이 경제적 행위에 대한 '정확한' 인센티브를 제공하기 때문에 중요하다. 이러한 과정에 기여하는 경제정책들은 국가 계획의 소멸, 민영화, 탈규제를 포함한다.

또한 신자유주의는 대외무역의 자유화와 환율의 평가절하를 권고한다. 대외무역의 자유화가 국내 기업들에게 대외 생산자(아마 더 경쟁적인)의 압력에서 기인하는 효율적 운영을 강제하도록 하는 반면, 환율의 평가절하는 수출을 자극하고 국가의 비교우위에 따른 특화를 촉진한다. 자본수지는 해외자본투자 유입이 용이하도록 자유화되어야만 한다. 그러한 해외자본투자는 국내 저축과 투자 역량의 부족을 메울 것이다(자유화는 자본 유출을 용이하게도 하지만 이러한 것은 아마도 자본 유입국가의 〔경제적〕 매력을 강화한다). 마지막으로 투자 수익률과 저축의 이용 가능성을 증가시키기 위해 국내 금융시스템을 자유화하는 것이 중요하다.

본질적인 것은 역시 추측건대 고용과 노동생산성을 증가시킨다는 명목으로 진행되는 노동시장 '유연화'이다. 이러한 노동시장의 유연화는 고용과 해고에 대한 규제의 간소화, 노동관계의 탈집중화, 노동조합의 권리에 대한 박탈, 단체협약과 보호적 규제protective regulation[2)]의 제거, 사회보장의 축소를 포함한다.

국가의 경제적 역할의 축소는 이러한 정책들, 규제들, 그리고 인센

2) 보호적 규제는 일부의 사적 활동의 제한 조건을 설정함으로써 대중을 보호하고 공익을 추구하려는 규제정책이다. 환경규제나 독과점으로부터 소비자를 보호하기 위한 소비자 보호규제가 이러한 보호적 규제에 속한다. 노동시장에서는 이를테면 고용보호규제 등이 이에 속할 것이다. — 옮긴이

티브들의 결합을 목표로 하고 있다. 그렇게 하면서, 그러한 결합 형태는 시점 간(투자와 소비의 수준) 그리고 부문 간(산출과 고용의 조합에 대한 결정과 투자기금의 배당) 경제적 우선권을 결정하는 역량과 국제적 분업의 패턴을 결정하는 능력을 (금융)시장에 이전한다.

예를 들면, 통화 또는 부채위기에서 기인하는 심각한 국제수지 불균형을 겪고 있는 국가들은 만약 그들이 IMF와 세계은행이 공감하고 있는 구조조정과 안정화 프로그램을 따르기로 동의할 때만 그 기관들로부터 차입할 수 있다. '동의'는 물론 잘못된 말이다. 왜냐하면 외환의 부족이 극단적인 상황에 이를 때, 일반적으로 은행과 그 밖의 금융기관들이 대부를 거절한다는 것을(만약 신자유주의적 프로그램을 수행하지 않는다면) 각 국가는 〔이미〕 알고 있기 때문이다(Week, 1991). 약 100개의 빈국들이 지난 20년 동안 그러한 하나 또는 그 이상의 프로그램들에 동의할 것을 강요받았다. 결국 이것은 전 세계에 신자유주의적 정책 메뉴가 누적적으로 부과되는 결과를 낳았다.

워싱턴 컨센서스에 대한 비판

신자유주의적 정책이 많은 나라들에게 단기적인 성장과 거시경제적 안정성을 가져온다는 데에는 의심의 여지가 없다. 이것은 그것들이 반드시 적절하기 때문만은 아니다. 그것은 단순히 많은 투자가들과 금융기관들이 이러한 개혁을 신뢰할 만한 것이라 생각하기 때문이다. 그러한 개혁이 특히 아르헨티나, 브라질, 멕시코, 남아프리카공화국, 그리고 한국 또는 태국과 같은 중간소득 국가들에게는 대외 자본의 흐름 형태 내에서 〔발생하는〕 이익을 가져다주기도 한다. 특히 부자나라들에서 상대적으로 매력적인 기회가 없고, 풍부한 투자기금이 존재하는 적절한 환경이 주어진다면 외국 자본은 서너 해 동안 정도는 이러한 중간소득 국가들의 소비와 투자의 성장에 자금을 공급할 수 있다. 이러한 수단은 방글라데시, 볼리비아, 에티오피아, 파라과이, 스와질란드, 또는 탄자니아와 같은 저소득 국가들에서 일반적으로 이용될 수는 없다. 그러한 국가들은 큰 매력이 없으며, 대외 자본을 흡수할 능력도 거의 없기 때문이다. 이러한 국가들에서 신자유주의의 결과는 더 혹독해질 경향이 있으며, 그러한 국가들의 전망이란 중간소득 국가들의 전망보다 더 처량하다.

신자유주의적 발전정책에 대한 비판은 두 가지 큰 부분으로 나눌 수 있다. 하나는 신자유주의의 이론적이고 방법론적인 단점에 대한 것이며, 다른 하나는 워싱턴 컨센서스 정책들의 〔현실〕 경험적 문제들이다.

이론적이고 방법론적인 문제들

중요한 네 가지 문제가 있다. 이론적인 수준에서 시장에 대한 신자유주의적 신념은 심지어는 신고전파이론과도 모순된다. 립시Richard Lipsey와 랭커스터Kevin Lancaster의 '차선 이론'second-best analysis에 따르면, 만약 어떤 경제가 몇 가지 점에서 완전경쟁의 원리에서 출발한다면 — 모든 〔현실적인〕 경제들에서처럼 — 하나의 불완전 요소를 제거한다는 것이(예를 들면, 국가 석유 독점에 대한 민영화) 경제를 더 효율적이거나 생산적으로 만들지는 못한다. 그러므로 각각의 정책개혁은 모든 것을 아우르는 종합적인 패키지로 합쳐지기보다는 정책개혁 그 자체로 정당화된다.[3)]

3) 차선 이론은 어떤 경제가 가장 효율적인 상태에 도달할 수 있는 모든 조건이 충족될 수 없는 경우에는 많은 조건을 충족시키려고 노력하는 것은 차선의 방법이 되지 않는다고 말한다. 즉 경제가 일부만이 완전경쟁적이고, 불완전한 부분들이 존재할 때, 그 부분들을 일종의 민영화를 통해 경쟁적으로 만들려고 하는 노력은 오히려 경제의 효율성을 떨어뜨린다. 이 이론에 따르면 점진적 개혁이나 부분적인 개혁은 오히려 사회 후생을 감소시키는 결과를 낳는다. — 옮긴이

정치적인 측면에서 보면, 부국들에서 신자유주의는 적어도 부분적으로는 '케인즈주의적 컨센서스'를 무효화시키려고 하고, 복지국가를 축소하려고 한다. 대조적으로 빈국들에서는 케인즈주의와 복지국가란 존재하지도 않았으며, 국가의 개입은 종종 비효율적인 것이었음에도 불구하고 사회적 정의의 촉진과 급속한 성장에 필수불가결한 것이었다. 이러한 나라들에서 워싱턴 컨센서스의 정책들은 빈곤, 실업, 소득과 부의 집중을 포함해 긴급한 사회문제들을 다루는 국가의 역량을 축소시킨다.

신자유주의자들이 시장개혁을 위한 국가 개입의 비용을 자주 계산하는 반면, 신자유주의의 비용을 체계적으로 고려하지 못한다는 것 또한 주목할 만하다. 이러한 것들은 계속적인 낮은 성장률과 높은 실업 수준에서 발생하는 사회-경제적인 비용, 사치재의 수입과 자본 유출에서 발생하는 외화낭비, 그리고 신자유주의 개혁에 뒤를 이어 산업적 기반의 축소가 갖는 부負의 충격에서 기인하는 장기적인 이익 손실을 포함한다.

마지막으로, 신자유주의에 대한 대안적 사례는 많다. 특히, 부국들은 신자유주의 정책을 따라서 부자가 된 것이 **아니다**(Chang, 2002). 부국과 빈국 모두에서 급속한 성장이 나타나던 시기는 신자유주의[시기]와 일치하지 않는다. 라틴아메리카(1930~82), 동아시아(1960~98) 그리고 중국(1978년에서 지금까지)의 급속한 성장 시기에 결합된 정책들은 몇 가지 점에서 워싱턴 컨센서스의 처방과는 대조적이다.

실행상의 문제점

실행상의 문제점(implementation problem)은 다섯 영역으로 구획될 수 있다. 첫째, 워싱턴 컨센서스의 정책들은 체계적으로 국내외의 거대 자본에 우호적이다. 특히 금융자본에 우호적이며, 작은 규모의 자본과 노동자들은 희생시킨다. 그에 뒤이은 부유한 자들로의 자원 이동과 인플레이션에 대한 신자유주의적 강박증에 의해 유발된 성장의 둔화는 사실상 모든 국가를 높은 실업, 임금 정체, 소득의 집중화로 이끌었다(Milanovic, 2002). 더구나 변동성이 강한 자본의 빈국으로의 유입은 자주 서너 개의 금융위기를 발생시켰다(예를 들어, 1994~95년의 멕시코, 1996~98년의 동아시아, 1998년 러시아, 1999년 브라질, 2001년 터키와 아르헨티나).

둘째, 경제적 탈규제는 경제적 행위의 조정co-ordination과 국가정책 결정 역량을 축소시키고, 사회적으로 결정된 우선권을 실행하기 위한 산업정책 도구의 사용을 배제한다. 예를 들어, 만약 교통 네트워크의 소유권이 서로 경쟁하고 있는 기업들 사이에 분산이 되어 있다면, 국가 교통 네트워크의 최적화를 통해 생산비용을 절감하는 것은 어렵게 될 수 있다. '시장의 자유'는 경제의 불확실성과 변동성을 증가시키고, 위기의 발생을 촉진시킨다.

셋째, 신자유주의적 개혁은 비효율적이라고 정의되는——종종 **사후적으로**——, 전통적 산업과 일자리를 파괴한다. 그러한 산업들이 제거됨으로써 나타나는 [경기]저하 효과는 구조적 실업과 더 거대한 빈곤, 사회적 소외, 현존하는 생산체계를 해체하고 국제수지를 더 취약하게 만드는 새로운 산업의 급속한 발전에 의해 아주 드문 경우에만 보상된다.

넷째, 신자유주의적 거시경제전략은 '기업신뢰'business confidence에 경도되어 있다. 신뢰라는 것 자체가 막연하고 정의하기 어려운 것이며, 갑작스럽고 임의적인 변화가 일어날 수 있는 상황에 있기 때문에 불만족스러운 것이다. 더구나 이러한 전략은 거의 신자유주의[정책]를 고수함으로써 발생될 수 있는 투자 수준을 거의 끊임없이 과대평가하고 있다.

마지막으로, 신자유주의적 정책은 자기 정정[체계]이 아니다. 하지만 신자유주의 정책의 실패는 대체로 워싱턴이 좋아하는 정책을 확보한다는 구실로 경제정책 결정을 넘어서는, 그리고 정부와 정치적 과정에 대한 IMF와 세계은행 개입을 **확장**시켜 왔다.

포스트 워싱턴 컨센서스

1980년대와 90년대, 워싱턴 컨센서스에 대한 불만은 빈국으로 퍼져 나갔으며, 학계와 시민단체의 주류에 대한 비판과 접합되었다(15장, 19장, 그리고 27장을 보라). 그들은 동아시아의 경제적 성공을 설명하는 데 워싱턴 컨센서스가 무능력하며, 경제성과 개선의 측면에서도 신자유주의적 정책이 무능력하고 구조조정을 실현하기 위해 불필요하게 난폭한 수단들을 사용한다는 데 초점을 맞추었다. 이 모든 것들이 가난한 이들에게는 극도로 네거티브한 결과를 가져왔다. 점진적으로 그리고 불균등하게, 심지어는 국제적 금융기구들의 경제학자들마저도 구조조정 프로그램이 효과를 발휘하지 못했음을 인정하기 시작하였다.

이러한 신자유주의적 정통으로부터의 〔방향〕 선회는 1997년 세계은행 수석 경제학자로 스티글리츠가 임명된 뒤에 분명히 나타나게 되었다. 스티글리츠는 '신제도경제학'new institutional economics: NIE의 주요 구성원 중 하나였다. 그리고 그는 자신이 '포스트 워싱턴 컨센서스'라는 부르는 것을 분명히 표현하기 위해 그의 새로운 지위를 사용했다. 1999년 그가 세계은행에서 축출되었음에도 불구하고 스티글리츠의 아이디어는 포기되지 않았고 세계 전체에 영향을 미치고 있다.

신제도경제학은 분석의 초점을 경쟁과 시장을 강조하는 신고전파로부터 시장 실패의 함의, 경제적 행위의 제도적 배경, 그리고 제도 속에서 〔발생하는〕 변화와 차이의 잠재적 결과로 분석적 틀을 이동하였다. 이러한 접근은 경제발전의 더 미묘한 차이에 대한 이해를 가능케 한다

(Harriss et al., 1995). 예를 들면, 발전은 더 이상 신고전파이론에서처럼 단순한 1인당 GDP의 과정이 아니다. [경제적] 발전은 재산권 분배, 노동패턴, 도시화, 가족구조 등의 내에서 변화를 포함한다. 그리고 그러한 제도적 구조는 발전의 중요한 측면이다. 신제도경제학은 빈국들이 경제적 행위의 잘못된 조절 때문에, 그리고 불명확한 재산권과 다른 제도적 제약들 때문에 성장하는 데 실패한다고 이야기한다. 이러한 점에서 신제도주의는 신자유주의에 비하여 강점을 가지고 있다. 예를 들면, 신제도주의는 경제정책의 변화뿐만 아니라 더 섬세한 법적, 사법적인 변화(원칙적으로 재산권과 기업의 수익성을 보증하기 위한)에 대한 더 섬세한 권고와 시장 친화적인 시민사회 제도의 발전, 국유은행을 넘어서는 금융개혁, 반부패 프로그램, 민주적 정치개혁(원초적으로 자유와 인권에 대한 관심이 아닌, 경제적 경향에 영향을 주는 국가 개입을 축소하고 그 효과를 약화시키기 위한) 등등을 포함하는 국가 개입에 대한 적극적인 가이드 라인을 제공한다(Plender, 2001). 이러한 정책권고의 더 광범위한 권고 방향은 '강화된 [구제금융] 조건' enhanced conditionality이라고 불렸다.

포스트 워싱턴 컨센서스에 대한 비판

포스트 워싱턴 컨센서스는 발전과정의 핵심에 사회적 관계들의 거대한 이동이 있다는 사실을 정확하게 인식하고 있다. 거시경제적 총계에 제한된 분석은 불충분하며, 잠재적으로는 오도될 수 있기 때문이다. 이러한 결론은 정치경제학자들이 1980년대 이래로 신자유주의에 대해 제기해 온 비판들의 진실성을 입증한다.

하지만, 이러한 이점들에도 불구하고 포스트 워싱턴 컨센서스는 워싱턴 컨센서스와 같은 약점을 가지고 있다.[4] 특히, 워싱턴 컨센서스와 포스트 워싱턴 컨센서스는 환원주의, 방법론적 개체주의, 공리주의와 교환이 사회의 일측면이라기보다는 인간본성의 일부라는 도그마적 가정을 포함하는 동일한 방법론적 기초를 공유한다(Saad-Filho, 2003을 보라). 결과적으로 포스트 워싱턴 컨센서스에서는 시장이 사회적으로 창조된 제도라기보다는 '자연적' 인 것이고, 시장의 최적성이 특정한 환경들 속에서는 의문시될 수 있음에도 불구하고, 시장 그 자체의 정당성은 의문의 여지가 없다. 두번째로, 워싱턴 컨센서스와 포스트 워싱턴 컨센서스는 빈국들에 대해 매우 유사한 정책들을 권고한다. 그들은 재정과 화폐정책에 있어 극도로 보수적이며, '자유무역' , 민영화, 자유화와 탈규제를 지지한다. 그들 간의 중요한 차이가 있다면, 속도와 깊이, 그리고 개혁의 방법이다. 그것은 신제도주의가 구체적 시장 실패를 교정하기 위한 국지적 〔형태의〕 국가 개입의 잠재적 유효성을 수용하기 때문이다.

스티글리츠와 IMF 사이의 가열된 논쟁은 워싱턴과 포스트 워싱턴 컨센서스의 차이가 외견상 큰 것처럼 보이게 한다. 하지만 그것들은 기초적 경제이론—대부분은 양립할 수 있는—의 차이, 또는 빈국에 대한 정책 권고의 차이—본질적으로 구별할 수 없는—에 조응하는 것이 아니다. 두 개의 컨센서스는 사실상 발전경제학과 정책 내에 존재하는 신자유주의적 맹공의 두 지류일 뿐이다.

결론

지난 세월 동안 워싱턴 컨센서스와 포스트 워싱턴 컨센서스의 처방이 성공적이었던 적은 아주 드물다. 하지만 더 중요한 문제가 존재한다. 〔각국

---

4) 이에 관한 명쾌한 분석은 Fine et al.(2001)과 Standing(2000)을 보라.

의〕 경제가 달성한 성장률들 사이, 또는 그러한 프로그램 이전과 이후의 성장률 차이, 그리고 정책개혁이 IMF에 의해 부과되었는지 스티글리츠의 추종자들에 의해 부과되었는지가 근본적인 것은 아니기 때문이다.

대다수의 주요 문제는 신자유주의의 두 버전에 의해 촉진된 성장유형이다. 이러한 성장 패턴은 소득과 권력을 집중시키고, 빈곤을 지속시키며 인간 잠재력의 실현을 방해한다. 신자유주의의 한계와 결점은 전 세대에 걸쳐 경제적 발전으로부터 이익을 얻기 어려운 대다수 가난한 자들이 자신들의 국가를 위한 대안적인 정책을 원하고 있다는 것이다. 이러한 정책은 평등, 민주주의와 사회적 정의에 대한 요구 그리고 경제성장과 고용, 사회적 통합, 기본적 필요의 충족, 인구 대다수에 대한 복지 제공에 응답하여야만 한다. 〔역사적〕 경험은 이러한 목적들이 오직 중앙에서 조정하는 산업과 투자정책의 발전을 통해서만 달성될 수 있음을 보여 준다.

다른 말로 하면, 빈국이 갖고 있는 경제시스템의 결점, 실패, 그리고 비효율성은 과도한 국가 개입에서 기인하지 않는다. 경제적으로 강력한 힘을 갖고 있는 사람들을 통제하고 그들의 자원 사용을 지도하는 역량과 대중적 정당성, 명확한 목적, 내부적 응집력을 가진 강력한 민주적 국가가 시장보다 민주적 경제 목표들을 달성하는 데 훨씬 나을 수 있다. 하지만 그것 또한 한계가 있다. 이렇게 사회적으로 결정된 목표를 향해 경제적이고 사회적인 제도들을 결집시키는 것은 가능하며, 그것은 국가가—비민주적이 될 수도 있는—전체 경제 또는 사회를 통제하고 명령할 수 있다는 어떤 함의를 내포하지 않아도 된다. 이런 목적의 달성은 신자유주의의 심히 부정적인 결과들에 대한 인식과 그에 저항하는 대중의 동원, 다수에 의한 끊임없는 정치적 결정과 목표의 선명성을 요구한다.

13장_대외 원조, 신자유주의, 그리고 미 제국주의

헨리 벨트마이어 · 제임스 페트라스*

해외개발원조ODA는 경제발전의 촉매제로 받아들여지고 있으며, 체계의 중심에서 '발전된 국가'의 부자클럽을 구성하는 선진 국가들이 이미 겪은 근대화와 산업발전 중에서 발전도상국들을 보조하는 필수적 후원을 제공한다. 하지만 대외 원조를 기부받는 사람들보다는 오히려 기부하는 사람들에게 이익을 주도록 설계된 대외 원조를 제공하는 조직들과 정부의 지정학적이며 전략적인 이해를 증진시키는 수단으로서 해외개발원조를 좀 다르게 볼 수도 있다. 브레턴우즈적 세계경제질서가 절정에 있었던(하지만 위기가 임박했던) 1971년에는 이러한 관점이 '원조 제국주의'라는 개념으로 나타났다.

---

* 헨리 벨트마이어(Henry Veltmeyer)는 멕시코 사카테카스 자율대학(Universidad Autó noma de Zacatecas)과 캐나다 핼리팩스의 세인트 메리 대학교(St. Mary's University) 국제개발학과 교수이다. 그는 제임스 페트라스와 함께 *Globlisation Unmasked: Imperialism in the Twenty-First Century*(London: Zed Books, 2001)와 *System in Crisis: The Dynamics of Free Market Capitalism*(London: Zed Books, 2003)을 저술하였다.
제임스 페트라스(James Petras)는 뉴욕 빙엄튼 대학교(Binghamton University) 명예교수이며 캐나다 핼리팩스에 있는 세인트 메리 대학교 겸임교수이다. 그는 60권 이상의 책을 편집했으며 450편이 넘는 전문 논문을 발표하였다. 저서로는 *The New Development Politics: Empire Building and Social Movements*(Aldershot: Ashgate, 2003) 등이 있다.

하지만 1970년대 초반 세계경제질서가 동요하게 되었고, '자본주의의 황금기'는 막바지에 다다랐다(1장과 2장, 그리고 22장을 보라). 결과적으로 '체계' 전체는 새로운 전 지구적 규모의 자본축적과 팽창을 위한 조건을 만들기 위해 다시 설계되어야만 했다. 하지만 1980년대에 이르러서야 자유시장과 자유기업의 원칙에 기초해 전 지구적 경제를 건설하려는 신자유주의적 자본주의 발전모델에서 위기에 대한 전략적 해답을 발견하였다. 또한 이 모델은 미국 정부에 의해 세계체계에 대한 미국의 헤게모니를 회복시키려는 수단으로 사용되기도 했다.

이러한 변화들의 동역학은 잘 알려져 있지만, 그 과정에서 해외개발원조가 한 역할은 잘 알려져 있지 않다. 본 장은 이러한 역할, 특히 전 지구적인 신자유주의적 자본주의 발전모델에 관련한 몇 가지 발본적 요소들을 드러내는 것이 목적이다.

1940년대와 1950년대: 공산주의의 유혹과의 전쟁

볼프강 작스(Sachs, 1992)와 그 동료들에 따르면, 발전은 1940년대 제국주의의 형태로 '창조'되었으며, 이 새로운 형태의 제국주의는 식민주의의 멍에로부터 벗어나려고 투쟁하고 있는 다양한 국가들의 사람들에 대한 새로운 지배관계로 부과되었다. '발전'의 개념은 종종 1949년 1월 10일 트루먼이 공표한 '포인트 포'Point Four라는 원조 프로그램[1]까지 거슬러 올라간다. 그러나 다자적 형태로 보면 그것은 1948년 칠레와 브라질, 그리고 몇 년 후 멕시코에서 재건과 개발을 위해 국제은행IBRD(이후 세계

1) 저개발국에게 기술지원과 경제원조를 제공하기 위해 마련된 정책으로 1949년 트루먼 대통령이 취임식 연설에서 이 계획을 네번째 정책사안으로 발표해 '포인트 포'라고 명명되었다. — 옮긴이

은행이라고 알려진)이 자금을 지원했던 프로젝트에서 기원을 찾을 수 있다. 세계은행은 자본주의 발전의 전 지구적 형태와 국제무역 과정을 재건하기 위해 구상된 브레턴우즈 체제의 제도적 지주이다.

미국 정부는 해외개발원조에서 대단히 많은 비중을 차지하는 주요 기부자였다. 그리고 그것은 미국 정부의 지정학적이며 전략적인 대외 정책적 고려에 가장 적절한 형태로 형성될 터였다. 이런 문제들은 광범위하게 논의되었다. 시작부터 '대외 원조'의 적절한 활용을 위한 정책논쟁이 존재하고 있었다. 어떻게 하면 미국의 더 광범위한 전략적 이해가 가장 잘 고려될 수 있을지가 주요 문제였다. 세계의 뒤쳐진 지역의 경제발전을 촉진하는 것이 미국의 이해에 맞지 않을 수도 있고, 미국의 이해를 충족시키지 않으면서 서구 블록 내에 저발전 국가들을 포함시키려는 노력은 '비현실적'이 될 것이라는 의견들이 제기되었다. 그러나 미국의 경제적 이해를 손상시키지 않으면서도 해외개발원조가 미국의 지정학적 이해를 발전시키는(그리고 공산주의 전파를 막는) 유용한 수단이었다는 것이 지배적인 견해였다.

1970년대와 1980년대: 개혁이냐 혁명이냐?

발전도상국들에게 공기업과 민간기업 모두의 산업기반시설을 제공하고 국가 관리 역량을 형성—제국주의적 정책의 용어로 '국가형성' nation-building—하는 데 있어 '원조'〔의 역할〕가 강조되었다. 하지만 라틴아메리카에서는 혁명적 변화의 압력을 저지하는 것—또 다른 쿠바를 막는 것—이 주요 관심사였다. 이 때문에 미국 국제개발처 Unite States Agency for International Development: USAID는 농촌의 빈곤층에 대한 기술지원, 공적 신용제공과 국가 주도 개혁을 장려하였다.

해외개발원조의 대부분은 쌍무적 형태를 취했지만, USAID는 해당 지역사회에 더 직접적으로 기금을 전달하기 위해 정부를 우회하였고, 점점 더 USAID의 행정적 지부와 같은 비정부조직들NGO을 통하게 되었다. 이러한 NGO들(미국의 '자발적 민간조직들')은 해외개발원조의 유용한 경로를 제공하고 발전을 선택한 지방조직들을 강화하고 반체계적 지향을 갖는 계급에 기반한 조직들을 약화시키는 부대적 '서비스'와 기부자에 대한 급부를 제공하였다. 이러한 맥락에서 NGO들은 또한 거의 우연적으로—그리고 고용된 직원들은 그것에 대해 다소 '무지한 상태'에서—혁명을 예방하고 경제와 사회발전을 촉진할 뿐만 아니라, 민주주의와 자본주의의 미덕을 장려하였다(정치에서 선거 기제의 활용, 경제에서 시장기구, 변화의 〔정상적〕 양식으로서 개혁).

사실상 이런 NGO들은 미 제국주의의 행정기관으로 활동하였다. 이 NGO들은 성장하고 있는 미 제국의 정치·경제적 이해 위에서 기능하는 가치들, 행위들을 촉진하였다. 그들은 교의—그 지역에 잠복하고 있던 악마 세력(공산주의, 혁명적 변화)에 관한 정보뿐 아니라 민주주의와 개혁에 관한 감언이설—를 전파하던 옛 제국주의 선교사들과 닮아 있다.

새로운 선교사들과 옛 선교사들의 차이—아마 근본적인 차이는 없을 것이다—는 새로운 선교사들이 자신들의 개입이 갖고 있는 더 광범위한 함의를 깨닫지 못하고 있다는 데 있다. NGO들은 이데올로그는 아니지만 교의의 전파와 관련되어 있다. 그들은 대개 선의를 가진 개인들이고 그들의 원조를 받고 있는 사람들의 삶에 작은 차이를 만들어 내는 것에 대해 걱정하고 있는 사람들이다. 기부자와 수령조직들 사이를 매개하면서 혁명적 변화의 정치를 피할 수 있는 대안을 장려하지 않을 수 없다(USAID가 그들에게 자금을 지원하는 것이 바로 이러한 목적에서이다).

USAID와 광범위한 기부공동체는 공동발전계획의 협력체로서

NGO들을 활용하였다. 이를 통해 그들은 지역공동체가 혁명의 그림자로부터 벗어나는 것을 도왔고 변화에 대한 개혁주의적 접근을 촉진하였다.

체계적 대외 원조의 이행 : 1973~83

그 당시 전후 기간은 '자본주의의 황금기'라 묘사되어 왔다. 그러나 이 시기는 장기간의 위기가 시작된 1970년대에 종언되었고 위기로부터 벗어나려는 체계의 구조조정을 위한 노력들이 착수되기에 이르렀다. 노동에 대한 자본의 직접적인 공격이 한 가지 전략적 대응이었으며 그 밖의 대응으로는 '공식적인' 해외개발원조의 형태(그 시절 전 지구적인 북-남 간 자본 흐름에서 지배적이었던)로 우선적으로 제공되는 더 유연한 규제 형태를 지닌 제도들 — 포스트포디즘, 개발 금융에 대한 전 지구적 구조조정 — 이 포함되었다. 그리고 일련의 정책 '개혁'('구조조정 프로그램')은 잘 알려진 '워싱턴 컨센서스'에 기초하고 있었다.

금융자본에 관해 보면, 그 지배적 조류는 해외개발원조의 형태를 취했다. 그것은 경제성장을 자극하는 데 필요한 보충적 형태의 자금으로 구상되었다. 1983년 그러한 '금융자원'은 공식적으로 경제활동을 위한 기반시설을 건립하기 위한 프로젝트에 일부 이용되었다. 하지만 광범위한 지역에서 외채위기가 시작된 이후 '공식적인' 이전은 자유시장을 지향하는 정책개혁을 전제하는 차관이라는 다른 형태를 취하게 된다.

이 시점까지 세계은행과 국제금융기관들IFIs은 해외개발원조가 발전도상국에 의해 '승인된' 발전전략들 — 그를 통해 그들 고유의 경로를 추구하게 될 것 — 에 봉사할 것이라는 입장을 취했다. 하지만 1983년 이후에는 외채위기로 인해 부과된 차입자본과 더불어 은행 대부가 '워싱턴 컨센서스'라는 용어로 구상되는 개혁에 입각하였다. 전 지구적 위기

〈표 1〉 북-남 간 장기 자본유출입, 1985~2001(단위: 10억 달러)

	1985~89	1990~94	1995	1996	1997	1998	1999	2000	2001
자본 유입									
ODA	200.0	274.6	55.3	31.2	43.0	54.5	46.1	37.9	36.2
민간	157.0	574.5	206.1	276.6	300.8	283.2	224.4	225.8	160.0
계	357.0	822.5	261.4	307.8	343.8	337.7	270.5	263.7	196.2
자본 유출									
FDI	66.0	96.5	26.5	30.0	31.8	35.2	40.3	45.4	55.3
민간	354.0	356.5	100.8	106.6	112.9	118.7	121.9	126.7	122.2
계	420.0	453.0	127.3	136.6	144.7	153.9	162.2	172.1	177.5

출처: IMF(2002), WorldBank(2002), OECD(2000)

의 결과로 미국과 유럽의 상업은행들은 '공식적인' 자본 유출입량[해외개발원조]을 초과하는 차입 조달과 민간자본의 폭발적 팽창으로 이어진 상업적 차관정책을 시작하였다. 그리고 몇 해 동안(1970년대 후반과 90년대 초반에 다시) 그것은 다국적 기업MNCs과 연계된 외국인 직접투자FDI의 형태로 [공식적] 자본 유출입량을 초과하였다. 〈표1〉은 이런 자본 유출입량뿐만 아니라 그것들이 올린 수입에 대한 하나의 설명을 제공한다.

이러한 자료에는 몇 가지 세계적 경향이 포함되어 있다. 1990년대 민간자본들에 의한 해외개발원조의 감소와 (외채위기와 더불어 나타난) 1980년대 상업대부의 극적 쇠퇴, (라틴아메리카와 아시아 금융위기 이후) 1990년대의 회복, 지배적 자본 유출입[형태]으로서 외국인 직접투자의 성장(IMF가 묘사한 것처럼 '민간부문 대외 금융 유출입의 중추'인)——전 지구적인 자산과 소득의 집중으로 이어지는 다른 기업에 대한 합병과 민영화된 기업에 대한 인수——이 그것이다.

또한 〈표1〉은 발전도상국으로부터 중심국가로의 생산 및 금융 자원의 거대한 유출——사실상 출혈적인——을 나타내고 있다. 이러한 점에서 라틴아메리카에서만 지난 10년 동안 투자에 대한 다양한 유형의 수익 형태(이윤송금, 채무에 대한 이자 지불 그리고 증권투자)로의 자본 유출이 7,500억 달러를 초과했다고 평가된다(ECLAC, 2002).

이러한 '이전'은 발전도상국의 생산 확장에 사용되었던 잠재적 자본의 거대한 고갈을 나타낸다. 심지어는 이런 연관 아래에서 해외개발원조조차도 자본 고갈의 기제로 쓰여졌다. 2002년에는 세계은행에 대한 발전도상국들의 부채 상환이 새로운 '금융자원'의 총 투자액을 초과하였다. 라틴아메리카·카리브해 경제위원회(ECLAC, 2002)에 따르면 이자지불과 이윤으로 한 해 690억 달러 이상이 다국적 기업과 은행의 미국 본사로 송금되었다. 만약 우리가 수십억 달러의 로열티 지급과 해운, 보험, 기타 서비스 요금 및 라틴아메리카 엘리트들에 의한 미국과 유럽 은행의 해외 계좌로의 불법적인 이전까지 고려한다면 2002년 동안 총 약탈된 것은 1,000억 달러에 가까울 것이다. 그리고 이것은 단지 미 제국US empire의 일부에서 한 해 동안 발생한 것에 불과하다.

세계화 시대의 대외 원조: 1980년대와 1990년대

외채위기와 더불어, 채권자들이 세계은행과 IMF 뒤에 줄을 서게 되면서 은행차관은 고갈되었다. 〈표1〉에서 보듯, 단지 5년(1985~1989) 만에 3,500억 달러 이상이 부채 상환의 형태로 발전도상국(주로 라틴아메리카)의 발전 프로젝트 및 프로그램으로부터 상업은행 본사로 이전되었다. 이런 자본 고갈은 라틴아메리카와 사하라 이남 아프리카의 '발전의 잃어버린 10년'으로 직접적으로 이어졌다. 1995년까지 사실상 상업은행에 의한 새로운 차관은 발전도상국에 제공되지 않았다. 반면 그 외 8,000억 달러는 계속적인 '원조'의 조건으로 세계은행에 의해 강요된 정책개혁 때문에 "발전에 영향을 주지 못했다"(11장과 World Bank, 1998을 보라).

1990년대에는 어떤 바이러스가 전 지구적으로 만연하게 되었다. 이것은 우선 멕시코에 영향을 주었고, 그 다음에는 1997년 중반 동남아시아에 영향을 주었다. '아시아 (금융)위기'는 이 지역의 경제를 황폐화시켰다. 그것은 세계체계의 한 부분에서 〔나타나고 있던〕 급속한 성장의 '경제 기적'에 관한 어떤 논의도(그리고 저술도) 소실시켜 버렸다. 금융위기는 단기적 이익을 노리는 수조 달러의 탈규제되고 변동성이 강한 자본의 운동이 원인이었다.

금융위기는 훨씬 일반화된 경제위기, 또는 심지어 체계붕괴라는 망령을 부활시켰다. 이러한 조건 하에서 다국적 상업은행은 외국인 직접투자로 채워진 진공상태만을 남겨 놓고 다시 철수하였고, 결국 '발전의 잃어버린' 또 다른 5년을 만들어 내었다(ECLAC, 2002). 이러한 맥락에서 공식적인 원조 유입량은 최소 수준에 있었으며 대개 '비생산적'(투자라기보다는 지출)이었다. 훨씬 큰 외국인 직접투자 유입량이 동반되었다. 이러한 '발전'의 결실을 찾기는 어렵다. 라틴아메리카에서 가장 발전된 경제이지만 현재(그리고 2000년 이후의 5년 동안) 심각한 위기로 인한 극심한 고통에 시달리고 있는 아르헨티나의 경험이 그것을 예증한다.

대안적 발전과 세계화 시대의 제국주의: 1983~2003

해외개발원조는 미국의 전략적 요구조건을 만족시키는 정책에서 시작되었다. 되돌아보면 그것은 아주 당연히도 미국의 이익에 봉사하는 제국주의적 정책으로 묘사되기도 한다. 그 결과 NGO 기관들과 발전 프로젝트는 예속국의 혁명적 변화를 제어하는 수단으로 제국주의에 봉사하게 되었다. 미국의 국가권력이 가장 성공적으로 투사된 지역인 중앙아메리카에 대한 미국의 (정치·군사 개입) 역사는 〔이 지역에서 진정한〕 발전이 대개 이루어진 적이 없음을 입증한다. 진실로 그 지역에서 또 다른 쿠바는 출현하지 않았다. 하지만 이는 USAID 운용의 결과라기보다는 군사력의 결과이며 그 지역 반혁명에 제공된 광범위한 '원조'의 결과이기도 하다.

1980년대 해외개발원조는 새로운 맥락에서 구조조정 프로그램들SAPs과 시장개혁에 기초한 새로운 신자유주의적 세계의 프로젝트로 탄생하였다(12장을 보라). 이러한 맥락에서 발전 프로젝트는 포기된 것이 아니라 부활하였다. 그것은 대안적이며 훨씬 참여적인 형태를 취했다. 그것은 정부 간 해외개발원조 조직들과 NGO의 협력관계에 기초하였다. 그들은 빈곤 해결을 목표로 하는 새로운 세대의 발전 프로젝트 집행을 위해 기부자와 일반 대중을 매개하곤 했다. 현실적 기금 유입이 이러한 NGO들을 통해 이루어졌고, 그들 중 대다수는 자신들도 모르는 사이 새로운 제국주의의 대리인—시장자본주의와 민주주의를 신봉하는 이들—으로 변신했다. 이러한 기금의 유입은 사실상 그리 크지 않은 비중을 차지하였다(총 10% 이하). 하지만 대중적 부문 내의 조직들을 체계에 대항하는 직접행동과 동떨어진 것으로 전환시키려는 목적을 달성하고, 대신 그들에게 '지방정부'에 '참여하는' 형태를 선택하라고 설득하기에는 충분한 것이었다. 이러한 발전은 천연, 실물, 금융자산이 아니라 '사회적 자본'—권력구조와의 정치적 대립 또는 실질적 변화를 요구하는 것은 아닌—의 축적에 그 기초를 두었다.

대외 원조: 퇴보의 촉매제

1980년대까지 해외개발원조는 '국제적 자원 유출입'의 지배적 형태였다. 해외개발원조의 이론적 근거에는 발전에 충분한 자본을 발전도상국

스스로 축적할 수 없다는 것이 가정되어 있다. 추가적 자금 공급은 경제 성장을 촉진하고 빈곤을 감소시키는 조건들을 발생시키는 촉매효과가 있다고 생각되었다. 하지만 50년 이상의 경험은 사실상 원조가 공여국의 이해에 훨씬 더 봉사한다는 것을 증명하였다. 그리고 해외개발원조는 '자원 유출입'의 다른 형태로 기능한다. 잉여의 이전 메커니즘으로 기능하며 그것은 발전의 촉매제가 아니라 퇴보의 촉매제이다.

명백한 증거가 있다. 브레턴우즈 체제 하에서 20년 동안 급속한 성장이 일어난 이후, 상업차관과 외국인 직접투자에 의존하게 되고, 구조조정에 종속되었다. 그리고 정확히 해외개발원조에 종속된 지역들에서는 발전과정이 멈추어졌다. '제3세계' 일부는——정확하게 동아시아와 동북아시아의 신흥공업국 집단——높은 성장률을 기록하였으며, 그와 함께 사회-경제적 조건이 실질적으로 개선되었다. 하지만 이러한 국가들은 신자유주의 모델을 추구한 것도 아니며 구조조정 프로그램에 종속된 것도 아니었다. 라틴아메리카와 사하라 이남 아프리카에서 신자유주의적 개혁정책들과 해외개발원조는 사회-경제적 조건들의 명확한 악화——부와 소득의 분배에 있어 불평등의 극적 성장과 많은 생활인들과 노동자들의 비참한 빈곤조건의 실질적 증가——와 결합되었다(하고 있다).

1990년대 말이 되자 세계 인구의 44%에 가까운 30억 명의 사람들이 기본적 욕구를 충족시키지 못하게 된 것으로 나타났으며 14억 명의 사람들이 하루에 1달러 이하로 비참한 빈곤조건 하에서 생존하게 되었다. 이러한 빈곤의 일부는 지속적인 사회적 배제 구조에 근거하고 있지만 많은 부분이 해외개발원조와 결합된 정책개혁에서 기인하고 그에 의해 악화되었다. 이러한 맥락에서 원조는 사실상 성장과 발전보다는 저발전과 퇴보의 촉매제로 생각된다.

이러한 점에서 역사적 기록은 더 모호하다. 신자유주의적 세계화와 구조조정 시대에 이러한 퇴보는 해외개발원조의 정책 조건의 직접적 결과다. 경제정책연구센터CEPR의 러셀 모카이버와 로버트 바이스먼(Mokhiber and Weissman, 2003)은 '기업의 세계화와 빈곤'을 요약하는 보고서에서 조사된 89개국의 73%에서 1인당 소득은 국가 주도형 발전 국가 모델이 지배적이었던 1960~80년과 자유시장 자본주의의 '새로운 경제적 모델'이 지배적인 1980~2000년 사이 적어도 5% 포인트 하락했다고 말한다. 자유시장 자본주의의 맥락에서 좋은 성과를 올리고 있는 유일한 국가들은 IMF와 세계은행의 정책처방을 무시한 국가들이었다. 경제정책연구센터는 18개국이 만약 그들의 초기 발전 경로를 그대로 유지했다면 1인당 소득이 2배가 되었을지도 모른다고 추정한다.

결론

해외개발원조의 동학은 전후 발전된 세 가지 지정학적으로 전략적인 경제 프로젝트의 맥락에서 가장 잘 이해되기도 한다. 바로 **국제적 발전, 세계화, 제국주의**이다. 이러한 프로젝트들이 만들어 낸 조건 하에서 해외개발원조는 미국의 대외정책의 도구였으며 그에 따라 퇴보의 촉매제가 되었다. 물론 이러한 퇴보는 발전에 의해 의도된 결과는 아니다. 그러나 만약 의도되지 않았다고 하더라도 해외개발원조에 첨부된 조건들의 필연적 결과라고 할 수 있다. 경제발전—그리고 전체 해외개발원조 사업—은 수령자보다는 공여자의 이해에 봉사하도록 구상된 개혁의 채택에 그 근거를 두고 있다는 것이 문제다. 이러한 의미에서라면 해외개발원조와 일반적인 발전 프로젝트는 뛰어난 성과를 올리고 있다는 것을 역사적 기록들이 보여 주고 있다. 헤이터Hayter가 지적하듯이, 대외 원조는 하나의 제국주의의 한 형태, 그 이상도 그 이하도 아니다.

14장_발전도상국에서 농민에 대한 당근과 채찍: 농업 신자유주의의 이론과 실천

카를로스 오야*

이 장에서는 농업에서 발전도상국을 중심으로 신자유주의적 기획의 기원과 이론적 근거 및 추진 수단들을 살펴볼 것이다. 또한 신자유주의적 농업 구조 내의 비현실적인 이론적, 실천적 가정들로부터 발생한 중요한 편향이 존재함을 밝힐 것이다. 더욱이 신자유주의적 농업정책들은 빈국들의 농업부문에 극도로 불균등하며 일반적으로 부정적인 영향을 끼쳤다. 신자유주의적 농업정책들은 사회적인 차별을 심화시키고 '가난한 사람들'을 주변화시켰다. 마지막으로 우리는 '농업 신자유주의'가 비대칭적으로 적용되어 왔음을 살펴볼 것이다. 세계의 가장 강력한 생산자들은 시장 친화적인 수사의 뒤에서 여전히 개입적인 정책들을 유지하고 있지만, 가장 약한 발전도상국들은 자유화된 시장 규칙을 지키도록 강요받아 왔다.

---

* 카를로스 오야(Carlos Oya)는 런던 대학교 아시아·아프리카 대학(SOAS) 발전경제학 전임교수이며, 그곳에서 세네갈의 자유화와 농업정치경제학으로 박사학위를 받았다. 그는 거의 4년 동안 모잠비크 정부에서 일했으며 최근에는 모잠비크의 농촌 노동시장과 빈곤에 대한 연구를 하고 있다. 그는 또한 말리, 모리타니아, 앙골라의 빈곤감소전략 보고서(PRSPs)와 농촌빈곤에 대한 자문 역할을 하고 있다.

농업 신자유주의의 출현과 그것의 이론적 근거: 이론

신자유주의적 기획들의 지배는—학문 세계에서와 개발정책을 토론하는 특별한 집단들, 대표적으로 세계은행, IMF, 지역개발은행 그리고 좀 더 민감하게 일부 UN 기관들(유엔식량기구, 국제농업개발기금)에서—미국과 영국 그리고 일부 유럽 국가들에서 널리 퍼진 경제·정치적 모델의 전환과 부합하면서, 1980년대 초반에 추동력을 얻기 시작했다(12장을 보라). 게다가 주요 다자적 기관들과 그 밖의 OECD 정부들에 대한 미국 정부의 영향력은 전 세계에 걸친 신자유주의적 기획들의 출현과 확산에 기반을 제공했다.

국가-시장—여기에서 국가와 시장은 '전혀 다르고 상호 배타적인 기구들'로 간주된다—의 이분법, 그리고 국가제도의 고유한 비효율성에 반대되는 시장 메커니즘과 지대추구, 기술적 후진성 및 자원의 부당 배분과 같이 국가 개입의 왜곡된 효과들에 대한 신자유주의적 전제들은 농업에도 적용된다.

이러한 전제들은 아프리카 농업에서 국가 개입에 대해 가장 광범위하게 인용된 연구들 몇몇을 보면 아주 분명히 나타난다. 예를 들면, 세계은행의 1981년 버그Berg 보고서와 베이츠의 연구(Bates, 1981)가 있는데, 이 연구들은 1980년대 이후 신자유주의적 농업개혁의 광범위한 적용을 위한 근거를 제공했다. 라틴아메리카에서 농업에 관한 신자유주의적 의제는 1970년대, 특히 독재체제가 신자유주의적 정책 개혁을 빠르게 수용한 칠레와 같은 국가에서 이미 시작되었다(Kay, 2002). 농업에서 신자유주의적 정책의 입장은 주류적인 신고전파 작업들에 그 뿌리를 두고 있는데, 그러한 작업들은 관념적인 농업가계 모델idealized agricultural household models에 근거하고 있다. 이러한 이론적 모형 내에서, 농업 생산자들은

'경쟁적 기업' 이자 동시에 소비자로 간주되는, 합리적으로 이윤을 극대화시키는 사람들로 가정된다. 농민들은 그들이 가진 풍부한 자원인 노동에 대해 합리적 결정을 하고 가격 유인들incentives에 민감하며 제약과 충격(날씨, 물, 도로, 해충)에 겪게 된다는 것을 가정하고 있다.

'평균적인 대표 농민' average representative farmer이라는 잘못된 개념은 신고전파적 가계 모델의 사용과 그들의 가정들에 대한 신뢰에 기인해 왔다. 그것은 빈국과 중진국 농촌 지역에서의 불평등과 계층화 정도와 기술적 조건의 차이, 그리고 농업구조에서 중요한 역사적 차이들을 무시하였다. 아프리카(짐바브웨, 남아프리카공화국, 케냐), 사헬Sahel 지역 국가들(세네갈, 말리, 니제르), 나이지리아, 코트디부아르, 다수의 라틴아메리카 중진국들(브라질, 멕시코, 콜롬비아, 아르헨티나) 및 아프리카의 이행국가들(에티오피아, 모잠비크, 앙골라)의 과거 정착 경제들이 갖고 있는 농업구조와 아시아(중국, 베트남, 라오스, 캄보디아) 사이의 차이를 상상해 보라. 이런 다양한 상황들 속에서 '보편적인 농민' universal peasant farmer 혹은 '동질적인 농민' 이라는 가정은 쉽게 상정될 수 없다. 그리하여 농장주들peasant farmers을 빈곤국에서 개념적인 '농업부문' 을 구성하는 전형적인 '기업들' 로 취급함으로써, 정책적 왜곡이 없는 상황에서 거의 완벽하게 경쟁적인 시장에 있는 경쟁적 기업처럼 행동해야만 하는, 동질적인 다수의 원자화된 농장 경영주들이라는 환상이 만들어졌다.

이러한 이론적 토대로부터 우리는 이상형로서의 전형적 농장주 그리고 그·그녀가 유인들incentives에 대해 보이는 반응[이라는 가정]이 직면하는 제약들에 집중하게 된다. 제약들은 개별적으로 다뤄지고, 그렇기 때문에 아마 정부가 통제하는 것들에 초점을 맞추기도 한다. 당연히 정부의 시장규제에 영향을 받은 생산물 가격은 전형적인 신자유주의적 틀의 강박관념 중 하나이다(Schiff and Valdes, 1992). 따라서 농업에서 신자유주의적 의제의 기본은 '가격을 올바로 설정하는 것' 이다(Sender and Smith, 1984). 신자유주의자들은 가격왜곡의 제거를 통해 그러한 규제가 없었더라면 '착취되고' '중과세되는' 농민들의 생산 잠재력을 해방할 수 있을 것이라고 예상한다. 신자유주의적 논점을 정당화하기 위해 사용되는 그들의 지나친 '가격주의적' pricist 관점, 부분균형분석partial-equilibrium analysis과 지표들의 불확실한 타당성은 다양한 각도에서 많은 비판을 받아 왔다. 본질적이고 이론적이며 경험적으로 신자유주의적 개혁을 떠받치고 있는 작업들 대부분이 결함이 있고 혼동케 하는 측면들이 있다.

워싱턴 컨센서스와 발전도상국들의 농업: 실천

'컨센서스' 의 형성에 있어 세계은행과 IMF의 영향력은—특히 가난한 아프리카 국가들에 대한—정책적 논쟁들을 부과하고 변형시켰으며 많은 정부와 연구자들이 전념해 온 발전계획들을 확정하였다. 대부분의 분석들, 특히 세계은행이 지원한 분석들은 개혁의 필요성과 더 높은 〔수준의〕 효율적 할당과 생산성 그리고 더 낮은 재정적자의 측면에서 기대되는 결과들을 증명하려고 시도해 왔다. 신자유주의 개혁 이전의 정책들을 평가하기 위해서는 아프리카 국가들에서 발생한 두 가지 요소를 살펴보는 것이 필수적이다(Sender and Smith, 1984: 12). ①개혁 전의 정책들은 국제기구들이 지원하는 더 정통한 전문가 집단에 의해 조정될 수 있는 '실책들'—무지, 부족한 국가 능력 혹은 지대추구와 연관된—에 의해 초래되었다는 가정과 ②'잘못된' 정책들이 농업을 정체에 이르게 했다는 것을 보여 주기 위해 1960년대와 1970년대 농업 성과를 평가절하하는 것이다.

넓은 의미에서, 농업의 〔구조〕조정은 긍정적인 공급측 반응을 생성시키는 거시경제적 조정에 대한 보완물로 고안되었다. 1980년대와 1990년대에 수행된 주요 정책 목표는 첫째로 농업 투입물과 소비자 식량 가격에 대한 보조금의 제거, 즉 특권적 도시 소비자 집단에 유리한 '저가' 식량정책의 폐지였다. 둘째, 농업 수출의 유인을 제공하기 위한 대단위 평가절하를 통한 통화 과대평가의 제거다. 셋째, 이른바 농장주들에게 이로운 경쟁적인 시장을 가능하게 하고 사적 거래자들을 장려하고, 준국영 업체들과 맞물린 재정적자를 축소시키기 위한 준국영 거래 및 가공업체들의 폐지 또는 극단적인 개혁이 있다. 넷째, 잠재적으로 생산물 가격을 높이고 긍정적인 공급측의 반응을 촉진하는 농업 가격의 탈규제와 자유화(혹은 세계 시장 가격과 연동)가 있으며, 마지막으로 보조금이 지급되는 농업 관련 신용대출을 '지속 가능한' 금융제도들을 확립해 금융시장을 안정화시키며 악성 채무와 재정적자를 축소시키기 위한 '대체' 수단들로 대체한다.[1)]

이런 틀에서 국가는 (아마도) 막연하게 정의되는 일부 핵심 기능들만을 수행하는 것으로, 즉 '시장이 작동하도록 하고' '사적 투자자들에게 우호적인 환경을 제공하는 것' 으로만 남게 되었다. 현재 농업정책 문서들에서 발견되는 설명 어구들은 다소 모호하며, 어떤 구체적 개입들이 새로운 국가 역할을 활성화시키는지(예를 들면 농장주들과 상인들에게 시장과 가격정보 제공, 사적이고 협력적인 활동들의 장려, 시장 기반시설의 조성, 도량형의 적절한 사용을 보장하는 것, 수출품의 질 통제, 심화된 경쟁 시장을 위한 법적 제도의 확립, 지역 〔간〕 무역에 대한 장벽 축소)를 명확하게 서술하지 않고 있다.

---

1) NGO가 주도하는 미시적 금융 프로그램들의 선전과는 달리 농촌 신용을 위한 '대체' 메커니즘은 등장한 적이 없으며 준국영기업 개혁이 발생시킨 신용경색을 강화하였다.

실천적으로 신자유주의적 계획은 이중의 서로 상반되는 기준들로 구성되어 있다. 하나는 시장의 자유화와 탈규제화에 대한 것이고 다른 하나는 국가가 농장주에 대한 직접적인 지원을 중단하는 것이다. 다양한 계급의 농장주들에 대한 개혁의 모순적인 효과는 주류 분석에서는 좀처럼 강조되지 않았고, 농업에 대한 신자유주의적 개혁의 충격을 평가하는 데 초점이 맞추어져 왔다(Gibbon et al., 1993 ; Kherallah et al., 2002). 이러한 평가 작업들에는 중요한 방법론적 한계들이 있고 부족한 자료에 근거한 계량경제학적인 작업의 심각한 기술상의 문제점들이 있다. 보통 농업정책 패키지는 보편적이지만, 실제적인 개혁 수단들은 국가마다 매우 다르다. 따라서 이러한 차이점들이 자료에 제시된 수단들의 양과 질에서 제어되지 않는다면, 개혁의 범위와 순서를 측정하는 것은 적절하게 수행될 수 없다.

시프와 발데스(Schiff and Valdes, 1992)의 작업과 같은 공인된 신자유주의적 저작들의 출판 이후에, 농업에서 신자유주의적 의제는 '포스트 워싱턴 컨센서스'의 출현과 함께 다소 약화된 것처럼 보인다(3장을 보라). 포스트 워싱턴 컨센서스는 '올바른 가격설정'이라는 모토와 거시경제적 조정 그리고 정부와 정책 실패에 대한 지나친 강조에 머무르지 않고 1990년대 발전과 농업정책의 범위를 확대하였다고 주장한다. 포스트 워싱턴 컨센서스의 국가와 시장 그리고 그들 각각의 역할, 시장 실패의 범위에 대한 좀더 균형 잡힌 시각, [적절한] 제도 수립 및 '좋은' 거버넌스에 대한 찬양은 농업에 대한 세계은행의 관점에 새로운 취향을 추가하였다. 그러나 농업에 대한 국가 개입을 반대하는 주장들과 시장을 장려하는 전통적 워싱턴 컨센서스의 해법은 여전히 유지되었다. 그러나 시장 자유화의 모순과 치명적 효과는 인정되지 않지만 비가격적 요소가 더욱 강조되기는 한다.

이러한 방법론적 이해는 별도로 하고서도 워싱턴 컨센서스의 연구들과 발전도상국에서 신자유주의적 농업정책들의 편협함은 매우 비판받아 왔다. 예를 들면,

> 구조조정정책들은 주로 농민들의 정보와 자원에 대한 요구를 충족시켜 왔고, 상품 기준을 강화해 왔으며 단일 경로의 시장기구들을 제공했고 가격을 통제했던 아프리카 마케팅 위원회African Marketing Boards와 준국영 업체들을 해체시켰다. 그것들을 대체하는 민간 상인들은 시간과 공간에 따라 다른 성과를 냈다. 그러나 국제금융기관들이 그들에게 준 기대에는 부응하지 못하고 있다는 사실들에 대한 증거들이 속속 등장하고 있다. (Bryceson, 1999 : 7)

신자유주의적 문헌은 무역, 서비스, 금융, 농장 경영과 농부들의 공급 측면의 반응 안에서 점증하는 '민간부문'의 급속한 출현에 대해 지나치게 낙관적으로 전망해 왔다. 그러나 낮은 이윤율, 높은 거래 비용, 부족한 자본—신자유주의적 분석에 의해 자주 무시되었던 현실들—때문에 민간 상인들은 종종 그들 자신을 생산물 혹은 종자시장에 한정시켰고 다른 투입물 시장들은 거의 손대지 않은 채로 남겨 두었다(Kherallah et al., 2002). 경쟁은 예상된 것만큼 강력하지 않았고 심지어 산출물 시장에는 상당한 정도의 진입장벽이 존재하였다. 농업에서 공적 투자 수준의 저하와 더불어 이는 농장주들의 과소투자와 부채 증가, 생산성 감소로 이어졌다. 이러한 결과는 '실패한' 농장주들이 또 다른 비농업적 수입원을 찾도록 만들었다(Bryceson, 1999 ; Kay, 2002 ; Oya, 2001 ; Ponte, 2002).

일반적으로 가격에 대한 영향은 불균등했고 다양한 계급의 농촌 주민들에게 다양하게 영향을 미쳤다. 투입가격은 변함없이 상승했고 산출

강화 투입물yield-enhancing inputs이 집약적으로 사용되지는 않았다[자연력에 대한 의존도가 오히려 커졌다]. 반면 수출가격은 점점 세계가격과 연동되었고, 1980년대와 1990년대 말 악화된 국제시장 조건들에 따라갔다. 수입된 식품가격은 평가절하의 순 효과에 의해 증가되거나 감소되었지만 가격통제의 폐지 이후 국내에서 생산된 식품가격은 증가하였다(Kherallah et al., 2002). [가격]통제의 폐지는 계절적이고 지역적인 가격 변동을 격화시켰고, 그래서 가격 변동성이 일반적으로 증가하였으며 원격지의 생산자들과 수확 이후 낮은 가격에서 판매를 하여야 하는 빈곤한 농장주들에게 타격을 입혔다. 대개 이러한 결과들은 비싼 투입원료를 살 수 없는, 자본투자가 적은 가장 빈곤한 농장주들과 식품가격과 가격 변동폭의 상승에 의해 타격을 받고 있는 토지 없는 노동자들, 농촌 지역의 순 식량구매자들과 빈곤한 도시 소비자들에게 불리한 영향을 미쳤다. 반면 더 부유한 농장주들과 지역 상인들은 더 높은 가격 수준과 더 큰 가격 변동에서 이윤을 얻기도 하였다(Gibbon et al., 1993; Kay, 2002; Ponte, 2002).

토지개혁은 농업에 대한 신자유주의적 기획과 신인민주의적 이념의 결합—둘 모두 소농장주에 호의적인 전통에서 비롯된—으로 정초되었다. 게다가 적절한 제도적 틀의 중요성을 강조하는 제도주의적 접근—대표적으로 안정적인 사적 재산권과 농촌에서 농업투자와 균등성을 극대화시키는 수단으로서 계약 집행에 주안점을 둔 것—의 영향 또한 결정적이었다. 신자유주의적 저자들은 사적 재산권의 승인과 토지 시장의 발전에 의해 완수된 시장 주도의 토지개혁의제(자발적인 판매자와 구매자)를 추구했고, 이것이 거의 동시에 효율성과 형평성을 달성할 것이라고 예상했다. 이러한 담론에도 역시 중요한 오류가 있다. 첫째, 이른바 소규모 농장들의 우월성은 (1헥타르당 곡물 산출량에 관한) 서로 다른 기술 수준들과 작물들 그리고 농업 생태 지역들에 관해서 검증되지 않은 채로 남아 있다(Dyer, 2000). 둘째, 부동산 등기부를 통해 신용에 훨씬 더 용이하게 접근하여 그것이 민간 농업투자에 미치는 효과는 저발전된 농촌 금융시장을 가진 빈국들의 상황에서 어떠한 확신할 만한 증거로도 뒷받침되지 못했다(El-Ghonemy, 2003: 237). 셋째, 탈규제의 증대와 국가 지원의 축소 상황에서 적용된 지속적인 시장 주도의 토지개혁 중 일부 경우는 토지 집중, 극빈자의 배제 및 프롤레타리아화의 증가 경향을 보여 주었다. 본질적으로 토지개혁에 대한 시장주도의 접근은 순진하고 몰정치적이며 오도되어 있다(El-Ghonemy, 2003; Kay, 2002).

요컨대 발전도상국(중진국을 포함하는)에서 신자유주의적 실험에 대한 서로 다른 평가들로부터 나타나고 있는 것은 신자유주의적 정책들이 농촌 주민에 대해 미치는 다양한 효과들의 존재이다. (일부는 이익을 얻고, 일부는 잃는) 사회적 차별과 불평등이 신자유주의 개혁이 수행되는 동안, 그리고 그 이후 더욱 강화된다는 것은 정형화된 사실이다. 보통 승자들은 도시 지역에 더 가깝게 살고, 경제적으로나 정치적으로나 새로운 시장조건에 적응하기 쉬운, 즉 경제적으로나 정치적으로나 '성장 가능한' 소수의 자본가와 부유한 농장주들이다. 반면, 일반적인 패자들은 경쟁력이 거의 없는 생존을 위해 몸부림치는 극빈농과 노동조건이 더욱 불안정해진 임노동에 의존하는 농민들이다(Bryceson, 1999; Gibbon et al., 1993; Kay, 2002; Oya, 2001).

선진자본주의 국가들에서 실천으로서 '반-신자유주의': 그 역설

학문적이고 국제적인 정책영역에서 농업 신자유주의의 지배에도 불구하고, 선진자본주의 국가들에서 농업에 대한 정치경제적 현실은 매우 다양하다. 유럽의 농업시장, 미국 그리고 일본은 그들[각자]이 분명한 보호주의적 수단들, 예를 들면 체계적인 수출 덤핑(국내의 생산가격 이하로 가격을 유지하는), 농업 잉여 제고를 위한 인위적인 유인incentive을 가지고 있으며 농업 생산품에 대한 수입 제한을 할 수 있다는 것이다(Berthelot, 2001).[2] 유럽연합과 미국이 농업에 대한 그들의 보호주의적 정책을 변화시키지 않았다는 사실은 구조조정과 자유화를 비판하는 가난한 나라 사람들에 의해 항상 주목을 받아왔으며, 세계은행은 최근에 와서야 주목하고 더욱 공개적으로 비판해 왔다(Schiff and Valdés, 1998: 26~30). 신자유주의의 승자들은 왜 자신들의 모국에서는 그들이 농업 구조조정 차관에 첨가하는 정책들을 적용시키지 않는가? 매우 '효율적'이고 기술적으로 발전된 유럽연합과 미국 출신의 농민들은 왜 국제시장 규칙에 노출되지 않아야 하는가? 답은 미국과 유력한 유럽연합 회원국 일부에서 모두, 국지적, 지역적, 국가적 수준에서 선거 지지를 위해 로비하고 동원하는, 정치적 투쟁의 장으로서 농업부문이 가진 전통적인 중요성에 있을 것이다. 농민조합들, 그리고 대규모 농업기업과 연합한 도시 유권자들은 가공의 국민적 혹은 지역적인 식량 안보, 품질 및 주권의 방어라는 비호 아래 농업정책 결정에 압력을 행사한다(Berthlet, 2001). 어떻게 해서든지 '농업부문'은 기술관료적 효율성 문제의 명령들을 넘어 정책 결정에 영향을 주는 방식으로 정치적이고 문화적으로 구축되어 왔다.

---

2) 유럽연합은 통상적으로 유럽연합 예산의 상당한 부분인, 연 400억 유로를 농업 보조와 농민들에 대한 수입 지원에 지출한다. 유럽연합 CAP[Common Agricultural Policy:공동농업정책]의 개혁들은 (주로 영국에서) 소극적일 것이며 일부 대규모 농업기업들을 목표로 할 것이다(Berthelot, 2001). 2002년 5월, 부시 대통령은 향후 10년 동안 농민 보조를 위해 1,900억 달러[를 지출하는] 종합 대책을 발표했다(BBC, 2002년 5월 13일). WTO 협상에서 사용된 자유무역의 수사에도 불구하고, 최근의 이 모든 발전들은 유럽연합 회원국들과 미국의 보호주의적 입장에 거의 변화가 없음을 알려 준다.

현실은 대부분의 성공적인 농업 발전과 변형의 예들이, 불균등하거나 차별적일 때조차도, 저가로 보조되는 자원들, 신용, 수입 지원, 생산가격 보조, 고정가격제나 토지개혁을 통한, 일종의 국가 지원이나 강압적 수단들에 의존해 왔다는 것을 보여 준다(Byres, 2003 : 69~73). 농업의 경쟁력이 약한 아프리카에서 성공한 사례들을 보면, 마케팅과 자원배분에서든 연구와 관개를 위한 공적 인프라에서든, 다양한 형태의 국가개입이 결정적이었다. 자본주의적 농업은, 자본주의적 농장을 가진 식민정착자 경제들과 다양한 농업구조를 가진 국가들에서 모두 역사적으로 다양한 형태의 직간접적인 국가 지원, 다양한 형태의 보조 그리고 국가로부터의 압력에 의존해 왔다(Byres, 2003).

동시에 대부분의 성공적인 산업화의 예들은, 장기적인 구조 변화에 따라, 주로 외부 자본 유입에 의해 조달된, 상당량의 식량 수입에 의존해 왔다(Sender and Smith, 1984). 따라서 식량주권과 식량 안보 또는 친빈농적인 자선 국가라는 낭만적 개념으로만 신자유주의적 의제를 반대할 수 있다는 생각은 순진하고 정치적으로 근시안적이다.

결론

농업은 특히 단순한 기술과 악천후, 해충 및 빈약한 농업 인프라에 취약성을 가진 발전도상국들에서 리스크가 큰 활동risky activity이다. 이런 조건하의 잠재적 소득과 관련된 높은 위험들 때문에, 농민들은 전통적으로 위험을 기피하는 것으로 파악된다. 자유시장 방식이 이러한 **현실** 조건들 아래에서 작동하도록 허용하는 것은, 변덕스러운 가격과 덤핑, 대부분의 농민들과 (유사)토지를 소유하지 못한 노동자들에게 영구적인 취약성과 불확실한 상태라는 재난을 가져올 수도 있다. 결국 농업 노동자들의 노동조건이 점차 악화됨과 동시에 농민의 상당수가 농업경작을 중지할 수도 있다. 따라서 국가의 직접 지원이나 다른 합법적인 매개가 **없는** 농업생산, 기술발전에 대한 투자 및 새로운 기술의 채택을 확장시키는 것은 염원으로 남게 된다.

'시장 진입' 을 개선시키는 것은 자동적으로 농업시장을 자유화시키고 남-북의 농민들을 국제시장의 불확실성과 변동성, 그리고 다양한 층위의 상품 유통망을 지배하는 거대 농업 판매기업에 의해 취해지는 결정들에 노출시키는 것으로 해석된다면, 양쪽의 농업 생산자인 유권자들, 즉 북의 소농과 남의 식량 수출 농민들로부터의 반대는 당연하다. 결국 부국과 빈국 내의 특정한 유권자들의 이해를 보호하려는 조절된 틀 내에서 만들어진 차별적인 합의와 '시장 접근' 의 틀만이 우리에게 남아 있다. 이것이 **현실 정치**이다. 이번에는 발전도상국 정부들이 농촌과 도시 모두에서 순 식량구매자들에게 피해를 주지 않으면서도, 자국의 농업부문 경쟁력을 제고하기 위해 자국 농민들을 보호하고 선택적인 정책(국내 가격과 수출에 대한)을 적용할 권리를 돌려받아야만 한다. 이것은 성장 가능한 농업과 다른 형태의 농업 발전을 위한 보호와 선택적 정책의 중요성을 보여 준다. 이러한 권리들은 국가의 발전 잠재력을 극대화할 것이고 선진국이나 발전도상국 모두에서 농민, 노동자 수입의 상대적 안정화를 가져올 것이다. 이것은 잘못 구상된 신자유주의 농업 실험이라는 짐을 감수했던 발전도상국에서 특히 중요하다.

15장_빈곤과 분배: 신자유주의적 의제로의 회귀?

데버러 존스턴*

빈곤과 분배에 대한 걱정 때문에 많은 학자들과 NGO 및 정책결정자들은 신자유주의의 결과에 한 목소리로 반감을 나타내고 있다. [이에 대해] 신자유주의자들은 그들 자신의 정책 패러다임 안에서 빈곤과 분배의 문제를 제기하는 것으로 대응하였다. 하지만 이 장에서는 수정된 신자유주의적 접근이 이전의 주장과 크게 다르지 않고 그 접근이 극빈자들에 대한 긍정적 결과를 가져올 정책의 개발을 끊임없이 가로막는다고 주장할 것이다.

빈곤, 분배 그리고 신자유주의 정책들

신고전파 경제학은 모든 경제적 자원들(노동력뿐만 아니라 실물 및 금융자산)이 시장의 자유로운 작동을 통해 최적으로 활용될 것이라고 주장한

---

* 데버러 존스턴(Deborah Johnston)은 런던 대학교 아시아·아프리카 대학(SOAS) 발전경제학 전임교수이다. 그녀는 노동시장과 빈곤에 대해 연구하고 있으며 영국, 러시아, 아프리카 국가들의 자문역으로 일하고 있다. 논문으로는 "Searching for a Weapon of Mass Production in Rural Africa: Unconvincing Arguments for Land Reform", *Journal of Agrarian Change*(2004, 공저) 등이 있다.

다. 아주 적은 혹은 상대적으로 비생산적인 자산을 보유하고 있는 것으로 개념화되는 가난한 사람들을 포함하여 시장에 참여하고 있는 모든 개인들은 가능한 최선의 보상을 얻을 것이다. 교과서적인 신고전파 경제학은 자산의 최초 배분에는 직접적인 관심을 두지 않지만, 정부정책(과세, 토지개혁, 최저임금 등등)을 통해 기존의 자산분배를 변화시키려는 시도를 문제로 여긴다. 그러한 개입은 시장과정을 왜곡시키고 효율성을 저하시키는 것으로 간주된다. 결과적으로 신고전파 교과서들은 독자들에게 분배를 개선하려는 시도들이 효율성을 저해하게 된다는 형평성-효율성의 상충관계에 대해 경고하였다.

자유시장이 더 높은 경제적 효율성을 가져온다고 주장함으로써, 신고전파적 문제틀은 신자유주의의 경제에 대한 시장규범의 부과에 이론적 근거를 제공한다. 적하정책trickle-down[1]이라는 편리한 개념을 사용해서 신자유주의자들은 경제성장이 모두에게 이익을 줄 것이라고 결론지었다. 즉 산출의 전반적인 증대는 인구 전체의 생활수준을 개선시킬 것인데, 왜냐하면 경제적 기회들이 호전되어 극빈자들에게까지 떡고물을 떨어뜨릴 것이기 때문이다(3장과 22장을 참조하라).

신자유주의자들은 이 유리한 상황을 성장의 정체와 인플레이션 증가, 국제수지위기를 초래했다고 의심되는 케인즈주의 혹은 국가계획적인 접근들과 대비시켰다. 결정적으로 신자유주의자들은 '인위적으로' 빈곤을 축소시키거나 수입분배를 강제하기 위한 수단들이 여타 정부 개입

---

1) 부유층의 소비 증가가 저소득층의 소득 증대로 연결돼 전체적인 경기부양 효과가 나타나는 현상. 적하정책(滴下政策)으로 번역된다. 이 이론은 원래 독일의 사회학자 게오르그 짐멜(Georg Simmel)이 1904년 유행의 변화를 설명하기 위해 세운 가설에서 비롯됐다. 하위집단은 상위집단을 모방하고, 상위집단은 고유의 지위 표지를 유지하기 위해 새로운 패션을 채용하여 대응한다는 것이다. 적하정책은 미국의 제41대 대통령 부시가 재임 중이던 1989년부터 1992년까지 채택한 경제정책이었다. 이 책에서는 문맥에 따라 '떡고물'이라는 말로 번역하기도 했다. — 옮긴이

과 마찬가지로 형편없는 경제적 실적을 보이는 데 일조했다고 주장했다. 형평성-효율성 상충관계라는 개념은 경제학 교과서의 여러 부분에서 부활하였다(2장을 참조하라).

신자유주의자들은 OECD 국가들 내의 부자들로부터 가난한 사람들에게 수입을 재분배하기 위한 시도들이 경제적 유인들을 약화시켜 왔다고 주장하였다. 높은 한계세율은 모든 범주의 소득자들 사이에서 경제적 유인들을 축소시켜 왔던 것이 명백했고, 반면 높은 복지급여는 노동이 가난한 사람들에게는 '더 이상 수지가 맞지 않음'을 의미하게 되었다는 것이다.[2)]

신자유주의자들은 노동조합 활동과 노동시장 규제가 초래한 명백히 왜곡적인 효과와 더불어 그러한 재분배가 비정상적인 고임금, 고인플레이션, 실업을 불러일으켰다고 주장했다. 신자유주의 정책들의 정확한 구성은 변해 왔지만, 세율과 복지 혜택의 실질적 가치를 동시에 삭감하는 따위의 노동 유인을 향상시키기 위한 정책들이 포함되어 있곤 했다. 이외에도 투자를 촉진시키고, 노동시장을 '더욱 유연하게' 만들기 위해서 노동조합의 힘을 줄이고 정부규제를 '가볍게' 하는 조치가 도입되었다. 이러한 정책들은 성장과 고용을 촉진시키는 것뿐만 아니라, 노동에 대한 유인들을 제공함으로써 눈에 띄는 복지 의존도를 줄이기 위해서 고안되었다.[3)]

---

2) 갤브레이스(J. K. Galbraith)는 이러한 주장이 부자들은 너무 적은 수입을 얻기 때문에 일을 하지 않고, 가난한 사람들은 너무 많은 수입을 얻기 때문에 일을 안 한다는 말도 안되는 사실에 기반하고 있다고 말하면서, 그 부조리함을 지적했다.

3) 예를 들어 1980년대 영국에서 논평자들은 불평등이 필수적인 경제적 유인들을 제공하기 위해 필요하다고 주장하였다. 이러한 관점은 자본가들이 노동자들보다 더 높은 저축 성향을 가진다면 불평등은 성장에 이로울 것이라고 주장한 1950년대 칼도(Kaldor)와 같은 이들의 초기 접근과도 일맥상통한다.

저발전 국가들은 광범위한 복지제도를 갖추지도 못했지만 신자유주의자들은 다른 빈곤-축소정책들도 경제적 유인들을 왜곡했다고 주장했다. 많은 국가들이 식량과 그 밖의 다른 임금재를 보조했고, 동시에 공공부문의 운영은 종종 고용 창출을 목표로 했다. 신자유주의자들은 1980년대 많은 빈국들이 겪은 저성장과 국제수지위기의 책임이 이런저런 개입주의 정책들에 있다고 주장했다. 보조금 혹은 장기 저리 대출을 위한 조건으로서 세계은행과 IMF에 의해 후원되곤 했던 신자유주의 정책들은 다양했으나, 가격 통제와 다른 경제적 제한의 철폐뿐 아니라, 공공부문의 활동과 고용에서 극적인 축소를 수반했다.

다행스럽게도 신고전파 무역이론은 그러한 자유주의가 가난한 사람들에게도 혜택을 줄 것을 보증하는 것처럼 보였다. 발전도상국에서 무역장벽을 제거하면서 풍부한 미숙련 노동에 대한 수요를 증가시켜, 미숙련 노동의 고용과 수입을 늘릴 것이었다(10장과 World Bank, 2000: 70을 참조하라). 더 좋은 일은 무역자유화와 국가 개입 폐지의 결합이 농업부문의 성장을 자극할 것이라는 점이었다. 농촌지역 빈민은 〔빈민이 아닌〕 소규모 농업 생산자로 파악되었고, 이는 자유화가 빈민들에게 입히는 타격에 대해 고려가 부족했던 또 하나의 이유이기도 했다(World Bank, 2000: 67).

마지막으로 신자유주의자들은 무역자유화가 국가들 사이의 성장률이 수렴하도록 할 것이라고 주장했다. 신고전파의 솔로-스완Solow-Swan 성장 모형은 성장률이 기술 변화율에 달려 있음을 시사하고 있다. 자유시장 정책들이 더 큰 경제적 통합을 이루어 내어 기술수준의 수렴을 이끌어 낸다면, 다음에는 이것이 국가 간 성장률의 수렴으로 이어진다는 것이다.

빈곤과 불평등에 대한 고조되는 반감

1970년대 말 이후로 북반부와 남반부 모두에서 많은 국가들이 신자유주의적 정책을 수행했다. 성장에 대한 반응은 혼재되어 있었다. 신자유주의에 대한 비판자들은 1980년대와 1990년대 많은 국가들이 거둔 성장의 성과가 빈약했다고 비난한 반면, 신자유주의자들은 개혁이 불충분했음을 비난했다. 정책개혁과 자유화가 가난한 사람들에게 미치는 영향에 관한 증거는 일부 NGO들과 학계 및 정책 결정자들 사이에서 중대한 관심을 일으켰다. 일부의 저작들은 다양한 요소의 자유화정책이 가난한 사람들에 미치는 부정적인 영향에 대한 증거를 찾아내려 했다. 예를 들면 유니세프UNICEF와 연계된 영향력 있는 학술 저작에서 코르니아와 그 공저자들(Cornia et al., 1987)은 저발전 국가들에서 자유화가 가져온 인적비용에 대해 논했다.

코르니아와 공저자들은 (특히 식량에 대한) 보조금 삭감과 보건 및 교육영역에서 〔이루어지는〕 정부 서비스에 대한 본인 부담 비용의 증가가 가난한 사람들의 구매력에 끼친 악영향들을 지적했다. 많은 국가에서 공공부문의 고용(과 임금)은 극적으로 줄어들었으나, 민간부문의 고용은 이것을 상쇄할 만큼 확대되지 못했다. 게다가 임금 및 노동조건 보호규제의 폐지로 인해 민간부문의 고용은 상대적으로 보호받지 못하거나 저임금에 시달리게 되었다. 고용기회는 신고전파 무역이론이 예견한 방식으로 성장하지 않았던 것으로 보이며 명확하게도 노동인구의 성장을 따라잡지 못했다. 또한 농촌지역 빈민들은 전 영역에 걸친 농업소득 창출을 구경조차 할 수 없었다. 많은 학자들과 NGO들이 이러한 취약성을 단순한 소득 빈곤을 넘어서 더 광범위한 권한박탈disempowerment과 불안전성insecurity[4]의 개념으로 확장하는 가운데 그 다차원적인 본질을 인식하게 되었다(19장과 Streeten, 1994를 참조).

복지급여 수준의 삭감과 저임금 고용의 창출에 대해 학계와 활동가들이 관심을 갖게 되면서, OECD국가들에서 이와 비슷한 관심이 제기되었다. 미국에서는 그것이 경제적 '과소계급'에 대한 관심으로 나타났던 반면, 영국과 프랑스에서는 '사회적 배제'에 초점을 맞추는 모습으로 나타났다. 사회적 배제라는 개념은 사람들이 사회로부터 '차단'될 수 있음을 염두에 두면서 빈곤의 개념을 더욱 광범위한 관점으로 볼 수 있게 하였으나, 초점을 개인의 무능에 돌린 것이기도 하였다(6장과 Atkinson, 1998을 참조).

부족한 자료에도 불구하고 1980년대와 1990년대에 많은 국가들에서 부국이나 빈국 모두 마찬가지로 소득불평등이 상승한 확실한 근거가 있다(Cornia, 2003을 참조하라). 코르니아(Cornia, 2003)는 그 주요 요인이 노동조합의 소멸과 노동시장의 탈규제뿐 아니라 세금과 복지급여 정책들의 변화에도 있다고 주장한다. 무엇보다도 자본의 몫은 노동의 몫을 희생해서 성장해 왔던 것으로 나타나며, 이는 극빈자들의 수입에 비하여 최상층의 수입을 극대화하는 효과를 가져 왔다. 코르니아는 인도, 터키, 태국, 베네수엘라, 남아프리카공화국에서 자본소득의 증가에 대한 증거를 제시한다.

그러나 국내적 분배뿐 아니라 점점 벌어지는 국가 간 성장률 격차도 우려의 대상이었다. 프리쳇(Pritchett, 1997)과 같이 많은 학자들도 그러한 격차가 '최고수준' big time에 이르렀다는 결론을 냈다. 프리쳇은 1970

4) 사회적 안전성(security)과 불안전성(insecurity)은 각 시민이 생존을 위한 필요한 욕구를 충족시킬 수 있는지에 관한 유무, 그리고 권한부여(empowerment)와 권한박탈(disempowerment)은 사회·정치·경제·문화적 과정에 참여하기 위해 개인의 능력이 실현되는지에 관한 유무로 나뉜다. — 옮긴이

년부터 1990년까지 가장 부유한 국가들과 가장 가난한 국가의 1인당 소득의 비율이 대략 5배로 증폭되었다고 추정했다. 부국들 사이에 일부 소득 수렴이 벌어지는 동안, 빈국들의 성장률은 다양했으며 또한 변덕스러웠다. 예를 들면 1960년과 1990년 사이 저발전 국가들의 연 성장률은 −2.7%에서 6.9%까지 다양했다. 같은 시기 16개의 저발전 국가들은 마이너스 성장을 했고, 많은 다른 국가들은 성장이 침체되었으며 11개 국가만이 부국들을 따라잡을 정도의 성장률을 기록했다. 기초자료가 빈약하고 방법론 또한 논쟁의 여지가 있지만, 대부분의 학자들은 세계적 차원에서 수입분배가 확대되고 있다고 결론지었다.

신자유주의들의 답변: 의제에의 복귀

이러한 빈곤과 불평등에 대한 관심의 증가는 신자유주의 사상 내의 수많은 새로운 계획들의 창안으로 이어졌다. 변화의 한 축은 빈곤에 대한 정의definition와 이에 대한 감시〔체계〕를 개선하는 데 관련된 것이었다. 몇몇 정부와 기관들은 빈곤에 대한 다각적인 정의를 채택해 왔다(예를 들면 World Bank, 2000). 게다가, UN의 밀레니엄 개발목표Millennium Development Goals: MDGs[5]의 등장 또한 세계은행에게 빈곤에 대해 포괄적인 자료를 수집한 것을 요구했다. 하지만 세계은행이 그러한 자료들을 계산하는 데 사용한 기법에 대한 비판들은 이 자료들이 거의 신뢰할 수 없는 정도라고 할 만큼 거셌다(Reddy and Pogge, 2003). 세계은행의 통계지수를 액면 그대로 받아들일지라도, 빈곤층의 비율이 떨어지기는 하지만, 중국

---

5) 밀레니엄 개발목표는 2000년 9월 세계 지도자들이 동의한 빈곤을 축소하고 복지를 개선하기 위한 의제이다. 빈곤과 관련해서 이 의제의 목표는 하루 1달러 이하로 생활하고 있는 사람의 비율을 절반으로 줄이는 것이다.

을 제외하면 1990년대 빈곤층의 절대 숫자는 증가했다(World Bank, 2003).

그러나 빈곤의 정의와 감시[체계] 변화가 무엇이든, 신자유주의자들에게는 자유화가 빈곤 축소에서 핵심 역할을 한다는 믿음이 여전히 존재한다. IMF와 세계은행이 초창기 이루어진 구조조정과 안정화정책에 대한 일부 비판을 인정한다 할지라도, '빈곤감소전략보고서' Poverty Reduction Strategy Papers: PRSP에 의거한 새로운 대부기관들은 여전히 신자유주의 경제정책 처방에 기초하고 있다. 따라서 PRSP 프로세스가 비록 정부와 기부금 지출에 있어서 빈곤감소를 위한 긴급한 영역들에 다시금 초점을 맞추는 의도이긴 하지만, 이는 단지 새로운 병에 오래된 술을 담는 것과 같다는 비판을 받아왔다(UNCTAD, 2002).

같은 방식으로 세계은행의 2000년 세계개발보고서 '빈곤퇴치' World Bank's 2000 World Development Report 'Attacking Poverty'는 빈곤감소에 있어 평등과 [사회적] 안전성 및 권한부여의 역할에 대해 일부 새로운 관심사를 제시하고 있지만, 전체적인 초점은 자유화에 지속적으로 맞추어져 있다. 이는 세계은행이 불평등이 다시금 의제로 복귀했음을 선언했음에도 불구하고, 자유화에서 비롯된 결과는 아니라고 여기기 때문이다. 대신 세계은행은 불평등을 비경제적 요인들로부터 기인하는 것으로 간주하며, 성장에 이롭지 않은 것으로 본다. 그 이유는 불평등이 사회적 불안을 일으키고 부적절한 정부정책의 원인이 되기 때문이며, 보다 중요한 이유로 가난한 사람들이 교육 혹은 생산에 투자할 수 있는 능력을 제한하기 때문이다. 이들은 만약 금융시장의 실패로 가난한 사람들이 '대규모' lumpy 지출에 자금을 조달할 수 있는 대부에 대한 접근권이 없다면 자본재에 대한 것이건 교육에 대한 것이건 투자는 감소하게 될 것이라 주장한다. 자본시장의 실패로 인해 불평등은 저성장 및 빈곤의 지속과 관계될 것이다. 토지와 교육('인적 자본')에만 국한된 것이기는 하지만, 세계은행은 자유화된 시장체계 내에서 일정 정도의 자산 재분배가 있어야만 한다고 충고한다.

세계은행이 현재 권한부여와 사회적 안전성에 대한 쟁점들을 논하고 있지만, 이러한 것들은 경제성장으로 개선될 수 있으며 자유화 절차의 부수적인 것으로 파악된다. 따라서 자유화에 따른 성장이 가져다 줄 빈곤 축소의 힘에 대한 신념이 여전히 강하게 지속되고 있다.[6] 이것은 '세계은행의 개발연구그룹' Development Research Group of the World Bank의 데이비드 달러David Dollar와 아르트 크라이Aart Kraay의 통계 작업에 근거한다(World Bank, 2000: 66). 1950~99년까지 137개국을 망라한 표본을 사용해서, 달러와 크라이는 1인당 GDP의 변화와 가장 가난한 5분위수의 수입 변화 사이의 관계를 조사했다. 그들은 그 자료에서 평균수입 성장률과 하위 20% 수입의 성장률 사이의 강하고 일관된 연계를 찾을 수 있다고 결론짓는다. 달러와 크라이는 '떡고물'이 실제로 발생하였으며, 대표적 가계들이 자유화로 활성화된 경제성장에서 이익을 얻는 만큼 가난한 사람들도 이득을 얻게 되었다고 결론 내린다.

세계은행의 결론은 성장을 추동하는 자유화정책들이 모든 성공적인 빈곤-축소 전략의 중심에 있어야만 한다는 것이다. 일부 국가들에서 빈곤과 불평등이 악화되고 있는 데에 대한 제한적인 양보가 존재한다. 이는 새로운 유인들에 반응하는 데 시간이 필요하거나 새로운 환경으로 이행하는 비용이 하나의 집단으로 집중되었기 때문이라는 것이다. 이러한 경우에 세계은행은 사회정책을 통해 개혁이 부과한 부담을 더는 경우가

---

6) 세계은행이 빈곤에 대한 세계개발보고서의 주 필자의 사임을 이끈 것과 같은 세계은행[의 행보] 때문에 빈곤 축소에서 자유화에 주어진 강조는 논쟁적임이 증명되었다. 검토를 위해 Wade(2001)를 참조하라.

더러 있다는 것을 인정하지만(World Bank, 2000: 66), 전체적인 초점은 시장이 가난한 사람들을 위해 더 많은 것을 하도록 하는 데 맞춰져 있어야만 한다고 주장한다. 이것은 규제를 완화하고 개선하는 것뿐 아니라 소액금융micro-finance과 토지 및 교육에 대한 접근성의 증대도 노릴 것이라는 사실을 의미한다.

OECD 국가들에서 신자유주의 정책의 적용은 유사한 결과로 이어졌다. 예를 들어 보면 영국에서 사회적 배제에 대한 관심은 노동시장에서의 배제에 초점을 맞추는 정책—종종 가난한 사람들이 적절한 기술습득에 대한 접근성이 부족한 것으로 간주하면서—에 편중되는 경향이 있다.

의제의 변화?

수정된 신자유주의적 접근은 빈곤에 대한 담론을 제한한다. 신자유주의적 접근은 더 많은 교육과 훈련, 더 적은 규제 및 일부 자산의 재분배만 이루어진다면 가난한 사람들이 시장에 더 효율적으로 참가할 것이라고 주장한다. 이러한 개편된 의제가 어떻게 빈곤감소 혹은 더 많은 평등으로 이어질 것인가?

수정된 신자유주의적 접근은 과거의 교과서적 형평성-효율성 상충관계의 불충분함을 인정한다. 그러나 새롭게 제기된 형평성-효율성 조화성equity-efficiency harmony이란 개념은 너무 단순화된 것이다. 이 개념은 더욱 복합적인 정치경제에 대한 이해에 미달하며, 좀더 인간친화적인 발전전략을 좋아하는 사람들을 현혹하기 위해 고안된 것으로 보인다. 분배의 문제가 복잡하다는 것은 불평등과 성장의 관계에서 충분히 설명된다. 달러와 크라이는 중립적인 전체 평균을 찾지만, 이것은 자료가 가진 막대한 다양성을 은폐시킨다(Ravallion, 2001). 특정한 성장과정에서 특정한 사회집단들이 어떠한 방식으로 이익을 보거나 손해를 보는가라는 문제를 더 잘 이해해야만 한다. 그러나 불평등에 대한 개량된 관점이 도움이 될 것 같지는 않다.

빈곤에 대한 개혁적 접근 또한 마찬가지로 불충분하게 보인다. 자산재분배(토지와 교육으로 한정되지만 일부 추가적인 소액신용에 의해 지원되는)에 초점을 맞추는 설명은 이러한 자산 재분배가 가난한 사람들이 자유화된 시장에서 더 높은 수입을 얻는 데 충분할 것이라고 가정한다. 다음의 예들은 관심을 기울여야 할 이유가 있음을 보여 준다. 14장은 토지개혁에 대한 시장주의적 접근이 단순하며 몰정치적이며 오류라고 결론짓는다. 또한 교육에 있어서도 교육에 대한 접근성이 필수적일지라도, 고용이나 자영업의 기회가 박탈된다면 그것만으로는 빈곤을 감소시키는 데에는 불충분하다는 증거들이 존재한다.

베넬(Bennell, 2002)은 사하라 이남의 아프리카에서 고용기회의 붕괴로 인해 교육이 주는 이익들이 쇠퇴하고 있다고 주장한다. 이것은 신자유주의적 접근법이 노동집약적 산업을 촉진할 수 있는 경제정책 논의와 국가 투자 및 국가 개입을 허용하지 않는다는 센더(Sender, 2003)의 주장과 결합되어 있다. 게다가 신자유주의적 담론은 또한 정부규제 혹은 노동조합에 대한 지원과 같은 노동자의 권리와 임금을 지원하기 위한 국가 개입을 꺼린다. 이러한 권한부여의 영역들은 신자유주의적 의제에서는 지속적으로 제외되고 있다. 센더(Sender, 2003: 419)의 결론은 "만약 가장 영향력 있는 개발 경제학자들이 빈곤은 오직 시장이 탈규제화되고 국가가 산업정책을 구성하려는 자신들의 오랜 열망을 포기할 때에만이 퇴치될 수 있다고 주장한다면, 적절한 부문별 정책과 산업전략은 개발될 수가 없다는 것"이다.

결론은 〔신자유주의의〕 개량적 접근법 안에서도 지속적으로 존재하는 자유화에 대한 믿음이 가난한 사람들에게 가장 많은 이익을 줄 정책들의 실현을 막는다는 것이다. 빈곤과 불평등은 개선될 것 같지 않다. 위에서 논한 전 지구적인 격차를 해소하기 위한 전망 또한 기약하기 힘든 것으로 보인다.

16장_복지국가와 신자유주의

수전 맥그레고어*

'복지국가' 라는 이념은 20세기 서구 정치의 핵심적 특징이었다. 복지국가에 대한 최상의 정의 중 하나는 아사 브리그스Asa Briggs의 것이다.

> '복지국가' 는 시장(지배력)의 역할을 조절하기 위해 조직된 권력이 (정치와 행정을 통해) 최소한 세 가지 방향으로 신중하게 사용되는 국가이다. 첫째, 개인들과 가족들에게 그들의 노동이나 재산의 시장 가치에 상관없이 최소한의 소득을 보장한다. 둘째, 그렇지 않을 경우[즉 방치했을 경우] 개인과 가족들의 위험으로 이어지는 '사회적 우연성' (예를 들면, 질병, 노령, 혹은 실업)을 최소화한다. 셋째, 지위나 계급에 상관없이 모든 시민들에게 합의된 사회적 서비스의 범위에 따른 이용 가능한 최선 수준의 제공을 보장한다. (Briggs, 1961 : 288)

---

* 수전 맥그레고어(Susanne MacGregor)는 런던 대학교 위생 및 열대질병의과 대학의 공공보건 및 정책학과 사회정책 교수이다. 그녀는 빈곤과 사회적 배제, 약물오용, 그리고 도시와 지역사회 문제 및 정책과 관련된 문제에 대한 저술활동을 해왔다. 그녀는 유럽의 국가 간 연구 및 정책(European Cross-National Research and Policy: http://www.xnat.org.uk)에서 ESRC(Economic and Social Research Council) 세미나의 공동 조직자로 있다.

정치적 논쟁 속에서, 진보진영은 야경국가로부터 사회적 서비스 국가, 그리고 복지국가로의 이동을 주장하였는데, 어떤 이들은 이 복지국가를 사회주의를 향한 단계라고 보기도 하였다. 완전한 복지국가를 달성하기 위해 정부는 핵심적인 사회적 서비스로서 교육을 강조하고, 완전고용을 보장할 책임을 지며, 경제성장과 부자로부터 빈자로의 소득 재분배를 정책으로 추구할 필요가 있다고 생각되었다.

사회정책이 이 모든 것을 명백하게 달성한 나라는 없다. 스칸디나비아 지역에서 정책들과 여론은 더 광범위한 사회정책에 우호적이었다. 잔여 복지국가residual welfare state[1]의 성격을 갖는 미국은 이보다 훨씬 좁은 범위를 선호했다. 대부분의 발전된 민주주의 국가들은 이 두 지점 사이의 어디쯤에 해당된다. 그리고 시간이 지나면서 그 위치들은 변화했다. 어떤 단계에서는 국가의 사회정책 범위를 확대하는 것이 바람직하다고 생각되었다. 1970년대 후반 이후, 신자유주의적 사고들의 영향력 아래에서 진자는 정반대 방향으로 흔들렸다. 정부지출을 삭감하고, 개인과 시장에게 더 많은 부분을 넘기는 것이 지배적인 이념이 되었다.

신자유주의와 사회주의의 싸움이 1970년대와 1980년대 내내 거세게 전개되었다. 결과는 무엇이었는가? 우리는 종종 "이제 우리는 모두 자본가다" 혹은 시장이 국가에 승리하여 부상했다는 이야기를 듣고 있다. 급속하고 과도하게 신자유주의적 정책들을 채택함으로써 발생된 파괴적 효과와 양극화를 목격했던 빌 클린턴과 토니 블레어에 의해 주창된 제3의 길은 시장만으로는 충분하지 않다고 주장하였다. 더욱 친절하고 온화한 형태의 자본주의가 이상적이리라(5장, 21장을 보라).

1) 복지국가가 국가를 중심으로 제도화되어 있는 제도적 복지국가(institutional welfare state)와 비교할 수 있는 것으로 개인 복지가 주로 가족 또는 시장에 의해 결정된다. — 옮긴이

우리가 오늘날 목도하는 얼마나 많은 변화들이 이 이념싸움으로부터 초래되었고, 여타 다른 힘들forces로부터 연유된 것은 또한 어느 정도인가? 20세기 말에 이르러 복지국가는 변화를 필요로 했다. 복지국가는 안정된 성장, 남성 부양자 가족체계, 안정적 노동시장의 시기에 발생했다. 20세기 후반에는 소위 복지국가의 위기 — 재정과 정당성의 위기가 나타났다. 이는 세계화부터 기술변화에 이르기까지 다양한 영향력들이 복합적으로 작동하여 초래되었다. 증가하는 이혼 및 별거 비율과 한부모 가족의 증가라는 가족의 변화, 인구의 노령화, 새로운 이주 패턴, 그리고 정치 이데올로기의 변화가 있었다. 다른 핵심적 변화들은 소련의 붕괴, 사회주의 이념의 약화, 유럽연합의 발전, 독일의 통일, 소비자 자본주의의 등장, 여성 고용의 증가 등이 있다. 이러한 변화들과 함께 제조업에서 서비스업으로의 이동, 실업의 증가, 낮은 경제 성장률이라는 현상이 발생했다. 이러한 변화들은 모두 함께 사회정책의 많은 변화들을 요구하였다(24장을 보라).

단순한 척도로 국민소득 중 정부지출 몫의 비중을 살펴보자면, 정부가 후퇴했다는 징후는 거의 없다. 일반적으로, 부유한 산업국가들에서 정부지출 부분은 약 45%(3장을 보라) 정도이다. 정부가 재정을 국방비로 쓰는지 아니면 보건에 쓰는지, 또는 사회적 서비스에 쓰는 건지 교도소를 짓는 데 사용할 것인지가 중요한 문제이다. 정부는 사회 통제를 위해 다양한 방법들을 선택할 수 있다. 정부는 복지국가정책을 통해서 사회적 통합을 추구할 수도 있고, 양극화로 발생하는 문제를 강제적 조치로 대응할 수도 있다.

많은 연구들이 무슨 일이 일어나고 있는지를 설명하려고 시도해 왔다. 이 연구들이 가진 문제점은 이들이 다루는 자료의 유형에 있다. 사회적 지출, 사회보장 혹은 연금에 대한 데이터를 연구하는 이들과 교육, 육아, 보건, 주택에 대해 연구하는 이들은 종종 상이한 결론에 이르곤 한다. 다양한 국가들은 다양한 사회정책적 측면을 가지기 때문에, 다른 말로 하자면 다양한 사회집단과 부문들에 대한 지출 가운데 서로 다른 균형점을 선택하기 때문에, 어떤 척도가 선택되는가에 따라 각 나라들은 상이한 범주에 위치하게 된다.

분명해 보이는 것은 복지국가가 신자유주의의 도전에 직면하여 기대했던 것보다 잘 살아남았지만, 향후 복지국가의 이념이 중간——혹은 낮은 소득의 국가들에 의해 추구될 것 같지 않다는 점이다. 신자유주의적 의제에 충실한 세계은행과 IMF와 같은 국제기구로부터의 압력은 〔복지국가와는〕 다른 모델이 그들의 미래를 결정하게 될 것을 의미한다.

신자유주의적 사회정책은 시장을 강조한다. '사적인 것'이 '공적인 것'보다 우위에 있다는 교의이며(이것을 더 나은 질과 효율성으로 가는 방법으로 인식하면서), 그리고 개인주의와 선택의 자유라는 이념과 가치이다. 사회적인 보호주의 법은 간접적 무역 장벽으로 인식된다. 복지국가는 경제성장에 방해가 되는 것으로, 그리고 노동의 동기를 약화시킴으로써 실업을 장려하고, 빈곤의 덫을 놓으며, 경제에 감당할 수 없는 짐이 될 뿐 아니라 국제 경쟁력에 방해가 되는 것으로 인식된다.

물론, 복지국가의 제도들arrangements 말고도 경제적 사회보장을 제공하는 방법들이 〔여럿〕 존재한다. 어떤 학자들은 '다른 수단에 의한 사회적 보호'라고 하는, 어색하긴 하지만 일말의 진실을 갖는 용어를 제안한다. 싱가포르의 위계적이고 권위주의적인 체계는 공공의 통제력을 확보하기 위해서 공적 기금을 들일 필요가 없어도 된다는 것을 보여 준다. 전통적으로 호주는 높은 고용수준을 유지하려는 목적으로 보조금, 필수 임금 조정, 이민 통제를 사용함으로써 경제적 보호주의를 구현했다. 일본은 회사에 대한 충성과 회사에 의한 신실함을 조합함으로써 완전고용과 직업 안정을 제공했다. 국가사회주의체제는 소비자 보조금과 결합된 노동에 대한 권리와 의무의 원칙에 기초하여 여성과 남성 모두에 대한 완전고용을 목표로 했다. 소련체제는 비효율적인 것이긴 하였지만 기본적 욕구는 모두 충족시켰었다.

탈산업사회의 새로운 조건들 속에서 이념들의 세기말적 싸움으로부터 무엇이 등장했는가? 현실은 복잡하고 분명치 않으며, 서로 다른 사회들은 상이한 해결책을 채택했다. 그러나 새로운 정책 패러다임은 어떤 분명한 특징들을 가지고 있다. 일반적으로 완전고용 목표로부터 **활성화 정책들**activation policies—저임금 노동에 대한 지원과 연계된 실업수당을 이용한 강제적인 직업훈련 혹은 직업 재배치와 같은—로의 전환이 일어난다. 예를 들어, 미국은 빈곤가족에 대한 임시 원조 프로그램TANF이 있으며, 영국에는 자녀 세액 공제child tax credits가 있다. 이러한 개혁들은 자신들의 생활 수준을 국가 수당에 의존하면서 노동시장의 주변부에 머무는 저임금 노동자층을 형성하도록 하고 있다. 이러한 개혁과 동시에 개인의 책임성을 점차 강조하는(미국의 복지개혁법Personal Responsi-bility and Work Opportunity Reconciliation Act에서 잘 드러나듯이) 문화적 변화가 일어나고 있다. 경제와 사회 속에 포섭된 자들은 자신과 자신의 가족들을 부양할 책임을 진다. 그러나 배제된 자들에 대한 정책들은 신자유주의적인 것이라기보다는 더 많은 국가의 간섭, 개입정책, 감시를 행하는 신보수주의 혹은 권위주의적인 것이다.

복지국가들에서 나타난 변화의 충격

모든 발전된 국가들이 적어도 신자유주의의 온건한 형태로라도 수렴되고 있는가? 지금까지는 그 제한된 증거만이 나타나고 있다. 최근의 연구들은 유럽 복지국가가 25년간 경험한 논란과 변화의 충격에도 불구하고 얼마간 살아남아 (즉 기대했던 것보다는 나은 형태로) 잘 버티고 있다고 보고한다. 복지 지출은 계속 상승하고 있다. 여론은 여전히 복지제도들을 지지하고 있다. 그러나 모든 정부들의 소망은 경쟁력을 유지하는 것이고, 따라서 모든 국가들은 생산성과 고용률에 주의를 기울여야 한다. 모든 국가들은 점차 복지 혜택을 목표로 삼아 사적 영역을 확장하려는 것처럼 보인다.

신자유주의적 정책들을 받아들여 더 큰 규모의 구조조정을 행한 국가들 사이에서 변화의 충격은 다양하게 나타난다. 노동시장 양극화의 경향은 우리가 저임금, 저숙련 비정규직 노동의 재등장을 목격하는 영국에서 가장 두드러진다. 불평등은 (미국과 영국과 같은) 자유주의 국가들에서 가장 급격히 증가했고, 유럽 대륙과 북유럽에서는 최소한이었다. 북유럽 복지국가들은 1990년대를 견뎌 냈고, 도전을 받으며 약해지긴 했지만 살아서 기능했다.

영국과 같이 신자유주의적 정책들이 가장 강력하게 도입된 곳에서 핵심적 지표들은 상대적 빈곤과 불평등의 증가를 보여 준다. 1979년 영국에서는 5백만 명이 평균소득의 절반이 안 되는 수입을 가진 가정에 살고 있었다. 1991년에서 1992년 사이에는 1,390만 명이 평균소득 절반 이하의 가정에 살고 있었는데, 이는 전체 인구의 9%에서 25%로 상승한 것이다. 1990년대를 거치면서 전체 인구 대비 하위 10%의 실질소득은 17% 하락했다. 전체 인구의 수입이 평균 36% 증가한 데 반해, 가장 부유한 10%의 수입은 주거비용을 제하고서도 62% 상승했다는 것은 '승자와 패자' 논리 'winner and losers' philosophy가 맞아떨어짐을 보인다.

후버와 스티븐스는 다음과 같이 말한다.

영국에서 불평등의 증가는 LIS(룩셈부르크 소득 조사) 데이터에서 가장 큰 기록이었다. 영국은 18개 비교 대상국 중 가장 불평등한 국가인 미국 다음의 위치로 이동했다. (Huber and Stenphens, 2001 : 325)

복지국가의 변화의 정치학

복지국가에서 구조조정이라는 의제를 간단한 비용절감정책 중의 하나로 처리될 수는 없다. 즉 "복지국가가 바닥을 향한 경쟁race to the bottom을 스스로 추진하는 모습은 보이지 않는다"(Leibfried and Obinger, 2001 : 1). 긴축재정에 대한 강력한 압력을 상쇄한 것은 복지국가제도가 지니는 지속적인 대중성을 보여 주며, [제도의] 역전에 반대하는 집단들의 능력과 의지이다.

9개국(스웨덴, 노르웨이, 핀란드, 덴마크, 오스트리아, 독일, 네덜란드, 호주, 뉴질랜드)에서 나타났던 발전을 검토하고 선진국에 대한 다른 연구들로부터의 증거를 참고하여 후버와 스티븐스는 다음과 같은 점을 발견했다.

> 팽창의 둔화에 이은 침체가 주도적인 양상이다. 종국에는 확산되긴 하지만, 일반적으로는 복지수급권entitlements의 적당한 정도의 삭감이며, 최소한 체계 전환system-transforming적인 것은 아니다. 오직 영국과 뉴질랜드에서만 사회보장 시스템에서 대규모 삭감, 진정한 체계 변동을 발견할 수 있다. (Huber and Stephens, 2001 : 6)

이 저자들은 이러한 현상을 "영국과 뉴질랜드가 고도의 권력 집중을 가능케 하고, 지지를 받지 못하는 대중적이지 못한 변화를 정부가 추진할 수 있도록 하는 헌법을 가진 국가이기 때문"이라고 설명한다(Huber and Stephens, 2001 : 7). 영국에서 많은 저항이 있었다는 것을 상기해 보는 것이 중요하리라. 80년대는 지방 정부, 전문 직종 단체professional bodies, 유권자, 사회운동, 노동조합, 일국 토리주의[2]로부터의 저항이 있었던 혼란과 저항의 10년이었다. 이 모든 저항들은 강력한 중앙 집권적 권력 때문에 패배했고, 단호한 지도자를 가진 권력층에 비해 반대측은 분열되어 있기도 하였다.

따라서 전체적으로 영국과 뉴질랜드에서만 빠르고 급격한 변화가 있었다. 영국은 10년 동안 사회정책 양식이 '사회적 민주주의'로부터 '자유주의적' 형태로 이동하였다. 왜 유럽 대륙이나 스칸디나비아 지역에서 이와 동일한 급격한 변화를 찾아볼 수 없는가? 여러 다양한 사회들의 가치와 정책상의 차이점은 어떻게 설명될 수 있을까? 왜 어떤 사회들은 더욱 동정적이면서 사회적 연대를 보여 주는 데 비해, 왜 어떤 사회들은 더욱 이기적이고 개인주의적인가? 답은 정치에 있다. 즉 정치 시스템과 유권자의 가치들 말이다.

사회정책연구 문헌에서 대부분의 설명들은 '신제도주의'new institutionalism에 의존한다. 그들은 "과거의 공약들, 복지 지지자들의 정치적 무게감, 그리고 제도적 장치들의 관성"이 핵심적인 영향을 끼쳤다고 주장한다(Leibfreid and Obinger, 2001 : 4). 선거 정치는 [이 중에] 핵심적인 역할을 한다. 후버와 스티븐스(Huber and Stephens, 2001 : 3)는 "현존하는 권력 관계, 여론, 정책 형세configuration, 그리고 제도적 장치들이 현재의 정부가 할 수 있는 것을 제한하지만 정부들은 정치적 선택의 수단을 가진다"는 것을 발견했다. 시간이 지남에 따라 이러한 정치적 선택들은

---

2) 사회개혁에 대한 요구와 결합된 영국의 민족주의. — 옮긴이

사회보호체계를 다른 길로 인도할 것이다.

변화의 형태와 방향에 영향을 미치는 핵심적 요소들은 정부의 당파적 양상, 노동조합과 고용주의 상대적 힘, 이익중재체계와 복지국가체제의 제도적 유산이다. 주로 수평적 재분배와 중간계급들을 보호하는 정책들이 긴축조치들에서도 견딜 가능성이 높다고 한다. (수평적 재분배는 소득수준의 관점이 아니라 결핍이라는 관점에서 본 형편이 좋은 사람으로부터 그렇지 못한 사람에게로 인도적 차원에서 자원의 이동이 일어나는 것으로 볼 수 있다. 예를 들어 건강한 사람으로부터 아픈 사람으로, 중년층으로부터 노인과 청년층으로, 취업자로부터 실업자로, 독신자와 아이가 없는 이들로부터 가족들로. 그러한 재분배는 모든 소득수준에서 수평적으로 일어나며 그 수단에 대한 검증을 필요로 하지 않는다.)

모든 현상을 설명하는 데 쓰이고 있는 세계화는 이에 대해 어떤 이야기를 하고 있는가? "복지국가에 대한 많은 압력들이 세계화의 탓으로 돌려지고 있으나 사실 그렇지 않다. 그 압력들은 실제로는 주로 부유한 민주주의체제에 의해 생산된다."(Pierson, 2001: 4) 그래서 제도가 중요하다는 것이 결론이다. 동일한 전 지구적 힘들은 그들이 영향을 미치는 복지제도들의 종류에 따라 서로 전혀 다른 문제들을 일으킨다. "국내적 제도들은 국제경제로부터 기인하는 효과들을 조정하는 데 여전히 중요하다. 핵심적 주장은 변화를 막거나 지연시킬 수 있는 권력 클러스터인 '거부점' veto points과 관련된다"(Pierson, 2001: 4). 변화를 가속시킬 수 있는 능력도 역시 중요하다. 후버와 스티븐스는 "이데올로기적으로 추동된 모든 긴축정책은 노조운동이 쇠퇴한, 그리고 의미 있는 기독민주당이 존재하지 않는 사회 속에 있는 세속적인 우익정당secular rights-wing parties에 의해 이루어졌다"고 덧붙인다(Huber and Stephens, 2001: 335). 비례대표제를 채택하고 있는 경우가 많은, 합의의 정치가 더 발달한 사회에서 재조정recalibration(혹은 새로운 환경에 대한 적응과 복지체계의 핵심적 측면의 보호라 할 수 있는)은 적대적 충돌 없이 핵심적 이익집단들과 협상하는 정부에 의해 달성될 수 있다. 중요한 요소는 사회정책제도 속에서의 노동조합의 위치이다. 예를 들어 핀란드와 스웨덴에서 조합은 실업급여를 관리한다.

이러한 설명은 또한 '정치가 중요하다'고 주장한다. "유권자를 올바로 다루는 데 실패했다는 것이 지난 20년 동안 복지국가의 회복력에 대한 분석가들의 체계적 과소평가를 설명하는 데 도움이 될 것이다." (Pierson, 2001: 8) 예를 들어, 스웨덴과 핀란드에서 모두 유권자들은 예산 삭감을 경험하고 사회적 지출을 더욱 감축하겠다는 위협을 당한 이후 중도우파정부를 거부했다. 긴축에 대한 불만이 좌파정당으로 회귀하게 만들었음에도 불구하고 좌파정당은 예산 삭감을 재개했고, 다만 그것이 불러올 정치적 결과들을 이전 정부보다 더 약삭빠르게 관리했을 따름이었다.

전체적으로 보자면, 지원이 미약한 지역에서 — 핵심 정책들이 노동시장, 특히 실업, 사회보장과 직접적으로 연관되어 있는 — 변화가 가장 빨랐고, 중간계급의 이익과 직업적 전문 매개자professional intermediary들이 보건과 교육과 같은 공공 서비스를 방어하는 곳에서는 변화가 그보다 느렸다. 복지국가정책들은 대개 인기가 있었고, 이는 지원 네트워크를 발생시킨다. 상이한 복지국가에서 부문별 이익 연합의 본질은 중요하다. 그리고 이 동맹은 사회들마다 다양하다. 예를 들어, 스웨덴은 여성의 이해를 제도화시켰다. 스웨덴에서 여성과 노동조합의 강력한 동맹은 예산 삭감 시도에 반대하여 복지국가를 지지했다.

미래에 관해 말하자면, 초기의 신자유주의적 설명에 따르면 사회정책은 고용주들에게 있어서 단지 금융적 부담에 지나지 않았음을 유념해야 한다. 그것은 비즈니스의 기회가 될 수 있었던 것이다. 인적 서비스의 민영화가 사회적 육아, 보건 보조, 연금 보조, 그리고 심지어는 교육영역에서 핵심적 발전과 비즈니스 기회가 되고 있다. 이는 아마도 이 발전의 다음 단계에 영향을 미칠 것이다.

몇몇 다른 중요한 변화들, 특히 이주는 그 자체로 경제적이고 정치적인 경향의 결과들이고, 지속적으로 어려움을 제기할 것으로 보인다. 이주자들은 종종 복지 수급권으로부터 배제된다. 복지국가는 사회적 연대에 의존한다. 사회적 연대는 공통의 정체성이 존재하고 모두가 처한 위험에 대한 인식이 있는 곳에서 더 강하다. 자본주의 사회에 의해 진전되는 현재의 개인화 경향들은 이 둘 모두를 약화시킨다.

미래에 대한 전망과 선택

주요한 변화가 있다는 증거가 거의 없음에도 불구하고 더 중요한 변화가 곧 다가올 것이라고 주장하는 이들이 있다. 이것은 특히 신자유주의적 이념들이 독일과 프랑스와 같은 핵심 국가들에서, 늦은 감은 있지만, 더욱 두드러지고 있기 때문이라는 것이다. 테일러-구비는 다음과 같이 결론짓는다.

> 복지정책이 지금까지 상당한 성공을 거두면서 급진적 개혁과 예산 삭감에 대한 압력들에 저항해 오긴 하였지만, 제도적 구조와 복지 조직의 변화, 사민주의적 정당들의 현대화가 불러온 정책 결정의 변화는 유럽의 복지국가가 새로운 궤도에 올라섰음을 의미한다. 현재의(그리고 최근의) 경험은 미래에 대한 좋은 지침이 되지 못한다. (Taylor-Gooby, 2001: 1)

이 장은 현재 일어나고 있는 것들을 설명하는 데 있어서 이념, 제도, 이익들의 중요성에 초점을 맞추어 왔다. 현재 많은 세력들이 "대안이 없다"는 이야기를 하고 있다. 대안적 시나리오는 인정받지 못하고 있었다. 지배 담론은 국가 중심적 해결책들을 폄하해 왔다. 진보적 개혁을 주장하기 위해서는 새로운 이념들의 논쟁이 시급하게 필요하다.

디컨과 공저자들(Deacon et al., 1997: 51)은 사회적 요구와 사회적 시민권에 대한 사회정책 분석가들의 고전적 관심은 초민족적supra-national 시민권과 국가 간의 정의에 대한 탐색이 되어야 한다고 주장한다. 초민족적 시민권의 장기적 비전을 향한 사회운동들이 발전하고 있다. 국제적 NGO들과 사회운동들은 형평성, 평등과 민주주의라는 원칙, 환경 보호, 사회적 권리와 의무, 공동의 기여, 그리고 지불할 능력에 따르는 것이 아니고 인본적 또는 세계 시민적 토대 위에서 필요가 충족되는 것을 기초로 성립되는 국제적 복지국가를 목표로 한다.

당장 제도적 수준에서, 극단의 신자유주의에 저항하는 보루로서, 특히 사민주의 정당과 노동조합과 같은 이들을 지지하는 것은 의미가 있다. 이것은 유럽의 공적 영역을 더욱 발전시키기 위한 이념들과 연결된다. 이는 민주적 사회주의 이념들을 복원할 필요성과, 노동운동과 정당들을 접수하여 이를 약화시켰던 이들로부터 주도권을 되찾는 것과 관련된다. 이기적인 소비자보다는 인간에 대한 배려와 시민권 공유라는 개인들의 더욱 광범위한 이해로의 전환과 그러한 행동들이 연결될 것이다. 더욱 배려하고 사회적으로 정의로운 사회가 대다수 인류의 이익이다. 이러한 행동 모두에서 민주주의의 가치와 실천들을 보호하고 증진하는 것이 중요하다.

이 모든 것이 억지처럼 들릴지도 모른다. 신자유주의적 이해로부터 들리는 잔혹한 소음과 놀라울 정도로 냉정하게 묘사되는 세계로부터 들려오는 끊임없는 잡음에 직면하여 비관적이 되지 않기란 힘든 일이다. 무관심과 회의주의는 진보적 정치가 극복해야 할 것이다. 정치적 행위에 다시 개입하는 것, 대안을 상상하는 것, 그리고 개혁의 언어를 되찾아 오는 것이 필요하다. 특히, 저항을 국제화하고 민족을 넘나드는 초민족적 노동조합 동맹, NGO, 그리고 그 밖의 다른 사회운동들을 강화할 필요가 있다(19장을 보라).

17장_신자유주의, 신우파, 그리고 성정치

레슬리 호가트*

1970년대 후반, 신우파the New Right로 알려진 보수주의 정치의 한 변종이 서구 세계의 정치 무대에 갑자기 등장하게 되었다. 신우파는 수많은 상이한 형태의 보수주의적 경향을 담고 있으며, 신자유주의와 긴밀하게 관련되어 있었다. 신우파는 복지 자본주의를 거부한다는 점에서 전후 보수주의와 구별되기도 한다(16장과 Levitas ed., 1986을 보라). 신우파는 수많은 정치영역에서 활동하고 있으며, 어떤 범위에서는 신자유주의의 관심사를 넘어서기도 한다. 하지만 신자유주의 정치학과 많은 부분에서 명백한 연관이 있다. 신자유주의자와 신우파는 복지정책과 사회보장 지출로 발생된 '의존적 문화'dependency culture[1]를 공격했다. 그들은 '전통적인' 핵가족을 방어하고자 했으며 그 규범의 바깥에 있는 (예를 들어 싱글맘lone mother 같은), 혹은 그러한 규범에 도전하는 (예를 들어 페미니스트

---

* 레슬리 호가트(Lesley Hoggart)는 런던의 정책연구소(Policy Studies Institute)의 선임연구원이다. 그녀는 최근에 한부모가정과 고용영역 평가 프로젝트를 진행하고 있다. 그녀는 젊은 여성들과 성적 의사결정(sexual decision-making), 젊은이들, 후생, 위험 등의 출산의 자유(reproductive choice) 정치학 영역에 관심이 있다. 최근 저서로는 *Feminist Campaigns for Birth Control and Abortion Rights in Britain*(Lampeter: Edwin Mellen Press, 2003)이 있다.

1) 사회복지에 의존하고, 그것을 기대하는 사회유형을 일컬음. — 옮긴이

들과 같은) 이들을 비판했다. 그들은 도덕적 타락이 지난 20년간의 '관용주의' permissiveness 때문에 발생한 것이라 보고 이에 관심을 기울였으며, 1960년대와 1970년대 초반의 진보적인 사회·정치적 성과들에 대해 공격을 시작했다.

신자유주의자들과 신우파들은 도덕적 타락이 경제적 퇴보의 원인 중 하나라고 간주하였다. 이 장에서는 억압적인 도덕주의적 책략과 보수주의적 가족정책을 가장 강하게 추진하였고, 우파적 전환의 초기 수혜자였던 대처리즘Thatcherism과 레이거니즘Reaganism이 발호했던 영국과 미국의 사례에 초점을 맞출 것이다(Hall and Jacques, 1983). 이후, 신우파는 로널드 레이건과 마거릿 대처의 선거 승리로 막대한 후원을 받게 되었다. 미국과 영국에서 신우파 정치운동이 국제적으로 강력하게 성장한 것은 1980년대를 통해서였지만, 이들은 60년대와 70년대의 자유주의를 역전시키려는 시도들의 최선두에 서 있었다(22장과 23장을 보라).

이 장은 신자유주의와 신우파 사이의 관계에 대한 논의로 시작한다. 그러고 나서 두 개의 특정한 영역에서의 신우파 정치에 대한 논의로 옮겨갈 것이다. 첫째로 가족에 대한 신우파의 정치를 분석할 것이다. 두번째로 신우파와 긴밀한 연관을 맺고 있는 성정치sexual politics운동들 일부를 고찰할 것이다. 이 장은 경제적으로는 자유주의와 성정치에 있어서는 국가 개입에 대한 요구라는 조합의 모순적인 본질에 대한 짧은 숙고로 끝을 맺는다.

신자유주의와 신우파

신우파는 케인즈주의에 대한 신자유주의적 공격과 주로 결부되어 있었고, 무엇보다도 전후 케인즈주의적 사회복지에 대한 정치적 공격을 통해 이루어졌다. 그것은 복지국가의 비효율성을 비판하면서 그것이 국민경제의 경쟁력 손실과 관련되어 있다고 하였다. 그리고 그것과 동시에 '의존적' 문화에 대한 공격을 통해 도덕적 불안을 신자유주의 경제 이데올로기와 연결시켰다. 도덕적 타락은 경제적 퇴보의 원인으로 비추어졌고 복지 혜택은 개인의 자발적 노력initiative과 책임을 질식하는 것으로 여겨졌다. 시민이 소비자가 됨에 따라 집산주의collectivism와 사회적 책임감이라는 이데올로기는 자취를 감추었다. 국가계획과 복지의 집단적 제공은 (이제는 소비자가 되어 버린) 시민의 선택권을 박탈한다는 것이었다. 신우파는 개인의 자기이익, 가족 그리고 자립이라는 가치에 의해 지지되는 전통적 도덕과 사회질서를 부활시키고자 한다(Williams, 1999). 그것은 또한 국가가 아닌 시장이 정치적 안정과 자유를 위한 최고의 수호자라고 주장했다(Lowe, 1999).

레이거니즘과 대처리즘이 보수주의적 신우파를 완전히 포괄한다고 할 수는 없었지만, 중요한 일부였던 것은 사실이다. 대처의 주장 중 한 가지는 전후 보수당이 복지국가를 추구하면서 사회주의에 너무 많은 양보를 했다는 것이다. 이것을 원상태로 되돌리는 것이 그녀의 임무 중 하나였다. "행동에 미칠 효과를 거의 또는 전혀 고려하지 않은 채 분배되는 복지 혜택은 혼외 자녀를 장려하고 가족의 해체를 촉진하며, 노동과 자립을 독려하는 대신 게으름과 부정을 부추긴다"(Thatcher, 1993 : 8).

노동계급운동을 길들일 필요가 사회적 문제로 떠올랐다. 대처는 불평등을 찬양하는 연설을 하였으며, 국유산업을 민영화하는 결정을 내렸고, 결정적으로는 노동조합운동에 대한 공격을 시작하였다. 그녀의 가장 위대한 승리는 1984~85년의 광부들의 파업을 좌절시킨 것이었다. 이 패배는 1980년대 말 무렵의 복지국가의 집산주의 원칙들에 대한 더욱 직접적인 공격을 위한 길을 닦아 놓았다.

신우파의 개인주의와 자립에 대한 요청에서 유일하게 제외되는 것은 핵가족의 장려였다. 1977년 보수당 전당대회에서 대처가 선언한 "우리는 가족의 당이다"는 이후 20여 년에 걸쳐 수많은 상황에서 되풀이되었다. 1982년 대처는 날로 증가하는 혼외 자녀와 이혼 그리고 청소년 범죄 수치와 '관용적인 사회의 탄생'을 연결시켰다(Durham, 1991: 131에서 인용).

핵가족에 대한 신우파의 지지는 1960년대의 '관용적인' 정치에 대항하는 '반격'의 일부였다. 이 반격은 전통적인 도덕성을 재건하고 1960년대와 1970년대 초의 수많은 진보적인 개혁들을 되돌려 놓고자 했던 여러 운동들과 연관되어 있었다. 가족에 대한 보수주의적 관점이 이러한 모든 운동의 토대가 되었다.

신우파와 가족의 정치학

신우파는 경제적 자유주의자였으나 전통적인 가족의 보호자였고, 또한 가족을 유지하기 위한 강력한 정부 행위와 보상체계를 지지하였다. 개인주의에 강력하게 결합된 이데올로기에서 가족이 그렇게 중요한 위치를 차지하게 된 이유는 확실히 의문스럽다. 그 대답은 가족이 개인과 동등한 중요성을 지니는 단위라고 주장했던 하이에크까지 거슬러 올라갈 수 있다. 그 목적은 시장에서의 성공을 유도하는 전통적인 도덕성과 자질을 계승하려는 것이었다(Pascall 1997).

자본주의 복지국가에 대한 신우파의 공격 중 하나는 〔국가가〕 복지의 공급자로서 가족을 대체해 왔다는 것이었다(Glennerster, 2000). 핵가족의 해체와 다른 '사회적 문제들' 사이의 관련 또한 주장되었다. 아버지는 가족을 버렸고, 소년들은 범죄를 저질렀으며 소녀들이 십대 엄마가

되었다. 찰스 머리(Murray, 1990)와 같은 저술가들은 가족의 붕괴와 범죄가 서로 관련되어 있다고 주장하였다.

영국에서 전통적인 가족의 형식과 가치에 대한 방어는 신우파 및 대처리즘과 강력하게 연관되어 있었다. 1980년대에 신우파의 싱크탱크인 '경제문제연구소' Institute of Economic Affairs는 『부권 없는 가족과 가족: 그것은 단지 또 다른 삶의 형식에 대한 선택인가?』(Pascall, 1997)와 같은 제목의 책들을 출판하기 시작하였다. 이러한 출판물들은 가족을 장려하고자 했으며, 여성 종속의 원천으로서 핵가족 제도와 이데올로기를 공격해 왔던 페미니스트들에 대한 직접적인 도발이었다.

페미니스트들은 가정 내에서 여성의 가사노동 부담이 고용에서의 불평등과 성차별을 발생시켰다고 주장했다. 그들은 가정 안팎의 성별분업에 도전했다. 많은 페미니스트들은 일과 정치와 같은 공적 영역에서의 평등이 집안일과 아이 돌보기와 같은 '사적 영역'에서의 책임을 공유하지 않고, 남성과 여성 모두가 이 같은 책임을 감당하도록 고안된 더욱 유연한 작업 관행 없이는 가능하지 않다는 것을 깨달았다(Rowbotham, 1989). 사회주의 페미니스트들은 또한 특히 아이 돌보기처럼 '사적'이라고 간주되어 오던 많은 것들의 집산주의적인, 공적인 제공을 요청했다. 그리하여 페미니스트들은 공적인 것과 사적인 것은 서로 얽혀 있기 때문에 가족은 사적인 것이 아니라 공적이고 정치적인 문제로 보아야 한다고 제안했다.

반대로, 신우파는 여성이 양육에 책임이 있으며, 공적 영역과 사적 영역의 뚜렷한 구분을 전제로 하는 엄격한 성별분업이 중요하다고 거듭 주장하고 있었다. 미국에서 신우파들은 도발적으로 반페미니즘anti-feminism을 표방했다. "나는 여성운동이 여성들로 하여금 가족 대신 그들의 직업에 가치를 두도록 가르침으로써 그들에게 더 큰 상처를 준다고 생각한다"(Faludi, 1991)라고 '미국을 걱정하는 여성들' Concerned Women for America(미국에서 가장 큰 여성 신우파 그룹)의 버벌리 라헤이Beverly LaHaye는 선언했다. 이와 마찬가지로, 헤리티지 재단의 코니 마쉬너Connie Marshner는 다음과 같이 주장하였다. "여성의 본성은 단순하게 말하자면 타자 지향적이다. …… 여성은 그들의 본성상 타자의 필요를 충족시키는 데 그들 자신을 투여하도록 운명 지어졌다."(Faludi, 1991: 241) 신우파의 정치적 요구는 국가가 후퇴하는 대신 가족이 더 많은 책임, 특히 젊은이들에 대한 책임을 져야 한다는 것이다.

영국에서 젊은이들을 가족들에게 의존하도록 하는 많은 법안들이 입안되었다. 1988년에는 16~18세를 위한 소득지원을 철회하였다. 많은 사람들은 수많은 젊은이들이 노숙자 대열로 합류하게 된 책임이 이 법안에 있다고 느꼈다. 1986년에는 혜택이 18~25세만을 대상으로 하도록 축소되었고, (구직자 수당이 실업급여를 대체하게 되었던) 1996년에는 그 집단에 있는 젊은이들의 급여가 20% 감소하였다(Glennerster, 2000: 196). 소년범죄에 대한 부모의 책임을 인정하는 견해를 도입한 '형사법' Criminal Justice Act을 포함하여 가족을 겨냥한 그 밖의 다른 보수적 법안들이 제기되었다. 학자금 융자제도를 도입하면서 학생복지 혜택의 철회로 인해 학생들의 경제적인 독립이 어려워졌다. 대처에 뒤를 이은 존 메이저John Major 총리 역시 전통적인 가족적 가치에 대한 요구를 새로이 하고 사회보장체계를 위협하는 한부모들single parents에 대한 비난의 목소리의 선두에 섰다.

미국과 영국에서 싱글맘에 대한 신우파의 공격은 복지 의존에 대한 신자유주의적 입장과 전통적 가족 옹호를 함께 모아 놓은 것이었다. 미혼모, 특히 나이 어린 미혼모는 무책임하며 국민주택의 대기 행렬에 새치기하려는, 사회보장에 의존하는 '교묘한 사기꾼'으로 그려지고 있다.

이것에 대한 대응으로 보수당에 의해 채택된 법안 중 하나가 [아이의] 아버지가 생계비를 지불하도록 하는 것이었다. 아동지원법Child Support Act 1991은 급여를 받는 모든 싱글맘들이 부재하는 아버지로부터 생계비를 받아 내는 권한을 '아동복지국' Child Support Agency에 위임하도록 했다. 법률 제정의 마지막은 이데올로기적으로 추동되었다. 대처는 어머니의 급여에서 아버지로부터 받은 것은 한 푼이라도 제외해야 한다고 공표하였다. 여성들은 아동복지국과의 협력에서 어떠한 이점도 발견하지 못했으며 많은 남성들 역시 이러한 운영에 대해 적극적으로 반대하였다.

그러는 동안 가족적 가치와 성도덕에 관여하는 의회 밖의 캠페인들이 1980년대에 나타났다. 국가에 대항하여 가족을 방어하고, 성도덕을 장려하고 문란한 성에 대해 공격하는 것이 그들의 목표였다. 영국에서 '보수당 가족운동', '가족 포럼', 가족에 대한 관심Family Concern과 가족과 국가를 위한 운동을 포함하는 새로운 친-가족적 조직들이 넘쳐났다. '기독교 연합 예배' Order of Christian Unity, '전국 은총 축제' Nationwide Festival of Light 그리고 책임 사회Responsible Society와 같은 다른 도덕적인 보수파 그룹들이 이러한 캠페인 활동에 함께했다. 1964년에 메리 화이트하우스Mary Whitehouse에 의해 창설된 '전국 시청자·청취자 협회' National Viewers and Listeners' Assosiation: VALA는 '외설' 에 대한 저항과 낙태반대운동을 전개했다. '태아보호협회' Society for the Protection of the Unborn child: SPUC와 LIFE와 같은 낙태 합법화에 반대하는 '친-생명' 조직들은 낙태 조항에 대한 일련의 공격을 감행했다. 미국에서 종교적이고 보수적인 그룹들은 제리 파월Jerry Falwell의 '도덕적 다수파' Moral Majority와 함께 했다. 이러한 도덕 개혁 조직들 모두가 (특히 영국에서) 보수적인 행정부 편은 아니었다는 것과 성정치가 전후 합의post-war consensus에 대한 신우파의 도전에서 중심적인 위치를 차지하지 않았다는 것은 여전히 논쟁적이다(Durham,

1991). 그럼에도 불구하고 이러한 캠페인들은 '관용적' 사회, 사회주의 그리고 페미니즘에 대한 적대를 공유하고 있었으며, 확실히 보수적 '반격'의 일환이었다. 섹슈얼리티, 도덕성 그리고 가족은 좌익와 우익 사이의 전쟁의 일부로 간주되었다.

신우파, 도덕 운동가 그리고 성정치

도덕 운동가들은 다방면에서 활동하였다. 영국에서 이혼, 피임, 가족계획, 동성애 그리고 낙태에 대한 진보적인 자유주의적 개혁들은 모두 격렬한 포화 아래 놓이게 되었다. 미국에서 도덕적 다수파 같은 단체는 낙태, 포르노그래피, 페미니즘, 그리고 동성애와 같은 문제들에 주목하였고 미국의 가족을 구하기 위해 나선 '성서믿음연합' bible-believing coalition으로 자신을 선전하였다(Somerville, 2000). 미국의 신우파는 무엇보다 먼저 반페미니스트로 자임하였다(Faludi, 1991).

낙태는 지금도 그렇지만 의심할 바 없이 도덕 운동가들을 위한 가장 중요한 단일 이슈였다. 영국의 1967년 낙태법Abortion Act와 1973년 미국 대법원의 '로 vs. 웨이드' *Roe vs. Wade* 그리고 '도 vs. 볼튼' *Doe vs. Bolton* 판결[2]은 낙태에 대한 법을 완화했다. 반낙태조직들은 이러한 규제완화를 공격했다. 낙태의 정치학은 재생산에 대한 선택을 할 수 있는 여성권과 태어나지 않은 아이의 생명권이라는 경쟁적인 두 권리 사이의 장기전 양상으로 전개되었다. 선택을 우선하는 운동들은 생명을 우선하는 운동들의 반대편에 섰다. 반낙태주의자들은 낙태가 실제로 무고한 아이를 살해

---

2) 미국에서 합법적인 임신중절을 인정한 대법원 판결. 여성은 자유의사로 낙태할 합법적 권리가 있다고 판결하였다. '로 vs. 웨이드' 판결은 홀리 헌터 주연의 「금지된 자유」(*Roe vs. Wade*)로 영화화되기도 하였다. — 옮긴이

하는 것이며 태아가 여성의 몸과는 분리되어 있는 별개의 독립된 실체라고 보았다.

하지만 정치적 문제로서의 낙태는 단일 이슈 캠페인을 넘어선다. 그것은 또한 사회 내에서 여성의 지위에 대한 것이며, 가족의 정치학과 섹슈얼리티의 문제에 대한 것이다. 페미니스트들이 매우 명료하게 주장했듯이 성적 관계와 아이를 가지는 것 사이의 연결을 부수는 것은 젠더 평등성과 신체적 자율성을 위한 여성들의 목표 중 중요한 한 부분이다. 여성이 남성과 함께 동등한 위치에서 사회에 참여하기 위해서(다른 사회적 불평등은 제쳐 두고서라도) 재생산을 통제하는 것은 하나의 요구이다. 이는 가정 내 성적 분업을 문제시하고, 성적 관계를 재고하고 무엇보다도 여성을 어머니로만 규정하는 모성애의 정치학에 도전하는 것과 관련되어 있다(Luker, 1984). 1977년에 전국 낙태운동the National Abortion Campaign에서 선언한 바대로 "낙태권을 위해 투쟁하는 것은 여성의 해방을 위한 투쟁이며 핵가족 내에서 여성의 섹슈얼리티를 재생산의 기능에만 한정하여 영원히 묶어두기를 원하는 모든 권력에 대항하는 투쟁의 필수적인 부분이다."[3] 반낙태주의자들에게도 마찬가지로 이는 훨씬 더 광범위한 문제와 관련이 있었다. 그들은 많은 페미니스트들이 여성 억압의 핵심이라고 생각하는 모성 중심성을 확립하고자 했다. 미국에서 낙태에 반대하는 조직들이 '남녀평등헌법수정안'Equal Rights Amendment : ERA[4]에 반대하는 압력 집단과 협력하는 것을 보면 이러한 점은 특히 명백해 보인다. 이들 두 세력은 함께 대중적인 낙태 반대와 반페미니스트운동을 구성하고 있다.

---

3) 1977년 '전국학생회회의'에서 배포된 NAC 리플릿(Contemporary Medical Archeice Center, Wellcome Institute for the History of Medicine).

4) 수정안은 권리의 평등이 성적인 이유 때문에 부정되어서는 안 된다는 점을 지적하고 있다.

영국에서 빅토리아 길릭Victoria Gillick에 의해 선도되는 또 다른 중요한 성도덕운동은 나이에 상관없이 피임이 가능해야 한다는 것을 명문화하고 있는 보건 및 사회보장부Department of Health and Social Security: DHSS의 지침에 도전했다. 길릭의 운동은 관용주의의 악덕과 부모의 권위에 대한 도전이 가진 위험성에 초점을 맞추었으며, 이를 국가적 부패와 연결시키고자 했다. 이는 상당한 지지와 광범위한 언론의 관심을 얻었다. 1985년 10월 마침내 상원은 DHSS의 손을 들어 주었다. 이 사건에서 보수당 정부가 취한 태도는 반낙태 운동가들에게 쓰디쓴 실망감을 안겨다 주었으며, 신자유주의적 경제정책을 적극적으로 추진하는 이들이라고 해서 자연스럽게 성도덕과 낙태 반대운동을 지원하지는 않는다는 것을 보여 주었다.

그 밖에도 가족과 성평등에 대한 보수주의적 시각이 지지하는 선명한 입장의 성도덕운동이 있었다. 이것들은 동성애 정체성을 '조장하거나' '유사 가족관계' 로서 동성애를 '용인할 수 있는 가능성' 을 가르치는 것에 대해 반대하는 영국법의 수정안을 지지하는 운동을 포함했다(28항). 대처의 보수주의 정부는 '지방정부법' Local Government Act의 28항을 제정하였고(1988), 그럼으로써 그것이 승인하는 성적 관계의 형태를 명확히 공표하였다. 28항을 둘러싼 논란은 성교육을 둘러싼 더 큰 논쟁의 일부분이었는데, 가족·청소년 재단과 같은 조직들은 사회가 성교육의 폐지를 원한다고 주장하였고(Durham, 1991: 110), DHSS가 성교육 및 피임과 관련된 가족계획협회나 그 밖의 기관에 자금을 지원하는 것을 비판하였다. 성교육은 성관계를 장려하고 젊은이들을 타락시키는 반가족적 무도덕주의의 매개체로 비춰졌다. 도덕 운동가들은 분명히 이성애와 가족생활을 정상으로 간주하였고 그 바깥에 있는 것은 무엇이든 비정상으로 보았다. 그들은 HIV와 AIDS를 난잡한 성행위와 동성애로 인한 질병으로 범주화함으로써 그 질병에 대응했고 따라서 언론이 AIDS를 '게이 전염병'으로 범주화하는 데 중요한 역할을 하였다.

결론: 성정치에서 신자유주의적 자유주의인가 혹은 국가의 개입인가?

이 장에서는 신우파의 정치학을 고찰하고 그것들을 1970년대와 80년대의 도덕성 캠페인의 일부와 관련하여 논의해 보았다. 이러한 정치 활동들을 반페미니스트적인 것 또는 철저히 반동적인 것으로 요약할 수 있다. 무엇보다도 그들은 '전통적인' 가족을 보호하고 장려하려고 하였다. 마틴 더럼이 지적하였듯(Durham, 1991), 신우파(심지어 도덕 운동가들의 경우에는 더더욱)를 신자유주의와 동일시해서는 안 된다. 한편에서 신자유주의에 근본적인 개인주의와 자유주의, 또 다른 한편에서 사적인 삶의 섹슈얼리티를 규제하는 국가 개입에 대한 요구 사이의 분명한 모순이 있다. 이것은 일부 신자유주의 조직들을 분열시키는 모순이었다. 예를 들어 자유시장을 옹호하는 압력단체인 '자유협회' the Freedom Association의 지지자들은 비도덕성에 대항하는 투쟁을 이끌도록 보수당 정부에 요청하는 것이 개인의 자유와 반목하는 것인지를 놓고 분열되었다(Durham, 1991). 게다가 대처리즘과 레이거니즘이 의심할 바 없이 '전통적 가족의 가치' 대부분을 만들어 내었지만, 영국에서 빅토리아 길릭과 같은 일부 낙태 반대 운동가들 같은 가족운동의 일부는 보수당 정부로부터 받은 지원이 보잘 것 없는 것 때문에 몹시 실망하였다.

그러나 이러한 모든 보수주의적 세력들이 동일한 정치적 진영에 속했다는 것을 강조할 필요가 있다. 1970년대의 경제 침체는 진보적인 사회세력들에 대한 신자유주의와 신우파에게 공격의 포문을 열어 주었다. 더욱이 매우 열렬한 신자유주의자들이 또한 도덕적 문제에 헌신하게 되었다. 예를 들어, 노먼 테빗Norman Tebbit은 가족생활을 일관되게 칭송하였고 그것을 비도덕적 관용을 방어하는 한 축으로 보수당에 요청하기도 했다. 『데일리 익스프레스』*Daily Express* 1985년 11월 15일자에서 그는 다음과 같이 주장하였다. "우리는 다른 당과는 다르게, 자유 수호가 자유의 실현이 방종으로 퇴보하지 않도록 해주는 가치들을 지켜내는 것이라는 점을 이해하고 있다."(Durham, 1991 : 132) 도덕 압력단체 행동가들과 정치적 우파 사이에는 겹치는 부분이 있다. 미국에 있는 '도덕적 다수파' 조직과 그 밖의 보수주의 집단들은 낙태에 대항하는 운동을 활발하게 전개했다. 그리고 영국에서는 보수당 하원의원들이 노동당 하원의원들보다 훨씬 더 많이 낙태 반대에 투표하였다.

신우파는 무엇보다 핵가족을 방어하는 데 관심을 기울인다. 도덕개혁조직들은 이 논쟁에서 성도덕의 문제를 중심적인 것으로 만들려고 시도했다. 낙태에 반대하는, '도덕성' 정치는 '도덕성'의 문제가 신우파의 경제·복지정책과 명확한 연결점을 찾는 경우 신자유주의적 의제의 중심으로 들어온다. 이는 대서양을 넘나들며 싱글맘을 복지도둑이라고 매도하는 데서 가장 노골적으로 드러난다.

18장_신자유주의적 고등교육 의제들

레스 레비도*

우리는 학교교육을 민영화하려는 시도들이 특히 초·중등학교에서 점점 늘어나고 있음을 알고 있다. 많은 경우에 건축이나 각종 편의시설을 민간기업에 외주용역하기도 한다. 이러한 변화는 공식적으로는 질적 향상과 효율성 개선이라는 명목 아래 정당화되지만, 사실 교육을 상업적 가치와 직업훈련에 종속시키려는 시도이다.

대학에서 민영화가 공공연하게 진행되었던 영역은 주로 식당과 보안설비와 같은 교육 외적 분야였다. 고등교육 전반을 볼 때에는, 민영화보다는 시장화marketisation를 주요한 위협으로 이해해야만 한다. 이는 교육을 하나의 돈벌이 수단으로 여기고 [교육]기관을 운영하며, 사람들 사이의 관계와 인간의 가치를 시장의 그것을 고무하는 방향으로 변모시키는 것을 의미한다.

---

* 레스 레비도(Les Levidow)는 개방 대학교(Open University) 연구원이며, 그곳에서 1989년부터 농업생물공학 기술혁신과 안전규격에 대해 연구하고 있다. 이 연구는 미국과 유럽연합, 그리고 그들 사이의 무역 마찰을 포함한다. 또한 그는 *Radical Science Journal*을 잇는 *Science as Culture*의 발간 초기부터 편집간사를 맡고 있다. 그는 *Science, Technology and Labour Process; Anti-Racist Science Teaching, and Cyborg World: The Military Information Society*(London: Free Association Book, 1983, 1987, 1989) 등의 책을 공동편집하기도 했다.

최근의 경향은 '대학의 자본주의화' academic capitalism라 불린다. 대학 임원들은 여전히 국가의 기금에 크게 의존하고 있지만, 그들은 외부 기금을 향한 기업가적 경쟁에 점점 휘말려 들어가고 있다. 〔외부기금 모집에 대한〕 그러한 압력 아래서 〔대학의〕 관리자들은 "외부기금을 확보하기 위한 시장적인 또는 시장친화적인 모금운동"을 고안해 낸다(Slaughter and Leslie, 1997).

고등교육이 시장화의제의 영역이 되어 가면서, 그러한 행사들은 단순히 더 많은 수입을 벌어들이는 차원을 넘어서고 있다. 1990년대 이래로 전 세계의 대학들은 지식, 〔교육〕 기술, 교과과정, 자금조달, 회계와 관리 조직에 대한 상업적인 모델 채택을 압박받아 왔다. 그들은 그렇게 해야만 국가기금을 지원받고 경쟁적 위협에서 자신들을 보호할 수 있을 터였다.

이러한 압력들은 시장 모델로 사회를 재형성하려는 광범위한 신자유주의적 전략을 보완한다. 원래 19세기 자유주의는 '시장'을 자유의 왕국으로 이상화하고 자연적인 것으로 묘사하였다. 자유시장의 투사들은 토지 인클로저와 '자유무역'을 통해 이러한 이상을 추구하였으며 동시에 결코 자연적이지 않은 '개입'으로 저항 또는 장벽들을 물리적으로 제압하였다.

이러한 사례에 비유하자면 오늘날 신자유주의적 기획은 과거의 집합적 성과물을 무효화하고, 공공재를 민영화하고, 국가지출을 이윤에 대한 보조금 지급에 이용하고, 국가규제를 약화시키고, 무역 장벽을 제거하여 결국 세계적인 시장 경쟁을 강화한다. 신자유주의는 사람들을 각기 판매자와 판매자로 파편화하여 인간과 천연자원에 대한 착취를 더 확대한다.

세계은행의 '개혁의제'

몇 년간 세계은행은 고등교육에 대한 전 지구적인 '개혁의제' 를 추진해 왔다. 그것의 주요 특징은 민영화, 탈규제, 시장화이다. 이러한 원칙은 세계은행 보고서를 통해 자신만만하게 선언되었다.

> 개혁의제는 …… 공적 소유 또는 정부계획과 규제보다는 시장을 지향한다. 대학교육의 기본적인 시장 지향은 시장자본주의와 신자유주의 경제학 원칙들의 거의 전 세계적인 우위를 뜻한다. (Johnstone et al., 1998)

보고서는 교수들과 그들에 대한 전통적인 보호야말로 시장에 기반한 효율성의 주요 장애물이라고 말한다. 미래의 시나리오를 보면 고등교육은 교수들의 역량에 예전처럼 의존하지 않으며, 학생들은 소비자 또는 고객이 될 것이다. 민간투자가들은 교육의 내용과 형태에 영향을 줄 뿐 아니라, 이들의 암묵적 목표는 정부 지출로부터 이득을 챙길 기회를 더 많이 갖는 것이다. 재계와 대학 경영진은 학생과 교수 사이의 관계를 재정의하면서 주된 협력관계를 구축할 것이다.

세계은행 보고서는 학문의 자유를 신자유주의의 미래에 기여하는 것으로 재구성하기 위한 정치적 무기가 되었다. 대학의 경영진들은 그 이후의 제안들에 의거하여 '한편으로는 고등교육에 대한 점진적으로 증대하고 있는 수요' 와 '다른 한편으로 경제 · 금융 · 기술변화의 세계화' 사이에서 균형을 유지하는 것으로 학문의 자유를 간주해 왔다. 예를 들자면, 1998년 유네스코 회의에서 이러한 대립은 교수집단이 "사회에 대해 전적으로 책임져야 하며, 사회에 부응하는 한에서만, 권리와 의무의 집합으로 생각되는 학문의 자유와 자율성을 향유하여야 한다"는 선언으로

날조되었다(CAUT, 1998로부터 인용).

아마도 대학 경영진은 대학이 사회에 '부응할' 의무가 있다고 했을 때 그것이 저항하는 힘으로서가 아닌 신자유주의 세계화 자체에 부응하는 것을 의미했으리라. 실제로 학문적 책임성academic accountability이란 회계기술로의 종속을 의미할 때가 많다. 이러한 공격에 대응하여 교수 사회는 자유로운 표현의 권리로서 학문의 자유를 방어하였다.

교육자들 사이에서 거의 지지를 받지 못하지만, 세계은행 의제의 몇 가지 주요한 요소들은 이미 실행되고 있다. 구조조정정책을 통해 남반부 국가들에 부채탕감을 위한 조건으로 고등교육을 축소하고 자유화할 것을 요구하였던 것이다. 하지만 이 장에서는 북반부 국가들에 초점을 맞춘다. 그곳에서는 내부로부터의 요구가 주요 추진력이었다.

북미: 교육과정의 상품화

북미에서 많은 대학들이 기업가적 책략들을 채택하여 왔다. 그들은 사업상 협력파트너로서뿐 아니라, 자신들 또한 사업가로서 행동하였다. 이들은 대학의 자원과 교수와 학생들의 노동을 통해 이윤추구 활동을 개발하였다(Ovetz, 1996).

대학들은 기업가적 의제로서, 예를 들면 전자 학습과정과 같은 온라인 교육기술을 개발해 왔다. 유럽의 대학들이 오랫동안 해왔던 것처럼 이러한 매개는 물론 양질의 교육에 대한 접근성을 높이고, [학생과 교수 사이의] 대면접촉의 기회를 보충하여 준다. 하지만 북미권에서 그 목적은 상당히 다르다—말하자면 교육을 표준화하고 상품화하기 위한 것이다.

학생들과 교수들은 그러한 시도에 저항하였다. 예를 들어 1997년에 UCLA는 '교육과정발전 프로그램'Instructional Enhancement Initiative을 수립하였는데 그것은 인문사회·자연과학 과정 모두에 대해 웹사이트 구축을 요구하는 것이었다. 이는 하이테크 기업과 협력하여 온라인 교육과정의 이윤추구 사업과 관련이 있었다. 요크 대학교York University의 유사한 프로그램은 직원들의 파업으로 이어졌고, 파업은 학생들로부터 지지받았다. 그들은 '교실 대 이사회' Boardroom vs. Classroom라는 슬로건을 제기하였다 (Noble, 2003). 비판적 세력들은 대안적 전략을 고민하는 회의를 개최하였다.

새로운 기술이 해결해 줄 것이라고 기대한 문제는 무엇이었는가? 대학의 규정들이 이윤추구 활동을 용납하는 쪽으로 변화한 이후, 대학의 연구활동은 상품화되었다. 실질적 자원이 교육에서 연구활동으로 이동하였고, 그 이면에는 특허권 및 사용료에 대한 기대가 있었다. 교육에 투여하는 시간이 줄어듦과 동시에 교수 대비 학생의 비율은 증가하였고, 그리하여 그 둘 모두(학생과 교수)에게 과중한 짐이 부과되었다. 이윤추구 과정에서 발생한 이러한 결과들은 비효율적인 교육 탓으로 돌려졌다.

그러한 관점에서 보면 교육과정의 표준화를 통해 효율성을 증가시키는 것이 논리적 해결책이었다. 강의가 관리자에게 제출되고 웹페이지에 올려지게 되면, 이러한 자료들은 다른 대학에 상품화되어 팔리기도 한다. 내친 김에 쓰기 과정course-writing은 대학 외의 교직원과의 하청계약으로 외주화되기도 한다. 관리자들에게 통제권이 이양됨에 따라서 테크놀로지는 교수를 통제하고, 교수기법을 단순화하여 교수의 노동을 대체하는 데까지 사용될 수 있었다.

이러한 접근은 학생들의 역할을 변화시킨다. 학생들은 교육 상품의 소비자가 되었다. 교수-학생 관계는 소비자와 상품 제공자 사이의 관계로 구체화된다. 이것은 그들 사이에 어떠한 인간적인 교육의 동반자적 관계조차도 주변화시킨다.

학생들은 서슴없이 시장조사의 대상이 된다. 예를 들어 캐나다에서는 대학들이 '버츄얼 U 소프트웨어'에 특허사용료를 면제받고 있는데, 그것은 소프트웨어의 판매자들에게 학생들의 사용 데이터를 제공하는 데에 대한 대가이다. 학생들이 이 소프트웨어를 사용하는 수업에 등록하면 공식적으로 '실험 주체'로 지칭되며, 실험 주체들은 그들의 모든 '컴퓨터 생성 활용 데이터'를 얻기 위해 판매자의 허락을 받아야만 한다. 그러한 방식은 유럽의 원격 교육과는 대조적이다. 유럽의 경우에는 학생에 대한 개별지도와 텍스트에 대한 비판적 평가를 강조한다.

유럽: 학습의 유연화

유럽에서는 1980년대 이래로 공공 서비스와 국가지출이 기업가들의 '유럽원탁회의'European Round Table: ERT에 의해 신자유주의적 변화의 표적이 되었다. ERT의 의제들은 유력한 정치인들과 유럽연합 당국자들에게 채택되었다. 특히 그들은 교육의 형식과 내용의 변화를 모색하고 있다.

ERT는 교육과 훈련을 '장래의 산업의 성과에 결정적인 전략적 투자'로 보고 있다. 유럽의 재계는 교육 프로그램에 '개혁의 가속화를 확실하게 요구'하고 있다. 하지만 공교롭게도 '경영자 측의 교육 프로그램에 대한 영향력이 약하며', 교수들은 '경제 환경과 사업, 그리고 이윤 개념에 대한 이해가 떨어진다'.

그들은 더 나아가 다음과 같이 주장하는데, '우리는 교육자들이 기업가들처럼 그들에게 행사되는 개입과 부적절한 압력을 배제하고, 효율성을 향한 내적 탐색을 자유롭게 할 수 있어야 한다고 본다'. ERT는 유럽의 재계는 세계화에 대응하고 있지만, '교육계는 그것에 늦게 반응하고 있다'며 애석해한다. 치유책으로 '학교와 지역 재계 사이의 협력관계가 형성되어야만 한다'.

그들은 최근 들어 정보통신기술Information and Technology: ICT을 핵심적인 학습도구로서 장려하고 있다. 오늘의 학습도구이자 내일의 작업도구로서 지식 세계를 확장하고 개인적 탐구를 가능케 하며, 학습에 강력한 동기를 부여하는 것이 ICT의 주요 덕목들로 언급된다. 또한 그것을 '평생교육'에 사용하는 것이 중요하며, 이것은 전 지구적인 경쟁에 의해 일어나는 변화 한복판에서 고용기회를 얻기 위한 유럽인들에게 필수적이다.

비판세력들의 주장에 의하면 ICT는 신자유주의적 비즈니스 의제 속에서 더 구체적 역할을 한다(Hatcher and Hirtt, 1999). 첫째, 그것은 현대 노동자들에게 요구되는 개인화되고 유연한 교육을 용이하게 한다. 그러한 노동자들은 작업장에서 자신이 갖고 있는 인적 자본관리에 대해 개인적 책임을 져야 한다. ICT는 교수의 역할을 감소시킨다. 이것[교수의 역할감소]을 바람직한 변화라고 보는 이유는, ERT가 토로하듯이 교수들은 재계의 필요에 대한 이해가 부족하고 '효율성에 대한 내적 탐색'을 훼방하고 있기 때문이다.

ERT 의제의 방향에 따라서 EU 회원국들은 '세계적 경쟁력을 갖추기' 위하여 '유연한 노동시장'을 추구하고 있다. 따라서 1997년 유럽의회는 "인적 자본에 대한 투자, 연구·개발, 혁신, 경쟁력에 중요한 사회기반시설에 대한 투자를 촉진하기 위한 …… 공공지출에 대한 제한적인 구조조정"을 권고하였다. 그것은 '노동자의 고용 가능성' 개선을 위한 '훈련과 평생고용'을 장려하였다.

그 이후로 공식적인 자료들에 의하면 미래 노동자들을 노동시장에 더 나은 조건으로 참가하게 하기 위한 '시민교육'을 추구하여 왔다. 그들은 "새로운 학습원천의 개발, 주로 ICT와 교수 이외의 다른 인적 자원의 역할에 의해 나타나는 교수 역할을 쇠퇴"를 예견하고 환영하기까지 하였다(CEC, 1998). 그러한 언명 속에서 판매자와 사업 협력자의 권한강화는 학생들에게 더 큰 자유를 주는 것으로 비쳐졌다. 교수-학생 간의 학습관계는 잠재적으로 소비자-생산자 관계로 대체된다.

총체적 신자유주의적 의제가 2000년 리스본 정상회담에서 추진되었다. 이 회의에서 '세계에서 더 경쟁적이고 역동적인 지식기반 사회' 가 되는 것이 EU의 목표가 되었다. 이것은 곧 '개별적 시민들 각자의 평생동안 맞춤 학습 기회를 제공하는 교육 및 훈련체계의 채택' 에 대한 요구로 정교화되었다. 평생교육은 오랫동안 진보적 색채를 띠고 있었는데, 예를 들면 사회적 행위자로서 시민의 역량을 강화하는 것으로 이해되었기 때문이다. 그러나 최근에는 인간주의의 허울을 쓴 신자유주의적 의제에 알맞은 것으로 되어 버렸다.

평생교육은 OECD와 유럽집행위원회의 정책자료에서 개인적, 지역적, 민족적 경쟁력을 강화시키는 하나의 도구로 나타나고 있다. 사회에 포함되기 위한 수단으로서의 고용 가능성을 위해 요구되는 조건이 변화함에 따라, 교육에 대한 개인적 책임은 유연하게 자신을 재교육할 의무로 변화되었다. 평생교육이 여전히 '능동적 시민권' 을 옹호하고 있긴 하지만, 이것이 소비자와 생산자 역할로 환원되기는 쉽다(Borg and Mayo, 2003). 그 결과로서 발생하는 평생교육의 내용과 목적을 둘러싼 대립은 신자유주의적 의제에 대한 투쟁으로 이해되어야만 한다.

영국의 대학: 국경 없는 비즈니스

유럽에서 신자유주의 프로젝트의 전위에 서 있는 영국은 고등교육을 시장화하라는 압력을 전형적으로 보여 준다. 정부는 학생 수를 큰 폭으로 증가시키라고 압박하였지만 자금원은 거의 없었다. 많은 대학들의 학과들이 '연구실적평가' Research Assessment Exercise : RAE의 영향 아래 교육에서 연구로 자원을 전용하였고, 산업체로부터 더 많은 연구기금을 끌어모으기 위해 노력하였다. 그러한 두 가지 이유로 인해 학생-교수 간 직접접촉을 위한 재원은 줄었고, 교과과정과 평가기준을 표준화하라는 압력은 배가되었다. '정규실적 평가' formal assessment exercise에서도 이와 유사한 압력이 생겨났으며, 이것은 교수들에게 가시적인 '학습목표와 결과'를 만들어 내기를 요구하였다.

학생들은 교육가치의 회계적 형태에 더 종속되었다. 1990년대 후반에 정부는 대부분의 학생에 대한 생활보조를 폐지하였고, 수업료가 도입되었다. 이러한 변화는 학생들을 이전보다 더 큰 부채의 늪에 빠져들게 하였고, 이를테면 인문학이나 교양과목 대신 더 높은 보수를 받는 직장을 보장해 주는 학습 프로그램을 선택해야만 하는 압력이 되었다.

학생들은 이러한 부담이 민간자본에 대한 종속성으로 귀결될 것을 지적하면서 수업료 도입에 반대하였다. "기업들은 이 자금을 공급하면서 우리 교육체계에 대한 더 많은 직간접적인 통제를 취하고 있다. …… 학생들은 무엇이 〔어떤 과목이〕 기업에서 활용할 준비가 되어 있는가라는 기준으로 학업선택을 강요받아서는 안 된다"고 '무상교육운동' Campaign for Free Education은 주장한다.

여러 가지 면에서 문제는 훨씬 악화되었다. 즉 대학이 점점 기업들처럼 행동한다는 것이다. 대학의 시장화의제는 두 가지 의미에서 신자유주의적 유연성과 관련된다. 첫째로 학생-고객(또는 그들의 사업가 후원자)은 노동시장의 요구에 유연한 적응을 할 수 있는 교육을 추구한다. 두 번째, 세계적인 경쟁상대들은 소비자의 요구에 따라 유연하게 〔교육〕과정을 설계하고 판매한다. 그래서 대학들은 그러한 경쟁을 예상하고 맞서야만 한다. 그러한 어법은 시장관계를 창출하는 산파 역할을 하며, 이를 통해 자기실현적인 예언으로 작동한다.

비슷한 맥락에서 영국의 대학 경영진들은 대학과 비즈니스 사이의 경계뿐만 아니라, 교육 상품들의 국내 · '국제' 시장 간의 경계를 제거하는 것을 목표로 삼아 왔다. 그들은 인터넷에 기초한 배급을 추진해 왔는데, 이것은 '국경 없는 비즈니스'가 되는 주요한 수단이었다(Universities UK, 2000). ERT의 진단보다 한 발 더 나아가서 그들은 대학을 아직은 기업원리를 도입해 교정을 할 필요가 있을 정도로 불충분하기는 하지만, 그래도 엄연히 하나의 사업으로 간주하고 있다.

몇몇 기관들이 시장을 창출하기 위한 주요 공격수단으로 e-대학을 설립하기 위한 컨소시엄을 구성하였다. 'UNIVERSITAS 21'은 2003년 5월 싱가포르에 본부를 둔 온라인 MBA 프로그램을 가지고 e-학습 포트폴리오를 시작하였다. 보도자료에 따르면 "구시대 교육방식의 패러다임 전환을 가져왔으며, 1,110억 달러로 추정되는 전 세계적인 고등교육 수요를 취급하게" 되었다.

이러한 의제는 더 광범위한 공적 서비스 상업화의 일환이었고, 대학들에게 새로운 역할을 할당하였다. 대학들은 여러 차원에서 경쟁을 확대할 것으로 기대되었다. 예를 들어 '경쟁적인 지식기반 사회'를 강화하기 위해 연구기금을 할당하거나 직원들 간의 경쟁을 조장하고(예를 들어 성적과 연계된 성과급의 지급), 학생들에게 노동시장에서 필요로 하는 자질에 초점을 맞춘 교육을 하는 것이 그러하다. 사업과의 파트너쉽은 연구를 민간투자자의 요구에 종속시키는 데까지 확장되었다. 따라서 영국의 대학들은 특히 [무역]자유화를 이용하는 전 세계로의 '교육 서비스'의 수출을 준비하였다(Nunn, 2002).

유사한 시장논리에서 각 대학이 등록금에 'top-up fees'[1]를 적용해야만 한다는 안이 제출되었다. 이러한 정책은 소득이 낮은 학생들에 대한 보조금을 인상하는 수단으로 옹호되어 왔지만, 그것이 계급분할을 변화시키기에는 어려울 것이다. 차등적인 수업료가 비용편익의 관점을 강화하였고 학생들은 자신이 학생의 신분으로 있는 동안 불어날 거대한 〔규모의〕 채무에 기초하여 특정한 교육 프로그램으로부터 얻을 수 있는 금전적 이익을 도구적으로 계산하였다. 사실 교육풍조의 변화는 총체적 상업화의제를 보완해 주었다.

결론: 전 지구적인 대응전략은 무엇인가?

신자유주의적 의제는 고등교육의 시장화, 예를 들어 시장 모델에 따른 고등교육 양식의 구조조정으로 거칠게 묘사되기도 한다. 상품으로 전환된 교육은 시장화의 일부일 뿐이긴 하지만, 시장화는 모두 교육과 인적 생산물에 대한 가치평가에 회계적 기준을 부과한다. '투자' 라는 은유는 즉각 구체화되었다. 대학과 대학 관리자들은 계량화할 수 있는 형태로 이익을 창출할 책임을 지게 되었다.

신자유주의적 의제에 대항하기 위해서는 재기 넘치는 형태의 노력들이 필요할 것이다. 첫째 시장화의 다양한 유형들 사이의 연관을 보여야만 한다. 예를 들어 시장화 수단들은 이데올로기적 어법, 차등 지원, 민관협력, 수업료, 비용편익분석, 성과지표, 교과과정 변경, 신기술, 패키지 상품의 소비자로서의 학생, 그 외 기타 등등의 미묘한 형태를 취하고 있다. 이러한 측면들이 전 지구적인 의제의 일부로서 어떻게 관련되어 있

1) 영국 정부는 각 대학이 정부 보조금과 실제 운영비 사이의 차이만큼 등록금을 받을 수 있도록 하였다. 이는 실질적으로 대학 등록금에 대한 정부지원을 축소하는 것으로 등록금의 인상으로 이어졌다. — 옮긴이

으며, 그것들은 학문 연구와 학습 내용을 어떻게 변화시키는지, 그것들이 어떻게 자본을 위한 노동훈육과정의 일부로 나타난 것인지에 대해 밝혀 낼 필요가 있다.

두번째, 지지자들과 공간들을 가로지르는 저항을 연결할 필요가 있다. 신자유주의적 전략들은 우리 모두를 비즈니스 플랜, 예를 들어 경쟁상대, 협력자, 고객 등의 일부로 바꾸어 놓고 있다. 이러한 것들에 대응하여 우리는 여러 가지 목표들을 〔달성하기〕 위한 국제적 네트워크가 필요하다. 그러한 목표들은 전 세계적으로 신자유주의의 공격에 노출된 모든 목표들을 관련짓고, 반시장화 투쟁에 대한 분석을 유통시키며, 우리 자신을 서로 다른 미래를 위한 학습과 저항의 집합적 주체들로 전환시키는 것이다. 그러한 네트워크들은 모든 관련된 지지자들(교수들, 학생들, NGOs)뿐만 아니라 서로 경쟁이 당연해 보였던 지리적 지역들을 포괄할 필요가 있다.

세번째로 ICT를 탈사물화de-reified시켜야 한다. ICT는 시장화 의제를 조절하는 방식, 예를 들면 학생-교수 관계의 사물화를 통해 시장화를 추구하는 방식으로 사용될 수도 있고, 이를 저지하는, 예를 들어 학생들 사이의 그리고 교수들의 비판적 논쟁을 강화하는 방식으로 사용될 수도 있다. 그러한 맥락에서 우리는 ICT를 사회적 관계로 탈고정화시키기 위하여 ICT에 대해 다양한 잠재적 구상들을 구분할 필요가 있다. 인터넷이 비판적 분석을 공유하는 장으로 광범위하게 활용되고는 있지만, 우리는 이러한 분석이 공인된 과정accredited course에 새로운 방식으로 활용되고 포함되도록 할 필요가 있다.

마지막으로 대안이 개발되어야만 한다. 단순히 시장화를 반대만 하거나, 시장화에 반발해 기존의 것을 무조건적으로 옹호하는 것 또한 부적절하다. 저항은 급진적인 시민권과 문화적인 풍부함, 그리고 학습을 통한 사회적 기쁨을 강화하는 대안적 교육의 개발에 의해 강화될 것이다. 이러한 노력들은 또한 우리의 노동을 더 쉽게 착취 가능토록 해주는 것을 넘어 공동의 문제들과 목표들을 정의하는 방법에 대한 논쟁을 자극해 줄 것이다. 그러한 방법으로 학문적 자유는 가능한 바람직한 미래에 대한 공적 논쟁들에 기여할 수 있을 것이다.

19장_신자유주의와 시민사회: 기획과 가능성들

수비르 신하*

우리 시대의 거대한 정치적 기획인 신자유주의는 표면상으로는 국가를 후퇴시키고 그 기능들을 시장에 재분배하려는 것을 목표로 하고 있다. 그러나 그것은 또한 시민사회에 관한 하나의 정치학을 포함하고 있다. '시민사회'의 부활은 신자유주의가 패권을 잡으면서 동시에 일어났으며, 신자유주의가 유포되고 스스로를 정당화하는 담론과 기구들에 통합되어 왔다. 따라서 신자유주의를 비판하기 위해서는 그 속에서 시민사회의 위치를 분석해야 하며, 신자유주의에 대항하는 '시민사회'의 다른 형태들이 구체화될 수 있는 복합적이고 역동적이며 초민족적인 과정들에 대한 분석 또한 필요하다.

신자유주의적인 이념과 실천은 국제기구들, 국가들, 초민족 기업들, 학문적인 연구들 그리고 발전주의적 개입을 포함하는 광범위한 지적, 정치적, 정책적 영역에 걸쳐 다양한 수준으로 분산되어 있다(5~7장을 보

---

* 수비르 신하(Subir Sinha)는 런던 대학교 아시아·아프리카 대학(SOAS) 발전경제학과 조교수이다. 그는 최근 발전과정들 내의 저항과 지배 사이의 상호관계, 인도 농촌 개발, 전 지구적 연대를 위한 최근의 사회운동, 국제적 발전체제들에 관심을 가지고 있다. 그는 인도의 환경주의, 농촌지역의 사회운동, 지배적 개발의제의 구조에 대한 저작을 출판하였다.

라). 왜냐하면 그것은 국가적이며 전 지구적인 지배의제의 형성에 중요한 영향을 끼치고 있으며, 자신이 그렇게 주장하고 또 많은 사람들이 그렇게 받아들이는 바, 그 외에 별다른 대안이 없기 때문에 자신이 헤게모니적임을 주장한다. 이러한 주장은 두 가지 문제의 도전을 받고 있다. 신자유주의적 기획은 어떻게 시민사회의 새로운 정치를 조직하려고 하는가? 시민사회를 개조하는 과정을 통제하는 데 그것은 얼마나 성공적인가? 이 장에서는 발전도상국에 관련하여 이러한 이슈들을 다룬다.

신자유주의와 세계질서의 구성

두 가지 다른 조류가 하나의 지적인 입장으로서의 신자유주의에 영향을 끼쳐 왔다. '국가', '경제', '시장들'은 자연적인 사실이 아니라 구성물들이라는 점을 논하고 있는 프라이부르크 학파Freiburg approach[1]는, 자본이 고유한 '논리'를 가졌다든지, 위기로 향하는 내적인 경향성을 가졌다든지 또는 국가와 시장 그리고 사회 간에 어떤 필연적인 충돌들이 존재한다는 등의 생각을 거부하였다. 그것은 경제적 경쟁을 자유주의의 최상의 표현으로 간주하였으며, 경쟁을 촉진하기 위한 정치적·법적-제도적 개혁과 사회에 대한 국가규제를 변호하였다. 시카고 학파의 신자유주의자들은 프라이부르크 학파가 가정하는 국가, 시장 그리고 사회라는 상대적으로 자율적인 세 영역을 거부하였다. 대신에, 그들은 효용의 극대화라는 단일한 합리성이 모든 행동과 제도들에 고루 영향을 미친다는 점을 논증하였다. "인간행동의 총체가 갖는 특징은 경합하는 이익들에 대한

1) 발터 오이켄(Walter Eucken)을 중심으로 한 학파로 사회적 시장경제론과 질서자유주의를 주장하였다. 이들의 주장은 이후의 논의를 참조하라. — 옮긴이

부족한 자원의 할당이다."(Lemke, 2001: 197) 이러한 합리성은 모든 형태의 행태와 '비경제적 영역들' 을 그 차원에서 이해하려 한다. 그것은 국가와 사회를 이해하고 또한 재조직화하는 데 있어서의 원칙이 된다. 고전적인 자유주의와는 다르게, **경제인**Homo Economicus은 국가의 행위에 대한 한계가 아니라 "행태적으로 조작이 가능한 존재"이다(Lemke, 2001: 200). 합리적인 개인들의 창조는 신자유주의적 개념과 정책의 목표이다.

이러한 이론적인 개념이 어떻게 정치적으로 강력한 것이 되었을까? 오버벡과 반 데어 페일(Overbeek and van der Pijl, 1993)은 다음과 같은 경우에 어떤 기획이 헤게모니화된다는 점을 논증한다. 즉 그러한 기획의 핵심 개념이 다양한 상황들을 쉽게 분석해 낼 수 있을 경우, 그것들이 다양한 지배체제 내에서 정책을 창출해 낼 수 있을 경우, 그리고 그것들이 일반화될 수 있는 제도적인 형태를 형성할 수 있는 경우에 어떤 기획이 헤게모니화된다는 것이다. 19세기 후반과 20세기 전반의 자유주의적인 국제주의는 '전체 인류' 의 '일반적 이해' 를 위해 작동하는 국가 간 체계를 창출하는 것을 목표로 하였다. 전간기戰間期의 국가독점적 반자유주의적인 국면 하에서는, 국가 트러스트와 카르텔, 국가 '사회' 와 노동운동이 '민족국가의 이해' 라는 좁은 의제를 추구하는 기관의 핵심 형태가 된다. 전후 시기의 법인 자유주의corporate liberalism는 노동을 규율하기 위해 사생활에 대한 국가통제와 '규범적인 개입' 을 통해 포드주의를 만들어 낸다. 그것의 핵심적인 제도적 형태는 다국적 기업, 몇몇 사회민주주의 형태, 일상생활의 관료주의화, 그리고 냉전의 '블록' 정치에 위치하는 '민족적 이해' 라는 정책들이다.

지난 20여 년을 관통하는 '새로운 정상성' new normalcy인 신자유주의는 노동의 전투성, 새로운 사회갈등, 베트남 전쟁과 일반 모델의 파산으로 인한 법인 자유주의의 '정상성의 위기' 에 대처하기 위한 기획으로 구상되었다. 신자유주의적인 정치는 다음과 같은 요소들을 조합하여 도출된다. 개인주의, 선택, 시장사회, 자유방임, 경제에 대한 최소한의 정부개입, 비경제적인 영역에서 강력한 정부, 사회적 권위주의, 훈육된 사회, 위계와 복종, 민족의 예찬 등이다(Overbeek and van der Pijl, 1993: 15). 이러한 조합은 신자유주의적인 개혁을 겪고 있는 나라들에서 의제를 규정하기 위한 '지지의 정치' politics of support를 형성한다.

발전된 자본주의 국가들에 있어서는 이러한 방식으로 형태와 기간을 구분하는 것이 신자유주의의 지적·정치적 역사를 이해하는 데 유용한 반면에, 발전도상국의 맥락과는 쉽게 연결되지 않는다. 전후 아프리카와 아시아보다는 라틴아메리카에서 더 광범위하게 퍼졌던 코퍼러티즘corporatism은 유럽에서의 복지국가주의자들과 사민주의보다 더 포퓰리즘적이고 사회적으로는 권위주의적이었다. 법인 자유주의를 중심으로 하는 서구 자본주의의 초국적이고 기업적인 형태는 여러 발전도상국에서 의심의 눈초리를 받았다. 국유화와 국유화의 위협, 광범위한 공적 영역과 주식 및 이윤의 본국 송환에 대한 상한선은 그것들을 규제하는 데 있어서 핵심적인 정치 양식들이었다. 사회는 OECD의 조합주의적인 3자 간 조정tripartite arrangements[2]과는 다르게, 특권계급적, 지역적, 인종적, 정당적 구성을 통하여 국가와 함께 형성되었다. 부가적으로, 개발 이념과 원조의 원천으로서 공산권의 존재는 법인 자유주의적 모델의 수출 범위를 제한하였다.

이는 신자유주의의 지배와 함께 변화하였다. 공산권의 붕괴, 발전체제의 참담한 성적, 구조조정 프로그램, 새로운 정치형태들의 출현, 그리고 사회과학, 특히 경제학에서의 변화는 새로운 모델을 산출하고 일반화

2) 국가-노동-자본의 3자 간 '사회적' 협력 관계를 뜻한다. — 옮긴이

할 조건들을 창출하였다. 새로운 정설이 (포스트) 워싱턴 컨센서스라고 이름 붙여진 발전체제로서 합세하였다. IMF와 세계은행이 발전도상에 있는 세계에 워싱턴 컨센서스를 퍼뜨리는 데 핵심적인 역할을 하였다. 또한 그들은 쌍무적 형태의 개입-개발정책에 깊은 영향을 끼쳤다(3장과 12장을 보라). 새로운 이론적 구성은 합리적—즉 효용을 극대화하는—행위와 자본 주권의 목표, 그리고 자본은 규제되지 않거나 자율적으로 규제되어야 한다는 관념이 그 핵심에 있다. 이러한 법칙들은 이제 국가와 사회를 분석하고, 그것들을 전환하는 데 이용되고 있다. 오늘날 민족국가들은 다양한 버전의 신자유주의를 채택하고 있는데, 이는 국제적인 제도와 정치권력 및 정치적 이해의 국내적인 배치, 소비자 문화(즉 소비자주의의 논리)의 확대, 그리고 그 밖의 민족적 지배의제의 요소들과의 양립가능성에 좌우된다.

신자유주의, 시민사회 그리고 발전

이번 절에서는 발전도상국에서 문제를 재구성하고 개입들을 특징짓기 위해 활용되는 분석적 범주들을 간략히 검토하면서, 그러한 방법론적이고 정책적인 혁신이 지니는 효과와 신자유주의적 기획 내의 시민사회의 위치를 살펴볼 것이다.

발전의 실패에 대한 신자유주의적인 설명은 국가에 대한 비판에서 출발하며, 이는 또한 시민사회를 위한 공간을 개방한다. 그것들은 '국가'와 관계되는 것이 아니라 '정부'와 관계되는 것이며, 정부기관의 지대 추구적 행위의 결과이자 관료제에 숙명적인 총비용과 거래비용의 문제, 그리고 국가규제와 공적 영역이 시장에 미치는 부정적 효과로 이해되는, 공공재를 적절하게 공급하는 문제에 대한 정부의 실패와 관계된다. 그들은 분권화, 참여, 책임, 투명성 등의 좋은 거버넌스라는 의제를 통해 국가를 개혁하고자 한다. 시장이 충분히 발전하지 않은 발전도상국에 있어서는, 정부의 사회적 기능을 '시민사회'로 분배할 것을 주장한다. 신자유주의적인 국제 개발기관들은 '시민사회'를 NGO와 동일시하고, 이들에게 막대한 발전기금을 지출하고 정책을 입안하거나 이행하는 데 있어서 이들을 합류시킴으로써 그들의 형태와 기능을 정의하려고 한다.

신자유주의 기획 속에서 NGO가 맡은 역할은 성과가 있었다. 국가로부터 제거되는 기능들의 〔NGO로의〕 지속적인 귀속화는 권한부여, 젠더, 지속 가능한 발전, 능력부양, 제도설계, 참여, 평가 등등과 같은 NGO 활동의 새로운 영역들을 창출하는 데 영향을 미쳤다. 예전에도 NGO들은 이러한 활동에 연관되어 있었지만, 현재 NGO는 점점 더 신자유주의적인 분석틀을 가지고 이러한 활동에 접근하고 있다. NGO가 국가와 국제기관들과 더욱 밀접하게 활동하기 시작하면서, NGO가 '국민과 더 가까이' 있는 것이라는 주장은 더욱 견지되기 힘들어졌다. 국제적 발전 원조의 지원을 받아 진행하는 계약사업은 일부 NGO가 대의에 대한 헌신을 버리고, 전문지식을 제공해 주는 민간 영리 발전 컨설턴트로 전환하는 유인을 창출하였다. 이는 발전에 대한 새로운 접근방법의 채용, 국가행위와 NGO행위의 수익자에 대한 합리적 행위자 모델을 포함하여, 시민사회에 새로운 발전의 정석을 퍼뜨렸다.

1990년대 초반부터 신자유주의자들은 시민사회 개념을 확장시켜, '사회적 자본'이라는 개념을 포함하게 하였다. 신뢰, 규범, 상호성, 사회적 네트워크를 언급하면서, 그들은 집합적인 문제를 해결하고, 시민사회를 창조하고 민주주의 그리고 발전을 이룩하기 위한 핵심으로서 사회적 자본이라는 개념을 발전시켰다. 신자유주의의 핵심적인 지식인인 후쿠야마(Fukuyama, 1999)는 이러한 개념을 시장 합리성의 일반화와 결합한다. 그에게 있어서 협동은 이기적인 목적을 이루어 내는 데 필요한 것이지만, 신뢰의 부족으로 인해 그것을 추동하기는 어렵다. 그는 신뢰의 창출을 설명하기 위해서 반복적인 죄수의 딜레마──합리적인 행위자들 사이의 반복적인 상호작용──를 언급한다. 후쿠야마에게 있어 자유시장은 사회적 자본을 생산하는 상호작용을 위한 완벽한 환경이고, 시민사회와 민주주의 그리고 좋은 거버넌스를 창출하는 데 있어서 핵심적인 성분이다.

국가와 그 역할을 재정의하는, 신자유주의적인 좋은 거버넌스에 대한 옹호는 시민사회를 위한 추가적인 공간을 창출한다. 이제 이상적인 국가는 분권화되어 있으며 참여적이다. 그것은 관료조직을 축소하여 능률적으로 만들고, 새로운 공공 경영의 개혁을 수행하며, 더욱 책임감 있고 투명하게 한다. 그것은 핵심 기능들에 집중하며, 생산, 재생산, 재분배 기능을 수행하는 데 있어서 (국제적 자본을 포함하는) 민간자본과 NGO를 위해 확대된 공간을 개방한다. 또한 NGO는 새로운 거버넌스의 기관들을 훈련시키고 감시하고 평가하는 역할을 부여받는다.

시민사회의 형태와 역할을 제도화하는 그러한 방식과는 별개로, 신자유주의는 또한 적대적인 시민사회의 형태들을 제한하는 것을 목표로 한다. 예를 들면, 신자유주의는 노동을 '인적 자본'으로 개념화함으로써 그것을 탈정치화하고자 한다. 즉 신자유주의는 노동을 재화의 생산에 있어서 독립적인 요인이 아니라 자본의 특수한 유형, 즉 육체-유전적인 특질과 '투자'의 결과로써 획득되는 기술과의 결합체로 간주한다. 결과적으로, "노동자들은 …… 자기 자신의 투자 결정에 대해 전적으로 책임을 지는 자율적인 경영자이다. 노동자들은 자기 자신에 대한 경영자이다" (Lemke, 2001: 199). 노동자들이 개인적으로 협상하는 주체가 됨에 따라 집단적인 노동정치는 불필요한 것이 되었다. 신자유주의는 노동조합을 불법으로 선언함으로써, 그리고 개별화된 수행 목표, 평가, 봉급, 보너스, 책임 등등을 포함하는 유연한 노동관계를 통하여 노동자들을 분열시킨다(Bourdieu, 1998).

이것과 유사하게 신자유주의자들은 그들의 기획에 대한 정치적 반대파를 견제하기 위하여 '환경'과 '자원 사용'을 재개념화한다. 이를 이해하는 데, 그들은 '재산권'과 '신제도주의'라는 접근법을 이용한다. 그들은 사적 재산으로부터 이득을 얻을 권리가 이들 권리를 향유할 때 다른 사람에게 지우는 비용에 대한 전적인 책임과 일치하여야 하며, 따라서 공해와 같은 외부효과 문제를 제거해야 한다고 주장한다. 자신의 권리와 다른 사람의 권리에 대해서 주의 깊은 합리적 행위자는 자원 사용을 감시하고 제재하기 위한 적절한 정보와 제도를 가지고 자원 고갈을 예방한다. 이러한 규범을 제도화하는 하나의 방식은 '세계지속가능발전기업협의회' World Business Council for Sustainable Development를 통해 '자본의 주권'의 영역으로서의 '환경'을 존속시키려고 하며, 또한 남용과 공해를 억제하기 위해 합리적 행위자 모델을 활용하는 것이다. 다른 하나의 방식은 교토의정서를 통해 세계적으로 일반화되었으며, 개별적인 효용의 극대화에 기초하고 있는 '공해배출권'의 원칙이 있다. 지방 차원에서 신자유주의자들은 합리적 개인들로 구성된 '사용자 그룹들'이 자신들의 자원 사용에 있어서 비용-편익분석을 내면화할 수 있는 새로운 제도들을 창출해 왔다.

신자유주의에 대한 대항운동들

그렇다면 신자유주의는 협력적 시민사회를 창조하는 데 성공하였는가? NGO의 측면에서 보자면, 신자유주의가 비록 새로운 논리와 운영원칙들을 제공해 오고 있기는 하지만, 그것들을 완전히 자신의 기획 내부로 내면화시키지는 못했다. NGO는 과거 150년이 넘도록 국제적으로 발전해 오고 있으며, 자율적으로 유지되고 있다. 옥스팸Oxfam[3]과 같은 세계적인 NGO는 세계은행과 같은 신자유주의 기관과 함께 활동을 하지만, 신자유주의의 핵심적인 측면들에는 반대한다. 브레턴우즈 감시단Bretton Woods Watch과 같은 다른 NGO들은 신자유주의적인 다자적 기관들을 감시한다. 빈곤과의 전쟁이나 제3세계 네트워크Third World Network와 같은 NGO는 신자유주의에 반대하는 사회운동들을 지원하고 있다.

신자유주의자들은 성장과 서비스 제공의 책임을 국가에게 지우는 데 있어 시민사회에 일정한 역할을 부여한다. 그러나 시민사회의 형식들은 대안적인 책임의 정치politics of accountability를 제안한다. 인도의 '정보권 운동' The Right to Information Movement은 좋은 거버넌스를 위해서뿐만 아니라 시민권의 한 요소로서 정부가 책임지게 하기 위한 정보를 요구하고 있다. 책임은 국가와 시민들 간의 일반적인 관계를 포괄하는 거버넌스로부터 나온다. 포르투알레그레Porto Alegre에서는 참여예산제가 전반적으로 노동자정당과 그 정당의 새로운 국가적 프로젝트에 대한 요구에 우호적인 정치와 결합되어 있다. 케랄라Kerala에서 분권화는 좌파정당 정치의 활성화와 결합되어 있다. NGO와 사회운동들은 세계은행 및 초국적기업들과 같은 신자유주의적인 조직들과 자본주권의 영역을 확장시키고자 하는 신자유주의적 시도들에까지 책임의 정치를 전개한다.

비록 신자유주의자들이 사회적 자본의 반자유주의적이고 배타적인 형태를 인식하고 있으며, 이에 대해서 경고하지만, 그들의 설명은 모든

---

3) '기아구제를 위한 옥스퍼드 위원회' (Oxford Committee for Famine Relief)을 일컫는 말로, 옥스퍼드에 본부를 두고 있는 세계적인 빈민구제기관이다. 1942년에 성립되었다.— 옮긴이

사회에서 핵심적인 사회적 권력의 결정 요소로 잔존하는 사회적 계급과 세습된 지위에 의해 부과되는 제한들의 존재는 여전히 인정하지 않는다. 이러한 관점에서 '반복적인 죄수의 딜레마'의 상호작용은 추상적 개인과 평등한 개인 사이에서 사회적 자본을 생산한다. 신자유주의적 정책개입은 사회적 자본을 생산하는 핵심적인 주체로서 '이해당사자'stakeholder와 '사용자 그룹'과 같은 탈정치화된 집합체를 둘러싸고 구조화된다. 그러나 그러한 이념형들ideal types은 지주, 남성, 관료, 자본가, 특권 지배층, 인종 등과 같이 이미 존재하고 있는 견고한 집단의 권력을 설명하고 있지 않다. 사회적 자본에 대한 신자유주의적인 관념은 이러한 집합체들의 권력을 간과함으로써 정책개입의 성공에 제한을 둔다. 국가와 지역 사회의 역사에서 종종 자발적인 결사체와 사회운동들은 이미 확립된 권력관계에 대항하며, 이를 통해 국가와 지역의 역사들은 한층 더한 복잡성을 나타낸다. 연대의 과거사와 이해관계의 집단적인 조절에 의해 창출되었던 이러한 대안적 '사회적 자본의 비축'reserves of social capital(Bourdieu, 1998)이 신자유주의적인 '조직적 집단 분쇄 프로그램'이 대결해야 할 것이다.

신자유주의의 시대에 정규직, 특히 공공영역에서의 정규직은 보다 불안정한 상황에 빠지게 된다. 권리나 보호장치가 없는 '불법' 노동자들이 광범위하게 고용되며, 저임금 노동착취 공장sweat shop의 '엄격한 규율·낮은 임금 조건'과 '비공식적 영역'이 급속히 증가한다. 그러나 신자유주의의 개별화 경향은 대항운동에 직면한다. 왜냐하면 신자유주의는 노동조합을 위협하고, 또한 공적 영역 전체를 공격하기 때문에, 노동정치는 신자유주의적인 이념과는 정반대의 규제적이고 재분배적인 국가를 재구성하고자 하기 때문이다(Bourdieu, 1998). 신자유주의는 반-신자유주의적 정치의 핵심지점으로서 생산과정을 지명하고, 생산과정에 직접적으로 영향을 미친다(Gill, 2000). 새로운 노동조직들은 자본의 주권에 도전하고 있으며(van der Pijl, 1993), 특정 기업(코카콜라, 엔론)에 국제적으로 결부되어서, 영역 별로(어업, 농업), 젠더 별로 새로운 방식으로 도전하고 있다. 그들은 초민족적인 농민운동, 급진민주주의자, 소비자단체, 대학생, 정당들과 동맹을 맺는다. 구 노동조합 조직들은 새로운 조건에 적응해 왔으며, 새로운 형태의 정치를 만들었다. 또한 독립적인 노동조합들이 '자유화와 민영화'를 둘러싸고 형성되었다. 최근 국가와 경제의 붕괴에 직면하여, 아르헨티나 노동자들은 국가와 자본 양자에서 자유로운, 새로운 연대의 경제를 한동안 지속하였다. 즉 노동자들의 공동체가 식료품의 생산을 관리하고, 노동자들의 공동체에 의해 관리되는 상점들을 통해 그것을 분배하였던 것이다. 따라서 인적 자본의 합리적 개인주의를 확산시키려고 하고, 노동을 자본의 주권에 종속시키려는 신자유주의의 목표가 성공하였다는 것은 의문으로 남아 있다.

최근의 환경 정치는 재산권에 관한 신자유주의적인 논리와 자본주권의 법칙 양자 모두와 판이하게 다르다. 세계적인 어업노동자들의 운동은 초민족 자본의 투자로 이루어지는 공장형 어획과 탈규제 및 자유화의 이용에 반대한다. 이들은 더 많은 해양 어종의 재생을 허용하는 자신들의 저강도 어획 방법과 그들의 방식을 대비시킨다. 그들의 세계적 연합조직들은 자본 주권에 문제를 제기하고 노동권과 자원군의 보호 및 재생을 요구한다. 재산권의 논리에 제한되지 않고, 환경은 저항적 의제와 다양하게 관련된다. '토착민' indigenous people 운동은 생물의 다양성과 문화적 다양성을 관련시킨다. 페미니스트들은 젠더를 자원접근권과 관련짓고 있다. 미국에서 억압받고 있는 소수자들은 환경문제를 역사적인 인종주의 양식과 관련짓는다. 유전자조작 곡물GM crops에 대한 반대는 소비자권리의 문제, 식품안전의 문제, 농민의 권리의 문제, 기업권력의 문제를 연결시킨다. 따라서 다양하게 연관되어 있는 '환경'을 통해 일련의 폭넓은 연합을 위한 하나의 지점이 형성된다.

결론

신자유주의는 이전의 '발전의 위기'를 탈출하는 법을 약속함으로써 자본의 발전이 바람직한 것이며 또한 불가피한 것이라고 광고한다. 신자유주의가 지배했던 시기 동유럽과 아시아의 몇몇 나라들은 전례 없는 수준의 성장을 하였지만, 그것이 꼭 신자유주의적인 정책을 따랐기 때문이라고 볼 수는 없다. 오히려 라틴아메리카와 일부 동유럽 및 아시아의 국가에서 신자유주의는 위기를 불러오는 것으로 악명이 높았다. 몇몇 국가의 일부 사회집단들이 이익을 보았던 반면에, 신자유주의적인 시기의 고질적인 불안정성과 점증하는 불평등은 그러한 성공의 한계를 보여 주었다. 신자유주의가 지배적이었지만 헤게모니를 잡은 것은 아니었다. 신자유주의가 검증되고 반대를 받게 되면서, 시애틀에서부터 제노바에 이르기까지 반세계화를 주장하는 이들에게 퍼부어지는 격렬한 경찰진압에서 볼 수 있는 것처럼, 신자유주의의 신봉자들은 신자유주의에 적대적인 사회적 자본과 시민사회를 불법으로 선언하였고, 자신들의 연례회의를 열기 위해서는 반대세력을 피해 더욱 요새화되고 먼 곳으로 후퇴할 수밖에 없었다. 이러한 새로운 국가-자본형태의 억압적인 성격은 이라크 전쟁과 〔이라크〕 경제의 급속한 민영화에서 찾아 볼 수 있다. 마이애미에서는 경찰이 미국의 자유무역지역Free Trade Area에 항의하는 시위참가자들을 공격하기 위하여 '테러와의 전쟁'에 관한 법을 발동하였다. 혁명적 좌파뿐 아니라 이슬람주의 네트워크 등을 포함하는 다른 형태의 조직들도 불법화되었다. 국가는 그들의 반대자들을 다루기 위하여 광범위하고 새로운 억압적 권력을 남용하지만, 인민주의적 보호주의 정책을 채택하라는 정치적 압력에 굴복하기도 한다. 시장과 시민사회에 관한 그러한 국가의 주장은 시장과 사회적 행위자들에게 국가권력을 재분배하고자 하는 신자유주의적 기획이 변화하고 있다는 점을 말해 준다.

20장_신자유주의와 민주주의 : 시장권력과 민주적 권력

아서 매키언*

한때 부자들은 그들이 경제적 특권을 누리고 정치권력을 주무르는 것을 정당화하는 데 별 어려움을 겪지 않았다. 고귀한 혈통에 대한 갖가지 말도 안 되는 지지 논리를 통해 신성한 권리라는 개념이 그들의 부와 지배에 대한 근거를 제공하였다. 폭력이 권력과 특권의 궁극적 보호막이 되기는 했지만, 대중의 승인을 동원하는 이데올로기 역시 안정적인 엘리트 지배를 위한 본질적인 토대였다.

오늘날의 엘리트에게는 상황이 그리 단순하지 않다. 민주주의적 이념이 고양됨에 따라 유산계급들이 점차적으로 아래로부터의 도전이라는 문제에 직면하게 되었다. 이러한 도전에는 어떤 역설이 존재한다. 이는, 오늘날의 엘리트—즉 자본가 엘리트—가 유럽과 미국에서 권력에 오르는 과정에서 이전의 엘리트들—군주와 귀족—에게 정치적 지배권을 양도할 것을 요구하였고, 이러한 요구를 표명하였던 이데올로기가 바

---

* 아서 매키언(Arthur MacEwan)은 보스턴 매사추세츠 대학에서 경제학을 가르치고 있으며, 그의 최근 저작은 *Neoliberalism or Democracy? Economic Strategy, Markets, and Alternatives for the Twenty-First Century*(London : Zed Books, 1999)이다. 그는 또한 비영리출판사인 달러 앤드 센스(Dollars & Sense)의 설립자로서 동명의 잡지에 정기적으로 글을 쓰고 있다.

로 민주주의였던 것이다.

굳이 역설이라고까지 하지 않더라도, 초기 자본주의 국가의 정치체제와 이데올로기를 새롭게 계획하였던 사람들은 그 문제점을 잘 인식하고 있었다. 근대적 민주주의의 이데올로기적인 기초를 제공했다고 여겨지는 영국의 정치철학자 존 로크John Locke는 민주적 과정에 참여하게 될 이들을 은연중에 제한함으로써 그 문제에 대처하였다. 로크가 그의 『통치론』 제2논문에서, 정치권력이 정당하게 행위하는지 그렇지 않는지를 "사람들이 판단해야 한다"라고 말할 때, 그의 '사람들'이라는 정의에는 오로지 재산을 가진 (백인) 남성만이 포함될 뿐이었다.

미국의 경우에는, 18세기 말의 헌법 채택에 관한 토론과정에서, 미국헌법을 기초한 제임스 매디슨이 그의 유명한 『연방주의자 논설 제10번』(1787)에서 그 문제를 직접적으로 다루었다. 매디슨은 민주정부의 체계에서 파벌이 발생할 수 있고, "전체의 다수 또는 소수가 다른 시민들의 권리에 대하여 적대적으로 행위할" 가능성에 대하여 염려하였다. 또한 "파벌이 생기는 가장 일반적이고 끈질긴 이유는 재산의 다양하고 불균등한 분배 때문이다. 재산을 가지고 있는 사람들과 재산이 없는 사람들은 사회에서 항상 다른 이해관계를 형성해 왔다". 그의 관심은 명확했다. 즉 어떻게 하면 "지폐에 대한 열망, 부채 철폐, 재산의 평등한 분배 또는 다른 부적절하고 불의한 기획"을 억제하면서 자유와 인민정부를 유지할 수 있는가 하는 것이었다. 미국 헌법에 채용된 매디슨의 해결책은, '순수한 민주주의'가 아니라 공화주의적, 또는 대의제적인, 민주주의의 형식이었다. 구체적으로 보자면 그것은 충분히 큰 공화국이어야 하는데, 그 이유는, 첫째, 정부의 업무에 대중들의 직접적인 참여가 불가능하고, 둘째, 대중들이 다수의 파벌로 나뉘어져 있어 재산에 관한 특권을 위협하는 데 있어서 효과적으로 연합할 수 없게 하기 때문이다(5장과 6장 참조).

매디슨의 처방, 즉 '분할과 통치' 그리고 대중을 권력과 떼어 놓는 그의 처방은 미국의 정치에서 중요한 역할을 지속하여 왔으며, 다른 국가들에서는 이와 비슷한 정치구조가 그와 동일한 기능을 수행하였다. 그러나 근래에 들어와서는 경제적 특권과 엘리트 권력에 대한 도전이 성장하였으며 이로 인해 매디슨적인 처방은 무력화되었다. 그 변화는 상당 부분 자본주의가 성공한 결과였다. 축적은 숙련공과 소농 그리고 소사업을 몰아내는 경향을 갖기에, 노동자의 생활조건을 균질화시키고, "점증적으로 선거에서 노동계급의 수적·잠재적 우위"(Bowles and Gintis, 1986 : 55)를 발생시킨다. 이러한 환경 하에서 민주주의의 근본 원칙 — **1인당 한 표**[즉 보통선거의 원칙] — 은 유산계급의 지위를 점점 위협하게 된다.

물론 이러한 위협에 대처하는 근대 자본가들의 다양한 방식들이 있다. 예를 들면 돈이 선거에서 점차적으로 중요해지면서, 돈을 통해 선출된 대표에 영향을 행사하고, 그와 직접 접촉할 수 있게 된다. 또한 부는 미디어와 학교, 그리고 다른 장소들을 통해 이데올로기에 영향을 미치는 기초가 된다. 더욱이, 국가의 폭력은 현 상태를 위협하는 집단을 진압하는 데 자주 사용된다. 그러나 가장 효과적으로 민주주의를 제한하고 자본주의적인 권력을 유지해 주는 것은 — **1달러당 한 표**one dollar, one vote에 의해 지배되는 영역인 — 시장에 의한 사회의 지배이다.

사회와 시장

시장은 사람들이 자신의 물질적인 필요를 충족하기 위해 다른 사람들과 상호작용하는 메커니즘을 제공하는 가장 유용한 제도이다. 그러나 칼 폴라니가 지적한 바에 따르면,

> 시장에 의한 경제체계의 (**지배** 또는—강조는 인용자) 통제는 사회의 조직 전체에 압도적인 결과를 가져온다. 그것은 사회를 시장의 부속물로서 운영하는 것과 전혀 다르지 않다. 경제가 사회적 관계에 포함되는 대신, 사회적 관계가 경제체계 안에 포함되어 버리는 것이다. (Polanyi, 1944: 57)

역사적으로 시장은 실제로 사회적 관계에 배태되어 있었다. 즉 사회적 관습에 의해 제한되고, 공정성에 대한 사회적 요구에 구속되어 있고, 또한 최소한 부분적으로는 사회 공동의 목표를 지향하고 있었다. 시장에 의한 지배를 향한 거대한 변환이 수십 년 동안 진행되었지만(폴라니의 '거대한 변환'), 그것이 거침없이 진행된 것은 아니었다. 복지국가는 시장을 사회적으로 통제하기 위한 근대적인 시도였으며, 동아시아의 국가들은 사회 공동의 목표를 성취하기 위하여 시장을 지배함으로써 최근 몇 년 동안 급속한 경제성장을 달성하였다. 이러한 경우에 있어서, 시장의 결과와 사회적 관계 사이에 긴장이 존재하지만, 이러한 경험은 시장이 사회적 관계의 외부에서 운영될 필요도 없으며, 전적으로 사회적 관계를 지배할 필요도 없다는 점을 보여 준다.

신자유주의는 사회를 시장지배로 특징지어지는 경제적 생활로 변환시키려는 당대의 이데올로기이며 또한 정책 프로그램이다. 경제생활에 있어서 정부의 최소한의 역할과 시장의 최대한의 역할을 요청하면서 신자유주의는, 폴라니가 정식화한 바를 사용하자면, "시장의 부속물로서의 사회운영"을 위한 의제를 제공한다. (재산을 보호한다는 명목 아래) 정치영역으로부터 능동성을 최대한 제거해 버림으로써, 그리고 경제영역과 정치영역 사이에 높은 장벽을 설치함으로써, 신자유주의적인 프로그램은 민주주의를 경제적인 문제들과 관련짓지 못하도록 하면서 정치영역만의 것으로 만들어 버린다. 민주주의는 보통선거권과 정치적 참여와 연관된 권리라는 의미에서는 존재할 수 있지만, 정치권력의 영역, 즉 선거권이 작동하는 영역은 사람들의 생활에 핵심적인 물질적 측면을 매어 주지는 않는다.

그러나 정치권력으로부터 경제적인 것을 차단한다는 것이 국가가 약해졌다는 것을 의미하는 것은 아니다. 반대로, 신자유주의는 사유재산의 우선성을 보장하고 사회적 통제에 대한 시장의 지배를 유지하며, 따라서 민주적 권력의 작동을 제한할 수 있는 강한 국가를 필요로 한다. 또한 신자유주의는 종종 그것을 실현하기 위하여 때때로 독재국가와 같은 강한 국가를 필요로 하기도 한다(아래를 보라).

민영화

신자유주의 강령에서 다른 어떤 항목보다 더욱 분명하게, 최근 국영기업들의 민영화는 정치영역으로부터 활동영역activity을 박탈하여 시장의 영역으로 이전되었다. 민영화는 특히 공적 이익과 사적 이익에 따른 결정이 서로 상충될 것이 명백한 기업들과 관련해서 민주주의의 문제를 첨예하게 제기한다. 예를 들면, 공익사업public utilities의 경우 대중들은 기본적 필요의 충족과 특정영역 산업의 발전이 조화를 이루도록 요금을 제한하는 것에 관심을 가지고 있다. 그러나 공익사업의 민간 운영자는 단 하나의 관심(이윤)만을 가지고 있을 뿐이어서, 요금을 제한하는 어떠한 프로그램과도 충돌을 피할 수는 없을 것이다.

공익사업을 둘러싼 갈등을 잘 설명해 주는 예로, 2000년 볼리비아의 코차밤바Cochabamba에서의 경험을 들 수 있는데, 이곳에서는 상수도사업의 민영화가 대규모 대중항쟁으로 이어졌다(Finnegan, 2002). 그 항의는 구체적인 고충들——수도세의 과도한 인상——에 초점을 맞추었을 뿐만 아니라, 또한 상대적으로 추상적인 관점, 그러니까 물에 대한 접근권이 산소에 대한 접근권과 마찬가지로 기본적인 인권의 하나라는 데에도 초점을 두고 있었다. 그러나 코차밤바 투쟁——그것이 민영화를 번복하는 것으로 귀결되었기에 더욱 두드러졌던——에 있어서의 근본적인 이슈는 이 필수적 경제활동을 어떻게 통제할 것인가, 정치과정에 의할 것인가, 이윤추구적인 시장의 결정에 의할 것인가 하는 것이었다. '정치과정'이 반드시 민주적 과정을 의미하는 것은 아니지만(아래 참조), 일단 어떤 활동영역이 정치영역으로부터 이탈한다면 민주적 과정은 불가능한 것이 된다.

교육의 민영화를 위한 단계도 정치적 결정과 시장적 결정 간의 갈등을 분명히 보여 준다. 칠레에서는 피노체트 독재정권 아래서 신자유주의 정책이 실행되었고, 신자유주의 지지자들은 아르헨티나를 자신들의 아젠다가 적용된 쇼케이스로 선전할 정도였는데, 1990년대 후반 즈음 40% 이상의 초등학교 학생들이 사립학교에 다녔다. 정부기금을 줄이도록 IMF와 세계은행으로부터 압력을 받는 많은 정부들은 공립학교에 등록금을 부과했고, 이는 기실 민영화나 다름없었다. 미국에서 신자유주의는 교육영역에서 다양한 형태를 취했다. 이들 중 가장 중요한 조치는 형식상으로는 공립인 학교의 운영을 이윤을 추구하는 민간기업에 맡기는 데 있다.

이러한 최근의 변화와는 대조적으로 사회는 오랫동안 광범위한 사회적 요구——이는 사회적 평등과 사회적 결속의 창출, 공동의 가치와 언어를 포함한다——를 충족시킬 학교체계를 설계해 왔다. 학교교육이 민영화되고 교육이 하나의 상품이 될 때, 이러한 광범위한 사회적 요구는 이윤을 창출하려는 사립학교 운영자들의 요구와 자신들의 특수한 필요를 만족시킬 교육 상품을 구매하려는 개인들의 선택에 의해 가려진다. 교육이 하나의 상품이 됨에 따라, 교육 '생산품'의 본질도 변환된다(Leys, 2001 : ch. 4). 학교를 둘러싼 일들에 대한 민주적 통제는 완전히 제거되지는 않더라도 급격히 줄어들게 된다.

물론 모든 민영화가 동일한 것은 아니다. 예를 들면, 몇몇 나라들이 제조업을 민영화한 것은 특수한 조건에 따르면 합당한 조치일 수 있다. 어떤 기업의 시장전환이 그와 직접적으로 관계가 없는 사람들에게는 재화나 용역의 생산 및 분배에 있어서 제한된 효과만을 가진다면, (자본주의 사회에서) 그 기업을 민간부문에 두는 것이 적절할지도 모른다. 그러한 경우에 있어서, 공적 결정과 사적 결정 사이에 차이가 있는 것 같지는 않다.[1)] 물론 상수도나 교육과 같은 활동이 민간부문에서 운영된다고 할지라도, 그것이 반드시 공적 규제의 손길에서 벗어나는 것은 아니기는 하다.

신자유주의적 세계화와 탈규제화

그러나 공적 규제는 공공소유와 마찬가지로 신자유주의의 주된 표적이다. 현재 진행되는 세계화의 국면을 이전의 국제적 경제관계의 동요와 구분 짓는 특징 중의 하나는 세계화의 설계자들이 탈규제화를 강조한다는 점이다. 사실 신자유주의자들이 옹호하는 규제완화는, 실제로는 다른 종류의 규제일 뿐이다. 정부가 시장의 운용을 제한함으로써 규제하는 것

---

1) 공공부문에서 민간부문으로 활동의 이전에도 불구하고 민영화는 매우 부패한 과정이기 일쑤였다. 예를 들면 멕시코와 소련을 들 수 있다. 이는 중요한 이슈이다. 공기업 역시 부패에 찌들 수 있기는 마찬가지이다. 또한 민영화는 시시때때로 노동조합을 제거하는 수단이 된다. 노동조합을 깨기 위한 민영화는 효율성이나 비용 삭감 등 민영화를 주장하는 주된 논거와는 아무런 관계도 없으며, 단순하게 비용을 재분배하는, 즉 노동자들에게 비용을 재분배하는 방법인 것이다.

을 대신하여, 신자유주의는 사회적 통제로부터 시장을 분리토록 하는 규제를 강제한다.

그러나 신자유주의가 주로 쓰는 이데올로기적이고 수사학적인 공격은 경제활동에 있어서 거의 모든 형태의 국가규제를 반대하는 것이다. IMF, 세계은행, WTO 모두 국제교역의 탈규제라는 복음을 설교한다. 또한 그들은 노동시장의 '왜곡'(예를 들면, 최저임금법)을 줄이도록 정부에 압력을 가하며, 환경규제 또는 노동권을 무역협정과 연계하는 것에 반대한다.

그러한 탈규제화는 그것이 경제적 효율성, 즉 현존하는 자원에 기초하여 최대한의 시장적합적인market-measured 산출을 가져온다는 논거로 합리화된다. 그러나 탈규제화에 대한 이러한 근거는 시장적합적인 산출의 최대화와는 다른 사회적 목표에 대해서는 고려하지 않는다. 예를 들어 규제가 없다면, 생활에 필수적인 요구나 공익사업의 지역 발전 같은 목표는 무가치한 것이 된다. 다른 예를 들자면, 어떤 민간기업이 생산지를 상대적으로 높은 임금의 지역에서 낮은 임금의 지역으로 이동한다고 한다면, 아마도 상당한 혼란과 부담이 생길 것이다. 그러나 규제가 없다면 그 기업은 이런 사회적 효과를 고려하지 않을 것이다. 마찬가지로 이윤극대화는 종종 환경보호와 갈등을 빚으며, 환경보존은 규제 없이는 불가능하다. 경제활동의 서로 다른 목표들 사이의 균형을 맞추는 것은 오로지 정치과정에 의해서 이루어질 수 있을 뿐이다. 그러나 예의 활동들이 탈규제화된다면 정치과정이 이루어질 수 없으며, 균형 또한 맞출 수 없다.

또한 탈규제화에 대한 효율성의 근거는 경제활동의 시간축을 가정하지 않으므로 잘못된 것이다. 민간기업은 단순하게 이윤을 극대화하지 않는다. 민간기업은 시간을 두고 이윤을 최대화한다. 서로 다른 기간의 수익과 비용을 측정하는 구체적 방법은 여러 요소들에 따라 달라진다. 예를 들면, 인플레이션으로 인하여 기업은 미래의 수익보다는 지금 당장의 수익에 무게를 둔다. 그러나 일반적으로 대중들은 경제활동의 시간축에 대해서 민간기업의 관점을 공유할 수도 있고 그렇지 않을 수도 있다. 경제규제의 목적 중 하나는 사회의 장기적 이득에 부합하는 방식으로 기업을 운영하게 하는 것이다. 환경에 대한 고려가 하나의 분명하고 중요한 예가 될 수 있다. 또한 국제통상에서 보호주의적인 규제에 의한 단기적 비효율성은 기술혁신을 통한 장기적 효율성을 생성하기 위해 필요한 것일 수도 있다. 즉 이것이 바로 보호주의를 옹호하는 고전적인 '유치산업' 논거인 것이다. 민간활동을 규제하는 정치과정을 통해서만 사회적 이익을 더 많이 증진시킬 수 있다.

시장에 대한 사회적 통제를 감소시키는 각각의 시도는 기업들에게 새로운 규제를 부과하지 못하게 하는 힘을 부여한다. 정치과정이 민간기업의 이익에 반하는 행동을 할—혹은 그렇게 위협할—때, 기업들이 자신의 이익을 온전히 유지할 수 있는 방법을 채택하여 반격할 수 있을 정도로 자유롭다면(규제되지 않는다면), 기업들은 그러한 행동을 무력화시킬 수 있다. 예를 들면, 기업들에 대한 새로운 세금이나 새로운 노동자 보호정책 또는 새로운 환경규제가 생겨나게 되면, 기업들은 생산과 고용을 줄이거나 아마도 다른 곳으로 옮겨갈 것이다. 그러한 대응이 가능한 이유는 단순히 이윤을 극대화시키고자 하는 각 기업들의 시도가 규제를 받지 않는 데에서 기인하는 것이며, 이는 또한 새 규제의 부과를 중단시킬 수 있는 대응이기도 하다. 그렇다면 탈규제화된 시장은 기업들에 일종의 정치적 권력을 주는 것이며, 그것은 민주적 과정을 넘어서는 권력이다.

신자유주의 대 민주주의

신자유주의가 사회를 민주주의로부터 멀어지게 하기는 하지만, 그 옹호자들은 종종 그것을 민주주의를 증진시키기 위한 수단이라고 방어한다. 어떤 나라에서 정치과정이 비민주적이고 시장에 대한 정치적 규제가 엘리트의 부와 특권을 창출하고 보호하는 데 이용될 때, 탈규제화—신자유주의—는 쉽게 민주주의와 결합된다. 앞서 언급한 바와 같이 역사적으로, 민주주의(비록 제한적이라 할지라도)와 시장은 군주와 귀족에 의해 지배되었던 사회의 규제에 대해 대항하면서 함께 발전하였다. 최근 시기 동안 세계의 여러 곳에서 매우 타락한 독재체제들이 자신의 권력과 부의 지위를 보존하기 위해 경제적 규제를 이용해 왔다. 그러한 예로 수하르토가 군림하였던 인도네시아, 구 소련 국가들, 뒤발리에 집권기 동안의 아이티가 있다. 이러한 환경 하에서 경제적 자유(신자유주의)와 민주주의는 그 반대자들의 호소들을 규합하면서 결합될 수 있었다. 신자유주의와 민주주의의 이러한 동일화는 왜 그것이 종종 대중적인 지지를 얻을 수 있었는지를 설명하는 주요한 이유였다.

확실히 신자유주의적인 프로그램을 이행하는 것은 주로 권력으로, 군사권력이든 금융권력이든 권력에 좌우된다. 칠레가 아주 적절한 예인데, 이곳에서 신자유주의 프로그램은 총칼에 의해 시행되었다. 다른 경우로 특히 라틴아메리카와 사하라 이남 아프리카에서는 비록 그들이 형식적으로는 민주주의적으로 운영을 한다고는 하지만 일반적으로는 억압적인 체제에 의해 신자유주의가 강요되어 왔다. 또한 외부적인 압력이 중요한 요인이었다. 미국의 지원을 받는 IMF와 세계은행은 국민정부들이 시장지배적인 경제조직을 지향하도록 금융권력을 사용해 왔다. 경제프로그램이 국제적인 대부기관의 압력과 지배를 받는 억압적인 체제들에 의해 강제되는 이러한 환경 하에서, 종종 발생하는 광범위한 저항을 이해하는 것은 어려운 일이 아니다. 여러 국민적 구성요소들과 함께 '반세계화운동'은 이러한 저항을 가장 잘 보여 주는 형태이다. 그럼에도 불구하고 정치권력과 금융권력이 신자유주의적 프로그램의 이행을 위한 본질적 기초이기는 하지만, 신자유주의자들은 경제활동에 대한 전통적(즉 비민주적인, 대개 타락한) 국가통제와 시장 사이에서 사회를 위한 선택권을 제시해 줄 수 있기 때문에 우위를 점하는 경향이 있다.

따라서 민주주의로 신자유주의에 대항하려는 시도는 〔동시에〕 유능한 권력을 주장하면서 선택의 대안적 관점을 분명히 하는 것 **양자**에 달려 있다. 이는 전통적 국가 통제와 시장 모두에 대한 대안으로서 **민주적**인 정치 절차를 설정하는 관점이다. 문제는 사회가 시장에 의해 지배당하기보다 시장을 이용하는 방법을 찾는 것이다. 근대 유럽 복지국가의 경험은, 그 모든 한계와 함께, 몇 가지 유용한 지침을 제공해 준다. 또한 민주적 절차가 존재하는 수많은 저소득 국가들에서는 대중운동들을 통해 시장의 변화로부터 노동자들을 보호하는 사회복지 입법이 가능하였다. 지역적인 수준에서 보면, 인도의 케랄라주 남부는 특히 민주적 정치절차가 시장을 억제하고 있는 중요한 경우이다(19장 참조).

그러나 중앙정부와 지방정부의 수준에서만 공격해야 하는 것은 문제가 아니다. 대중운동은 지역적 차원에서 민영화에 저항하고 또한 공공기관들의 민주적 통제가 수립되도록 활동할 수 있다. 학교는 특히 대중적인 참여가 단지 큰 정치적 목적에 기여할 뿐만 아니라 학생들을 위한 환경을 개선할 수 있음을 보여 주는 중요한 예이다. 마찬가지로 보건에 대한 대중적 참여도 민주적 행동을 위한 하나의 방식이다. 학교와 관련하여 케랄라주에서의 경험은 그러한 참여가 지방에서 적극적인 영향을 가지고 있음을 시사하고 있다. 코차밤바에서의 투쟁은 지역적 차원의 행동이 신자유주의적인 프로그램에 저항하고 민주적 통제를 수립할 수 있게 하는 잠재력을 제공하고 있음을 보여 주는 또 다른 예이다. 또한 농업협동조합은 시장지배를 받아들이기보다는 시장을 억제하고 이용할 수 있는 구조를 지역적으로 만들어 낼 수 있는 길을 보여 준다. 커피무역에서의 비참한 시장 조건들에 반응하려는 국제적인 노력들은 이런 방향에서 움직이고 있다. 이 모든 상황에서 과제는, 시장에 의한 사회 지배에 대한 저항을 실제적이고 민주적인 제도 운용으로 전환하는 것이다.

여전히 국가적·국제적 행동이 신자유주의적 의제에 저항하고 민주주의를 수립하는 데 있어서 본질적인 요소이다. 저소득 국가에서의 농업협동조합은 발전된 기반시설, 농촌지도사업 그리고 공정한 국제교역 시스템 없이는 성공할 수 없다. 코차밤바에서처럼 중앙정부가 다국적 기업들과 계약을 맺는다면, 지역수준에서 공익사업을 통제할 수는 없다. 지역 사회에 의해 운영되는 학교들과 보건소는 국가적인 자금조달 없이는 성공할 수 없다. 국가적·국제적 수준에서의 전통적인 정치투쟁은 신자유주의에 대항하기 위한 노력의 필수불가결한 부분이다. 그러한 더 대규모의 정치투쟁은 국지적 투쟁과 병행할 때 가장 효과적이다. 양자 모두 민주적 운동의 필요한 요소들이다.

21장_신자유주의와 제3의 길

필립 아레스티스·맬컴 소여*

이 장은 '제3의 길'이라 칭해지는 사상을 뒷받침하는 경제적 분석(특히 거시경제적인 분석)의 특성에 대해서 다룬다. 여기에서 논의하는 '제3의

---

* 필립 아레스티스(Philip Arestis)는 뉴욕에 있는 레비 경제학연구소(Levy Economics Institute)의 경제학 교수이자, 케임브리지 대학의 '경제와 공공정책센터'(Centre for Economic and Public Policy) 연구부장이다. 그는 미국 경제의 최근 상황과 경제성장 발전에 있어 금융문제, 인플레이션 목표제, 1520~1640년의 '대(大) 인플레이션', 동북아시아 금융위기와 유럽 통화 동맹과 관련된 문제들을 비롯한 그 밖의 여러 주제를 연구하고 있다. *Cambridge Journal of Economics, Eastern Economic Journal, Economic Inquiry, Economic Journal, International Review of Applied Economics, Journal of Money, Credit and Banking, Journal of Post-Keynesian Economics, Manchester School, Scottish Journal of Political Economy*를 포함하는 여러 잡지에서 그의 작업을 찾아볼 수 있다.
맬컴 소여(Malcolm Sawyer)는 리즈 대학교(University of Leeds)의 경제학과 교수이다. 그는 *International Review of Applied Economics*의 편집간사이며, *International Papers in Political Economy*의 공동편집간사이자 *Journal of Income Distribution*의 공동편집인이다. 그는 에드워드 엘가(Edward Elgar) 출판사에서 간행하는 *New Direction in Modern Economics*의 편집자이며, 왕립경제학회(Royal Economic Society) 회원이기도 하다. 그의 다수의 저작 가운데 최근의 것이 *The Euro: Evolution and Prospects*(Gloucester: Edward Elgar, 2001, P. Arestis·A. Brown와 공저), *Re-examining Monetary and Fiscal Policy for the 21th Century*(Gloucester: Edward Elgar, 2004, P. Arestis와 공저)이다. 그는 *The UK Economy*(16th edn., Oxford: Oxford University Press, 2005)과 *Economics of the Third Way*(Gloucester: Edward Elgar, 2001, P. Arestis와 공저)를 포함한 18권의 책을 편집하였다. 그는 거의 150편에 가까운 논문들을 집필하였는데, 최근의 것으로는 "The NAIRU, Aggregate Demand and Investment" in *Metoeconomica*와 "Kalecki on Money and Finance", *The European Journal of the History of Economic Thought*가 있다.

길' 이라는 개념은 1990년대 중반에 탄생하였으며, 1997년 영국의 '신노동당' 정부의 당선과 독일에서 슈뢰더 사민당 정부의 당선, 그리고 미국에서 클린턴의 '신민주당' 프로젝트와 밀접하게 연관되어 있다.[1] '제3의 길' 이라는 용어는 이제 자주 사용되지는 않으며, '현대화주의자들' (Giddens, 2003), '중도좌파의 현대화' (Rutelli, 2003), '진보적 거버넌스' (이 이름은 2003년 7월 런던에서 열린 블레어, 슈뢰더, 클린턴과 같은 일련의 중도좌파정당 지도자들과 그 이전 지도자들이 참석한 회의에서 부여되었다)라는 용어가 사용된다.

제3의 길은 우파의 자유시장 이데올로기와 사회민주주의 사이에 위치하고 있는 것으로 간주된다. 예를 들면, 블레어는 "신노동당은 구좌파도 아니며 신우파도 아니다. …… 대신 우리는 새로운 길을 제시하며, 이는 중도와 통하는 것이지만, 그것이 약속하는 변화에 있어서는 발본적으로 급진적인 것"(Blair, 1997 : 1)이라고 언급하였다. 비슷한 맥락에서 기든스(Giddens, 1998)는 두 가지 다른 길, 즉 '고전적인 사회민주주의' 와 '신자유주의' 를 염두에 두면서 제3의 길을 위치시킨다. 또한 그는 "환언하자면, 미래는 더욱 고전적인 좌파적 신념을 고수하고자 하는 이들에게 있는 것이 아니라 현대적인 좌파에 있는 것"(Giddens, 2003 : 38)이라고 술회하며, '현대적인 좌파' 를 '전통적인 좌파' 와 대비시키고 있다.

제3의 길은 '인간의 얼굴을 한 신자유주의' 로 설명되어 왔다(2장과 23장 참조). 이는 신자유주의와 마찬가지로 경제 생활에서의 시장지배와 인간 활동의 모든 영역으로 시장이 확대되는 것을 승인한다. 시장과 이윤추구는 경제를 조직하는 최선의(혹은 아마도 유일한) 방식이라고 간주

1) 제3의 길에 관한 다른 경우들도 존재해 왔다. 예를 들면, 전후 스웨덴의 사회민주주의, 유고슬라비아의 노동자 자주관리는 제3의 길이라 서술되어 왔던 두 가지 경우들이다. 분명히 이 두 가지 경우들은 여기에서 논의되는 제3의 길과는 매우 다르다.

된다. 그러한 제3의 길은 '시장 실패'를 바로잡기 위한 정부의 역할을 인정한다. 즉 이하에서 논의하는 바와 같이, 제3의 길은 규제정책이나 반독점정책을 통해 제한되어야 하는 독점적인 지위가 발생한다는 점과 교육이나 보건과 같은 재화와 서비스를 공급하는 데 정부가 개입해야만 한다는 점을 받아들인다. 그러나 정부는 또한 시장을 모방해야 하기도 하는데, 교육을 예로 들자면 학교들은 정부 지원금과 학생유치를 두고 서로 경쟁을 해야 한다는 것이다.

제3의 길에 대한 몇 가지 주목할 만한 자료가 존재하기는 하지만, 블레어(Blair, 1997)와 브라운(Brown, 2000)의 연설들과 다른 자료들에서 볼 수 있는 몇몇 논거를 제외하면, 제3의 길을 뒷받침하는 경제적 분석은 특히 매우 적었다.[2)]

'제3의 길의 핵심'이라는 이하의 절에서 우리는 제3의 길 개념들의 기초가 되는 시장경제의 분석을 간단하게 설명한다. 우리의 관점은 신노동당과 제3의 길의 경제학은 '새케인즈주의'에 포함되며, 이것이 두드러진 특징이라는 것이다. '신자유주의와 구 사회민주주의'라는 제목을 달고 있는 절에서는 신자유주의와 구 사회민주주의의 구분법을 이끌어낼 것이다.

제3의 길의 핵심

우리는 제3의 길의 경제적 분석이 '새케인즈주의'로 볼 수 있다고 생각한다. 이는 공급측면에서 결정되는 실업의 균형수준supply-side-determined equilibrium에 대한 강조('자연실업률' 또는 인플레이션을 가속화하지 않는 실업률NAIRU에 관하여는 2장을 참조하라), 총수요 또는 유효수요정책과 재정정책을 부차화하는 대신 화폐정책을 강조하는 것, 경제정책의 '신뢰성' 에 대한 관심을 강조한다는 것 등을 볼 때 그러하다(예를 들면 Brown, 2000).[3] 더 나아가 '시장 실패' 에 대한 신고전파의 미시경제학적인 관념은 '시장 실패' 가 광범위하게 퍼졌다고 간주될 때는 적절한 정부의 개입을 지지하는 것으로 해석되기도 한다. '시장 실패' 는 외부성의 존재, 특정 재화가 가지는 '공익적' 성격, 그리고 독점에서 발생한다고 여겨진다.

우리는 제3의 길의 경제학이 아래에서 열거하는 여덟 가지 요소들에 근거한 것으로 파악할 수 있다고 생각하며, 이러한 요소들이야말로 제3의 길이 새케인즈주의의 변종으로 이해되는 것을 정당화하는 것이라 생각한다(또한 Giddens, 2000). 이러한 여덟 가지 요소는 다음과 같다.

첫째, 시장경제는 본질적으로 안정적인 것이며, 거시경제정책(특히 재량적 재정정책)은 쉽게 시장경제를 불안정화시킬 수 있는 것으로 간주된다. 시장, 특히 금융시장은 경제정책의 지속 가능성에 대해 적확한 판단을 내린다. 특별히 현재와 같은 개방적이고 세계화되어 있는 자본과 금융시장에서 그러하다.

둘째, 화폐정책은 (낮고 안정된 물가성장률은 건전한 성장률에 도움이 되므로, 항상 바람직한 것으로 간주되는) 낮은 물가상승률이라는 목표를 달성하기 위해 사용될 수 있다. 그러나 화폐정책은 정치가들에 의해서가 아니라 '독립적인' 중앙은행의 형태로 전문가들(은행, 경제학자 또는 그 밖의 다른 사람들)에 의해서 운영되어야 한다. 정치가들은 장기적인 손실(높은 물가상승률)의 대가를 치루더라도 단기이득(낮은 실업률)을 위해 화폐정책을 사용하기 십상이기 때문이다. '독립적인' 중앙은행은 정치가

---

2) 아레스티스와 소여가 엮은 논문집(Arestis and Sawyer, 2001a)은 일련의 국가들(그리고 유럽연합)에서 추구되고 있는 제3의 길 정책들에 관한 중요한 평가이다.

3) 이런 접근은 '새케인즈주의' 라고 불리우지만, 그것은 경제활동이 유효수효의 수준에 의해 결정된다는 케인즈의 기본 시각을 반영하지는 않는다. 새케인즈주의에 대한 개관으로는 Hagreaves Heap(1992)를 참조하라.

들보다 금융시장에서 더 높은 신뢰를 얻고 있으며, 낮은 물가상승률을 더욱 강력하게 추구하는 것으로 가정된다. 유일하게 신뢰할 수 있는 정책은 장래의 발전에 반응하는 어떠한 자유재량권도 정부에게는 부여하지 않는 것이다. 이러한 모델에서 비록 총수요정책들이 단기적으로는 중요하다고 하더라도 비개입정책이 보다 선호된다.

셋째, 경제활동의 수준은 NAIRU 주위에서 변동한다. NAIRU는 노동시장의 일자리와 밀접하게 연관되어 있는 공급측면에서의 현상이다. (기대 인플레이션에 대하여) 국내물가 상승의 원인은 NAIRU 아래로 떨어진 실업으로부터 발생하는 것으로 보이며, 실업이 NAIRU 아래서 발생할 경우 물가 상승은 가속된다고 가정한다. 그러나 장기적으로 물가 상승과 실업 사이에 상충관계trade-off는 존재하지 않으며, 물가 상승의 가속화를 피하려면 경제는 (평균적으로) NAIRU를 준수하여 운영되어야 한다. 장기적으로 보았을 때, 물가 상승은 화폐적 현상이며, 물가 상승의 속도는 화폐스톡의 증가율에 의해 결정된다. 그래서 화폐정책은 중앙은행에게 맡겨져 있는 것이다. 화폐공급의 조절이 고려되지 않는 이유는, 본질적으로 화폐에 대한 수요가 불안정하기 때문에 화폐공급 변화의 효과는 매우 불확정한 영향력을 갖는 전달경로일 수밖에 없기 때문이다.

그래서 대개는 노동시장을 '보다 유연하게' 함으로써 NAIRU 자체를 이동시키려는 시도들이 경제정책의 초점이 된다. 예를 들어보자.

> EU 국가들에는 2천만 명 이상의 실업자가 존재하고 있으며, 그들 중 상당수가 독일, 프랑스, 이탈리아에 거주하고 있는데, 이들 지역은 모두 노동시장개혁이 이루어지지 않은 부문이 많은 지역이다. 노동시장의 자유화는 높은 수준의 실업수준을 붙잡는 데 필요한 유일한 정책방향일 뿐만 아니라 핵심적인 것이다. (Giddens, 2003: 38)

그 비슷한 맥락에서,

> 우리는 노동시장의 개혁을 계속해서 펼쳐 나가야만 한다. 우리는 유연성과 이동성을 증대해야만 한다. 그러나 그것들은 새롭고 현대적인 [사회]보장 형태와 결합되어야만 한다. 그것들은 적극적 노동시장정책에, 특히 재훈련과 평생교육에 초점을 맞춘다. 이러한 철학은 '유연안전성' flexicurity의 개념에 잘 포착되어 있다. (Rutelli, 2003: 33)

넷째, 세의 법칙say's law의 핵심은 말 그대로, 유효수요의 규모가 경제활동 수준의 (장기적인) 결정에 있어서 독립적인 역할을 하지 않으며, 공급측면에서 결정되는 경제활동의 수준을 유지하도록 조정될 뿐이라는 것인데, 그 수준은 그 자체로 NAIRU에 상응한다는 것이다(3장을 보라). 수요수준에 대한 충격은 (실업률이 NAIRU 밑으로 떨어질 경우) 물가상승이 발생하지 않도록 하기 위한 이자율의 변동에 의해 상쇄될 수 있다. 재정정책은 수동적인 역할만을 담당하는데, 예산적자에 대한 처리방식은 경기변동을 따라 누구나 아는 것처럼 변화한다. (적어도 경상수지상에서) 예산은 경기순환의 과정에서 균형을 이루고 또 그래야만 한다.

다섯째, 시장 시스템은 신고전파적인 의미에서 '시장 실패'를 포함하고 있다. 외부효과의 존재, (쓰임에 있어서 비경쟁적이고 배타적이지 않은 재화인) 공공재, 준공공재 그리고 독점 상황으로 인하여 시장은 최적의 결과에 이르지 않는다. 정책결정은 간단하다. 즉 정부는 적절한 과세와 보조금 그리고 규제를 통하여 외부효과들을 보정하고, 정부 스스로 또는 재화를 공급하는 민간부문에 용역을 줌으로써 '공공재'를 공급하면 되는 것이다. 또한 경쟁정책은 독점상황을 완화시키거나 제한하는 데 사용할 수 있다. 물론 이러한 착상은 제3의 길에만 유일한 것은 아니며, 전통적인 후생경제학에 있어서 중심적인 요소인 것이다.

> 시장 친화적으로 되기 위해서 우리는 시장이 스스로 올바르게 기능하도록 해야 한다. 나는 경쟁에서나, 소비자보호에서나, 환경에서 지속 가능한 발전에 있어서나 자유주의적인 경제규제를 신뢰한다. 전 지구적인 규모에서 근대론자들은 공공정책, 사적 인센티브 그리고 보호주의 장벽의 제거를 지지할 필요가 있다. (Rutelli, 2003 : 34)

여섯째, 1인당 소득에 있어서의 장기적 성장은 인적 자본의 투자결정에 따라 좌우된다. 이러한 투자는 특히 인적 자본을 중요한 것으로 간주한다. 공적 영역은 교육에서 큰 비중을 차지하고 있는 공급자이며, 교육은 인적 자본을 증진시키므로, 공적 영역은 다시 성장에 있어서 중요한 역할을 담당하는 것으로 여겨진다. 물론 '내생적 성장이론' Endogenous growth theory 또한 규모에 따른 총체적인 수익증가를 상정한다. 그러나 거기에는 사적으로 소유되지 않는 어떤 생산의 요소들이 포함되어 있다.[4] 예를 들면, 지식과 정보는 생산 잠재력을 증진시키지만, 일반적으로 사적으로 소유되지는 않는다. (기술적인 의미에서 비배제적이고 비경합적인) 이러한 '공공재' 는 일반적으로 민간부문에 의해서는 과소공급되며, 공공부문은 이러한 공공재를 직접 공급하거나 장려하는 일을 한다. 실제로 내생적 성장이론은 시장 실패를 교정하는 데 있어서, 특히 '공공재' 를 공급하거나 보조하는 맥락에서 국가의 역할을 재차 지적하는데, 연구와 개발, 교육과 훈련을 그 주요한 예로 한다.

일곱째, 제3의 길의 경제학은 가능성(또는 기회)의 불평등보다는 결

4) '내생적 성장이론' 의 전반적 내용에 관하여는 Barro and Sala-i-Martin(1995)를 참조하라.

과의 불평등에 대해서 관심을 기울인다(Giddens, 1998). 결과의 불평등(예를 들어 소득의 불평등에 관해서 보면)은 누진세와 재분배적 사회보장체계를 통해 대처한다. 가능성(기회)의 불평등은 교육과 훈련(초기의 재질), (노동시장에의 포섭과 고용을 위한) '고용능력' employability 정책, 그리고 시장에 의해 제공되는 보상의 변화를 통해 대처하기도 한다. 국정 최저 임금을 제외하고는 시장에 의한 보상을 변형시키려는 시도는 거의 없다고 말할 수 있다. 기든스(Giddens, 1998: 101)가 지적하는 바와 같이, 노동시장 일부에 존재하는 '승자독식'의 요소는 거대한 불평등을 의미하는 것이다. 그러나 또한 기든스는 "능력 있는 이들을 더 나아가도록 고무하기 위해서는 동기부여가 필수적이며, 기회의 평등은 대부분 결과의 불평등을 완화시키기보다는 심화시킨다"(Giddens, 2000: 86)는 점을 인식하고 있다. 그럼에도 불구하고 기회의 불평등은 많은 이들에게 있어 잠재력을 실현시키는 데 있어서 장애물로 크게 작용하고 있다고 할 수 있다. 저소득층들이 교육에 열의를 보이지 않는 이유는 더 높은 교육수준에 대한 더 많은 보상을 하는 체계가 존재하지 않기 때문이 아니라, 그들이 그렇게 하는 것에 대한 일련의 장벽들이 존재하기 때문이다. 더 많은 기회는 숙련된 인력과 여타의 것들을 더 많이 공급할 것이고 숙련된 인력의 임금수준을 미숙련 인력의 임금에 비해 상대적으로 하락시킨다. 기회의 불평등 감소를 강조하는 것은 경쟁력의 분배 양상을 변화시키고 교육에 있어 더 평등주의적 정책으로 귀결되게 된다. 그러나 이러한 정책들은 경쟁이 소득과 부 그리고 결과의 불평등을 산출할 것이라는 점은 인정한다.

마지막으로 여덟째, 제3의 길은 급증하는 국제무역, 외국인 직접투자에 있어 초민족 기업의 더 큰 역할, 그리고 거래를 넘나드는 확장된 운동이라는 측면에서 세계화를 수용한다. 제3의 길은 일반적으로 세계화를

(경쟁정책과는 다른) 산업정책과 거시경제정책의 가능성을 실질적으로 제거하는 것으로 인식한다. 산업자본과 금융자본의 이동성mobility은 이러한 점에서 독립적인 국내의 경제정책들을 배제하는 것으로 간주된다. 그러나 때로는 하향의 분권화된 방향으로(예를 들면 국가 내의 지방으로), 때로는 상방향으로(예를 들면 EU) 정부를 국민국가로부터 몰아내는 경향이 있다고 하더라도, 국민국가는 아직 일정한 역할을 담당한다. 그러나 정부의 역할은, 이윤에 대한 낮은 조세, 유입되는 투자에 대한 보조금, 숙련된 노동력 창조의 형태로 초국적 투자에 알맞은 환경을 조성하는 방향으로 바뀌는 것으로 보인다. 정책의 관점에서 세계화의 효과는 '구 사회민주주의'가 선호했던 산업정책과 케인즈주의적인 수요정책과 규제로부터 신자유주의자들이 강조하는 탈규제와 시장자유화로 이동하는 식으로 나타난다. "거시경제정책의 목표는 인플레이션을 낮게 유지하고, 정부의 차입을 제한하며, 성장과 높은 수준의 고용을 조성하기 위해 적극적인 공급측면의 정책을 사용하는 것이다"(Giddens, 2000: 73). 블레어와 슈뢰더도 비슷한 방식으로 다음과 같이 주장한다. "보다 급격해지고 있는 세계화와 과학적 변화의 세계에서는, 현존하는 사업들이 번성하고 적응할 수 있으며, 새로운 사업들이 생겨나고 성장할 수 있는 조건들을 창출할 필요가 있다"(Giddens, 1999: 163). 홈바흐Bodo Hombach는 다음과 같이 제시하면서 그러한 점을 강조한다. 즉 "그것은 우리의 제도와 정치적인 강령의 근대화를 요구하는 세계화의 힘일 뿐만 아니라 고용의 패턴과 가치관 그리고 인구구성과 사회구성에까지 이르는 변화이다"(Hombach, 2000: 31).

> 현대적인 좌파는 그들이 창출해 내고자 하는 사회의 유형에 대한 명확한 이념을 가질 수 있고, 가져야만 한다. 그것은 세계시장에서 경쟁적인

경제체계를 가지면서, 또한 응집력 있고 포괄적이며 평등주의적으로 남을 수 있는 사회이다. 그러한 사회를 만들기 위해서는 단지 지식경제의 출현뿐 아니라 세계화와 부상하는 개인주의의 충격이라는 우리 시대의 거대한 사회변화의 조류에 발맞추는 것이다. (Giddens, 2003 : 38)

신자유주의와 구 사회민주주의

제3의 길이 정책에 있어서 어떻게 '구' 사회민주주의와 다른 것인가 하는 문제가 제기된다. 일단 '신' 사회민주주의의 경제정책과 마찬가지로 (예를 들면 Arestis and Sawyer, 2001b), '구' 사회민주주의의 경제정책 역시 단일한 틀에 고정되지 않으며, 시대와 나라마다 다양하다는 점을 인식하여야만 문제에 접근할 수 있을 것이다. 특히 예를 들면, 영국의 '신노동당' 정부의 정책은 독일의 사민당 정부의 정책과 일치하지 않는다. 예를 들어 보자면, 전자는 후자보다 '노동시장의 유연성'을 더 강조하는 편이었다고 말할 수 있다. 지나친 단순화가 용인될 수 있다면 (물론 단순화 이외에 다른 문제들도 있겠지만) 다음의 것들이 (최소한 영국으로 국한하자면) '구' 사회민주주의의 정책에 있어서 중요한 역할을 하는 것이라 여겨진다. 케인즈주의의 몇 가지 핵심적인 측면, 특히 총수요를 보전하려 예산적자를 감수한다거나, 재정정책이 적극적 역할을 한다는 측면이 수용되었다. 전후 각각의 노동당 정부와 다른 '구' 사민당 정부는 공적 소유를 확대시켰다. 그 경제의 '실패'에 대한 인식이 '시장 실패'에 대한 인식보다 더 광범위하였다. 이러한 실패는 투자의 감소, 무능한 경영, 규모의 경제를 이용할 수 없었던 것들을 포함한다. 실업은 노동시장 정책보다는 지역정책과 산업정책을 통해 접근하였다. 일반적으로 일종의 코퍼러티즘—예를 들면 산업정책에 대한 3자 간 접근이나 소득정책의 운영 등—이 이용·발전되었다.

제3의 길과 '신노동당' 정부가 '구 사회민주주의'와는 꽤 다른 노선을 따라왔다는 점은 명확하다. 거시경제정책은 실업감소보다는 인플레이션 조절을 강조하고, 금융시장에서 신뢰성 획득을 요구하는 '새케인즈주의'의 유형이다. '독립적 중앙은행'에 의한 화폐정책은 다만 인플레이션에만 관련될 뿐이다. 재정정책은 그 중요성이 격하된다. 우리는 미시경제적 정책을 '시장 실패'의 교정과 관련된 것으로 설명하여 왔다. 비록 어떤 것은 정부의 적절한 행위에 의한 발전 가능성이 있다고 하더라도 시장의 유익한 작용을 〔우선적으로〕 인정하는 정책이라고 여겨진다. 민영화된 공익사업의 조절이 공적 소유를 대체한다. 국유화는커녕, '신노동당' 정부는 이전 대처 정부의 민영화를 확고히 하고, '민간투자제도' Private Finance Initiative의 외양을 띠는 '은밀한' 민영화를 하기 시작한다. 제3의 길은 개인들을 시장에서 경쟁할 준비를 시키는 데 여념이 없어 보이기는 한다. 예를 들면 훈련과 교육을 통해서 말이다. 궁극적으로, 우리는 이러한 특징들이 "민주적 사회주의의 이념은 말할 것도 없이 사회민주주의의 수많은 경제적·정치적·철학적 이념들을 명백히 거부하는 것"이라는 타칼로토스의 입장에 동의한다(Tsakalotos, 2001: 43).

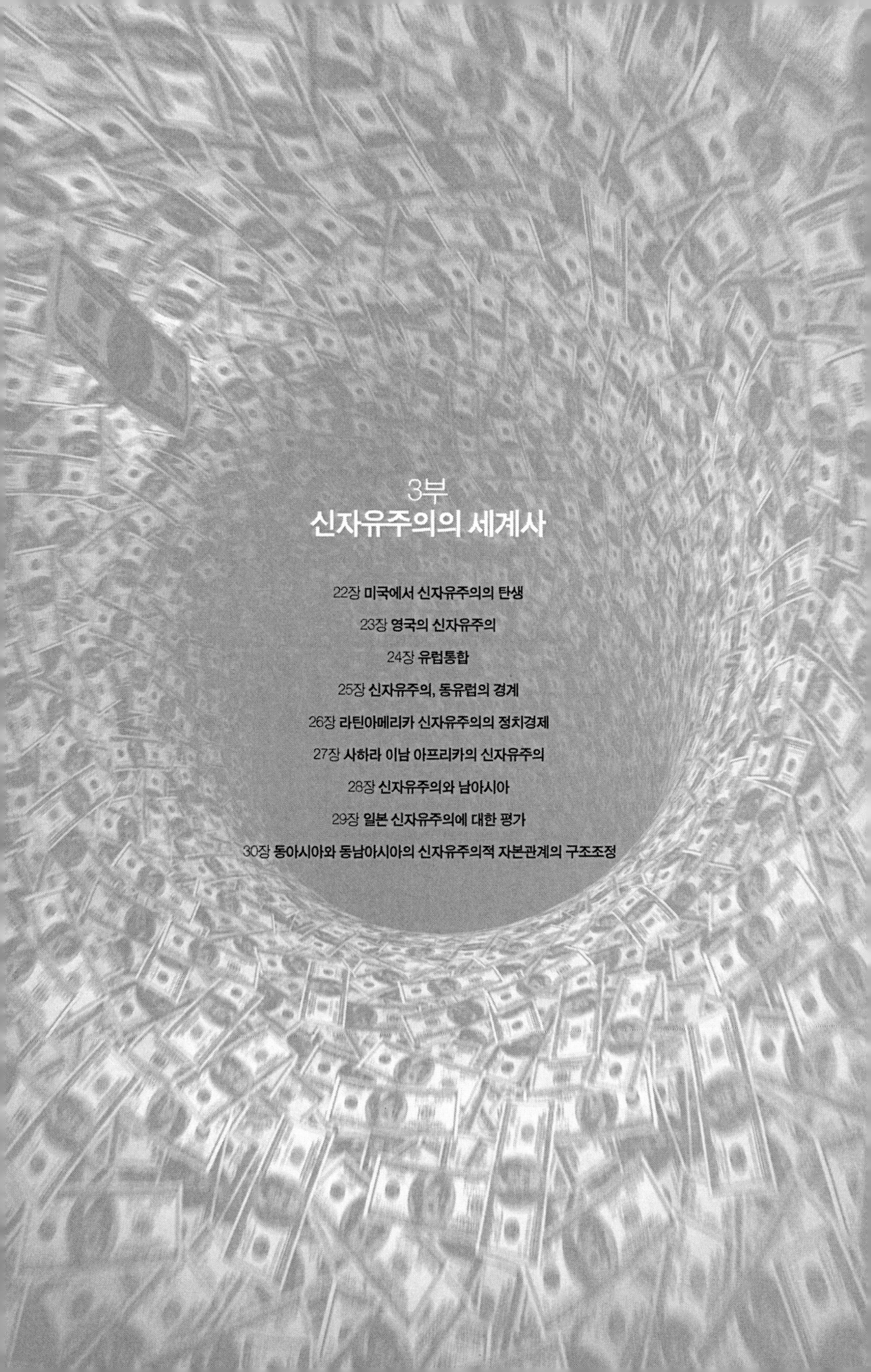

3부
신자유주의의 세계사

22장_미국에서 신자유주의의 탄생 : 자본주의의 재조직화

앨 캠벨*

신자유주의에 대한 예비적 고찰은 다음과 같은 네 가지 질문을 제기한다. 무엇이? 왜? 어떻게? 어디서? 신자유주의란 무엇이며, 신자유주의와 지금까지 존재했던 자본주의 형태와는 어떻게 구별되는가? 왜 자본은 이러한 자본주의의 재조직화를 강제하는가? 자본의 중요한 관심사인 이윤율이 1950년대와 1960년대 케인즈주의적 타협의 조직들 아래 있을 때보다 1980년대와 1990년대에 일반적으로 악화되었다는 사실을 고려한다면, 이러한 질문들을 살펴보는 것이 중요하다. 어떻게 이러한 재조직화가 달성되었는가? 정책들, 실천들, 그리고 제도들 내의 어떤 변화들이 이러한 변화를 구성하는가? 마지막으로 신자유주의는 어디로 가는가?

이 장에서는 미국의 경우 이러한 재구조화를 달성한 방법이 무엇인지에 대한 세 가지 질문을 제기할 것이다. 우선 정책들과 실천들, 제도들 내의 변화, 그리고 노동자계급에게 미치는 효과들에 초점을 맞춘다. 이러한 '어떻게' 라는 질문을 논의하기 위한 배경으로서 '무엇이?', 그리고

* 앨 캠벨(Al Campbell)은 유타 대학(University of Utah)의 경제학 교수이다. 그는 현대자본주의의 행태, 사회주의이론, 쿠바 경제에 관심이 있다.

'왜?'라는 첫 두 질문에 대한 간략한 대답이 필수적일 것이다.

여기서 신자유주의를 고찰하는 데 사용될 구조의 함축적 측면 네 가지를 간략하게 언급하는 것이 중요하다. 첫째, 신자유주의는 ① 세계화가 아니고, ② 기술변화의 필연적 결과—특히 통신과 교통〔부문〕에서—로 발생한 생산의 국제화도 아니며, ③ 강화된 국제적 경쟁의 필연적 결과 역시 아니다. 신자유주의는 자본주의의 〔재〕조직화이다. 신자유주의의 자본주의적 조직화의 국제적 측면이 중요하다. 마치 모든 앞선 자본주의의 조직화에 중요한 국제적 측면이 있었던 것처럼 말이다. 하지만 국내적 측면처럼 이러한 국제적 측면은 자본주의 그 자체의 목적과 목표라는 관점에서 적절히 이해되기도 한다.

둘째, 이 장에서 명백해질 것처럼, 미국에서 신자유주의의 탄생은 오랜 시간이 걸린 과정이었다. 아래에서 그 이유를 논하겠지만, 신자유주의의 출발을 1979년으로 정할 수 있다. 여기서 강조해야 할 점은 이 '탄생일'에 동반하는 모든 조건들이다. 이러한 조건들은 '탄생일'을 하나의 과정 속의 한 단계로 인식하는 것으로부터 출발한다(1장과 2장, 7장을 보라).

두 개의 '정형화된 사실'이—마르크스주의자들과 다른 급진파에서 받아들이고 있는—종종 잘못 해석되고 있다는 것이 셋째와 넷째이다. 즉 신자유주의는 금융자본 헤게모니의 복귀를 나타내며, 케인즈주의적 타협의 본질은 자본-노동 간 휴전협정을 의미한다는 해석이다. 이러한 것들이 어떤 관계를 언급하는 데 있어 유용하게 쓰일 수 있는 단순한 방식이 되기도 하는 반면, 여기서는 그것들이 가리키고 있는 현실과는 모순되는 방식으로 이해되고 있음을 주장하려고 한다. 이 두 이슈는 이 장에서 취하고 있는 접근 방식을 설명하는 데 중요하다. 바로 신자유주의는 자본주의의 재조직화라는 것이다.

무엇이 신자유주의이고 자본주의는 왜 그것을 채택했는가?

신자유주의란 무엇인가? 신자유주의가 금융자본 헤게모니의 복귀를 나타낸다는 정형화된 사실에는 문제가 있다. 이러한 손쉬운 표현은 금융자본이 비금융자본에 대해 그것의 의지와 프로그램을 부과한다고 많은 사람들에게 이야기한다. 미국에서 비금융자본으로부터 금융자본으로의 이윤의 이전은 신자유주의 하에서 극적으로 증가했다. 이러한 고찰은 다음과 같은 의문을 제기한다. 금융자본이 신자유주의 이전에 미국 총자본의 15%였다면(그리고 신자유주의 하에서 약 25%로 성장하였다), 어떻게 이러한 소수가 다수의 자본에게 자신의 의지를 행사할 수 있는가? 왜 다수 자본인 비금융자본은 자신의 이익을 희생시키면서 소수의 자본에게 이윤을 이전했는가? 대다수의 금융자본이 케인즈주의적 타협을 받아들이지 않았고, 항상 경제적 자유주의의 즉각적인 복귀를 변호하였음을 인식하는 것이 중요하다. 하지만 생산적 자본이 제2차 세계대전 이후에 케인즈주의적 이념에 기여하게 된 것과 1970년대와 80년대에는 그러한 이념을 포기하기에 이른 이유에 대한 이해가 본질적임을 받아들이는 것이 중요하다. 이러한 접근은 문제가 금융자본이 비금융자본에 대해 권력을 행사하고 있는지에 대해서가 아니라——대체로는 그렇지 않았지만——, 오히려 자본의 주요 부분이라고 할 수 있는 생산적 자본이 더 작은 금융자본이 항상 변호해 왔던, 그렇지만 케인즈주의적 타협 하에서는 (부분적으로) 거부되어 왔던 그러한 이념을 지지하는 쪽으로 선회하였는지에 대한 것임을 명확하게 이해하게 해준다.

유사하게 많은 사람들이 노동 측에 떡고물이 떨어지게 되는trickle down 국부의 확장을 가능케 하는 노동-자본 간의 타협이 케인즈주의의 본질이라고 받아들인다(Bowles et al., 1983, 1990). 그리하여 신자유주의의 본질은 이러한 휴전협정의 포기라는 것이다. 하지만 (물론 조심스럽게 해석될 필요가 있지만) 역사적 기록은 자본-노동 간 평화라는 이야기를 입증해 주지 못한다. 한편으로 계급적 대립은 제2차 세계대전 이후에도 지속되었으며, 노동의 보수를 인상시킨 원인이기도 하다. 그러한 보수의 인상은 포드주의적 자본주의에 의해 의식적으로나 흔쾌히 주어지는 '선물'이 아니다. 다른 한편으로 '사회적 합의' social understanding가 존재했다. 이러한 것은 노동과 자본 사이의 계속적인 대립을 중지시키고 당분간 분쟁을 중지시키기 위한(이러한 것은 계속 변화한다) 일반적으로 (그렇지만 보편적이지 않은) 받아들여지는 사회적 규범이라고 할 수 있는 사회적 협약이다. 이러한 사회적 합의 또는 협정을 받아들이지 않는 것이 신자유주의의 한 가지 측면이다.

신자유주의는 자본주의의 재조직화이다. 제2차 세계대전 이후, 자본은 개별 자본의 행위에 대해 일련의 특정한 제한을 부과하는 것이 자본이 항상 가지고 있는 목적, 즉 축적을 유리하게 할 것이라 결정한다. 이러한 결정에는 두 가지 이유가 있다. 하나는 공포이다. 미국 자본이 본국에서 자본주의의 전복에 대한 심각한 공포를 겪어 보지 않았지만, 1945년에서 1955년까지의 논의를 보면 유럽에서 소비에트 유형의 경제적 관계들이 확산되는 것에 대해 깊은 두려움을 갖고 있었다는 사실을 알 수 있다. 그리고 거기서 논의된 몇몇 제도들, 예를 들면, 자본 통제와 같은 몇몇 수단들을 지속시키는 데 있어 소비에트 유형의 경제적 관계들의 확산이 행하는 중요성을 명확하게 보여 준다. 그러나 케인즈주의적 타협 자본주의로 정의되는 그러한 정책들과 실천들, 그리고 제도들이 [자본주의적] 체계가 전복될 수 있다는 자본의 두려움에서만 나왔다는 주장은 과장되어 있다. 자본이 그 역사적 순간에 다양한 제한들과 규제들이 자본축적과정에 유익할 것이라고 믿었기 때문에 케인즈주의적 이념을 택한 것이다. 특히 그러한 제한이 없었던 대공황 기간의 빈약한 축적을 비교해 볼 때 더욱 그렇다. 신자유주의는 그러한 제한과 규제들에 대한 부정으로 이루어져 있다.

신자유주의가 '시장을 자유롭게 작동하도록 놔두거나', 일반적으로 시장에 대한 정부규제를 제거하는 것이 아님을 강조해야 한다. 시장은 절대 자유롭게 작동하지 않는다. 시장이 자유롭게 작동할 것이라는 주장은 신자유주의 이데올로기의 일부이다. 시장과 그것이 작동하는 환경은 항상 정부규제에 의해 만들어지며, 그것들 없이 시장은 존재할 수 없다(6장을 보라).

왜 자본주의가 신자유주의를 채택했는가? 폭넓게 보자면, 거기에는 자본주의의 구조적 위기가 존재한다. 자본축적이라는 자본주의 목적을 위한 정책들과 실천들, 그리고 제도들이 더 이상 그 목적에 부합하지 않게 되었다. 더 좁게 보자면, 자본주의가 이윤율 저하의 상황에 직면하여 케인즈주의적 타협을 포기한 것이고, 그러한 타협의 포기는 신자유주의가 이윤을 회복시키고, 축적을 재개시킬 수 있다는 신념 속에서 이루어졌다.

신자유주의를 고찰하기 위한 이러한 작업에 사용되는 틀을 수립하는 '무엇', 그리고 '왜'라는 이런 간략한 주장들과 함께, 논의는 이 장의 주요 주제로 넘어가게 된다. 바로 이러한 재조직화가 '어떻게' 달성되는가에 대한 것이다. 신자유주의를 구성하는 정책들, 실천들, 그리고 제도들 내에 어떤 변화가 있는가?

케인즈주의적 타협[을 기초로 한] 자본주의는 1930년대 대공황에서 기인하는 국제 자본주의체계의 가장 거대한 위기에 대한 하나의 반작용으로서 태어난다. 케인즈주의적 타협은 세 가지 광범위한 새로운 정책들, 실천들, 그리고 제도들로 구성된다. 첫째는 무엇보다도 금융자본을 위시한 몇몇 자본들의 일정한 행위—국내적·국제적 행위 모두—에 대한 구체적인 제약들로 구성된다. 두번째, 화폐와 재정정책 양 측면에서 경제를 부양하는 거시경제적 개입정책으로 구성된다. 세번째, 일정한 노동복지정책으로 구성된다. 신자유주의의 탄생, 즉 케인즈주의적 정책에 대한 부정은 오랜 세월에 걸친 과정이었다.

국제적 자본통제의 소멸과 '글로벌 금융의 재출현'

제2차 세계대전 이후의 자본주의 세계에서 국제적 자본 행위에 대한 자본통제의 존재는 선진국들과 제3세계에서 거의 보편적인 것이었다. 1960년대 단기간 동안 이외에는 국제적 자본 이동에 대해 극소수의 제한만을 행하고 있던 미국은 예외였다(3장과 11장을 보라).

국제적 자본통제에 대한 자본의 옹호를 이해하기 위해서는—제2차 세계대전 이후 미국 자본에 극도로 심했던—매번 그랬지만, 축적의 어떤 순간에 최적의 조건을 만들어 내려는 자본에 대한 이해가 출발점이 되어야 한다. 그때, 그리고 그 시기 자본의 의식consciousness of capital은 그들이 당시 경험하고 있던 대공황에서 영향을 받았다. 생산자본의 광범위한 부문들이 금융자본주의로부터 최적의 축적에 필요한 성장과 생산의 안정적 환경을 제공받지 못할 것이라 생각하였다. 국제적 자본 이동이라는 점에서 투기적 국제자본은 매번 대공황의 중요한 원인이었고, 생산자본의 수익성에도 도움이 되지 않으며, 국제적 거래를 잠식하는 가격 불안정성과 국제수지위기를 만들어 냈다.

은행업 종사자와 금융자본(그리고 물론 생산적 자본의 몇몇 대표자들)은 절대 자유주의와 1990년대 '시장 근본주의'로 알려지게 된 것들에 대한 전적인 반대를 표시한 적도 없고, 자본통제에 연루된 구체적 거부를 표시한 적도 없다. 도식적으로 보면, 생산적 자본이 상품 생산(그리고 판매)에 적절한 조건들을 요구하는 반면, 금융자본은 자신의 이윤추구를 위해 선택하는 것이 무엇이든 허락될 수 있는 환경을 요구한다. 금융자본의 행위가 생산과 판매를 통해 이윤창출을 하려고 하는 생산적 자본을 위한 환경을 손상시킬 것이라는 논리적 가능성이 존재할지도 모른다. 바로 그것이 사실상 생산적 자본이 대공황의 결과로서 정확하게 알게 된 것이다. 그와 반대로 금융자본은 자유주의적 노선을 고수해 오고 있으며, 그 노선이란 금융시장을 포함하는 모든 시장의 규제가 철폐되는 것이다.

신자유주의가 탄생하게 된 첫번째 주요한 징후는 거의 보편적으로 받아들여지던 자본통제가 소멸하기 시작한 것이다. 사람들이 생각했던 것처럼 모든 것이 단 한번에 발생한 것은 아니다. 1958년이 되자 유럽 국가들은 자신들이 통화 태환성을 회복시키기에 충분한 국제 준비금(주로 달러)을 축적했음을 알게 되었다. 뉴욕 금융집단들은 1945년 이래로 차지하려고 했던 세계에 대한 대부업자 이상의 역할을 할 수 있었고, 기꺼이 수행하게 되었다. 생산적 자본 또한 그 시기에 일어난 변화들을 후원하였다. 생산적 자본의 관심은 무역에 적합한 조건들을 만들어 내는 데 있었다. 유럽이 즉각적으로 1945~47년 완전 태환성으로 이동한 것에서 알 수 있듯이, 투기자본은 언제나 충분한 준비금을 보유하고 있지 않은 통화들을 공격할 것이며, 그 때문에 무역이 원활하게 이루어지 않을 것이었다. 브레턴우즈에서 논의된 것처럼, 자본통제는 완전한 통화통제를 요구하는 것이었다. 만약 그렇지 않다면 자본이 경상수지 거래의 탈을 쓴 채 통제받기를 회피할 것이기 때문이다. 그러나 통화통제는 그 자체로 무역에는 불리한 것이었다. 이리하여 생산적 자본은 각 국가들이 파괴적인 투기적 통화 공격을 막기에 필수적인 준비금을 보유하자마자,

이러한 제한이 제거되는 것을 흔쾌히 받아들였다. 장기자본통제는 제거되지 않았다.

같은 시기에 영국은 파운드 잔고 문제를 경험하고 있었다. 그리고 1957년에는 영국 은행들의 파운드 영역 바깥에서의 금융거래를 제한하였다. 이에 대한 응답으로 은행들은 대외 고객들이 맡긴 달러 예금에 대한 달러 신용을 늘리기 시작하였다(우리가 오늘날 '금융혁신' 이라고 부르는 것). 제한들이 풀어진 1959년, 은행들은 이렇게 수익성 있는 것으로 드러난 사업에 매진하기로 결심한다. 국제 금융센터로서의 런던의 재건을 촉진하던 영국 정부는 유로시장이 런던에 자리 잡는 것을 허용하였지만, 영국의 제약과 규제들로부터 면제시켜 주지는 않았다. 유로달러시장이 태어난 것이다. 1963년 영국은 채권발행의 확대를 허용한다.

유로시장은 매우 타협적인 것이었다. 1958년 환율통제의 폐지가 자본통제의 폐지로의 큰 걸음이었던 반면, 그러한 〔환율통제의〕 폐지가 양자를 모두 종결시킨 것은 아니었다. 금융자본에 의해 요구되는 것으로 국제적 자본거래를 위한 거대하고 규제받지 않은 영역을 유로시장이 제공하였으나(미 재무부와 연방준비제도에 의해 지지받은), 동시에 국제경제를 규제할 수 있는 능력을 필요로 하는 케인즈주의에서 요구하는 자본통제는 남겨 두었다(종종 '정책 자율성' 이라 언급되는).

그것이 하나의 위기까지는 아닐지라도 현존하는 국제수지 적자와 미국 은행들에 의한 대부 증대는 국제수지문제를 발생시켰다. 미국 달러에 대한 대외 보유고가 증가함에 따라 첫번째 달러 예금 인출사태가 1960년 10월 발생하였다. 미국은 국제자본을 끌어들이기 위해 이자율 인상 조치를 취하려 하지는 않았다. 미국은 달러를 보유한 개인들과 외국 정부들에게 압력을 넣었으며, 유로달러시장의 팽창은 이러한 점에서 의미심장한 역할을 하였다. 그러나 미국은 해가 갈수록 국제수지가 악화되어 1963년부터 다양한 자본통제 조치를 취하였다. 이러한 조치는 물론 미국 금융자본에 대한 유로시장의 중요성을 증대시켰다. 1960년대 미국의 금융자본은 유로시장으로 몰려갔으며, 이러한 규제받지 않는 시장은 잠시 동안 국제자본거래의 중심인 뉴욕을 대체하였다.

상대적으로 규제받지 않는 달러의 양이 늘어나면서, 달러에 대한 압력은 증가하였다. 그러나 미국은 국제수지문제의 해결을 거부하였고, 금은 계속해서 미국에서 빠져나갔다. 결국 브레턴우즈 환율체제가 붕괴했다. 1971년 8월 미국이 금태환 중지를 선언한 이후 환율체제를 복원하는 방법에 대해 두 해에 걸쳐 논의가 진행된다. 유럽과 일본은 환율을 현실적인 수준으로 조정하고 고정환율제를 재수립하기를 주장하였는데, 이러한 고정환율제는 국제적 협조에 기초한 강화된 자본통제가 뒷받침되어야 하는 것이었다. 그러나 미국은 신자유주의적 접근을 옹호하면서 이러한 접근을 거부하였다. 즉, 자본에 대한 모든 통제를 제거하고, 환율을 자유롭게 변동하도록 하는 것이었다. 1973년 2월 통화위기에 직면하여 미국은 1974년 11월 모든 종류의 자본통제를 종결한다고 발표하였으며 사실상 그것들은 이미 1974년 1월 모두 철폐되었다.

이러한 변화의 주원인은 미국 생산적 자본의 경제적 힘이 상대적으로 감소했기 때문이다. 이러한 힘의 감소는 계속적인 국제수지 적자로 나타났다. 이에 대해 미국은 지속 가능한 수준으로 적자를 유지하기 위해 세계금융시장에서의 지배적 지위를 이용하기로 결심한다. 〔또한〕 두 가지 다른 요소가 이 변화에 기여하였다. 첫째, 1960년대에는 미국의 대외적인 생산능력의 막대한 팽창 때문에 생산적 자본은 그 경영상 이유에서 국내적이고 대외적인 모든 국제적 자본통제에 대해 강하게 반발하였다. 존슨 대통령은 국제수지문제를 완화하기 위한 시도로 1968년 대외직접투자에 대해 첫번째 자본통제를 실시한다. 그리고 재계는 자본통제의 폐지를 위해 선거운동 기간 동안 닉슨에게 로비하는 것으로 반응하였다. 두번째, 1973년 이후 OPEC이 갑자기 투자할 수 있는 거대한 양의 자본을 보유하게 되었다. 유럽, 일본, 아랍 국가들 모두 석유가격의 상승에 의해 나타난 세계적인 적자를 완화하기 위해 IMF를 통해 이 자금을 이용할 수 있게 하는 데 찬성하였다. 미국은 자유로운 금융시장—자본이 흡수될 수 있는 유일한 장소—이란 명목으로 그러한 노력을 차단하였다. 유로달러시장을 포함하는 미국의 금융시장이 그곳이고, 계속적인 적자를 운영할 수 있는 미국의 능력에 대해 재정상의 보증을 하게 되는 것이었다.

국내 금융자본에 대한 제한의 축소

금융자본에 대한 정부규제의 네 가지 기본적인 형태가 있다. 사기 행위, 정보공개, 투자자산에 대한 보호, 그리고 경쟁이다. 오직 이러한 규제의 마지막 것만 신자유주의에 의해 공격받고 있다. 기업차입의 무시해도 좋을 정도의 양만이 케인즈주의적 타협의 시대가 출발할 때부터 상업 어음시장에서 이루어졌기 때문에, 여기서의 논의는 지면 관계상 은행규제에 대해서만 다룰 것이다.

경쟁을 제한하는 네 가지 주요 규제가 있다. '규제 Q' Regulation Q는 금융과 비금융 기업의 분리(유니버셜 뱅킹〔겸업은행〕 금지), 상업은행과 투자은행의 분리, 지점 설치 제한branching restriction이다. 이 중에 하나를 제외하고는 신자유주의에 의해 모두 철폐되었고, 나머지 하나도 조금씩 무너져 나가고 있다.

'규제 Q' 는 은행이 예금에 제공하는 이자의 상한선을 정하고 있다. 그것의 목적은 생산적 자본이 낮은 수준의 이자율에서 차입할 수 있도록 하여 생산과 성장을 촉진하는 데 있다. 물론 금융자본은 그와 반대로 대부자본으로부터 가능한 높은 수익을 올리려고 한다. 즉, 대부시장이 지지하게 될 만큼의 높은 이자율을 얻으려고 한다는 말이다. 1950년대에서 60년대 초까지 시장 이자율은 일반적으로 '규제 Q'의 제한선에 필적하는 것이었다. 그래서 '규제 Q'를 제거할 만한 인센티브도 거의 존재하지 않았다. 1966년 신용위기에 뒤이어, 더 일반적으로 명목시장 이자율이 상승함에 따라, 변화가 시작되었다.

두 가지 기본적인 방식이 '규제 Q'를 우회하기 위해 만들어졌다. 첫째는 차입기업에 직접 대부하는 것이다. 상업어음은 1960년대 단기 기업자금에 2%에 지나지 않았지만, 1970년에는 7%, 80년대에는 10%까지 증가한다. 두번째 방식은 은행, 비은행 금융기관들이 '규제 Q'에 의해 규제되는 수단들처럼 운영되지만 기술적으로는 다른 것이기 때문에 제한받지 않는 금융도구들을 개발하는 것이다. 한 가지 예를 들자면, 투자회사는 예금계정과 동일한 수의 고객들로 나타나는 머니마켓 뮤추얼펀드MMF를 개발했다. 그러나 사실상 그것은 재무부 증권과 상업어음을 매입하기 위해 소규모 투자를 공동출자한 기업이다. 1970년대 말에는 이러한 펀드들이 2천억 달러 규모가 되었고, 그 시절 모든 상업은행 자산의 15%가 되는 규모였다. 1980년대에는 '규제 Q'가 이자율을 낮추는 데 효과적이지 않다는 것이 명확해졌고, '1980년 금융기관 규제철폐 및 통화관리법' 1980 Depository Institutions Deregulation and Monetary Control Act은 1986년까지 이자 상한선을 단계적으로 폐지하기를 요구했다.

투자은행과 상업은행의 분리는 금융자본의 힘, 생산적 자본에 부담을 주는 이자율을 상승시킬 수 있는 능력을 제한하려는 의도를 가지고 있었다. 각각이 할 수 있는 것과 할 수 없는 것에 대한 규제는 광범위하고, 세밀한 것이지만 두 가지 주요한 조항이 있는데, 그것은 투자은행은 어떤 종류의 예금도 유치할 수 없다는 것, 그리고 상업은행은 기업증권을 인수할 수 없다는 것이다(또는 상업은행 자산의 일부로 규제자에게 승인된 기업증권 이외에 어떤 것도 보유할 수 없다). 1980년대와 90년대를 지나면서, 이러한 제한은 거의 소멸된다.

'규제 Q' 와 상업과 투자은행의 분리는 '1933년 은행법' (통상 '글라스-스티걸 법')의 일부이다. 바로 이것이 케인즈주의적 타협의 기간 동안 국내 금융을 제한하는 기본적인 법이었다. 1999년 '그램-리치-블라일리 금융 서비스 현대화 법' Gramm-Leach-Bliley Financial Services Modernisation Act 은 '글라스-스티걸 법' 대부분을 폐지하는 것이었으며, 이미 광범위하게 자리 잡고 있던 신자유주의적 금융질서의 실존을 확인하는 것이었다.

'글라스-스티걸 법' 중 소멸되지 않고 있던 하나가 은행업과 상업활동을 모두 할 수 있는(유니버셜 뱅킹) 단일 회사 설립을 금지하는 것이다. 시간이 지남에 따라 그것도 조금씩 무너지고 있다. 자동차 회사가 자동차 구입을 위한 신용 서비스를 운용할 수 있도록 허용되고 제너럴 일렉트릭 캐피탈GE Capital은 거대 금융기관이 되었다. 하지만, 대체로 유니버셜 뱅킹에 대한 제한은 건전한 편이다.

1927년 '맥패든 법' McFadden Act에 의해 발효된 주 사이interstate의 지점 〔설립〕 금지는 지방 지점을 보유한 전국적 은행을 통해서는 불가능한 지방 중소기업에 대한 신용 제공을 가능케 하기 위해 만들어진 것이다. 한편으로 이러한 제한들은 케인즈주의적 타협의 기간 내내 부분적으로 쇄신되었다. 다른 한편으로 혁신은 절대 그들이 최적으로 고려하고 있는 방식이 어떤 것이든 이윤추구를 위한 금융자본의 거대부문의 특권에 대한 기본적인 제한을 극복하지는 못했다. 1994년, '리걸-닐 효율적 주간 은행업과 지점〔관리〕법' Riegal-Neal Interstate Banking and Branching Efficiency Act 은 지점 제한을 3년간 단계적으로 (완전히) 소멸시키는 것으로 하였다.

신자유주의적 재정 및 통화정책

이 장의 초반 논의에서 신자유주의는 화폐의 가치를 보호하고 '자유시장' 을 수립하는 자본의 최적의 축적을 위한 열쇠라고 보았다. 간단히 말해 신자유주의적 재정정책은 바로 이러한 형태로 진행되는 것이다. 정부지출은 오직 시장이 할 수 없는 것들(신자유주의자들은 매우 간단한 목록만을 고려한다)에만 이루어지고 조세는 그러한 행위들을 위해 지출되는 한에서만 징수된다. 거시경제적 성과와 관련된 재정정책의 역할이란 존재하지 않는다(특히 케인즈주의적 사고에서 제출된 고용 또는 성장 증대를 목표로 하는 그런 정책은 없다).

미국의 신자유주의 시대라고 부를 수 있는 1979년 이후의 재정정책을 보면, 실제로 종종 매우 비신자유주의적이었다. 이러한 것은 레이건과 아들 부시의 재임기간 동안 증가된 거대한 군사지출 때문이 아니다. 한편으로 그러한 것들은 부분적으로 정부 제공 서비스의 삭감으로 상쇄되었지만 그러나 다른 한편으로 그것이 상쇄되지 않았을 때조차 군사지출은 오직 정부만이 할 수 있는 어떤 것이었다. 재정정책은 〔정부〕지출이 조세에 의해 보상되지 않았기 때문에 비신자유주의적이라고 할 수 있다. 즉 정부가 거대한 국내 적자를 보유하고 있다. 이것은 일반적으로 화폐의 가치를 보호하려는 신자유주의적 목적과는 일치하지 않는다. 레이건 시기 적자를 보충해 주는 해외 자본의 거대한 유입 덕분에 인플레이션은 발생하지 않았다. 이러한 동일한 결과가 부시 행정부 하에서 발생한 적자에 대해서도 일어나리라고 단언하기는 어렵다.

케인즈의 사상에 따르면 통화정책의 주요한 역할은 상대적으로 낮은 실질이자율을 유지함으로써 생산과 성장을 촉진하는 것이다. 실질이자율은 전형적으로 1950년대와 1960년대 사이에 1~2% 사이를 유지하였고, 심지어 1970년대에는 음(−)의 실질이자율이었다. 신자유주의가 시작되자, 실질이자율은 4% 가까이 뛰어올랐으며, 1980년대에는 더 높았다.

세 가지 것이 1970년대 후반 동시에 일어났으며, 이러한 것은 신자유주의의 공고화로 이끌어졌다. 그리고 통화정책이 새로운 정책을 실행하기 위해 사용되는 도구였다. 첫째, 경제 전체의 이윤이 계속해서 하락하였다. 두번째, 인플레이션이 다시 시작되었다. 재계와 카터 행정부는 생산성의 성장이 거의 떨어진 적이 없었음에도 불구하고, 이러한 것이 1973~74년 경기침체 이후 매년 2%씩 상승한 임금 탓이라고 하였다. 그들은 더욱이 인플레이션을 달러 약세의(이후에 논의할 것이지만, 그것이 실제로 일어나지 않았음에도) 탓으로 돌렸다. 셋째로 앞에서 논의한 것처럼 계속적인 국제수지 적자와 새롭게 나타난 국내 인플레이션과 더불어 달러의 가치가 하락하였다. (달러[의 가치]를 유지하려는 노력이 1970년대 있었음에도 불구하고) 사우디아라비아는 자신들의 달러 준비금을 팔기 시작하였고, 게다가 만약 미국이 달러 가치의 하락을 멈추려는 행동을 하지 않는다면 원유가격을 올리겠다고 협박하였다. 더 중요하게는 다량의 달러 도피가 거대하고 본질적으로 규제받지 않는 사적 자본시장에서 시작하였다. 달러는 자유 낙하하기 시작하였다.

1978년 말에 카터 행정부는 급격한 정책변화를 시작했다. 그 뒤로 두 해 동안 성장과 실업에 대한 관심이 인플레이션을 막겠다는 관심으로 대체되었다. 재정과 통화정책 모두 긴축적인 것으로 바뀌었다. 이자율은 올랐지만 노동비용, 인플레이션, 또는 달러의 가치 상승에는 최소의 충격만을 주었을 뿐이다. 가장 강력한 수단이 필요했지만 그러한 것들은 심각한 경기침체를 낳을 것이었기 때문에, 카터는 그것을 시행하려고 하지 않았다.

1979년 8월 카터는 연방준비제도이사회 의장으로 '하드머니' 맨hard money man으로 알려진 폴 볼커를 임명함으로써 특히 국제화폐시장에 신호를 보내려고 결심한다. 10월 6일 연방준비제도이사회는 화폐공급긴축을 천명한다. 이자율은 극적으로 뛰어오르고, 마치 계획된 것처럼 1980년 경제는 침체로 접어든다. 그러나 목적의 일부가 달성되었다. 달러의 신뢰가 회복된 것이다. 그러나 인플레이션은 억제되지 않았다. 그리고 인플레이션은 1980년 13.5%까지 상승한다. 실질 노동비용이 하락하기 시작했지만 명목임금의 감소라기보다는 가속화된 인플레이션의 결과였다. 명목 단위 노동비용은 1978년에 8.9%까지 올라갔고, 1980년에는 10% 이상 상승하였다.

동일한 긴축적 통화정책이 계속되었고, 최종적으로 인플레이션이 붕괴하였다. 짧은 경기상승에 뒤이어 이자율은 더 높은 수준으로 상승하였고, 경제는 '세컨드 딥' second dip에 빠진다. 1981~82년 침체는 대공황 이후 최악이었는데, 1982년 산출이 2.2% 축소되었고, 실업은 9.7%에 이르렀다. 인플레이션은 1980년 13.5%에서 1983년 3.2%로 하락한다.

1982년 7월에 인플레이션이 거의 제로로 하락함에 따라, 연방준비제도이사회는 통화정책을 완화한다. 인플레이션은 단기간에 거의 4% 포인트 상승한다. 그러나 그리고 나서 안정화되고 그 이후로 20년 동안 그 수준 위로 상승한 적이 없다.

1980~90년대에는 그리 많은 개입이 필요하지 않은 낮은 인플레이션이 유지됨에 따라, 자본축적을 용이하게 하는 관점에서 연방준비제도이사회의 주요 이슈는 일반적으로 다양한 방식으로 최종 대부자의 역할을 하면서 지속적으로 발전하고 있는 금융위기에 대처하는 것이었다. 이것은 대공황 시기에 그들의 실패로부터 배운 교훈이었다. 이미 1966년 신용공황, 1970년 펜 센트럴Penn Central 〔운송회사〕 파산과 1974년 프랭

클린 전국 은행Franklin National Bank 금융위기 때, 그들은 그런 역할을 하였다. 신자유주의가 공고화되고 있던 1982년 펜 스퀘어 은행Penn Square Bank 파산과 멕시코 금융위기, 특히 극도로 파괴적일 수도 있었던 1987년 증권시장 붕괴에서 그들은 이런 역할을 성공적으로 수행한다.

신자유주의적 노동 및 복지 정책

케인즈주의적 타협에 의한 노동정책의 본질에 관한 두 개의 서로 다른 부정확한 생각들을 신자유주의적 노동정책을 이해하기 전에 버려야만 한다. 더 근본적인 것은 자본이 '실현문제'(불충분한 수요)를 인식했고 이러한 문제를 해결하기 위해 의식적으로 노동에 대한 보수를 증가시켰다는(일시적이고 부분적으로) '포디즘'Fordism 테제 버전이고, 이보다 완화된 버전은 자본-노동 간 타협이 케인즈주의적 타협의 중심적인 측면이라는 것이다.

진실은 제2차 세계대전 이후에 즉각적으로 군사지출에 대한 급격한 축소로 발생하는 정부 수요의 하락이 전전前戰에 있었던 불황의 복귀로 이어질 것이라는 공포의 만연에 있다. 이러한 관점은 정부의 계획 입안자들에게 매우 중요한 것이었으며, 학계의 지지도 있었으며, 1945년 10월 30일 라디오 방송을 통한 트루먼의 임금 인상 요청으로 이어진다. 그러나 1945~46년의 거대한 파업의 물결Great Strike Wave은 재계가 임금 인상에 관심을 가지라는 요구에 따른 것도 아니고, 자본-노동의 타협이 존재했던 것도 아니었음을 보여 준다. 유사하게 1947년에 의회는 20세기에 가장 강력한 반노동법안을 통과시킨다. 태프트-하틀리 법안은 그 자체로 아무런 타협이 없었음을 이야기하는 증거이고(흥미롭게도 트루먼이 거부권을 행사하기는 했지만), 이 법안이 없었다면 달성했을지도 모르는 것에 비해 더 낮은, 생산에 대한 노동의 몫만을 보장하는 것이었다(2장을 보라).

케인즈의 사상에서 이윤에 대해 중요한 의미를 갖는 것으로 생산, 판매, 그리고 성장을 이야기한다. 제2차 세계대전 후 상황에 의해 보장된 미국 생산물 수요와 더불어, 이윤에 중요한 의미를 갖는 것으로 생산의 '안정성'이 고려되었다. 심지어는 노사 간 대립이 격렬하지 않을 때조차, 노동자 파업에 의해 생산이 축소되거나 이윤에 손실이 생겼다. 1940년대 후반과 1950년대는 다년간 계약이 도입되었고, 그것을 연장하려는 자본의 투쟁이 있었다. 1957년에는 경기후퇴로 인해 파업이 일시적으로 비용상 부담을 덜 주게 되자, 자본은 이러한 시기를 이용하여 임금, 기계도입, 노동의 강화(종종 '노동조건', '노동생산성' 또는 '인력이용'이라는 완곡한 말로 불리는)의 측면에서 노동조합과 대립하였다. 하지만 자본은 〔이 시기뿐만 아니라〕 전 기간에 걸쳐 어떤 수준에서 이러한 문제에 대해 투쟁해 왔던 것이다. 예외적으로 높은 수준의 이윤을 기록했던 1960년대 후반에도 자동적인 분배가 일어났던 것은 아니다. 오히려 파업행위는 이윤의 '떡고물'을 위해 필요한 것이었다. 모든 순간, 자본은 집요하게 노조가 지리적으로나 수적으로 확산되는 것을 방해하여 왔다. 점차 노조 조직률이 1945년 35%에서 1955년 33%, 그리고 1960년에는 31%로 낮아졌다. 그리고 1970년에는 27%, 1980년에는 23%에 이른다. 포드주의나 자본-노동 간 타협을 이야기하는 주장이나 케인즈주의적 타협의 노동현실과는 맞질 않는다. 오히려 두 가지 기본적인 측면에서 자본-노동 간 협약이 존재하였다. 하나는 노동조합이 설립된 이후에는 노조 파괴 공작을 하지 않는다는 것(1959년 GE의 파업과 같은, 노조의 심각한 패배가 있은 이후조차도), 또 하나는 노동이 생산성 수익의 일부를 가질 권리가 있다는 것이었다.

신자유주의 사상에 있어 근본적인 변화는 이윤과 자본축적의 열쇠에 대한 개념에 있다. 안정성을 함축하고 있는 생산, 판매, 그리고 성장 대신에 신자유주의적 사상은 기업이윤의 열쇠가 비용 삭감에 있다고 본다. 그것은 기계의 도입과 경영의 개선에 의한 것이지만, 노동보수의 감소와 노동강도의 강화를 포함하는 것이기도 하다. 1970년대가 시작되자 자본은(특히 신자유주의 정책이 공고화된 이후로는 정부정책의 지원을 받아) 노동자의 실질임금과 이익의 성장을 축소시키거나 심지어 절대적으로 축소시키려는 목적의 정책과 실천을 과도하게 도입한다.

낡은 〔자본-노동 간〕 협약을 끝장내고 새로운 자본-노동관계의 형성을 결정했던 1970년대와 1980년대에 자본이 벌인 노동에 대한 여섯 가지의 구체적인 공격이 있었다. 첫번째는 자본이 해외 생산과 해외에서 생산된 생산적 투입물의 구매를 증가시킨 것이다. 한편으로 이러한 것은 국내의 실업을 증가시켰고, 다른 한편으로는 임금과 〔복지〕급여에 대한 하락 압력을 만들어 내는 것에 기여하였다. 그러나 더 중요한 것은 심지어 임금 인상과 노조가입 요구에 대한 위협으로 그것들이 나타났다는 데 있다.

두번째, 자본은 임금을 압박하고, 곧장 임금 삭감을 실행하였다. 이러한 방식은 1980년 이전에는 존재하지 않았는데, 그러고 나서 1981~82년 경기침체와 더불어 마치 제우스의 머릿속에서 튀어나온 아테네처럼 이미 모든 준비가 되어 있는 것으로 보였다. 1982년 새로운 계약을 맺은 노조로 조직된 노동자들의 44%가 임금을 삭감했고, 계약 첫해에 적어도 임금을 동결했다.

세번째, 생계비 연동조항Cost of Living Adjustment: COLA[1]이 신자유주의

1) 소비자 물가에 연동하여 자동적으로 임금을 증감시키는 조항. — 옮긴이

가 시작된 이후 대부분의 계약에서 소멸한다. 1985년 한 해만 COLA에 적용되는 노동자들의 40%가 새로운 계약에서 이 조항을 삭제당했다. 1983년에는 새로운 계약의 50%에 이 조항이 들어 있었으며, 1984년에는 40%, 1985년에는 30%가 된다.

넷째로 동일 노동을 수행하는 새로운 고용자에게 훨씬 낮은 임금을 지급하는 이원적 임금구조two-tired wage structure가 나타났다. 자동차 노동자들에 대한 사례가 가장 적절한 예라 볼 수 있는데, 그들은 1년 임금이 동액수준으로 조정된다. 이러한 것은 대부분의 계약들에 이미 존재하고 있는 수습기간 동안은 더 낮은 임금을 준다는 사실과 크게 다르지는 않다. 최악의 상황은 거의 절반 정도의 임금에서 출발하여 동액수준으로 조정되는 데 거의 10년 정도가 걸리는 경우이다. 레이건은 US 우편 서비스에서 이러한 이원적 체계를 제도화함으로써 이러한 종류의 실천에 대한 강력한 지지를 보냈다(정부 〔입장〕은 아래서 논의될 것이다).

다섯번째, 정규직 노동자들이 '임시직' (또는 '비정규직 노동자들')으로 대체되었다. 특히 이러한 대체는 보건, 연금, 그리고 기타 급여에 대한 자본금의 절약을 동반하였다.

여섯번째로 '노조 기피' 가 새로운 차원에서 일어났다. 자본이 케인즈주의적 타협의 기간에도 노조의 확대를 막기 위해 투쟁을 벌였다는 것은 이미 앞에서 언급된 바이다. 이러한 점에서 유일한 변화는 새로운 노동조합들에 대한 자본의 투쟁이 더 격렬해졌다는 것이다(새로운 노조들과 싸우기 위해 사용된 노력과 돈을 측정해 볼 때나 노동법 위반 등의 사례로 볼 때). 새로운 차원이라는 것은 광범위한 노조 파괴 행위였다. 레이건은 임기 첫해에 그 유명한 PATCO[2] 제거에 대한 승인을 하였다. 드물게 단

2) 항공관제사 협의회(the Professional Air Traffic Controllers Organization) — 옮긴이

순한 형태의 노조 파괴가 진행된 반면 훨씬 더 일반적으로는 공장을 폐쇄하고 새로운 비노조 공장(미국이나 해외에)을 설립함으로써 노조를 파괴하였으며, 가끔은 파산(노조가 없이 운영할 수 있는 다른 회사에 자산을 매각함)을 통해서 파괴 공작을 실행하였다.

적어도 다섯 가지 방법으로 정부는 이러한 〔노동에 대한〕 공격을 지원했다.

첫째, 긴축적 통화정책을 실시하여 성장이 케인즈주의적 타협 하의 자본주의 시기보다 둔화되었다. 그리하여 자본의 공격에 맞설 수 있는 노동의 힘이 약화되었다. 둘째, 실질가치 측면에서 최저임금의 하락을 묵인하였다. 셋째, 자본에 훨씬 우호적인 쪽으로 노동법을 재해석하였다. 레이건은 미 전국노동관계위원회the National Labour Relations Board: NLRB에 반-노동자적 인물을 임명하였다. 그리고 1980년대 이루어진 일련의 법원 판결들을 통해 새로운 노조를 조직하고 사용자와 효과적으로 협상하거나 파업을 할 수 있는 노동의 힘을 축소시켰다. 넷째, 하나의 전조로서, 정부의 정책은 위에 언급한 것처럼 민간자본을 발전시키고, 노조 파괴와 이원 임금체계를 확립하려는 두 가지 실천과 직접 연결되어 있다. 다섯째, 사회안전망이 약화되었다. 이러한 측면에서 실업급여가 축소——카터 행정부 아래서 시작되었으며, 레이건 정부에서 더욱 심화되었다——되었고, 무역조정지원제도trade adjustment assistance[3]가 축소되었으며, 3만 9,000개의 공공서비스 관련 직종이 레이건이 집권한 지 1년 만에 사라져 버렸으며, 아동부양세대에 대한 보조Aid to Families with Dependent Children: AFDC 또한 줄어들었다. 복지 혜택의 실질가치가 카터와 레이건

3) 무역조정지원제도(TAA)는 1974년 무역법 하에 수립된 미 연방정부 프로그램이다. 이는 수입의 증가로 일자리를 잃었거나 임금이 줄어든 노동자들을 보조하는 제도이다. 더 자세한 사항은 http://www.doleta.gov/programs/factsht/taa.htm을 참조. — 옮긴이

행정부 기간에 계속적으로 줄어들었다. 더구나 약 50만 가구가 〔복지〕 프로그램에서 제외되는 자격규정의 변화가 동반되었다.

결론

신자유주의는 자본주의의 특정한 구조이다. 그것의 시작은 자본주의 이전 〔시기의〕 편제에 대한 재구조화로 이루어졌다. 케인즈주의적 타협의 시기 하에서 사적 자본과 그러한 자본의 집합적 대리인인 정부는 자본축적을 최적화하는 열쇠로서 최소한의 수준에서 생산, 판매, 그리고 성장에 개입할 수 있는 조건들을 확보하는 데 초점을 맞추고 있었다. 유럽과 일본의 재건에 있어서 구체적 조건들로 20년 동안 잘 작동해 왔던 그러한 자본주의적 조직은 1960년대 후반과 1970년대에 위기를 경험하게 되었다. 이윤율의 하락은 축적의 위기의 핵심적인 표현이었다. 신자유주의는 1970년대와 1980년대 동안 존재하고 있었던 구체적 조건 하에서 자본축적을 최적화하는 방향으로 사적 자본과 정부의 정책을 이동시켰다. 현존하는 자본 가치를 방어하고, 이러한 재구조화의 가장 중요한 측면으로 임금몫과 노동의 보수를 축소하는 방향을 강화하는 것은 현재적 조건에서 최적의, 자본축적을 위한 신자유주의적 전략의 핵심 구성요소라 말할 수 있다.

23장_영국의 신자유주의

필립 아레스티스·맬컴 소여

〔사람들은〕 1979년 5월 마거릿 대처가 주도하는 보수당 정부가 1974~79년의 노동당 정부를 대체하여 등장한 것을 영국 정치와 경제정책에 있어 중대한 변화로 보기도 한다. 그러한 변화가 언제 정확하게 시작되었는지, 그리고 그러한 변화의 범위가 어디까지인지는 오랫동안 논쟁이 되어 왔다. 그리고 화폐공급의 조절과 인플레이션에 대한 통화주의적 접근(그리고 일정 정도의 민영화)과 같은 정책들은 이전 〔노동당〕 정부에 의해서도 부분적으로 채택된 것으로 보기도 한다. 더 나아가, 대처 정권을 특징짓는 불평등의 극적인 증가(관련된 정세에 대해서는 355~356쪽을 보라)는 그 이전부터—그때 불평등이 감소하던 영국의 일반적 경향이 역전되었다—시작된 것으로 볼 수도 있을 것이다. 1990년 존 메이저가 대처의 뒤를 이었고, 1997년에는 노동당 정부가 선출되면서 정책의 수사(특히 유럽연합에 관련된)와 정책 자체의 작은 변화가 일어났다. 그러나 일반적인 신자유주의적 공세는 시종일관 계속되었다(21장을 보라). 이 장에서는 민영화, 산업정책, 불평등, 그리고 거시경제정책과 같은 문제들을 다룰 것이다.

민영화

신자유주의의 주요 구성요소인 국가에 대한 시장의 우위, 공적이고 사회적 소유권에 대한 사적 재산의 우위는 민영화 프로그램에 의해 예증되고 있다. 지난 20년 동안 민영화는 두 가지 형태를 취해 왔다. 공적 소유 자산에 대한 매각과 민간투자제도Private Finance Initiative : PFI ── 민관협력관계Public Private Partnership : PPP의 일부분 ── 라는 은폐된 형태로 이루어져 왔다. 첫째는 주요 공익설비 대다수의 매각(1984년 통신부문의 매각에서 시작하여, 가스, 전기, 상하수도, 그리고 철도까지)으로 나타났고, 이러한 민영화 프로그램은 이전[에 시행되어 오던] 정책(예전에도 적은 수의 민영화가 존재하긴 했다. 1950년대 초반 철강부문의 민영화, 1970년대 초반 히스 정부에 의한 '토머스 쿡'과 같은 회사의 매각 등이 그러한 사례이다)과는 뚜렷한 단절을 나타낸다. 전후 주요 국유화 프로그램은 1945~51년 노동당 정부에 의해 수행되었다. 그 기간 동안 석탄, 철도, 대형트럭 운송(이후 민영화됨), 가스, 전기, 그리고 영란은행이 국유화된다. 1960년대와 70년대 국유화는 장기적 하향 산업(철강, 조선, 항공우주)에 집중된다. '브리티시 레일런드'British Leyland와 '롤스 로이스'Rolls-Royce와 같은 개인 기업들은 파산으로 소멸의 위협에 직면하여 있었고, 이에 대한 정부의 개입으로, 계획된 것이라기보다는 우연적으로 공기업화되었다.

많은 요소들이 민영화에 대한 압력으로 작용하였고, 민영화정책은 다양한 목적으로 사용되었다. 그러한 요소들은 산업에 대한 정부 개입의 축소를 포함하는데, 민영화된 기업들과 공공부문에 존속하고 있는 기업들의 효율성 개선, 공적 자산을 매각해서 나오는 수령액을 통한 공공부문 차입요건public sector borrowing requirement : PSBR의 축소, 공공부문 임금협상에서 노조의 힘 약화, 소량의 주식 판매 촉진을 통한 주식 소유권의 확대, 종업원지주제의 장려와 정치적으로 유리한 입장의 획득(특히 매각에 들어간 주식들을 고의로 기준-가격 이하로 팔게 함으로써 민영화된 기업들의 주식을 산 사람들에게 발생하는 초기 금융 이익을 통해)을 포함한다.

민영화된 공익사업들 각각은 가격과 기타 정책을 통제하려 새롭게 창설된 감독기관에 의해 규제된다. 민영화 프로그램은 우편 서비스를 제외하고는 모든 주요 공익사업을 민간부문으로 이동시켰으며, 이는 '브리트오일' Britoil, '재규어 자동차' Jaguar Cars와 '국립운송회사' National Freight와 같은 광범위한 기업들의 매각을 포함하였다. 공적 자산의 매각 과정은 해마다 변동적이었지만 1980년대와 1990년대 중반까지 50억 파운드 또는 그 이상이 이루어졌다. 공기업의 고용은 1981년 186만 7천 명에서 1991년 59만 9천 명으로 줄어들었고, 2002년에는 37만 9천 명 수준에 이르렀다(*Economic Trends*, Sep. 2003).

공익사업들의 민영화는 지난 10년간 적은 편이었는데, 그 이유는 주로 매각해야 할 대상이 이제 많이 남아 있지 않았기 때문이었다. 우체국은 남아 있는 유일한 공익사업이다. 물론 이도 매각 위협을 받고 있기는 하지만 말이다. 1997년 이후로 노동당 정권은 민영화를 중단시키려는 아무런 시도도 하지 않았으며(1987년과 1992년 선거 공약에서 그렇게 하기로 약속하였음에도 불구하고), 오히려 정부가 골든 세어 Golden Share[1]와 더불어 49%의 지분을 보유하고 있는 '영국 국립 항공청' National Air Traffic Services: NATS에 대한 부분적 민영화와 같은 작은 [규모의] 민영화 조치를 계속해왔다. 민영화를 중단시키기 위한 기회들은 웃음거리가 되어 왔다. '레일트랙' Railtrack(이름 자체가 보여 주고 있는 것처럼 철로, 역사, 신호체계

1) 절대적인 의결권을 가지고 있는 주로서 1주만 보유하고 있어도 거부권을 행사할 수 있다. 적대적 M&A 등의 과정에서 경영권을 방어할 수 있는 수단으로 이용된다. — 옮긴이

를 관리하는)의 실패는 국유화로 이어지지 않았고 주주보다는 철도 산업과 공적 기관뿐만 아니라 개인의 보증에 의해 제한되는 기업인 네트워크 레일Network Rail—이들은 철도 인프라스트럭처에 재투자되는 이윤, 배당 또는 지분을 수취하지 않는다[비영리 민간기업이라고 할 수 있음]—을 형성하는 또 다른 형태의 민간 소유로 이어졌다.

1997년 이후 노동당 정부 하에서 융성한 민영화는 PFI의 형태로 이루어져 왔다. 또한 PFI는 항상 민간부문이 상품과 서비스를 공공부문에 제공하는 형태였다. 민간부문에 의해 공급되어 온 상품과 서비스 유형, 그리고 공공부문에 의해 '자체적으로' in-house 생산되어 온 형태는 시기마다 다양하며 나라마다 다르다. 그러나 공공부문에 의한 상품과 서비스(특히 서비스에 있어)의 '자체' 공급으로부터 민간부문에 의해 제공되는 서비스 하청 계약으로의 이동은 지난 20년 동안 광범위하게 나타난 특징이다. 이는 정부에 의해 대중들에게 서비스를 공급하는 것에는 도움이 되지만 서비스 그 자체는 공공부문 종사자들에 의한 것이라기보다는 민간부문에 의해 공급되는 것이다.

PFI의 도입과 발전은 공공부문 투자를 위한 자금 모집 형태와 민간부문과의 하청계약 수준의 변화로 이어졌다. 공적 부문에 의해 이용되는 자산의 민간 소유권이라는 면에서, 그리고 공적 서비스에 대한 민간부문의 공급이라는 측면에서 PFI는 진전된 형태의 민영화라고 할 수 있다. PFI의 일반적 특징은 민간기업이 자본투자 프로젝트를 수행하고(예를 들면, 학교의 건설과 같은), 자체적으로 자금을 모집한다는 것이다. 자본시설의 획득 및 건설은 공공부문에 의해 임대되고(종종 25년 또는 30년 동안) 민간기업이 전형적으로 공공부문에 자본시설의 획득과 건설에 관련된 서비스를 공급한다. 이러한 서비스는 자본시설 관리와 연관된 건설사업에 제공되는 청소용역까지 포함하고 있을 것이다.

PFI는 공공부문 종사자들에 의해 오던 공공부문 서비스의 제공을 민간부문이 대체하는 것을 포함한다. 이것은 은밀한 형태의 민영화이며, 그를 통해 공적 서비스가 민간부문에 공급되는 것이다. 이것은 이전에는 공공부문에 소유되어 왔던 학교와 병원과 같은 자본시설이 민간 소유로 전환하는 것 또한 포함한다. PFI가 더 높은 투자 수준과 낮은 비용, 위험 분산을 가져온다는 믿지 못할 주장들이 있다. 다른 곳에서 이미 살펴본 것처럼(Sawyer, 2003), 이러한 주장들은 PFI가 자금 모집 비용에 더 효과적이라는 것을 나타낼 수도, 입증할 수도 없다. PFI는 정부가 PFI에 의해 지불되는 자산에 대한 임대료에 더 많이 의존하며 결국 그 이상의 정부지출로 이어지게 된다.

산업정책

신자유주의적 접근의 중심 요소는 경제조직의 다양한 모델에 있어서 사적 시장에 대한 (거의 숭배에 가까운) 장려이다. 이는 시장의 작동에 대한 방해물과 장벽으로 인식되는 것, 특히 시장 또는 산업으로의 진입을 제한하는 규제의 제거를 요구한다. 신자유주의적 접근은 산업에 대한 정부개입(산업 구조조정의 형태 또는 유도계획indicative planning[2]의 형태 등등으로)을 회피하는 경향이 있으며 시장과 경쟁을 장려한다. 정책적 의미에서 이러한 것은 전후 시기부터 1979년까지 보수당과 (좀더 강력하게는) 노동당 정부 양측에 의해 추구된 산업정책의 후퇴를 의미하는 것이다. 이러한 정책들은 코퍼러티즘적 '사회협력'social partner 접근(예를 들어, 국가경제개발국)과 결합한 유도계획(예를 들면 1960년대 국가계획The National Plan[3] 하에서)의 활용, 산업구조조정(산업재조정공사Industrial Reorganisation Corporation에 의한 합병과 대량생산의 장려, 철강산업과 조선업의 국유화,

1950년대 섬유산업에서와 같은), 1970년대 후반 국가기업위원회National Enterprise Board[4] [의 활동]를 포함한다. 이와는 반대로 신자유주의 시대의 산업정책은 개입주의적 정책과는 거리를 두는 것이며, 따라서 그러한 산업정책은 외국인 직접투자FDI의 촉진과 경쟁정책의 확장으로 요약된다.

그럼에도 불구하고, 바로 여기에 역설이 존재한다. 만약 시장이 경쟁과정을 통해 그렇게 잘 작동한다면 경쟁정책이 필요한 이유는 무엇인가? 경쟁에 대한 논증들이 기초하고 있는 경쟁모델(예를 들면 완전경쟁)은 경쟁이 자립적self-sustaining이지 않다는 어떠한 암시도 내포하고 있지 않다. 경쟁과정이 집중과 집적으로 이어진다는 생각은 마르크스주의에서 기인하는 것이지, 신고전파와 오스트리아 학파의 경쟁개념에서는 찾아볼 수가 없다! 그러나 경쟁정책(독점과 합병[에 대한] 정책)은 독점적 위치를 창출하고 다른 기업의 진입을 제한하며 [기업을] 합병하고 시장 점유율을 강화하려는 기업의 행동에 대한 것이다.

영국의 경쟁정책은 1948년[5] 이래로 적재적소에 존재해 왔다(1956년의 기업연합에 의한 가격 고정, 독점화 시도 금지[6]와 1965년 합병에 대한 금지까지 확장된다. 1973년에는 공정거래국의 창설로 이어진다). 1979~97년 사이의 보수당 정부 하에서도 약간의 변화만이 있었을 뿐이다. [보수당 정부에] 뒤이은 노동당 정부는 오히려 경쟁정책을 더욱 강조하였으

---

2) 정부의 일방적 개입이나 집행이 아니라 간접적인 영향력을 통해 민간 경제 단위의 활동을 유도하는 정책. — 옮긴이

3) 영국 노동당 윌슨 정부에 의해 1964년 수립되었다. 윌슨은 단기적 경제정책을 추구하던 재무부(Her Majesty Treasury)로부터 경제부(Department of Economic Affair)를 분리하였다. 분리된 경제부는 목표성장률을 발표하여 장기적인 경제계획을 수립·체계화하였다. — 옮긴이

4) 영국의 국가기업위원회는 1975년 설립되었고, 기간산업의 국유화와 부실기업관리를 전담하였다. — 옮긴이

5) 독점규제법(Monopolies and Restrictive Practices)의 제정을 말한다. — 옮긴이

6) 거래규제법(Restrictive Trade Practices Act)의 제정을 말한다. — 옮긴이

며, 영국 경쟁정책 운영의 중요한 변화가 '1998년 경쟁법' Competition Act 1998에 의해 이루어진다. 이 경쟁법에 의해 이전의 '독점과 기업합병위원회' Monopoly and Mergers Commission: MMC의 역할을 넘겨받은 '경쟁위원회' Competition Commission가 창설되면서 그 기능과 권한이 변경되고 강화되었다. 이러한 경쟁법은 영국의 정책을 유럽연합의 정책에 가깝게 변경시키는 중요한 변화를 이루어 냈다. 1998년 경쟁법은 경쟁을 왜곡하거나 제한하고 방해하는 협정(문서화된 것이건 아니건)과 결과적으로 지배적 시장 위치의 남용으로 이어지는 기업 행위와 관계된 두 개의 금지조항을 제출하였다. '2002년 기업법' Enterprise Act 2002은 영국의 기업 M&A 통제의 구조를 개선하였다. 일반적으로 합병이 더 광범위한 공공성의 기준에 의해서가 아니라, 경쟁의 기준에서 평가되게 한 주요한 변화가 있었다. 또한 합병을 규제하는 결정은 이전과 같이 통상산업부 장관에 의해서가 아니라 경쟁위원회와 공정거래국에 의해 이루어진다. 정부의 관점은 다음과 같이 말할 때 분명해진다.

> 영국에서 무역산업부Department of Trade and Industry: DTI는 이미 경쟁과 기업법을 통해 영국의 경쟁 구조를 현대화해 왔다. 앞으로의 도전은 카르텔을 제거하고 공정한 시장을 일반화하며 불필요한 규제를 철폐함으로써 효과적으로 시장을 작동시키는 것이다. 그리고 우리는 진입 장벽을 제거함으로써 혁신의 새로운 원천인 뉴 비즈니스new business를 개시할 수 있도록 할 것이다. (DTI, 2003a: 21)

이것이 기업의 행위와 실적에 어떤 영향을 미치는지가 의문시될 수 있다. 예를 들어 제출된 M&A가 〔기업법에 의해〕 검토되어 성사되지 못하는 비율은 그리 크지 않다(약 3%). 경쟁〔정책을 수행하는〕 당국이 실시하는 조사 횟수도 오히려 그리 많지 않으며 시장지배력과 산업구조에 궁극적 수정을 가하는 결과를 내 온 적도 거의 없다. 하지만 경쟁정책의 변화는 적어도 정부의 입장 변화를 암시하기는 한다. 경쟁정책의 중요성이 개입으로부터 경쟁촉진으로 명확하게 전환되고 있다. 게다가 영국의 정책이 유럽의 정책으로 수렴되는 것을 제외하고도 〔경쟁정책의〕 변화들은 특정한 행위 유형에 대한 일련의 금지를 도입하고 있다. 2002년 기업법 하에서 합병을 판단하는 기준의 변화 또한 중요하다. 예전에는 합병의 효과(그리고 독점적 지위)가 공공성의 기준으로 판단되었다. '공공성'이 종종 고용과 산업활동의 지역 할당 등에 대해 미치는 영향의 측면에서 독점적 지위와 합병을 평가하는 잣대가 되어 왔음에도 불구하고 이 법안에서는 정확하게 정의되지 않았다. 현재까지 공공성은 경쟁기준에 포함되어 오고 있으며, 사실상 공공성이 경쟁과 동일시되어 왔다.

영국은 외국인 직접투자(주로 미국발인)의 오랜 수혜자이자 다른 국가들에 대한 투자의 원천이었다. 이에 대한 관심은 매번 대외 투자 유출입 규모와 본국에서 투자(와 고용)로 전환되는 정도에 대한 것이었다. 영국은 일반적으로 외국인 직접투자의 순 '수출자'로 알려져 있다. 2002년 말 내부로의 투자량은 미화 6조 3,850만 달러, 대외 투자량은 10조 3,300만 달러에 이르렀다.[7] 하지만 지난 20년간 정책적 관심은 국내로의 외국인 직접투자 유입의 방향으로 확고하게 선회하였다. 외국인 직접투자에 대한 일반적 관점은 DTI에 의해 다음과 같이 잘 정리되어 있다.

---

7) UNCTAD(2003)의 계산에 따르면, 투자 유입은 2000년 1,300억 달러이며, 2001년에는 620억 달러, 2002년 249억 달러였다. 최근에는 외국인 직접투자가 전 세계적으로 하락 추이를 보이고 있긴 하지만 영국에서는 훨씬 두드러진다. 외국으로의 투자는 2000년, 2001년, 2002년 각각 2,498억 달러, 680억 달러, 175억 달러였다.

국제무역과 투자가 영국의 번영에 중요하다. 국제 거래를 하는 사업들이 그렇지 않은 사업들보다 더 생산적이고 경쟁력을 갖는 경향이 있다. 그것들은 더 빠르게 성장하고, 혁신에 더 많은 지출을 한다. 그러한 사업들은 더욱 자본집약적이며 더 높은 생산성을 가진다. 이것이 바로 영국 대외무역청British Trade International: BTI이 수행하는 일들이 결정적인 이유이다. BTI는 매년 부와 일자리를 창출하는 글로벌 시장 내에서 수천 개의 기업들이 자리를 잡도록 돕고 있지만, 영국 내의 BTI 네트워크와 협력체들 그리고 외무행정부Foreign & Commonwealth Office: FCO의 BTI 직원들은 해외에 자리 잡고 있다. 그리고 영국으로 들어오는 외국인 직접투자는 일자리를 창출할 뿐 아니라 기술과 숙련의 이전시키고 영국을 더욱 경쟁적으로 만드는 최선의 행위라 할 수 있다. (DTI, 2003b)

더구나 인베스트 UK[8] 공공서비스협약Public Service Agreement의 주요 목표는 '영국이 EU 내 외국인 직접투자 부문에서 제1의 위치를 고수'하는 것이다. 이러한 것은 유엔무역개발회의UNCAD 세계투자 보고서world investment report 비교대조표의 대외투자 유입에 대한 영국 외국인 직접투자 추세에 의해 측정된다.[9] 여기에서 영국의 무역과 투자에 대한 안내서의 일부를 소개하는 것도 좋을 것이다.

영국의 비즈니스와 노동자들을 특징짓는 숙련과 훈련 그리고 고용에 대한 신축적 접근flexible approach은 다음과 같은 것을 제공하는 잘 규제된

---

8) 외국인 투자 유치기구. — 옮긴이

9) DTI(2003b)를 보라. 특히 「영국의 무역 투자 보호와 촉진」(Promoting and Safeguarding UK Trade and Investment) 서문을 보라.

노동시장에 의해 보강된다. 고도로 경쟁적인 직원관리 비용, 유럽에서 가장 저렴한 사회보장비용을 갖는 국가들 중 하나, …… 실질적으로 국제적이며 다문화적인 노동력, …… 고도로 경쟁적인 노동비용, …… 서유럽 국가들 중 총임금에 대한 사회적 비용이 가장 낮은 국가들 중 하나이다. 영국에서 이루어지는 비즈니스들은 낮은 법인세로부터 혜택을 받아왔으며, 그것은 영국을 가장 경쟁력 있고 매력적인 비즈니스 지역으로 만들었다. 영국은 고도로 유연한 노동시장을 가지고 있으며 이는 외국 투자자들의 고용행위와 직원관리에 있어 거대한 신축성을 보장해 주었다. 영국에서 종업원들은 사용자들을 위해 열심히 일하는 데 익숙해져 있다. 2001년 정규근로자의 주당 평균 노동시간은 남성의 경우 45.1시간이며 여성의 경우에는 40.7시간이었다. EU의 평균은 남성과 여성이 각각 40.9시간과 38.8시간이었다. …… 영국의 법은 사용자가 문서화된 고용계약을 제공해야 할 의무가 없다.[10)]

경쟁정책의 강력한 활용은 그 자체로 1979년 이전의 정책들과의 주요한 변화들을 나타내는 것은 아니다. 공공성이라기보다는 경쟁에 대한 유일한 강조가 앞으로의 변화에 대한 비밀을 드러내는 징후라고 해도 말이다. 유사하게 외국인 직접투자에 대한 정책은 급격하게 변화하지는 않았다. 즉 영국 내에서 외국인 직접투자가 방해받은 적은 절대 없다. 그러나 이러한 정책은 예전 산업에 대한 국가 개입과 지역 육성책 형태의 폐기에 훨씬 큰 영향을 미쳤다.

---

10) 영국 무역투자청(UK Trade & Invest) 공식 웹사이트(www.uktradeinvest.gov.uk, 2004년 3월 접속).

거시경제정책

지나친 단순화의 위험이 있기는 하지만, 1979년 이전의 거시경제정책은 1차적으로 재정정책이었다. 물론 통화정책이 1970년대에 걸쳐 그 중요성이 증가했음에도 말이다(물론 1970년대 구노동당의 사회계약이라고 알려진 소득정책을 잊어서는 안 된다[11]). 거시경제정책의 목표는 (적어도 교과서 내에서는) 다음과 같은 것으로 열거된다. 완전고용과 낮은 인플레이션, 성장과 지속 가능한 국제수지 위치가 바로 그것이다. 정부의 완전고용에 대한 약속은 1944년의 백서까지 거슬러 올라간다(Ministry of Reconstruction, 1944). 완전고용 보장을 모색한다는 주장이 포기되었던 1970년대와 1980년대 동안에 실업률이 상승하면서 그 주장이 허구적이었음이 〔사실상 그러한 약속이 허구적인 것이었음이〕 명확해졌고 재정정책이 완전고용에 충분한 수요를 발생시킬 수 있다는 케인즈주의적 통념은 버려졌다. 하지만 재정정책의 붕괴와 진일보된 통화정책, 독립적 중앙은행의 제도화로 이끌린 1970년대 내내 발생한 인플레이션 압력의 관점에서 이러한 접근의 취지는 의심받아 왔다. 케인즈주의적 수요관리의 종언은 종종 노동당 정부의 수상이었던 제임스 캘러헌James Callaghan의 1976년 10월의 노동당 회의에서의 발언과 관련되어 설명된다. 그는 다음과 같이 주장하였다.

> 우리는 여러분이 경기침체를 나름대로 극복하고 조세감면과 정부 지출의 확대를 통해 고용을 증가시킬 수 있다고 생각해 왔다. 나는 오늘 허

---

11) 윌슨 노동당 정부가 노동조합의 자율적인 임금억제를 위하여 실시한 정책이다. 즉 물가안정과 노동자 및 노동조합에 대한 권리 입법, 복지정책을 제공하는 대신, 노동계가 노사관계와 임금의 안정을 추구하도록 한 것이다. — 옮긴이

심탄회하게 고백하건대, 그러한 선택지는 더 이상 존재하지 않는다. 이전에 존재하는 한 작동했던 식으로 말이다. 바로 〔경제〕 시스템에 거대한 인플레이션 압력을 발생시키면서 말이다.

이러한 일반적인 접근이 다음과 같이 주장된 백서(Department of Employment, 1985)에 잘 나타나 있다.

실업에 책임이 없다고 명확하게 말할 수 있는 한 가지가 수요의 부족이다. 수요는 지난 2년 동안 매해 약 8%씩 증가해 왔다. 더 높은 산출과 더 많은 일자리를 창출하기에 충분할 정도로 말이다. 문제는 감당할 수 없는 성장이 더 높은 물가 수준과 그러한 높은 물가 수준에 대한 임금 지불로 이어졌다는 데 있다. (Department of Employment, 1985: 12)

대신에 다음과 같이 주장한다.

실업은 오늘날 〔주어진〕 기회들과 환경들을 조정하는 데 우리의 경제가 실패했다는 것을 반영한다. 소비자 수요의 변화 양상을 읽지 못하였으며 외국으로부터의 새로운 경쟁 압력을 알지 못하였고 혁신과 기술발전, 그리고 세계적인 경제적 압력을 〔우리의 경제와〕 조화시키지 못했다는 것이다. 이러한 도전에 성공적으로 대처하고 있는 나라들은 효율적이고, 경쟁적이며, 혁신적이고 신뢰할 수 있는 노동과 상품시장을 갖고 있는 나라들이다. 노동시장의 작동을 개선하는 것이 특히 중요하다. 일자리는 사람들이 사용자가 제공할 수 있는 임금수준에서 일할 준비가 되어 있는 한도에서만 창출될 수 있다. …… 우리가 겪고 있는 고실업의 가장 큰, 단 하나의 원인은 취업시장의 실패이다. 취업시장은 우리의 경제와 불충분한 연관을 갖고 있다. …… 노동자들을 시장의 일부로 간주하는 그들을 가치절하하는 것이 아님에도 불구하고 말이다. 경제적 현실들은 단지 그 요소들이 사물이 아니라 사람이기 때문에 보류될 수 없음을 인식하여야 한다. (Department of Employment, 1985:1, 13)

1980년에는 '중기재정계획' Medium Term Financial Strategy[12]이 [보수당 정권에 의해] 채택되었는데 그것은 인플레이션을 통제하는 통화정책(실제로는 화폐공급)의 힘을 확신한다는 징후였다. 그러한 인플레이션을 통제하는 것이 거시경제정책의 주요 목표가 되었고 화폐적 목표의 달성에 재정정책이 연동되는 것이었다. (재정적자와 화폐스톡의 성장 사이에 밀접한 관계가 존재한다는 잘못된 믿음 하에서) 통화주의는 인플레이션을 축소시키는 상대적으로 쉬운 방식을 약속하였는데, 이는 화폐스톡의 성장을 축소하는 것이다(2장과 3장을 보라). 몇몇 경제학자들은 그러한 방식이 정말로 고통 없는 것이라 주장했다. 사람들이 화폐스톡의 성장이 하락할 것이라고 공표된 계획에 비추어 자신들의 인플레이션 기대를 재빨리 조정해 경제가 곧바로 '자연실업률' natural rate of unemployment 수준으로 되돌아가면 어떤 실업이라도 일시적이 될 것이다. 더구나 실업급여와 한계세율의 축소, 노동조합의 '특권' 제거는 '자연실업률' 을 낮출 것이다. 그러나 통화주의는 곧 '거짓 예언' false prophet임이 드러났다. 화폐공급에 대한 통제는 실패하였고, 실업률은 급격하게 상승하였으며 높은 인플레이션율이 계속됐다. 그러나 통화정책의 부상, 인플레이션[안정화]으로의 [거시경제정책] 목표의 변화와 완전고용정책의 포기는 여전히 계속되었다.

12) 통화정책과 재정정책을 연동시키는 것으로 통화정책 수행을 위해 확고한 재정 기조를 정립한다. 그리고 중기에 걸쳐 예산 균형을 달성하는 것으로 재정정책에 의해 통화정책을 보완한다. — 옮긴이

실제로 신노동당 하에서도 이러한 것들은 계속되고 있다. 우리는 다른 곳에서 이에 대해 '새로운 통화주의'라고 이름을 붙였다(Arestis and Sawyer, 1998). 통화정책은 화폐공급 목표에 기준을 두는 것에서 중앙은행에 의해 결정되는 이자율의 활용에 맞추어지게 되었다. 이러한 '기준금리' repo rate는 현재 '독립적' 중앙은행에 의해 설정된다(1997년 5월 등장한 노동당의 제1과제로 설정되어 온 운용상의 독립성 operational independence을 통해). '독립적' 중앙은행은 주요한 경제적 결정에 도달하는 데 있어 전문가(은행가와 경제학자들)들의 능력이 정치가에게 승리를 거두었으며, 주요 거시경제 목표로 낮은 인플레이션의 추구가 승리했음을 보여 주는 것이다.

불평등

1970년대 후반 영국에서 불평등이 극적으로 증가했음은 부정할 수가 없다(또한 그러한 불평등 증가의 대부분은 대처 시절인 1979년에서 1990년 사이에 발생하였다).[13] 가계들 가운데서 상위 10%가 받는 소득 몫은 1979년 20.4%에서 1990년에는 26%, 2002년에는 27.8%로 증가하였다. 반면 십분위의 가장 아래를 차지하고 있는 가계들의 소득 몫은 1979년 4.2%에서 1990년 2.9%, 그리고 2002년에는 2.7%로 감소하였다.[14] 개인소득의 측면에서 보면, 성인 남성 중 상위 0.01% 비중이 1979년 2.38%에서 1989년 3.08%, 그리고 2002년에는 3.51%로 증가하였다. 또한 해당하는 성인여성의 비중은 각각 2.29%에서, 2.86%, 3.15%로 증가하였다. 국민

13) 자세한 내용은 Goodman et al.(1997), Gottschalk and Smeeding(1997), Sawyer(2004)를 보라.

14) 주거비용 이전의 소득에 기초. 영국 재정연구소(UK Institute of Fiscal Studies) 웹사이트 참고.

소득에서 임금몫이 차지하는 비중은 1980년 68%였으나(그 이후로 국민소득이 매년 증가했음에도 불구하고) 1990년에는 65%, 그리고 1996년에는 61%로 떨어졌다. 아마도 증가하지 않은 불평등 지표가 있다면 그것은 성인남성 소득에 대한 성인여성 소득의 비율일 것이다. 성인남성의 평균 임금율로 여성의 시간당 임금을 나타내면 2002년 약 70%에서 83%로 증가하고 있다.

대처 시대와 그 이후 계속된 신자유주의적 의제는 이러한 불평등 증가의 주요 원인이었다. 시장, 그리고 인센티브와 보상 방식incentives and rewards에 대한 장려는 불평등의 증가를 정당화하였다. 시장에 의해 발생하는 결과가 무엇이든 간에 올바르고 적절한 것으로 보여졌고 시장의 힘이 강화되어 발생하는 결과들은 이득을 얻는다. 그러한 이득은 시장의 힘이 강화되지 않았다면 발생했을 비용에서 얻어진다. 인센티브의 수사학은 고임금 소득을 증가시키고 지불되는 소득세를 절감시킨다(15장을 보라). 대처 정부는 특히 사회보장체계에 실질적인 변화를 가져왔다. 예를 들자면 연금과 소득 간의 연관을 연금과 물가 간의 연관으로 대체하였고, 이는 기본 국가연금이 소득에 비례하여 하락하는 필연적인 결과를 가져 왔다. 간접세로의 조세체계 변화, 특히 한계소득세율의 축소 또한 〔불평등 증가에〕 중요한 기여를 하였다. 노동조합에 대한 공격과 단체협상의 축소는 더욱 중요한 요소이다.

불평등의 증가는 특히 대처 시절 나타났고 대부분 안정화되었지만, 그 시절에 나타난 불평등의 증가는 예전에 불평등 수준이 낮은 편에 속하던 영국을 OECD 국가 중 가장 불평등한 국가 중 하나로 만들었다. 이후에 등장한 노동당 정부는 불평등을 다루기 위한 몇 가지 단계를 취해왔다. 국가 최저임금을 설정하였으며 연금과 소득 간의 연관을 회복하였고 어린이 빈곤의 축소에 대한 목표를 설정하였다. 목표 설정 중의 하나는 1998~99년과 2004~05년 동안 빈곤 상태에 있는 어린이의 수를 1/4로 축소하는 것이다. 2004년 3월 영국 재정연구소는 정부가 그러한 목표를 만족시키는 수준에 접어들었다고 평가하였다(Brewer, 2004). 그러나 이후에 도래한 노동당 정부가 그들이 계획해 온 만큼 불평등 수준을 감소시키고 있는지는 논쟁의 여지가 있다.

결론

이 장에서는 초기에 '구' 노동당을 대체한 대처 정부와 뒤이은 메이저 정부와 최근 블레어가 이끌고 있는 신노동당 정부까지 지속된 경제정책의 변화를 살펴보았다. 1979년 5월 이래로 모든 정부가 신자유주의 정책을 추구해 왔다. 또한 이 장에서는 민영화, 거시경제정책, 산업정책, 불평등과 같은 문제들을 다루었다. 그러한 고찰은 1979년 5월 이래로 대체된 '구' 노동당 정부(들)에 의해 추구된 경제정책들에서 출발한 것임을 분명하게 보여 준다.

24장_유럽통합: 신자유주의 헤게모니의 매개체

존 밀로스*

유럽에서 25년 동안 진행된 신자유주의 정책들은 사회적 삶의 모든 측면에 영향을 주었다. 1970년대부터 유럽 대다수의 국가들에서 일어난 복지국가의 민영화, 정부 축소, 새로운 형태의 사회적 배제 출현, 실업의 증가, 임금 양극화,[1] 보건, 교육, 복지의 '자유시장' 전달 시스템 등이 경제는 물론이고 유럽 사회의 정치에 영향을 준 변화들이었다.

주류적 시각의 전통적 견해에 따르면 기업이윤 상승에 조응하여 투

---

* 존 밀로스(John Milos)는 아테네 국립 공대(National Technical University of Athens) 경제학사 및 정치경제학 교수이다. 그는 정치경제 이론에 대한 계간 잡지인 *Thesis*의 편집장이자 연간지 *Beiträge zur Marx-Engels-Forshung: Neue Folge*의 자문위원이다. 그는 관련 저널에 150편 이상의 논문을 (그리스, 영국, 독일, 프랑스, 스페인, 이탈리아, 터키어로) 발표하였다. 10권 이상의 저서가 있는데 그 가운데 *Karl Marx and the Classics: An Essay on Value, Crises and the Capitalist Mode of Production*(Aldershot: Ashgate, 2002, D. Dimoulis · G. Economakis와 공저)이 있다. 그는 또한 *Welfare State and Democracy in Crisis: Reforming the European Model*(Aldershot: Ashgate, 2001)의 공동편집자이다. 그는 가치이론, 자본 국제화, 제국주의 이론에 관심이 있다.

1) 임금 양극화는 임금의 상하위 10% 비율의 증가로 나타난다. 1970년대 중반 이후 유럽 국가들에서는 이러한 비율의 증가가 명백하게 나타났다. 동일한 현상이 미국과 일본에서도 나타났다. 이 비율은 제2차 세계대전 이후 30년 동안 감소하였다. Harrison and Bluestone(1998)은 이를 '거대한 유턴'(Great U-turn)이라 불렀다. 최근의 임금불평등과 양극화에 대한 자료는 Bojas(2000, ch. 8)를 참고하라.

자가 호전될 때까지의 이행기가 문제시되며 그 결과 소득 증가를 동반하는 발전의 호순환이 나타나게 될 것이다. 그러나 이윤수준의 명확한 회복과 공공적자, 그리고 인플레이션율의 감소에도 불구하고 투자는 물론이고 경제성장률은 유럽 어느 곳에서도 고용과 생활수준을 회복할 수 있는 수준에 이르지 못했다. 그러기는커녕 광범위한 사회적 계급들의 경제상황은 악화되고 있다. 사익私益과 시장의 완전한 작동이라는 이름 하에 사회적 배려social consideration는 그 자리를 잃었다.

이러한 방식 이외에는 유럽에서 공적 문제들을 다룰 수 있는 어떠한 대안도 존재하지 않게 됨에 따라 물가 하락과 재정 안정화에도 불구하고 신자유주의적 '디플레이션' 경제전략은 끊임없이 그 활력을 되찾게 되었다. 이러한 틀 내에서 부적응자와 주변인들은 하나의 '짐'으로 인식되었고, 심지어는 이른바 진보적 사회주의 정당들도 연대의 비용이 용인될 수 없을 정도로 높다고 간주하였다.

이 장에서는 유럽 내의 지배적인 사회·경제·정치적 권력들이 유럽 국가들 내에서 신자유주의적 정책과 이념의 헤게모니를 재생산하고 확보하는 장치로 유럽 통합과정을 이용하는 방식에 주목하고자 한다. 결론 부분에서는 무엇이 지속적으로 신자유주의의 헤게모니를 확보하게 하는지 그리고 변화의 필요조건이 무엇인지에 대해 논의해 보겠다.

서로 다른 정부, 동일한 정책

1980년대, 또한 1990년대 초반 보수주의 정당들이 많은 유럽 국가들에서 중간계급의 지지를 얻었으며 명백히 '자유주의적' 정치 슬로건을 내세워 선거에서 승리를 하였다. "시장의 힘을 자유롭게 하자. 관료주의, 코퍼러티즘, 그리고 시장 메커니즘의 독점적 왜곡에 맞서 싸우면 과거의 높은 성장률로 복귀하게 될 것이다." 이러한 개념은 임금, 사회적 지출의 삭감, 시장—노동시장을 포함하는—의 탈규제 그리고 공기업들의 민영화를 목적으로 하는 긴축적 경제 프로그램으로 구체화되었다.

하지만 약속된 경제적 번영이 실현되는 데 실패함에 따라 자유주의적 이데올로기는 대중적 인정을 받기가 어려워졌다. 임기 후—예를 들어 영국과 이탈리아는 오랜 기간, 프랑스 또는 그리스는 더 짧은 기간이었다—대다수의 보수주의 정당들은 1990년대 중반 또는 후반 선거에서 중도좌파에게 패배하였다.

이러한 정부권력의 이동에도 불구하고 경제·사회정책은 유럽에서 크게 변화하지 않았다. 정확하게 동일한 보수주의적 정책이 뒤따랐다. 때때로 주변화된 주민들에 대한 사회적 보호수단에 약간 영향을 받기는 했지만 말이다. 실제로 발생한 것은 (지배적인) 좌파와 사회민주주의적 지식인들의 정치적·이데올로기적 비전의 후퇴였다. 그들은 **완전한** 탈규제란 있을 수 없고, 그러므로 중도좌파정부가 보수주의 정부보다 더 효과적이라는 단순한 테제를 끊임없이 반복하고만 있을 뿐이었다.[2)]

중도좌파정부는 공공지출에 의한 성장 촉진 또는 실업 축소에 우선권을 둘 것을 고집하지 않았다. 대신에 그들은 물가 안정, 공공적자의 축소, '노동시장 유연화'와 공기업의 민영화를 우선적으로 고려하였다. 그래서 그들은 보수주의적 정책의 온건한 '옹호자들'로 나타났다. 말하자면 '인간의 얼굴을 한 신자유주의'였다(2장과 21장을 보라). 이러한 정책은 대부분의 유럽 국가들에서 지난 20년 동안 이윤 몫을 상승시켰다. 공식적 통계에 따르면 1981년과 2003년 사이에 이윤 몫은 다음과 같이 증

2) "시장은 절대 전략적 선택, 영토 내의 연대성을 구축, 그리고 시장을 제도하는 데 있어서 정부를 대체하지는 못할 것이다. …… 국가는 여전히 **시장의 힘을 적절히 관리하는 데** 있어 가장 강력한 제도로 남아 있다."(Boyer, 1996: 110, 108—강조는 저자)

가하였다(*European Economy*, Statstical Annex, Spring, 2003 : 94~95). 이탈리아는 23.3%에서 32.3%로, 독일은 26.9%에서 33.6%, 프랑스는 20.6%에서 30.7%, 스페인 25.4%에서 34.5%, 그리고 영국이 25.6%에서 26.5%로 각각 상승하였다.

신자유주의 정책과 이념의 지속은 EU 회원국들 사이의 경제, 화폐, 그리고 정치적 통일을 촉진하는 공식 정책들을 통해 이루어졌다. 이 국가들은 현실적으로 유럽통합이 신자유주의 전략의 존속과 실행에 필수적이라 선언하였다. 이렇게 그들은 유럽통합을 추진하기 위해, 이러한 〔신자유주의〕 전략들이 어떠한 비판에 의해서도 도전받을 수 없으며, 변할 수도 또는 현실적인 교정도 가해질 수도 없다고 천명하였다. 신자유주의적 전략과 유럽통합을 동일시함으로써 유럽의 지도적인 정치·경제적인 지배세력들은 신자유주의를 위반될 수 없는 금기라 주장하였다.

EU 국가들 사이에는 신자유주의를 탁월한 유럽 통합의 수단으로 정당화하는 세 개의 주요 협정이 존재한다. '1992년 마스트리흐트 유럽연합 조약' the 1992 Maastricht Treaty on European Union, '1997년 안정성과 성장 협약' the 1996~97 Stability and Growth Pact : SGP, 그리고 가장 최근의 것(2003~04)인 유럽의회에서 만들어진 '유럽헌법' (초안)이 그것이다.

마스트리흐트 기준과 안정성 협약

1992년 2월 마스트리흐트에서 서명된 EU의 조약은 어떤 경제적 '수렴기준' convergence criteria을 공식화하였다. 아마도 그러한 수렴기준은 단일통화를 출범시키기 위한, 화폐동맹Monetary Union : MU의 세번째 단계이자 마지막 단계로 나아갈 수 있도록 해줄 것이었다. 낮은 인플레이션과 이자율, 환율 안정성, 그리고 무엇보다도 공공적자와 정부부채를 각각 국내총생산GDP의 3%와 60% 이내로 각각 묶을 것을 조건으로 하는 것이었다(EC Council, 1993).

공동통화 이전에 EU 국가들이 채택한 긴축적 '디플레이션' 정책('마스트리흐트 기준')은 1996년 더블린에서 서명된 이른바 SGP['안정성과 성장 협약']와 유로의 유통 이후에도 지속되었다. 이 협약은 재정긴축이 경제정책의 근본원리로 유지되어야만 함을 재천명하였다. 정부 재정적자가 GDP의 3%를 넘지 않도록 해야만 했다. 공공적자를 GDP의 3% 이내로 묶는 데 실패한 국가들은 GDP의 1.5%에 이르는 벌금 등의 제재조치를 받아야 했다. 그리하여 SGP는 유로 이후의 시대에 고소득 집단과 자본주의 기업에 우호적인 재정 구조조정과 함께 경제 내에서 국가의 역할을 축소시키는 신자유주의 정책을 실행하는 데 중요한 수단을 만들어 내었다(European Economist, 2003).

이러한 신자유주의 정책들은 유럽집행위원회의 '일반 경제정책 관리지침' the Commission's Broad Economic Policy Guideline: BEPG에서 거듭 주장되고 있다. 예를 들면 그곳에서 우리는 "임금의 증가는 계속적으로 완화되어야만 한다"(European Commission, 2003: 5)는 구절을 볼 수 있으며, "통화정책과 예산정책 그리고 임금성장"은 항상 "안정적 물가와 단기short run에 소비자와 기업 간의 신뢰 강화 요구와 양립"할 수 있어야 한다(European Commission, 2003: 16). 안정적 물가는 항상 조세 삭감, 금융시장 자유화, 노동시장 탈규제, 그리고 공적 부과 방식public pay-as-you-go에서 사적인 자본시장 적립 방식privately funded capital-maket으로의 이동을 위한 연금체계의 개혁에 의해 보충되어야만 한다(16장을 보라).

하지만 이러한 신자유주의 정책은 세기말 세계자본주의 경제를 강타한 경제 침체 국면에서 매우 무능한 것으로 드러났다. 유럽집행위원회 지침의 긴축적 과정을 따른 대다수의 유럽 국가들은 갑자기 악성 디플레이션 과정에 빠져들 위험에 처하게 되었다. 2000년 3월 리스본에서 열린 정상회의 선언—EU 경제는 최근 10년 동안 평균 3% 성장률과 더불어 10년 이내에 '세계에서 가장 경쟁적인 경제'가 될 것—은 잘못된 것임이 극적으로 밝혀졌다. 유로존의 GDP성장률은 1991~2000년 사이 연평균 2.1% 수준에서 2003년 0.4%로 하락하였고(유럽집행위원회 추정), 동시에 투자 성장률(총고정자본 형성)은 1991~2000년 사이에 2.0%에서 2002년 -2.6%로 하락하였다(*European Economy*, Statistical Annex, Autumn, 2003 : 87).

실업급여와 사회복지체계의 삭감에도 불구하고, 공공적자를 GDP 3% 이내로 제한한 규정은 기업이윤, 자본이득, 그리고 고소득에 대한 조세삭감과 더불어 저성장과 경기침체 국면에는 충족하기 어려운 목표라는 것이 드러났다. 2002년 11월 EU의 재무장관들은 〔공공〕적자 목표를 이행하지 못한 포르투갈을 제재하기로 결의하였다. 그러나 동시에 독일 재무장관은 독일이 2002년에 SGP 적자 목표에 응하지 않을 것이라고 유럽집행위원회에 통고하였다. 사실상 독일의 공공적자는 2000년 GDP의 1.4%에서 2001년 2.8%로 급격하게 상승하고, 2002년에는 3.6%, 2003년에는 4.2%에 이르게 된다. 2006년까지 GDP 3% 제한 규정보다 높은 수준을 기록할 것으로 보인다. 또한 상황은 EU에서 두번째로 큰 국가인 프랑스에서도 유사하게 전개되고 있어 국가 공공적자가 3%의 제한 규정을 상회하고 2003년에는 GDP의 4.2% 수준에 이르렀다. 주요한 두 개의 EU 경제국들이 본의 아니게 SGP 규정을 위반하자 유럽집행위원회는 2003년 봄 이라크 전쟁이 EU 적자 규정의 예외적인 상황을 제공하였다고 공표하였다. 하지만 만약 모든 나라들이 그러한 규정을 따르지 않는다면 '건전한'(신자유주의적인) 정책들이 대중적 신뢰를 잃을 것이라 주장하는 몇몇 더 작은 규모의 EU 국가들에게 항의를 받자, 유럽집행 위원회는 두 나라에 대해 각 국가의 GDP 0.5%만큼의 벌금을 부과하는 제재 절차를 시작하였다. 하지만 이러한 절차는 결국 2003년 11월 브뤼셀에서 열린 EU 재무장관들의 회의에서 포기되었으며 그리고 재무장관들은 프랑스와 독일이 SGP에 상응하여 즉각적으로 지출을 축소시키지 않으면 제재를 받을 것이라는 유럽집행위원회의 권고를 거부하였다. 유럽중앙은행European Central Bank은 즉각 이러한 재무장관협의회의 결정을 비판하였고 그러한 결정이 EU국가들의 "건전한 공공재정에 대한 신뢰와 제도적 틀의 신뢰성을 훼손시킬 위험"이 있다고 주장하였다(Rhoads and Mitchener, 2003).

SGP가 공식적으로 폐기된 것은 아니었다. 그것은 단순히 긴축적 신자유주의 정책들에 의해 악화된 경제침체의 결과로 중단된 것이었다. 프랑스와 독일에 대한 제재 조치를 주저함에 따라서 유럽 국가들은 예산에 대한 자국적 권리를 천명하였다. 그러한 정책이 경제침체를 악화시키고 더 많은 고용과 성장에 주요한 장애물이 되고 있다는 것이 드러났음에도 불구하고, 유럽 국가들은 여전히 신자유주의적인 과정을 따르기를 고수하고 있다.

EU의 확대와 '헌법초안'

2004년 5월 10개의 새로운 회원국이 EU에 가입한다. 키프로스Cyprus, 몰타Malta와 8개의 중앙유럽과 동유럽 국가들(체코공화국, 에스토니아, 헝가리, 라트비아, 리투아니아, 폴란드, 슬로바키아, 그리고 슬로베니아)이 포함되었다. SGP와 '마스트리히트 조약'과 관련된 긴축정책을 따르고는 있었지만, EU의 회원국이 되기 위해 이 국가들 중 몇몇은 위험한 수준의 거시경제적 불균형과 고실업에 시달리고 있었다(예를 들어 슬로바키아의 실업률은 19%였고 폴란드는 20%에 이르렀다). 2007년 또는 2008년에는 2개국(불가리아와 루마니아) 이상의 가입이 예정되어 있었다.

25개의 회원국(곧 27개 회원국이 될)으로 확대된 EU를 결속시키기 위해 EU 내의 지배적인 정치세력은 EU 회원국들이 최근 승인한 '유럽헌법'의 초안을 구체화한 '협정'을 만들어 내었다(European Convention, 2003).[3] 헌법은 앞으로 10년간 EU의 제도적 틀을 '완성'하는 데 그 목표를 두고 있으며 그렇게 된다면 유럽의 (경제적, 정치적, 그리고 사회적인) 통합과정을 '심화'시키는 데 용이한 도구로 사용될 수도 있다. 하지만 사실상 '헌법'이 확대된 EU에서 신자유주의가 '필연적이게' 하는 것을 목표로 하고 있음을 이해하기는 어렵지 않다. '헌법'은 '헌정질서'의 성격을 신자유주의의 두 지주pillar에 속하는 것으로 생각하고 있다. 첫째로 탈규제화된 시장이 그것이다. 헌법 I-3조는 "연합의 목표: 자유롭고 왜곡되지 않는 경쟁이 이루어지는 단일시장"을 말하고 있다. 두번째로 인권과 사회적 권리에 대한 국가 안보와 '군사적 능력'의 우위이다. 헌법 I-40조는 다음과 같이 말한다.

> 공동안보와 방위정책은 …… 민간과 군사적 자산에 의존하는 운영능력을 〔유럽〕연합에 제공할 것이다. 연합은 UN헌장의 원칙에 따라 국제 안보의 강화와 분쟁예방, 평화유지를 위해 연합의 외부에서 벌어지는 임무들에 그러한 자산들을 사용할 수도 있다.[4]

---

3) 헌법 초안에서 유럽의회와 각료회의의 투표권을 기재한 조항이 모든 회원국에 의해 채택되었다. 2003년 11월에는 유럽지도자 회의가 헌법 최종안을 결론짓는 데 실패하였다. 스페인과 새로 가입한 폴란드가 2000년에 공들여 만든 투표체계를 유지하는 것을 고수함에 따라 발생한 일이다. 그 투표체계는 그들보다 더 큰 인구를 가지고 있는 독일만큼의 투표권을 스페인과 폴란드 각각에 주는 것이었다. 독일과 프랑스는 이러한 투표체계를 개조하려고 하였다. 최종적으로 2004년 6월에 타협에 이르렀다.

외관상으로 1948년 UN의 세계인권선언the Universal Declaration of Human Rights[5]의 일반적 의견을 반복한 헌법 1부에서 몇 가지 '진보적' 표현들이 나타나고, 그 이후에 경제·사회적인 정책들과 더 구체적으로 연관된, 모든 신자유주의적 정책 배후에 있는 주요 모토라 할 수 있는 반인플레이션disinflation이 하나의 주요한 '헌법적' 목표로 인정되고 있다. "유럽 중앙은행체계의 근본 목표는 가격 안정성을 유지하는 것이 될 것이다."(헌법 I-29조)

만약 사람들이 EU-15개국의 인플레이션율CPI이 1970년대 평균 10.6%에서 1980년대 6.5% 그리고 2000년에 2.1%로 그 어느 때보다 실천적으로 일정하게 유지하고 있음을 고려한다면, 다음과 같은 결론에 도달할 수 있을 것이다. 인플레이션을 좀더 억제하는 방식을 채택함으로써 유럽 정부들은 동일한 신자유주의적 긴축정책들을 고수하고 있음을 공표한 것이다. 그러한 긴축정책들은 노동자 대다수를 지금까지 괴롭혀 왔고 성장촉진, 실업축소, 복지 향상 등등과 같은 그 밖의 다른 목적들을,

---

4) 동일한 조항에서 더 나아가 "유럽의 군사력, 연구 및 군사력 기관(Research and Military Capabilities Agency)이 안보부문의 산업·기술적 근간을 강화시키는 데 필요한 어떤 조치라도 적절한 곳에서 실행하고 확인하는 데 기여할 것이다. 또한 운영 요구조건을 확인하고 그러한 요구조건들을 만족시키는 수단들을 활성화시키며, 또한 유럽의 능력과 군사정책을 정의하는 데 참여하고 군사적 능력의 개선을 평가하는 과정에서 각료회의를 지원함으로써 제정될 것이다' 라고 (헌법조항에서!) 이야기하고 있다.

5) 예를 들어 헌법 I-3조는 "[유럽]연합은 높은 수준의 환경의 질 개선과 보호를 동반하는 균형 경제성장, 사회적 시장경제, 고도로 경쟁력 있고 완전고용을 목표로 하며, 사회진보를 기초로 하는 유럽의 지속 가능성 발전을 위해 노력한다"고 되어 있다. 하지만 심지어는 그러한 일반적 수준에서 유럽헌법 초안은 대다수의 사회적 권리와 인권과 연관된 1948년『세계인권선언』에서 명확히 퇴보하였다. 예를 들어 '노동에 참가할 수 있는 권리' (right to engage in work)에 대한 것을 헌법 초안에서 읽을 수 있다. "모든 사람은 노동에 참가하고 자유롭게 직업을 선택하거나 받아들일 수 있는 권리가 있다."(II-15조) "모든 노동자는 연합의 법과 국내 법 관례에 의거하여 **정당하지 못한 해고로부터 보호받을 권리가 있다.**" (II-30조, 강조는 저자) 1948년『세계인권선언』과 비교해 보자. "**모든 이는** 노동에 **대한 권리를 가지며**, 자유로운 고용선택과 **실업으로부터 보호받고** 노동에 정당하고 유리한 조건에 대한 권리가 있다."(II-23조, 강조는 저자)

확대된 〔유럽〕연합의 '공고화'를 진행하고 있는 역사적 시기에서 배제시킨 것이었다.

신자유주의에 대한 도전의 가능성

신자유주의는 경제개혁과 발전을 위한 '올바른' 정책도, 어떤 정부의 '잘못된' 정책도 아니다. 또한 그것은 합리적인 논쟁과 토론을 통해 수정될 수 있는 것도 아니다. 그것은 모든 사회적 수준에서 자본에 유리하게 자본과 노동 사이의 역관계the relation of forces를 개조하는 데 그 목적이 있는 계급적 정책이다. 또한 그것은 노동에 대한 자본의 계급적 공격이기도 하다.

노동에 대한 자본주의적 공격이 지금까지는 대성공이었다고 할 수 있다. 그것은 순 생산에서 노동의 몫[6]을 축소시키는 데 성공적이었다. EU-15개국에서 임금몫은 1971~80년에 평균 73.9%에서 2001~05년에는 평균 68.3%로 떨어졌다(*European Economy*, Statistical Annex, Spring, 2003: 94). 다른 말로 하면 자본에 우호적으로 역관계가 형성된 것이다. 결과적으로 자본가의 이념과 목표에 대한 노동계급의 동의에 기초하여 사회적 컨센서스의 구체적 유형이 만들어진 것이었다. 노동조합이 수익성을 향상시키는 방법이나 글로벌 경제에서 유럽 경제 또는 자국 경쟁의 경쟁적 위치를 확보하는 방법을 사회적 대화의 주요 이슈로 받아들이고 있는 것이 컨센서스인가? 그것은 '패배자'와 '승자' 사이의 컨센서스이다.

게다가 제2차 세계대전 이후에 〔수립된〕 복지국가는 〔그것을 가능케

6) 즉 '임금몫'을 뜻한다. 이와 관련된 이후의 번역어는 모두 '임금몫'으로 통일하였다. — 옮긴이

한〕 세력 균형이 존재하지 않는 가운데서는 〔오히려〕 계급 양극화의 산물로 나타날 수 있다. 이러한 맥락에서 임금에 우호적인 재분배 정책은—즉 〔사회의〕 기층세력들의 수요를 자극하고 사회적 시민권을 강화하는 일반적으로 진정한 민주적이고 사회적인 진보를 나타내는 것이 아니라—단지 자본이 상대적으로 유리하지 않은 기간 동안에 자본의 규율을 확보하기 위한 또 다른 수단임을 나타낼 뿐이다. 그러한 정책들(예를 들면, 반신자유주의적 의제)은 자본과 노동 사이에 현존하는 세력 균형에 있어 근본적인 변화가 있지 않는 한 실행될 수 없는 것들임이 명확하다.

하지만 사회적 세력 균형의 변화를 위해서는 노동자계급이 다시 한 번 그들 자신의 계급적 목표들을 명확히 할 필요가 있다. 그것은 이윤 극대화와 자본주의적 노동 통제와는 독립적인 것이다. 이러한 것이 현실화되기 위해서는 노동이 반자본주의적인 사회변혁전략을 재창출하여만 한다. 이것이 지난 10년 동안 전 지구 곳곳에서 급속하게 성장해 온 '자본주의적 세계화에 대항하는 운동들'에게 현실적으로 제기되고 있는 문제라 할 수 있다(Saad-Filho, 2003).

더구나 〔이미 우리는〕 유럽의 지배적인 사회·정치세력들이 '경제적 수렴'과 '유럽의 통합'의 가장 뛰어난 수단으로 신자유주의 정책을 어떻게든 정당화시키고 있음을 보았다. 유럽에서 신자유주의적인 경제·사회정책은 '유럽공동정책' common european policies, '수렴기준' convergence criteria, 그리고 유럽의 '헌법적' 틀의 형태로 형성되어 왔다.

그리하여 유럽통합의 과정은 노동자계급과의 투쟁에 나선 유럽 자본가계급의 이데올로기적·정치적인 무기로 변화되고 있다. 그것은 신자유주의의 매개체로 사용되어 왔고, 권리들에 대한 억압, 시장 탈규제, 민영화, 긴축 등의 사회·경제적인 정책의 공식화 및 실행과 동일시되었다. 이러한 결론은 '반유럽적'인 것이라기보다는 오히려 유럽 노동계급의 이해를 증진할 전 유럽적인 대안전략 형성의 중요성을 강조하는 것이다. EU의 반민주적이고 긴축적인 제도구조와 정치의제를 완전히 다시 개정하라는 요구는 반유럽주의에 의해 자극된 것이 아니라 신자유주의와 자본주의를 반대하는 목소리들이 터져 나온 결과이다. 즉 사회의 〔근본적인〕 개혁, 〔신자유주의적〕 민주화와 자본주의를 전복시키고 그것을 평등하고 인간적인 질서—예를 들자면, 공산주의—로의 대체를 목표로 하는 급진적 변화전략을 표현하는 것이다.

25장_신자유주의, 동유럽의 경계

얀 토포로프스키

동유럽에서 신자유주의는 공산주의 국가들의 금융위기의 결과, 정부정책으로서 출현했다. 금융위기는 동유럽 국가들이 서구 금융기관들로부터의 자금 유입에 의존하도록 하였다. 경제위기와 금융위기 이후 〔동유럽〕 경제들은 안정화되었고 심지어는 성장경로를 회복하기도 하였다. 그러나 그것은 고실업과 사회·경제적인 불평등을 증가시켰다. 그리하여 포스트공산주의 국가들은 명확히 서유럽의 신자유주의적 방식을 따르게 되는 지역 ― EU의 회원국 후보로서 ― 과 서유럽과 포스트-푸틴 러시아의 기업-과두정치 모델 사이에서 동요하는 지역으로 나뉘었다.

칼 폴라니는 『거대한 변환』(1944)에서 자연발생적인 시장의 힘을 자유롭게 작동시키기 위해 사회적이고 정치적인 제도들의 영향을 축소하는 것으로 경제적 자유주의를 묘사하였다. 시장이 잘 조절되는 한에서 시스템은 효과적으로 작동하는 것으로 나타난다. 애덤 스미스와 존 스튜어트 밀John Stuart Mill과 같은 자유주의적 고전파 경제학자들이 믿었던 것처럼 말이다. 그러나 폴라니는 하이에크 또는 칼 포퍼와 같은 우파 이데올로그들을 매혹했던 '자연발생적인 질서'의 출현은 매우 허약한 국제금융체계에 의존하고 있다고 지적하였다. 그러한 금융체계가 붕괴하였을 때, 사회들을 결합시키기 위한 제도들은 야만주의와 전쟁으로의 전락을 막을 수가 없다(3장과 5장, 6장을 보라).

공산주의 하의 동유럽에서 그러한 몰락을 예방하는 통합적 요소는 국가였다. 이것이 공산주의적 규율이 야만적 에피소드들이 아니었음을 의미하지는 않는다. 1970년대까지 체계는 우크라이나 기근과 같은 정치적 학대, 1930년대와 1950년대의 정치적 숙청, 1953년 베를린, 1956년 헝가리, 1956년과 1970년 폴란드에서의 노동자들에 대한 발포, 1968년과 1970년대 후반의 반유대인 운동, 1968년 체코슬로바키아 침공 같은 에피소드적인 사건들을 충분히 안정적으로 유지하여 왔다. 1970년대와 1980년대에 '브레즈네프주의'Brezhnevism는 소비에트의 영향권 내에 있는 국가들 간 경제적 통합의 정도를 확보하는 것이었고 영향권 내의 국가들과 지역 간 소득을 각국 주민들의 생활수준을 보장하기 위해 재분배하는 것이었다. 경제적 통합은 소련과 '상호경제협력회의'the Council for Mutual Economic Assistance: CMEA 또는 Comecon를 통해 〔동유럽〕 국가들 사이의 무역과 더 거대한 투자 프로젝트로 조절되는 동맹 국가들로 이루어져 있었다. 최소 생활수준은 민족적 전통 또는 더 발전된 이웃 국가들(서독, 스칸디나비아 또는 터키)에 대한 선망이 철저히 통제되어야 할 필요가 있는 경계 지역들(예를 들면 동독, 발틱 국가들과 아르메니아)에서 더 높게 유지되는 경향이 있었다.

공산주의의 몰락

〔공산주의〕 체계〔의 몰락〕는 〔그 체계를 둘러싼〕 환경의 결합에 의한 것이었다. 미국의 군사전문가들은 1980년대 재임한 레이건에 의해 촉발된 군비경쟁의 역할을 강조하는 경향이 있었다. 이것은 아마도 특히 소련군이

이슬람 근본주의자들과 아프가니스탄 민족주의자들로부터 친소 체제를 방어하고 있었던 아프가니스탄에서, 자신들의 자원을 군사 기재와 기반 시설에 쏟아 붓도록 함으로써 공산주의를 무너뜨렸다는 것이다. 하지만 유럽과 북미의 중간계급과 자신들의 형편없는 소비수준을 비교하게 된 교육받은 중간계급들이 존재하는 공산주의 국가들의 출현이 또 다른 요인이다. 그리하여 새로운 중간계급은 '굴라시 사회주의' goulash socialism (정치체계가 모든 이들에게 개인적 소비의 최소 수준을 보증하여 주는)에 머물려고 하지 않았다. 이렇게 상대적으로 낮은 수준의 생활수준에 대한 불만이 노동자들에게 퍼져 나가게 되자 노동자들의 공산주의당들이 지배하던 체제들의 운명은 정해지게 되었다.

국제적으로 가장 심각한 경제적 난관은 1970년대와 1980년대 동안 진행된 기술적 진보를 획득하려는 〔공산주의권〕 국가들이 서구 자본주의 은행들에서 얻은 부채가 극적으로 증가함으로써 비롯되었다. 그들의 공산품 수준을 개선하기 위해 폴란드와 헝가리와 같은 국가들은 기술과 장비를 구입하기 위한 차입 규모를 증가시켰다. 발전도상국 대열에 있는 많은 국가들처럼 거대한 부채를 끌어오려는 계획은 서구 자본주의〔국가〕로의 수출 증가에 의존하였다. 자본주의 국가들이 1974년 석유위기로 인해 경기침체에 빠져들게 되고 1970년대 후반에 이자율이 극적으로 상승하자 헝가리와 폴란드는 1982년 말 부채의 상환기간 연장rescheduling을 모색하는 발전도상국들의 대열에 합류해야만 했다. 사실상 헝가리와 폴란드 같은 국가들은 적어도 어느 정도는 소련의 의무적 지원 덕분에 상환기간 연장에서 더 나은 위치에 있을 수 있었다.

마지막 소련 대통령 미하일 고르바초프Mikhail Gorbachyo가 단지 부패를 폭로하는 것에 그치지 않는 구조조정과 투명성('페레스트로이카'와 '글라스노스트')을 도입했을 때 〔공산주의〕체제는 붕괴하기에 이르렀다.

또한 소련 정부는 동맹국 정부에 자신들의 대외 부채에 대한 책임을 전가하였다. 지원의 또 다른 원천은 국제통화기금IMF이었다. 초기에 IMF의 지원은 순수하게 기술적이었고 차입정부의 정치적 체질과는 관련이 없다는 식의 허구적 입장을 유지하려고 애썼다. 그러나 1980년대 말 공산주의체제의 정치·경제적 추진력을 갱신하기 위한 이념이 소모되고, 대외 부채에 외환을 소모시켜 버리면서, 누가 IMF로부터 최선의 결과를 얻어 낼 수 있는지는 명백해졌다. 그리하여 동유럽의 신자유주의가 태어나게 되었다.

동유럽에서 포스트공산주의의 첫 단계는 대외무역에 대한 장벽을 제거하고 포스트공산주의 정부들의 지독한 서구통화 부족을 완화하는 데 필요한 IMF 지원을 확보하기 위한 재정긴축부담으로 구성된다. 이것은 〔옛 공산주의〕 정부들이 그 지역 내의 국가 산업을 효과적으로 지원하던 금융 안전망을 제거하도록 강제하였다. 소비재의 부족 또는 조잡한 질 때문에 장기적으로 억제되어 오던 소비자 수요는 서구로부터 수입된 상품을 소비하는 것으로 방향을 바꾸었다. 자본재 산업이 국가 투자와 CMEA의 투자 조정에 의해 지원되던 시장을 상실한 반면 소비재 산업은 시장 붕괴에 직면하게 되었다. 하지만 공산주의의 주목할 만한 특징이었던 소득과 복지지출의 보장이 남아 있었는데, 새롭게 민주적으로 선출된 정부들이 그러한 소득과 복지지출을 폐기한다는 것은 대중들의 요구에 어긋나는 것이었다. 그 결과 공업생산의 파국적 하락과 하이퍼인플레이션이 나타났다. 이 기간의 통계는 그 기간에 발생한 급속한 구조적 변화 때문에 매우 신뢰하기 어렵다. 몇몇 산업은 완전히 붕괴하였다. 한 가지 예가 동독의 트라반트Trabant 자동차인데, 더 나은 〔조건의〕 서구 자동차를 이용할 수 있게 된 후 이 자동차에 대한 수요는 사라져 버렸다.

다른 주요한 변화는 급속한 소득불평등의 심화이다. 시장으로의 외국 소비재의 공급, 또는 '내부' 협정과 전매를 통해 국가의 경제적 자산들의 소유권을 넘겨받거나 그러한 자산들의 관리를 위한 외부자금 공급을 확보함으로써 사실상 하룻밤 만에 부富가 형성되었다. 이러한 '비합법적 민영화' wildcat privatization는 후에 소련에서 유행한 '마피아 자본주의'로 이어졌다. 다른 극단에는 국영 및 지방 기업들이 임금으로 지불할 돈을 모두 날려 버림으로써 더 많은 개인들과 가족들이 빈곤상태로 빠져들게 되었다. 공산주의 산업체계를 작동시켜 왔던 공업 생산의 몰락과 산업 상호보조체계system of industrial cross-subsidies[1]의 제거는 실업률을 증가시켰다. 새로운 무역으로부터 배제되고 국가가 더 이상 산업을 지원하지 않는 마을과 지방 소도시의 경우에는 노동력의 절반이 실업 상태에 있기도 하였다.

동유럽 신자유주의

동유럽의 신자유주의는 1990년대에 시작했고 그 지역의 대안적 정책으로 자리매김하였다. 시카고 대학의 경제학자들로부터 영감을 받은 많은 정치가들과 경제학자들은 소유권 규정, 계약 집행, 경제 행위로부터 국가의 제거가 경제를 '정상화' 하며 회복시킨다고 주장하였다. 기묘하게도 그들은 항상 경제학자들과 정치가들 중 소수였을 뿐만 아니라 미국 정부와 워싱턴의 기관들, IMF와 세계은행의 지원을 수반하는 미국식 경제모델과 시카고 식의 신자유주의에 충실하였다. 미국의 경제적 성공을 모방해 그들이 내린 처방의 바로 그러한 단순성—소유권, 민영화, 낮은 세금, 하지만 낮은 인플레이션을 위한 매우 비미국적인 방식의 정부 예산

1) 경쟁력이 약한 산업을 다른 산업에서 발생한 이윤을 통해 보조하는 제도. — 옮긴이

균형—이 새로운 기업 엘리트들의 지지를 얻었다. 하지만 이것 뒤에는 세계의 나머지 국가들이 현존하는 전 범위의 경제적이고 정치적인 제도들 사이에서 자유로운 선택권을 제공한다고 제안하는, 역사의 유산을 벗어 버리고 새로운 출발을 할 수 있음을 내포하는 일종의, 메뉴판에서 골라 낸 일품요리식의 자본주의à la carte capitalism가 존재하고 있었다. 이러한 종류의 '주의주의' 또는 새로운 체계를 만들어 내는 데 필요한 모든 것이 정치적 결정이었다는 신념에 기초한 행동은 동유럽에서 깊은 뿌리를 가지고 있다. 18세기 이래로 혁명적인 유토피아적 전통은 동유럽의 후진적 권위주의에 대한 반응으로 나타났다. 이러한 유토피아적 전통은 근대세계(예를 들어 서구 자본주의)로 동유럽을 전화시키기 위해 서구적 제도들의 설립을 주장하였다.

예를 들어 1990년대 초 폴란드 재무장관인 레섹 발체로비츠Leszek Balcerowicz와 당시의 헝가리 수상이었던 미클로시 네메트Miklós Németh의 정책을 특징짓는 자본주의로의 급격한 도약은 적어도 초기에는 경제 활동의 축소와 심지어 높은 인플레이션으로 이어졌다. 신자유주의자들은 앞으로 나타날 역동적이며 기업가적인 자본주의의 '자율적 질서'를 예상하고 있었다. 국민경제와 그들의 대외 무역 파트너 사이의 중대한 접촉이 발생하고 있는 곳에서 정상화 과정은 지역통화의 평가절하로 극복되어 온—그것은 수입품에 대한 초과 수요와 대외 자본 수입이 사라질 때까지 지역 거주자들을 피폐하게 한다—외환위기로부터 시작한다. 하지만 주요 비즈니스의 바깥에 있는 경제의 나머지 부분에서 경제 활동은 자가 소비를 위한 생산subsistence production과 물물교환으로 후퇴하였다. 이것은 특히 이전 소련 지역에서 뚜렷이 나타났다.

안정적 금융시스템은 신자유주의적 질서의 수립에 있어 결정적이다. 루마니아와 알바니아에서 출현한 피라미드-은행 시스템과 더불어 결국에는 투기적 버블과 불황에 굴복하게 될 증권시장이 이 지역의 주요 자본으로 도입되었다. 더 공식적인 은행 네트워크가 발전되었지만 가계와 기업들의 신용거래의 팽창이 회복되거나 보존될 수 없는 국영기업의 부채에 짓눌린 은행의 재정 상태는 은폐되었다. 작은 은행들은 파산하였으며 체코 같은 경우에는 더 광범위한 금융위기를 막기 위해서 거대 은행들을 재국유화하는 조치를 취하였다.

민영화의 경우에는 단지 제한적으로만 성공적이었다고 할 수 있다. 상대적으로 낮은 자본 가치를 갖고 있는 작은 규모의 소매점의 경우에는 이미 민영화되었거나 쉽게 매각되었다. 수익성이 더 높거나 잠재적으로 높은 수익성을 올릴 수 있는 제조업 내에 있는 국영기업은 매각되는 데 더 많은 시간이 걸렸다. 최종적으로 민간부문으로 이전되자, 자금부족에 시달려 오던 설비부문에 투자할 여력이 있는 서구 기업들에게 최저 가격으로 팔렸다. 예를 들어 러시아와 중앙아시아의 석유·석탄 산업과 같은 원자재추출 산업은 서구의 초민족 기업과 불투명한 관계에 있는——사실상 그것이 불법적인 것은 아니더라도——경영자들에게 이전되었다. 이러한 이전 과정은 공산주의적 산업화의 자랑거리였던 중공업 설비를 소유하고 있던 그 지역의 정부들에게 남겨졌다. 이들 중에 대다수가 1970년대 이래로 새로운 설비투자를 한 적은 없었다. 이미 자본주의로의 이행에서 발생하는 사회적 비용에 짓눌리고 있던 정부 예산은 남아 있는 국영 산업에 새로운 투자를 할 여력이 없었다. 그 결과 그러한 산업들의 쇠퇴가 이어졌고, 이러한 쇠퇴는 자본주의로의 이행으로 인해 악영향을 받고 있던 그 지역들의 실업률을 악화시켰다. 그러한 설비들이 초기에 높은 잉여노동이 존재하고 있는 지역에 위치하고 있었기 때문이기도 하였다. 인구의 전체적인 증가에도 불구하고 동유럽의 고용 상태는 1980년 정점에 도달한 것으로 남아 있다(20장을 보라).

헝가리의 경제학자 야노시 코르너이János Kornai가 서구 자본주의 기업에게 신축성과 역동성을 주는 안전 밸브, 즉 그러한 기업들의 축적된 유동 준비금을 간과하는 '경성 예산' hard budget 제약이라고 부른 것이 기업과 산업에 부과됨으로써 동유럽 신자유주의는 실패하게 되었다. 이것들은 기업들의 유보 이윤과 감가상각을 위해 기업들이 보유하고 있는 화폐로 축적된다. 그러한 준비금은 서구 기업들이 만약 어떤 활동으로부터 손실이 발생하더라도 그러한 상황을 모면하고 더 자유롭게 지출 및 차입할 수 있도록 해준다. 현금 또는 현금에 가까운 자산 준비가 새로운 활동에 대해 지불되거나 그에 대한 차입금에 대해 지불할 수 있는 능력을 주기 때문이다. 동유럽의 뉴비즈니스들은 금융 준비금(공산주의체제의 산업 상호보조 하에서는 그러한 준비금이 필요가 없었다) 없는 잔혹한 자본주의 세계로 들어갔다. 이것은 그들의 신용도에 영향을 미쳤으며 서구 기업들과 다국적 대부업자, 정부와의 (어쩌면) 부패한 연결고리에 대한 의존을 증가시켰다. 영구적인 유동성 부족에 시달리는 기업들은 설비와 장비에 대한 더 많은 투자를 할 수가 없었으며 언제나 투기적 활동을 통해 상황을 모면하려고 하였다. 싸게 자산을 매입하거나 더 비싼 값에 자산을 매각하는 등의 활동이었다. 하지만 〔투기적 활동이 아니라〕 투자 또는 실물 자본축적이 지속 가능한 자본주의적 성장의 열쇠이다.

신자유주의 이후

동유럽에서 신자유주의의 첫 단계는 1990년대 중반에 막을 내렸으며 사실상 1996년 아시아 위기와 1998년의 러시아 금융위기 이후 땅속에 묻혔다. 이러한 것은 강력한 금융제도에 기초하지 않은 모든 자본주의의 약점을 드러내는 것이었다. 어떤 경우에는 그 이후 그 지역 정부가 EU에 동유럽 국가들이 가입되어야 한다는 입장에서 서유럽 정부들과 유럽집행위원회와 협상에 들어가기도 했다. 지역의 정책자들과 정서는 발틱 국가(라트비아, 에스토니아, 리투아니아), 폴란드, 헝가리, 슬로바키아, 슬로베니아, 체코가 2004년, 그리고 불가리아와 루마니아가 이후에 EU에 가입할 것임을 과장해서 이야기하고 있[었]다. 서유럽의 정치학과 경제학은 스페인과 영국같이 정부가 신자유주의적 강령을 떠벌리고 있는 나라들에서조차 신자유주의적이지 않다고 말한다. 서구 유럽은 강력한 국가주의적 전통을 갖고 있으며 복지국가에 대한 깊은 애착이 민주주의 국가에서는 간과되기 어렵다고 생각하는 국민들이 있다. EU의 몇몇 새로운 제도들은 기업들에 대한 국가 보조의 금지와 유럽통화동맹 회원국과, EU 회원국의 재정적자를 제한하는 1992년 '안정성과 성장 협약' SGP과 같은 신자유주의적 이념에 의해 영향받아 왔다. 그럼에도 불구하고 서유럽은 시카고[학계]와 워싱턴[정부 및 기관]에 의해 유포된 신자유주의에 대한 대안이 될 현대적 경제 모델의 요소들을 갖추고 있다. 이러한 대안적 모델의 주요 요소들은 재분배적 조세정책과 보수의 이전, 그리고 미국보다 더 나은 질의 공적 서비스의 제공을 통해 자본주의가 발생시키는 심각한 불평등을 완화시키는 사회연대적 제도들이다. 현금에 목말라하는 동유럽 정부에게는 동유럽의 조세 기초가 고용, 불법적 비즈니스 행위와 자본 수입을 위한 국제적 '조세경쟁' 으로부터 발생하는 소득의 하락에 의해 삭감되어 왔다는 것이고, 그만큼 EU로의 진입은 브뤼셀[EU 본부]에서 가난한 나라들로의 지역적 지원이 제공된다는 점에서 더 중요하다. 이것은 시카고 모델의 최소 국가라기보다는 동유럽 정부들에 우선하는 서유럽 모델(가입 이전에 새로운 회원국이 이른바 'EU 공동규범' acquis communautaire의 외관을 취해야 한다는)에 기초한 상업적·법적 제도의 수립으로 이어졌다(24장을 보라).

하지만 EU 가입은 정부차입과 재정적자를 끌어내리는 동시에 유럽 통화동맹에 가입해야 한다는 의무를 포함하고 있다. 이것은 동유럽을 화폐동맹이 기초하고 있는 신자유주의적 이념의 실험장으로 만든다. 화폐동맹의 기초 회원국들, 특히 프랑스, 독일, 그리고 이탈리아는 화폐동맹에 의해 부과된 정부 재정적자에 대한 제한을 회피할 수 있었다. 새로운 동유럽 회원국들에게는 그러한 〔정책적〕 해이가 허락되지 않는다.

그러므로 EU의 새로운 정치·경제적 가능성이 확대될 수 있는 가능성은 이전 공산주의 블록을 두 개의 구획으로 갈라놓는 데 있다. EU 회원이 될 수 있는 가능성이 있는 발칸의 국가들과 중앙유럽의 국가들은 강력한 복지국가 조항에 의해 완화되고, 브뤼셀로부터의 지역 원조 제공을 촉진시킬 서유럽식의 자본주의에서 그들의 정치·경제적 미래를 본다. 그러한 당면한 장래의 계획이 없는 채로 남아 있는 국가들은 허약한 민주주의(예를 들어 러시아 또는 우크라이나) 또는 새로운 중앙아시아 공화국 또는 유명한 벨로루시의 부패한 독재로 이어졌다. 그들의 경제 상황 또한 특정 산지의 상품 생산 붕괴와 더불어 침체로 이어졌다. 원료 수출과 새롭게 나타난 부유층을 위한 사치재의 수입은 주요 도시들과 〔원료〕채취활동 지역 주변에서 대외무역 활동을 가능케 하였다. 그러나 국내 경제의 나머지 부분은, 예를 들어 1998년 러시아 금융위기 이후 지방 비공식 화폐(기업 또는 정부의 약식 차용증을 사용)의 출현과 더불어 자가소비를 위한 생산과 물물교환으로 분해되었다.

이러한 동유럽의 허약한 국가들 속에서 신자유주의는 점점 무력한 것으로 나타났고, 강력한 민주국가를 수립하기 위한 명백한 요구들이 있었다. 민주적 제도들은 신자유주의 하에서도 단지 물리적이고 금융적인 강제라기보다는 법에 따라 계약과 소유권을 행사하도록 하고 부패를 드러낸다는 이유만으로도 필수적인 것이다. 그러한 법적·정치적 제도들과 안정적 금융시스템에 의한 지원 없이 신자유주의의 메카인 '자연발생적 질서'는 나타날 수가 없다.

소유권이 그런대로 보장되어 왔고 금융시스템이 안정적인 EU에 가입하려고 하는 동유럽의 국가들은 경기순환의 침체 국면을 처리하기 위한 방편으로 신자유주의를 받아들였다. 그러한 중앙유럽 국가들의 대표자들은 영국과 스페인 정부, 그리고 유럽중앙은행의 입장에 공명하여 왔다. 그들은 중앙유럽의 경제침체를 노동시장의 '경직성', 높은 세금, 그리고 정부 재정의 방만한 운영들의 탓으로 돌렸다. 하지만 특히 자본주의 내에서는 재정정책 또는 사용자의 요구에 대한 노동의 적응보다는 기업의 투자가 경제성장의 주요 요소이다. 만약 기업투자가 회복되지 않는다면 재정긴축과 '신축적인'(낮은 임금) 노동시장은 오직 경제의 침체된 수요에 의해 상황을 악화시킬 뿐이다. 기업투자가 살아난다면 적당한 노동 경직성, 조세 또는 정부 지출은 투자로부터 기인하는 경제의 급격한 상승을 막을 것이다.

26장_라틴아메리카 신자유주의의 정치경제[1)]

알프레두 사드-필류

이 장에서는 라틴아메리카에서 가장 큰 국가들인 아르헨티나, 브라질, 멕시코 들을 특별히 언급하면서 이 지역에서 발생한 수입대체 공업화 Import-substituting Industrialisation: ISI에서 신자유주의로의 이행을 검토하고 신자유주의 정책의 성과에 대해서 평가해 볼 것이다.

이 연구는 이 지역의 네 가지 특징을 배경으로 하고 있다. 첫째, 라틴아메리카에서는 항상 사회적 배제와 소득, 부, 그리고 특권의 심각한 불평등이 존재하여 왔다. 두번째, 그것의 내적 구성의 변화에 대한 조응을 필요로 하였음에도 불구하고 강력한 과두제가 지난 5세기 동안 이 지역을 일반적으로 지배하여 왔다. 세번째, 라틴아메리카 국가들은 사회적 배제, 과두지배, 원주민, 노예, 가난한 이민자들과 최근에는 농민들과 공식·비공식 부문의 임금노동자를 포함하는 다수에 대한 무자비한 착취의 원칙들을 지탱하기 위해서 세워졌다. 이러한 국가들은 불평등과 특권이 아래로부터 도전받을 경우에는 강력하게 대응하는 경향이 있었다. 대조적으로 그들은 게임의 규칙이 엘리트들로부터 도전받을 경우에는 훨씬

1) 이 논문은 영국 학술원(British Academy)의 지원을 받은 기초 연구에 따라 작성되었다.

약하고 모호한 형태로 반응하였다. 넷째, 라틴아메리카 국가들은 항상 소유권의 강제, 산업기반 시설의 공급, 금융, 수출 장려, 그리고 노동 공급을 포함하는 경제활동을 조절하고 육성하는 데 크게 개입하여 왔다. 라틴아메리카의 국가들은 항상 선별적 경제 행위 육성의 일환으로 사회공학 내에서 중요한 역할을 담당하여 왔다. 하지만 엘리트 사이의 분열과 대립은 종종 이러한 정책들의 효력을 제한하였고 비일관적인 경제전략의 채택으로 이어졌다.

이 장에서는 정책적 비일관성의 두 가지 사례인 ISI(수입대체 공업화)와 신자유주의에 대해서 검토한다. 그러한 비일관성을 두 가지 수준에서 분석될 수 있다. 그 두 수준은 정책들이 공표된 목적의 달성을 방해하는 '내적인' 미시적·거시적인 경제적 한계와 현존하는 사회적 대립의 악화에 의해 부과되는 '외적인' 한계이다.

ISI와 그 한계들

ISI는 1930년과 1980년 사이 라틴아메리카의 상징적인 경제정책이었다. ISI는 수입품을 대체할 목적으로 시행된 제조업의 연속적인 팽창에 기초한 경제전략이다. 제조업의 내부화는 전형적으로 비내구성 소비재(가공식품, 음료, 담배, 면직물 등등)의 생산에서 시작했다. 이후에 내구성 소비재(특히 가전제품과 자동차부품), 단순 화학의약품(석유정제와 특정 의약품), 비금속 광물(특히 시멘트)을 포함하는 곳까지 심화되었다. 큰 나라들에서 ISI는 철강산업, 자본재(산업기계와 전기모터) 그리고 심지어는 기술적 복합재(전기 장비와 조선업, 비행기 설계와 조립)를 포함하는 단계까지 심화시킬 수 있다.

이러한 경제적 전략은 소유관계의 특정 유형 — '사회적 분업' 유형과 관련되어 있다. 일반적으로 비내구재의 생산과 자본재는 국내 자본에 의해 수행되는 반면 내구성 소비재는 초민족 기업들TransNational Companies: TNCs에 의해서 수행된다. 산업기반 시설과 기본재(강철, 전기, 통신, 상·하수도 설비, 석유 채굴과 정제, 항공, 도로, 철도 항만 등)는 일반적으로 국영기업State-Owned Enterprises: SOEs에 의해 공급된다. 마지막으로 국영 은행이 특히 산업발전과 경제의 다각화를 위한 신용을 공급하는 데 중요한 역할을 한다.

ISI는 몇몇 지역에서는 의심할 바 없이 성공적이었다. 예를 들어 1933년과 1980년 사이에 브라질과 멕시코의 연간 평균 경제성장률은 각각 6.3%와 6.4%였다. 이러한 우수한 성과는 한국과 타이완의 동아시아의 '기적' 사례의 성과와도 구별할 수가 없다.[2)]

중요한 성과들에도 불구하고 라틴아메리카의 ISI는 또한 다섯 가지 이유에서 몹시 제한되어 있었다. 첫째, 지속적인 국제수지의 난관을 초래하여 ISI 기간 동안 나타나는 경제 변동성의 주요 원인이 되는 **외환 부족** 상황을 극복하는 데 있어 ISI가 무능력했다는 점. 둘째, **국내 금융시스템의 비효율성과 허약성**, 그로 인해 산업발전을 위한 장기 금융을 제공하는 데 실패한다. 결과적으로 제조업투자가 기본적으로 외국인 직접투자, 대외 차관, 국영 은행, 국가 보조와 기업 자신의 자원들에 의해 이루어졌다. 이러한 금융 원천의 조합은 결과적으로 지속 불가능함이 드러났다(다음을 보라). 셋째, ISI에 요구되는 적극적 산업정책들의 예산 수요와 이용가능한 조세 수입 간의 심각한 격차 때문에 발생하는 **재정 허약성**, 이러한 격차는 대부분 사회적 분할과 엘리트들의 조세 저항에 기인하는 것

2) 1954년에서 2000년 사이에 한국은 연간 5.2% 성장하였다(1963년과 1996년 사이에 6.6%). 반면 타이완은 1952년과 1998년 사이에 연간 6.1% 성장하였다(1953년과 1997년 사이에는 6.8%). 이 논문에서 사용한 데이터의 출처는 Cepal(2003)과 World Bank(2003a, 2003b)이다.

이다(노골적으로 말하자면, 가난한 사람들은 기여할 만한 능력이 없는 한편, 부자들은 아예 기여할 의지가 없는 것이다). 라틴아메리카 국가들은 예산 균형을 이루면서 산업정책적 역할을 충족시킬 수 없었으며, 결국 이러한 무능력은 지속적인 재정적자, 인플레이션, 중앙과 지방 정부에 의한 막대한 규모의 부채 축적으로 이어졌다. 넷째, **인플레이션**. ISI 하에서 인플레이션은 한편으로 높은 물가, 조세, 그리고 임금에 대한 요구를 통해 국민소득에서 몫의 분배를 둘러싼 사회집단들 간의 투쟁의 산물이다. 다른 한편으로 그것은 축적전략의 한계들로부터 나타나는 결과이기도 하다. 특히 민간기업과 정부의 지속적인 금융적 곤란들을 이야기하는 것이다. 구체적으로 불충분한 조세는 정부가 무리하게 적자를 통해 정부 지출에 대한 자금을 모집하게 한다. 반면 금융적 취약성은 기업이 유보 이윤과 가격인상을 통해 투자 재원을 모집하도록 강제한다. 마지막으로 **정책 조정**policy co-ordination**의 부족**이다. 라틴아메리카 국가들은 그들의 발전 목표들에 의해 요구되는 경제 활동을 좀처럼 조정하려고 하지 않는다. 그러한 시도는 엘리트들의 투쟁과 엘리트들과 대다수의 국민들 사이의 투쟁으로 제약을 받다가 외국의 자본과 기술에 대한 의존으로 실패하게 된다. 국가는 점점 제대로 조정되지 않은 경제부문들 사이의 대립 속에 빠져들게 된다. 대부분의 국가들은 결국에는 ISI에 의해 작동하는 인구·사회·문화·정치적 변화에 의해 압도당하게 된다.

1960년대 중반 이래로 라틴아메리카에서는 경제적 압박의 징후가 증대하여 왔다. 그러나 ISI의 취약성은 1982년 국제적 외채위기에서 완전히 드러났다. [외채]위기는 개입주의적 산업 정책, 단기적이고 투기적인 금융체계, 취약한 조세 시스템, 그리고 들끓는 사회적 알력다툼이 지속 가능하지 않다는 것을 보여 주었다. 금융위기, 자본 도피, 경제 침체, 하이퍼인플레이션 등이 이러한 긴장들의 경제적 징후가 될 것이다. 대부분의 국가들에서 이러한 경제적 징후들은 심각한 정치적 불안정성에 수반되어 나타났다.

신자유주의로의 이행

1980년대 초반 라틴아메리카의 위기는 신자유주의로의 전 세계적인 변화의 일부분이었다. 위기는 브레턴우즈 체제의 분열에 수반하는 경제후퇴에 의해 나타났다. 새로운 국제적 금융체제에 의해 촉진된 대외 부채의 축적으로 연기되었지만, 결국 그것은 미국이 가혹한 수준의 높은 이자율을 차입자들에게 설정하자 폭발하게 되었다. 그러한 미국의 금리 인상은 그 자체로 신자유주의로의 이행의 일부분이었다.

외채위기의 효과는 파괴적인 것이었다(11장을 보라). 1972년 라틴아메리카의 총 대외 부채는 313억 달러였는데 니카라과, 페루, 볼리비아 GDP의 33%를 초과하는 규모였다. 1980년대 후반에는 그 규모가 4,300억 달러에 이르게 되는데, 이는 모든 라틴아메리카 국가 GDP에 33%를 초과하는 것이었다(니카라과의 부채는 1988년 GDP에 1,200%까지 이르게 된다). 부채의 성장과 높은 국제 이자율은 이자에 대한 지불 규모를 폭발적으로 만들었다. 그러한 수준은 1972년에는 대다수의 국가에서 평균적으로 GDP의 1%였는데, 1983년에는 5.4%에 이르게 되었다(코스타리카 경우에 20%에 이르렀다). 라틴아메리카의 대외 부채는 20세기 말에는 7,500억 달러에 이르고, 이자 지불은 여전히 거의 모든 곳에서 GDP의 2.5%를 초과하게 되었다. 아르헨티나, 볼리비아, 칠레, 코스타리카, 그리고 니카라과는 특히 매우 곤란한 입장에 놓이게 되었다.

경제성장은 멈추었고, 임금은 폭락하였다. 그리고 인플레이션은 위기의 결과로 급등하였다(아래를 보라). ISI가 붕괴되었다는 것은 쉽게 받아들여졌고, 그것은 신자유주의로 ISI가 대체되어야 한다는 주장으로 이어졌다. 이러한 주장은 미국 정부와 IMF, 세계은행과 라틴아메리카 주요 엘리트들의 관점이다. 그들의 경제적이고 이데올로기적인 압력, 위기가 가져다주는 잔인성은 결국 라틴아메리카의 새로운 엘리트 컨센서스를 만들어 내었다. 라틴아메리카 엘리트들은 ISI를 중심으로 한 '민족발전 전략'을 포기하여야 하고 신자유주의와 '세계화'[3]를 수용해야만 경제의 역동성을 회복──현존하는 사회적이고 경제적인 배제를 유지하는 동시에──시킬 수 있다고 생각하였다. 이러한 주장은 이중의 오해에서 비롯되었다고 할 수 있는데, 한편으로 ISI는 사회적으로 불공정하며, 본질적으로 제한적이며, 구조적으로 취약하지만, 1980년대 위기는 ISI의 결점으로부터 발생한 것이 아니라 **외부**로부터 부과된 것이었다. 다른 한편으로 신자유주의는 ISI의 붕괴를 **처리할 수도 없고**, 이전 〔ISI〕 시기의 경제성과를 **달성할 수도 없었다**(다음을 보라).

라틴아메리카 신자유주의의 특징은 이행이 종종 인플레이션 통제와 관련하여 간접적인 방식으로 이루어진다는 것이다. 신자유주의 정책은 '기술적인' 반인플레이션 수단으로 가장되었다. 이러한 융합은 재정적, 금융적, 산업적 위기가 끝없는 인플레이션을 통해 드러났던 라틴아메리카 ISI 붕괴의 구체적 형태 때문에 용이하게 진행되었다. 예를 들어 니카라과(1988)는 연간 인플레이션율이 14,000%에 이르렀고, 볼리비아(1985)는 12,000%, 페루(1990)는 7,000%, 아르헨티나(1989)는 3,000%,

---

3) 라틴아메리카에서 신자유주의적 개혁의 두 번의 '물결'이 있었다. 첫번째는 1973년 칠레의 피노체트 쿠데타에 의해 시작되었다. 또한 신자유주의적 개혁은 아르헨티나와 우루과이의 군사 독재에 의해 받아들여졌다. 이러한 경험은 심각한 탈산업화, 거대한 〔규모의〕 자본도피, 광대한 대외부채의 축적, 깊은 경제위기 이후에 불명예스럽게 끝났다(Díaz-Alejandro, 1985). 이후의 분석대상은 두번째 경우이다.

브라질(1994)는 2,500%에 이르렀다. 인플레이션 안정화에 대한 긴급한 요청은 신자유주의로의 이행이 가져올 광범위하고 장기적인 결과를 모호하게 만들었다. 이념논쟁에 승리할 수 없고 정당성 부족에 시달리게 되자 신자유주의 엘리트 컨센서스는 정책적 우선권을 더 쉽게 부과하기 위해서 그 의제를 은폐시키는 것이 필수적임을 알게 되었다.

라틴아메리카 전체에서 신자유주의 방침에 따른 금융, 무역, 자본계정 자유화와 전면적인 민영화 또는 국가 소유의 생산, 금융기업의 폐쇄, 전면적인 재정개혁과 노동시장 개혁이 실시되었다. 그것은 그들이 단기적인 거시경제 안정성(예를 들어 인플레이션 통제)과 장기 경제성장이 필수적이라고 보기 때문이었다. 동시에 ISI 산업정책 조정을 제공해 온 기관들이 체계적으로 소멸되었고 대외 투자를 제약하는 규제들이 사라졌다. 신자유주의로의 이행을 촉진시키기 위해서 인플레이션 통제를 이용했던 가장 명확한 사례가 아르헨티나의 태환 프로그램Argentine convertibility programme, 1991[4]과 브라질의 헤알 플랜*real plan*, 1994[5]이다. 이러한 반인플레이션 전략들은 ISI의 신자유주의적 축적체제로의 이행을 전제로 하는 것이다(다음을 보라).[6]

---

4) 1991년 3월 발표된 것으로 통화위원회 설치와 더불어 1달러당 1만 오스트랄레스라는 명확한 고정환율을 부과하는 것이다. 이러한 프로그램은 재정정책과 통화정책에 있어 엄격한 기준을 두는 것으로, 통화위원회가 재정적자와 추가적 화폐 발행을 감시한다. — 옮긴이

5) 1994년 7월부터 전격 실시된 경제 및 인플레이션 안정화 조치로, 기존 화폐인 크루제이루를 달러 대비 1:1의 헤알로 변경하는 것이다. 이와 동시에 국영기업 민영화와 사회복지시스템 개혁을 통해 재정적자 해소와 같은 신자유주의적 정책이 시행된다. 아르헨티나 태환성 프로그램과 마찬가지로 이러한 헤알 플랜은 '완전고정환율제'(hard peg)라고도 불린다. 경제학자 칼르보(Calvo)에 의하면 '완전고정환율제'의 극단적인 예는 자국 화폐를 달러로 완전히 대체하는 '달러화'(dallarizaiton)라고 할 수 있다. — 옮긴이

6) 이러한 프로그램에 대해서는 Iñigo Carrera(2006)와 Saad-Filho and Mollo(2002)가 비판적으로 평가하였다.

신자유주의의 충격

라틴아메리카에서 인플레이션 통제 및 신자유주의로의 이행에서 중요한 역할을 한 다섯 가지 정책이 있다. 첫째가 **수입자유화**이다. ISI는 국내 기업들(그 나라에서 활동하는 초민족 기업TNC들을 포함하는)에 국내 시장에 대한 우선권을 주기 위하여 엄격한 수입통제를 필요로 한다. 하지만 대외적 경쟁으로부터 보호받는 기업들은 더 큰 시장 지배력을 갖는 경향이 있다. 그들은 가격인상과 임금 인상 요구에 더 신축적으로 대처할 수 있으며, 이에 따라 경제의 인플레이션에 대한 취약성이 증가한다. 무역자유화는 대외적 경쟁을 통해 국내 기업들의 가격 인상을 제한할 수 있기 때문에—만약 그렇지 않다고 한다면 수입품에 의해 자신들의 시장 지배력을 잃을 수 있으므로 인플레이션을 통제하는 효과를 가진다. 이는 노동자들의 임금인상 요구 또한 제한하는데, 마찬가지의 이유로 임금 인상이 국내 기업의 경쟁력을 잃게 만들기 때문이다. 더 나아가 신자유주의자들은 무역자유화가 국내 기업들이 '모범적 기업 경영'best practice을 하고 있는 외국의 생산자들과 경쟁하도록 한다고 주장한다. 그것은 경제 전체의 생산성을 증가시키는 데 도움을 준다. 마지막으로 경쟁에서 살아남지 못한 국내 기업들은 문을 닫을 것이고 그들의 자본과 노동은 다른 곳에서 더 생산적으로 사용될 것이라 가정한다.

둘째로는 **환율의 과대평가**(예를 들어 지역 통화가치의 과도하고 지속적인 상승)가 있다. 과대평가는 인위적으로 수입품의 국내 통화가치를 감소시킨다. 그것은 인플레이션과 경쟁력에 대한 무역자유화의 충격을 강화하는 것이다. 수입자유화와 환율 과대평가의 조합은 인플레이션에 대해서는 극도로 효과적이며 수입된 소비재들이 통용되는 동시에 알맞은 가격을 제공하기 때문에 소비자들에게 매우 인기가 있기도 하다. 하지만 그러한 조합은 지역 경제의 고용과 국제수지를 악화시키는 효과가 있다. 예를 들어 아르헨티나는 1990~92년 사이에 수입이 68억 달러에서 193억 달러로 증가하였고 브라질은 1992~95년 사이에 280억 달러에서 633억 달러로 증가하였다. 멕시코는 1987~90년 사이에 241억 달러에서 519억 달러로 증가하였고, 인플레이션은 **정확하게** 이 기간 동안 급속하게 하락하였다.

세번째, **국내 금융자유화**. 금융부문의 탈규제는 저축을 증가시키는데 이는 투자를 위한 기금의 이용 가능성을 높일 것이라 한다. 사실은 다소 정반대의 일이 일어났는데, 바로 저축과 투자가 모두 감소한 것이다. 아르헨티나에서 저축은 1989년 이후 10년 동안 GDP의 22%에서 17%까지 하락하였으며, 브라질에서는 1985년에서 2001년 사이에 8%가 떨어져 GDP의 20% 정도에 이르렀다. 멕시코에서는 1980년대 초반 GDP의 30% 정도의 저축률이 2001년에는 겨우 GDP의 18% 정도까지 하락하였다. 투자는 아르헨티나에서 1980년대 중반에서 1990년대 후반 사이에 GDP의 20% 아래로 떨어졌으며, 브라질에서는 1989년에서 2001년 사이에 GDP의 25%로부터 20%까지 떨어졌다. 멕시코에서는 1981년에서 2001년 사이에 GDP의 26%에서 20%까지 하락하였다.

네번째로 라틴아메리카를 괴롭히던 높은 인플레이션을 유발하는 정부 재정적자를 다루기 위한 **재정개혁**이 있다(조세의 감소와 지출 삭감). 이러한 개혁은 대부분 성공적이었으며, 대부분의 나라에서 재정균형이 달성되었다. 하지만 공공부채를 유지하는 비용은 급격하게 증가했다. 그것은 훨씬 높아진 국내 이자율 수준이었는데, 특히 아르헨티나, 볼리비아, 브라질, 콜롬비아, 코스타리카에서는 정부재정의 비금융 지출을 압박하는 것이었다.

마지막으로 **국제수지 자본계정의 자유화**(나라 안팎으로 드나드는 자본

운동을 통제하는 규칙의 완화). 이러한 기준은 아마도 외국의 저축과 현대적인 기술을 끌어들이는 데 중요할 것이다. 그러나 그것보다 더한 것이 있다. 무역자유화, 통화의 과대평가, 높은 국내이자율, 자본계정 자유화의 조합은 인플레이션을 축소시키고 동시에 신자유주의 개혁과 연관되는 데 있어 확실한 전략이다. 값싼 수입품이 용인되고, 높은 이자율과 해외 차관, 대규모 민영화와 국내 기업에 대한 초민족 기업의 인수는 그러한 것들에 지불될 해외 자본을 끌어들인다. 인플레이션은 소비자가 번듯한 자동차, 컴퓨터, DVD를 즐기고 인위적으로 만들어진 싸구려 외국 명절에 대해 돈을 뿌려댐과 동시에 하락한다. 아르헨티나와 브라질에서 소비재 수입이 1985~98년 사이에 각각 2억 4,200만 달러와 6억 600만 달러에서 50억 달러와 82억 달러로 늘어났다. 동일한 시기에 해외여행적자는 아르헨티나의 경우에 6억 7,100만 달러에서 42억 달러로, 브라질은 4억 4,100만 달러에서 57억 달러로 늘어났다. 소비에 대한 도취에 젖었던 것이다. 신자유주의는 〔그것에 대해〕 확신하고 있지 않은 부류들을 매수했고, 여기에는 아무런 잘못도 없는 것처럼 보였다.

이러한 도취상태가 지속될 수는 없었다. 개혁은 첫번째 절에서 설명된 ISI의 난점들을 해결할 수 없었으며 새로운 경제 문제를 만들어 내었다. 외환 제약을 경감시키는 데 실패하였으며 불안정한 외국 자본 유입에 대한 국가 경제의 의존성을 증가시켰다. 금융개혁은 저축의 이용 가능성을 축소하였으며 투자를 위한 기금의 배분을 개선시키는 데 실패하였다. 재정 허약성이 정부재정의 이자 지불 부담 때문에 거의 즉각적으로 다시 수면으로 떠올랐다. 마지막으로 경제의 조절 문제는 전문적인 국가기관들의 소멸 때문에 ISI 기간 동안 만들어진 산업적 연계의 내용이 소멸되었으며 제조업 생산의 산출량은 감소하였다. 임금과 이윤은 수입품과의 경쟁과 국민소득 내의 이자몫의 상승, 그리고 새로운 경쟁적 산업을 육성하는 데 따른 어려움 때문에 감소하였다. 구조적 실업이 증가하였다. 종합해 보면 신자유주의적 개혁은 대다수 라틴아메리카 국가들의 국제수지와 생산체계를 불안정하게 만들었다. 신자유주의는 수입대체라는 패를 버리고 대신에 외국 자본에 의해 자금이 조달되는 '생산대체' production substitution를 조장하였다.

1999~2001년 사이 라틴아메리카는 해외의 금융자원(순 부채 흐름 flow, 외국인 직접투자, 채권과 증권자본)으로 1조 달러를 흡수하였다. 하지만 자본 유출(부채상환, 이자 지불 그리고 이윤 송금액) 또한 증가하였다. 그리하여 순 유입은 1,083억 달러까지 줄어들었다.[7] 이러한 〔해외 자본〕 유입은 저축률의 하락과 정부 투자 축소를 상쇄하기에는 불충분하였다. 투자는 감소하였고 성장은 그 기력을 다하였다. 1981년과 2000년 사이에 아르헨티나의 연간 평균 경제 성장률은 겨우 1.6%였고 브라질은 2.1%, 그리고 멕시코는 2.7%였다(참고로 ISI 하에서 훨씬 높았다). 심지어 부채위기가 지난 훨씬 후인 오직 1990년대만 고려해 보면 그러한 대조는 신자유주의에 관한 나쁜 조짐을 보여 주고 있다. 아르헨티나는 연간 4.5% 성장하였으며 브라질은 2.6%, 멕시코는 3.9% 성장하였다. 이러한 나라들은 또한 심각한 위기로 흔들리게 되는데, 멕시코와 아르헨티나가 1995년, 브라질이 1999년, 아르헨티나가 1998년부터 2000년까지 그러한 위기를 겪게 된다.

최근 아르헨티나 경제의 붕괴는 라틴아메리카에서 신자유주의의 '개선가'를 멈추게 하였다. 개혁이 경제적으로 실패함에 따라 신자유주의에 대한 대중적 저항이 증가하였다. 아르헨티나, 볼리비아, 브라질, 에

---

7) 이것이 부채위기 동안 발생한 유출을 상쇄하기에는 부족했다. 1980년과 2002년 사이에 700억 달러가 해외로 이전되었다.

콰도르, 멕시코, 페루, 베네수엘라, 그리고 그 밖에 다른 곳에서 벌어진 새로운 사회운동들은 신자유주의적 헤게모니에 저항하였고 민주적인 경제 대안에 대한 대중적 요구를 천명하였다.

결론

라틴아메리카의 신자유주의적 개혁은 종종 거시경제적 안정성과 해외자본에 의해 자금이 조달되는 소비 주도 성장의 호순환을 발생시켰다. 이러한 사태는 특히 실업과 부채, 경제적 불안정성의 참혹한 상태를 자신들의 부와 특권에 의해 보호받고 있던 사람들 사이에서 매우 선호될 수 있었다.

이러한 잠재적 성공에도 불구하고 신자유주의는 매우 제한적이었다. 만약 1990년대 중반이나 2000년과 같이 필요로 하는 자본 유입이 이루어지는 데 실패한다면 그러한 나라들은 이자율 상승과 '신뢰성'이라는 이름으로 국가지출을 삭감함으로써 단기자금을 끌어들여야만 한다. 그러한 경제는 동시에 두 가지 측면에서 압박을 받게 되고, 아르헨티나와 브라질, 멕시코에서 그런 것처럼 결국 붕괴한다.

신자유주의는 그 내재적 한계들뿐만 아니라 ISI의 가장 중요한 곤란점들을 다루는 것에 실패하여 왔다는 이유로 취약하다고 할 수 있다. 높은 인플레이션이 사라졌음에도 불구하고 국제수지는 여전히 국제 금융흐름의 변화에 취약하다. 라틴아메리카의 대외 부채는 급격히 상승하였으며, 반면 저축과 투자는 하락하였다. 국내 금융시스템은 경제성장을 지원하기 위해 저축을 연결할 수 없거나 할 수 없는 채로 남았고 조세와 지출 구조의 개혁에도 불구하고 재정적자는 지속되었다. 이러한 적자는 자금조달이 불충분한 개발 계획들에서 더 이상 기인하는 것이 아니라 국내의 높은 공적 부채 상환 비용에서 기인하는 것이다. 하지만 국가재정을 납세자로부터 이자 소득자로 자원을 이전하는 데 사용하는 것은 전적으로 분배적 관점에서는 퇴행적인 것이다. 마지막으로 국가는 1929년 이래 어떤 때보다 성장과 산업 조정의 문제를 다루는 능력이 떨어져 있다. 해결되지 않은 ISI의 약점들과 신자유주의의 결점들이 조합되자 경제 침체는 정착되었고 라틴아메리카의 경제·사회적인 분배정책의 실행 범위는 축소되었다.

신자유주의에 대한 대중적 저항의 부상은 대안적 정책이 긴급히 요구되고 있음을 보여 준다(19장과 20장을 보라). 이러한 도전은 대안적 경제계획 모델에 대한 탐색을 공약하는 정부의 선출에 국한되지 않는다. 몇 차례의 〔선거〕 승리가 있었기는 하지만 신자유주의적 개혁을 '투표로 추방' 하려는 시도는 실패하였다는 것을 받아들일 수밖에 없었다. 이러한 개혁들이 이데올로기 또는 정책적 선택에 국한된 것이 아니기 때문이다. 그것들은 라틴아메리카의 경제적 바탕 위에서 작동되어 온 변화들 속에서 물질적 기초를 획득하여 왔다. 국내, 해외 그리고 국가 소유의 자본이라는 세 갈래 분업은 사라졌고 대다수 국영기업들이 민영화되고 해외와 국내의 자본은 대다수의 시장부문에 걸친 기업 수준의 동맹을 수립하였다. ISI 하에서 높은 비용으로 수립된, 전략적으로 중요한 산업 네트워크들은 미완성이었고 라틴아메리카의 금융은 밀접하게 전 지구적 자본 유통과 밀접한 관계를 갖게 되었다. 그리고 국가는 신자유주의적 엘리트 컨센서스의 무장력으로 전화되고 말았다.

새로운 경제·사회·정치적 모델의 구성은 비용과 시간이 많이 들 것이다. 그것은 아시아-아프리카의 중위 소득의 경제들과 우선적 관계를 맺는 맥락 하에서 지역적 수준 또는 전 지구적 수준에서 달성될 수 있다. 그것은 정부에 의한 변화 또는 정부의 변화를 요구하기 위해서뿐만 아니라 국가 내부에 대중적 조직들이 인구의 압도적 다수에 대한 책임과 대중적 기반, 정치적 순수성을 보전하는 동시에, 그들의 진지를 구축하기에 결정적인, 그리고 충분히 강력한 대중적 동원이 없다면 절대 일어나지 않을 것이다. 이러한 대중운동의 새로운 흐름을 구성하려는 노력이 장래에 라틴아메리카 좌파가 직면할 가장 중요한 도전과제가 될 것이다.

27장_사하라 이남 아프리카의 신자유주의: 구조조정에서 신자유주의 친화정책으로

패트릭 본드*

신자유주의와 연결된 자본축적과 계급형성의 왜곡된 형태는 아프리카의 복합적이고 불균등한 발전의 위기를 지속적으로 확대하였다. 새로운, 아마도 토착적인 전략인 아프리카 발전을 위한 새로운 협력New Partnership for Africa's Development: NEPAD은 신자유주의에 조응하는 고분고분한 아프리카 정치인들에 의존한다. 아프리카를 피폐화시키는 권력구조에 대한 침묵이 증대하고 있음을 제외하고는 '포스트 워싱턴 컨센서스'—예를 들어, 미국과 유럽연합의 더 낮은 농업보조금, 약간 더 많은 부채 탕감, AIDS와 맞서기 위한 정품 항抗레트로바이러스anti-retroviral 약에 대한 약간 더 나은 접근권—개혁가들이 조장하고 있는 다른 온순한 형태의 전지구적 규모의 발전계획이 문제를 변화시킬 것이라는 전망은 거의 없다. '탈세계화' deglobalisation와 '탈상품화' decommodification로 요약되는 새로운 전략

* 패트릭 본드(Patrick Bond)는 남아프리카공화국의 콰줄루나탈 대학교(University of Kwazulu-Natal) 발전연구학부 교수이다. 그는 남아프리카공화국, 짐바브웨, 세계은행채권보이콧(World Bank Bonds Boycott)을 포함하는 국제적인 사회·노동·환경운동과 밀접한 관계를 맺고 있다. 저서로는 *Against Global Apartheid*(London: Zed Books, 2003), *Zimbabwe's Plunge*(London: Merlin Press, 2003, Masimba Manyanya와 공저), *Unsustainable South Africa*(London: Merlin Press, 2002)와 *Fanon's Warning*(ed., Trenton, N.J.: Africa World Press, 2002) 등이 있다.

과 전술들이 아프리카의 체계적 저발전을 끝내는 데 필연적인 것이 될 것이다. 아프리카 대륙의 주도적 대중운동들은 이러한 방향으로 나아가고 있다.

아프리카의 정치경제학과 급진적 정치학이 결합된 지적 전통들은 오랫동안 아프리카 대륙의 포스트식민주의적 위기를 외부적(제국주의적) 특징들과 계급 구성의 내적 동학 양쪽 모두에 귀착시켜 왔다. 아케Ake, 아민Amin, 비코Biko, 카브랄Cabral, 파농Fanon, 퍼스트First, 카달리Kadalie, 루뭄바Lumumba, 마켈Machel, 맘다니Mamdani, 음칸다위레Mkandawire, 나부데레Nabudere, 은크루마Nkrumah, 나이레레Nyerere, 오딩가Odinga, 오미코데Ominode, 로드니Rodney, 산카라Sankara, 쉬비Shivji 등을 포함한, 이 지적 전통의 공헌자들은 위대한 '유기적 지식인'organic intellectual들이었고, 그들의 저작은 긴급한 정치적 요청으로 가득 채워져 있었다(더 자세한 사항은 Arrighi, 2002 ; Saul and Leys, 1999를 참조하라).

이 논문의 두 가지 요점을 증명하는 다양한 방식이 존재한다. 전 지구적 자본주의의 가장 최근 단계로서 신자유주의는 아프리카의 발전을 위한 전망을 제공하지 못한다. 그리하여 [세계경제로의] 통합을 증대시킬 것을 목표로 하는 개혁전략은 역효과를 초래할 것이다. 이러한 주요 경제 범주들—금융계정(부채, 포트폴리오 투자, 원조, 자본 도피를 포함하는), 무역과 투자—내의 주요 경향들을 고찰해 보자.

아프리카 **외채위기**는 세계화 기간을 거치며 더욱 악화되었다. 1980년부터 2000년까지 사하라 이남 아프리카의 총 대외 부채는 600억 달러에서 2,060억 달러로 증가하였다. 또한 GDP 대비 부채의 비율은 23%에서 66%로 증가했다. 이리하여 아프리카는 현재 그들이 수취한 것보다 더 많은 양을 상환하고 있다. 1980년에는 96억 달러의 차관 유입이 있어 32억 달러의 부채 상환 수준보다 높았다. 그러나 2000년이 되자 98억 달러가 상환되고 있는 반면 오직 32억 달러만이 유입될 뿐이었고 순 금융 유출량에서 적자가 62억 달러에 이르렀다.

포트폴리오 자본에 대한 아프리카의 접근은 주로 요하네스 증권거래소 안팎(뿐만 아니라 하라레, 나이로비, 가보로네와 경우에 따라서는 다른 곳)의 '핫머니'(민간부문 투자자들에 의한 투기적 포지션) 형태를 취해 왔다. 예를 들어 1995년에는 외국인들에 의한 구매와 판매가 요하네스버그의 주식 거래에서 절반을 차지하였다. 그러나 이러한 흐름은 남아프리카 통화에 대해서는 악영향을 미쳤다. 1996년 초, 1998년 중반, 그리고 2001년 후반에 남아프리카의 통화는 몇 주 동안 30% 이상 폭락하였다. 짐바브웨에서는 1997년 11월에 일어난 핫머니의 유출 때문에 거래가 시작된 지 단지 4시간 만에 74%나 폭락하였다.

그러는 동안 서구의 냉전 승리의 결과로 아프리카에 대한 **기부형태의 원조**는 실질적으로 40%까지 줄어들었다(13장을 보라). 그러한 원조의 대부분은 대중의 진정한 요구를 충족시키는 대신 선수를 친 본국 기업들과 관료들에게 유용되거나 이데올로기적인 목적으로 이용된다. 하라레에 있는 아프리카 부채·개발 네트워크의 감독관인 오파 카피짐팡가Opa Kapijimpanga는 다음과 같은 면을 지적한다.

> 기부자로서의 채권국은 끊임없이 원조를 실시해야 하며, 또한 가난한 아프리카 국가들의 채무를 탕감해 주어야만 한다. …… 가장 중요한 것은 부채와 원조가 모두 사라지는 것이다. 왜냐하면 그것들이 아프리카 국가들의 불균형에 기여하는 권력 관계들을 강화하고 있기 때문이다. (Kapijimpange, 2001)

역전되어야만 하는 금융계정 유출의 중요한 원천이 바로 **자본도피**이다. 제임스 보이스James Boyce와 레온세 은디쿠마나Léonce Ndikumana는 대외부채가 1,780억 달러인 사하라 이남 아프리카의 핵심 국가들이 2,850억 달러 이상의(귀속된 이자 수입까지 포함하여) 엘리트들에 의한 자본도피를 사반세기 동안 경험해 왔다고 주장한다. "민간 대외 자산에서 공적 대외 자산을 공제한 척도로서 자본도피가 이루어짐에 따라 사하라 이남의 아프리카는 세계의 다른 지역에 대한 순 채권자로 나타나게 되었다" (Boyce and Ndikumana, 2000).

불균형 **무역**을 통한 아프리카의 저발전 또한 하나의 주요 문제라고 할 수 있다. 지난 사반세기 동안 세계무역에서 아프리카 대륙의 비중은 줄어들었지만 수출품의 양은 늘어났다. 그러니까 아프리카의 '주변화'는 〔세계경제로의〕 통합이 불충분하였기 때문이 아니라 세계의 다른 지역—특히 동아시아—으로부터 들어오는 공업품과 그와는 반대로 진행되는 아프리카의 급속한 탈산업화 때문이었다. 그러한 탈산업화는 구조조정과 결합된 과도한 탈규제 때문이었다. 그러한 과정 속에서 급격히 진행되는 무역 관련 통합은 사회적 불평등의 원인이 되었다. 세계은행의 경제학자인 브란코 밀라노비치도 그것을 인정하고 있다(Milanovic, 2003). 아프리카와 그 밖의 지역 사이의 '교역조건'은 점진적으로 약화되었는데 그것은 일부분 G8 국가들이 인위적으로 곡물 가격을 낮게 유지하기 위해 지급하는 보조금에서 기인한다. 무역과 개발을 위한 UN회의UNCTAD는 만약 교역조건이 1980년대 이래로 일정했다면 아프리카가 전 지구적 무역에서 차지하는 비중은 2000년에 그들이 차지하고 있던 비중의 두 배가 되었을 것이라 예상했다. 1인당 GDP는 50% 더 높았을 것이고, 연간 GDP는 1.4% 더 높게 증가하였을 것이다.

사하라 이남 아프리카의 **외국인 직접투자**FDI는 1970년대 그 비중이 전 세계의 25%에 도달했을 때 정점을 이루었고 1990년대 후반에는 5%

에 못 미쳤다. 그리고 그러한 작은 규모조차 주로 광물과 석유 채취에 투자되었는데, 이는 항상 나이지리아와 앙골라의 극도로 부패한 정권 하에서 이루어졌다. 여기서 주요한 역할을 한 것은 초민족 기업의 뇌물이었다. 다른 종류의 유일한, 실질적 외국인 투자는 글로벌 조립라인을 갖춘 자동차산업의 지사 확장과 통신부문의 부분적 민영화에 따른 남아프리카공화국에 대한 투자였다. 그러나 이러한 투자는 런던에 있는 초 대기업들의 재무본부 이전 등의 형태로 진행되는 남아프리카공화국 자체의 해외 직접투자에 의해 충분히 상쇄되었다. 초민족적 기업들에 대한 로열티와 특허권에 대한 지불, 그리고 이윤의 본국 송환은 말할 것도 없이 말이다. 더구나 공식적 통계에는 아프리카 내에 있는 외국인 투자자들의 내부거래를 통한 조세 포탈로 지속적으로 발생하는 이전가격transfer pricing의 문제는 다루어지지도 않고 있다.

구조조정과 부채

아프리카에서 신자유주의는 처음 세계은행의 1981년 『버그 보고서』*Berg Report*를 통해 체계적으로 분류되었다(세계은행의 고문이었던 엘리어트 버그Elliot Berg에 의해 보고됨). 매우 소수의 국가들만이 반대했을 뿐이고 〔신자유주의의〕 효과는 제법 견고한 것이었다. 재정삭감은 유효수요의 부족으로 이어졌고, 결국 성장이 감소하였다(11장과 12장을 보라). 종종 정부지출에 의한 생산적 투자의 '구축효과' crowding out라고 말하는 것이 사실상 투자 부족의 원인이 아니었으므로 재정삭감은 사적 부문 성장에 의해 상쇄되지 않았다. 민영화는 종종 어떤 국영기업이 본질적으로 전략적인 것으로 되어 왔는지, 어떤 기업이 부패를 동반하게 되는지, 국내산업에 대한 외국의 경영권 인수로부터 고통을 겪게 되는지에 대해서는 구별하지 않는다. 그러한 경영권 인수는 국내고용 또는 생산수준을 유지하는 데에는 커다란 관심이 없다(그 동기는 때때로 단순히 국내시장에 대한 접근권을 얻는 것이다).

사회적 보조금의 삭감과 경제위기 기간 동안 발생하는 가족의 기초구조에 대한 압박, 구조조정정책에 의한 사회안전망의 해체와 밀접하게 관련되어 있는 HIV 바이러스(AIDS)에 의한 피해들이 나타남에 따라 가장 취약한 사람들 — 여성과 어린이, 노인과 장애인 — 들이 1차적 희생자가 된다는 납득할 만한 자료들이 존재한다(Tskikata and Kerr, 2002). 더구나 어떤 국가 기관들이 '공공재'(또는 가치재)의 질을 높이는 서비스를 제공할 수 있는지를 결정하려는 세계은행과 IMF 경제학자들의 시도 같은 것은 존재하지 않았다.

자신들의 실패에도 불구하고 세계은행과 IMF는 1990년대 후반의 개혁적 신자유주의의 특성을 부채경감, 구조조정, 제도적 거버넌스 같은 영역을 포괄하는 쪽으로 확대하기를 요구했다. 신자유주의가 그 체계적 실패에도 불구하고 아프리카에서 여전히 지배적 정책 패러다임으로 남아 있다는 사실은 그들의 시도가 성공했음을 입증한다. 1996년에 시작된 고부채 빈곤국가 이니셔티브The Highly Indebted Poor Countries Initiative: HIPC는 1999년 구조조정 프로그램인 빈곤감소 전략 보고서Poverty Reduction Strategy Papers: PRSPs로 개정되었다. 이러한 것은 아프리카에는 부적절함이 드러났고 통상 시민사회단체에 의해 비판받고 있다(15장과 19장을 보라).

이렇게 된 한 가지 이유는 미국의 거부권(그러한 기관의 지분 중 단지 15%만 갖고 있으면서도)이 포함된 〔IMF와 세계은행과 같은〕 다자적 기관들 내부의 권력 불균형에 있다. 〔IMF와 같은 국제금융기구를 포함하는〕 브레턴우즈 기관들의 이사회에 소속된 24명 중 아프리카 대표는 한 명에 불과했다. 그러나 발전도상국 국가의 결정권voting power을 39%에서 44%

로 올리고 새로운 아프리카 감독관을 추가하자는 내부 개혁 제안은 2003년 중반 미국에 의해 좌절되었다. 같은 달 이디오피아 대통령 밀레스 제나위Meles Zenawi는 아프리카 국가들의 회합에서 경제위원회를 만들기를 간청하면서 "우리가 IMF의 상위 테이블에 있을 수 없다면, 우리는 적어도 결정이 내려지고 있는 그 방 안에는 있어야 할 것이다"라고 말했다.

NEPAD는 신자유주의의 구원자인가?

그러한 문제들 때문에 신자유주의는 1990년대 후반 정당성 위기를 겪기 시작하였고, 그것은 IMF에 반대하는 아프리카 전 지역에 걸친 성난 민중들의 저항을 반영하는 것이었다. [그러한 문제들에 대한] 토착적 대안이 요구되었다. 남아프리카 공화국의 대통령 타보 음베키Thabo Mbeki는 2001년 초 다보스 세계경제 포럼에서 67페이지에 이르는 NEPAD의 핵심적 윤곽을 제시하였다. 2001년 11월에 NEPAD는 공식적으로 나이지리아의 아부자Abuja에서 발표되었다.[1)] 2002년에는 아프리카 지도자들과 캐나다의 G8 정상회담, 지속 가능 발전 정상회의, UN정상회의에 의해 승인되었다(Bond, 2002 ; 2004).

금융 유출입과 해외 투자와 같은 경제개혁의 영역에서 NEPAD는 오직 **이전의 상태를 유지하는 데 그쳤다**. 부채 탕감을 촉진하는 대신에 NEPAD 전략은 HIPC와 PRSPs를 포함하는 '다자적 수준에서 현존하는 빈곤완화 계획을 지지' 하는 것이다. 2003년 중반 『기관투자가』*Institutional Investor* 지紙는 미국 정부의 아프리카 담당관인 월터 캔스티너Walter Kansteiner의 말을 다음과 같이 인용하였다. "NEPAD는 철학적으로 [구조

---

1) *New Partnership for Africa's Development*, 23 October 2001(http://www.nepad.org).

조정의 맥락과] 일치하는 것이다."

그렇다면 반대로 아프리카 시민사회는 어떤 노력을 하고 있는가? 2001년 후반과 2002년 초 사실상 아프리카의 모든 주요 시민사회 조직, 네트워크, 진보적 개인들이 NEPAD의 과정과 내용, 형식을 비판하였다(Bond, 2002). 기술관료들과 정치인들은 아프리카에 있는 모든 노조, 시민사회, 교회, 여성, 청년, 정치 정당, 의회 또는 그 밖의 다른 형태의 민주적이며, 진보적인 세력들에게 NEPAD에 대한 의사를 물어본 적이 없다. 2002년 중반 지식인들에 의해 강력한 비판이 제기되었다. 그들은 특히 아프리카 사회연구와 개발 위원회the Council for Development and Social Research in Africa: CODESRIA와 연루된 사람들이었다(예를 들어 Adesina, 2002). 첫째, 그들은 신자유주의적 경제정책의 틀이 NEPAD의 핵심에 위치하고 있다고 비판했다. 그러한 계획은 20년간 지속되었던 구조조정정책 패키지를 반복하는 것으로써 과거 정책의 악영향을 간과한다. 두번째, 아프리카인들의 중심적 역할을 인식해야 함을 분명히 나타내고 있음에도 불구하고 아프리카인들은 NEPAD의 구상과 정식화, 개념화 과정의 어떤 부분에서도 역할을 하지 못하였다. 세번째, 사회적이고 성적인 평등에 대한 관심을 표명하고 있음에도 불구하고 NEPAD는 여성의 주변화에 원인이 되는 사회·경제적인 척도를 채택하였다. 아프리카를 중심에 두겠다는 주장에도 불구하고 주요 목표는 외국인 기부자, 특히 G8 국가들에 있다. 게다가 그것이 갖고 있는 민주주의에 대한 비전은 시장기능의 자유로운 작동에 의해 정의된다. 또한 아프리카의 발전 위기에 근본적인 외부적 조건들에 대해서는 충분히 강조하지 않고 있으며, 그 때문에 아프리카 발전에 영향을 미치는 외부적 환경의 효과를 관리하고 제한하는 어떤 의미 있는 수단도 만들어 내지 못하였다. 그러기는커녕 세계은행, IMF, WTO, 미국의 아프리카 성장과 기회 법안Africa Growth and

Opportunity Act[2], 코토누 협정Cotonou Agreement[3]과 같은 과정들 그리고 기관들과 맺은 약속들은 불리한 외부적 환경에 아프리카 경제를 몰아넣어 왔다. 마지막으로 〔NEPAD에서 추구하는〕 자원 유통 방법들은 우리가 WTO의 지배와 구조조정 하에서 목격해 왔던 아프리카 경제의 분열을 촉진할 것이다.

결론: 아프리카의 저항

그것은 국제적인 경제 관계에 호소하는 전략으로 방향을 바꿈에 있어서, '아프리카 사회포럼' 내의 CODESRIA 지식인들, 쥬빌리 활동가들,[4] 그리고 그 연관 그룹들의 활동이 전 세계 어느 활동가들 못지않게 급진적이 되어 왔다는 경험 때문이다(Bond and Ngwane, 2004; Ngwane, 2004; Ngwane, 2003과 Zeilig, 2002를 보라). 예를 들어 그들은 세계은행과 IMF를 자신들의 국가에서 쫓아내려고 노력하였으며 국가의 재무장관에게는 부당한 외채에 대한 채무 불이행을 요구하기도 하였다. 게다가 전략적으로 브레턴우즈 기관들의 폐지를 위해 노력하였으며 적어도 한 가지 매우 인상적인 전략을 꾸준히 발전시켜 왔다. 바로 세계은행채권보

---

2) 사하라 이남 아프리카의 경제개혁과 시장경제를 미국이 지원한다는 내용의 법안이다. 원조보다는 교역을 중심에 두고 아프리카의 교역 및 투자환경 개선을 통해 자립기반을 확립한다는 내용이 주를 이룬다. — 옮긴이

3) 1975년 유럽공동체가 아프리카, 카리브, 태평양 국가들과 체결한 로메 협약(Lome Convention)을 대체하는 것으로 미국의 아프리카 성장과 기회법안과 유사한 성격을 갖는다. 무역의 기본틀을 WTO의 틀과 양립시키고 경제·정치적 개혁의 성과를 바탕으로 유럽개발기금을 분배한다는 내용이다. — 옮긴이

4) 쥬빌리(Jubilee)는 『구약』에서 억압받는 자들의 해방과 복권을 뜻하는 말이다. 쥬빌리 활동가들은 1998년 영국에서 열린 G8 정상회담에서 7만여 명이 인간띠를 만든 것으로 유명하다. 이들은 빈곤국의 부채 탕감을 주장하고 있으며, 전 세계인들이 각자 매년 12파운드만 부담한다면 빈국의 부채가 탕감될 수 있다는 보고서를 발표하였다. — 옮긴이

이콧World Bank Bonds Boycott이다.[5] '세계적 교역과 경제정의 센터' Centre for Economic Justice and Global Exchange와 같은 미국의 연대 조직들은 자신들의 남아프리카공화국 '쥬빌리'와 브라질의 '땅 없는 사람들의 운동' Movement of the Landless, 그리고 그 밖의 다른 운동조직들과 함께 하고 있다. 그들은 사회적으로 깨어 있는 사람들이 세계은행 채권을 구입(그 기관의 지분 중 80%를 차지하는)하는 방식으로 세계은행에 투자하여 끔찍한 고통의 열매로 나온 배당금을 챙기는 행위가 과연 윤리적인지를 묻고 있다.

이 밖에 '탈세계화'의 다른 예로서 아프리카 무역 네트워크Africa Trade Network와 아프리카 무역과 젠더 네트워크Gender and Trade Network in Africa가 아프리카 대륙 대표들에게 세계무역기구의 2003년 칸쿤 계획을 거부하라고 압력을 넣었던 일이 있었다. 이것은 아프리카-카리브해-태평양 그룹의 퇴장으로 칸쿤 회의가 무산되었을 때 성공적이었음이 드러났다. 중위 소득 농업 수출국의 'G20' 그룹[6]은 더 급속한 무역 탈규제를 요구하였고[7] 그 그룹 내에서 프레토리아Pretoria[8]의 역할은 다른 아프리카 국가들과 남아프리카공화국의 차이를 더욱 상세하게 부연하는 것이었다

5) 2003년, 장래에 절대 매각하지 않겠다는 약속 하에서 세계은행채권을 매입한 기관들은 세계에서 가장 큰 연금기금인 TIAA-CREF를 포함하여, 주요 종교 집단들(수도원장회의, 전미 '그리스도의 평화' [Pax Christi USA: 평화 운동을 벌이고 있는 '세계 그리스도의 평화'의 미국 지부] 외의 여러 단체), 가장 중요한 사회적 책임투자 펀드들—칼베르트 그룹(Calvert Group), 글로벌 그린그랜트 펀드(Global Greengrant Fund), 벤·제리 재단(Ben and Jerry's Foundation), 트릴리움 자산관리(Trillium Assets Management), 뉴멕시코 대학 기증 기금(University of New Mexico endowment fund), 미국 도시들(샌프란시코, 밀워키, 불더, 캠브리지), 주요 노동조합 연금·투자 펀드, 예를 들어, 팀스터(Teamster), 우편 노동자, 국제 서비스종업원, 미국 정부 근로자 연맹, 부두노동자들, 미국 통신노동자, 전기노동자 연맹 — 등이 있다(http://www.worldbankboycott.org를 보라).

6) WTO 칸쿤회의에서 미국과 EU의 입장에 대응하기 위한 주요 발전도상국들의 그룹. 브라질을 중심으로 하여 라틴아메리카의 다수 국가들과 중국, 인도 등의 아시아 국가들, 그리고 나이지리아, 남아프리카, 탄자니아 등 아프리카 국가들로 이루어져 있었다. — 옮긴이

(Bond, 2004). 미국과 EU는 아프리카에게 엄청나게 중요한 문제들(보조금으로 인한 서부 아프리카 면화 수출의 격감, 또는 곡물 덤핑의 중지와 같은)에 대해서 양보하려고 하지 않았다. 대신에 다른 이른바 '싱가포르' 이슈[9]로 협력의제의 방향 전환을 주장하였다. 양자 간 또는 지역적 무역정책—유럽과 미국의 아프리카 성장 기회법안과 동반되는—또한 시민사회와 〔이러한 정책으로〕 명백하게 손실을 본 아프리카 국가들의 저항에 직면할지도 모른다.

더 국지적 수준에서 '탈상품화' 라고 불릴 수 있는 신자유주의를 반대하는 투쟁을 고취하는 전략이 아프리카, 특히 남아프리카공화국에서 진행 중이다. 바로 거기에서 독립적인 좌파운동이 기본적 욕구에 대한 요구를 진정한 인권으로 변형시켜 내는 데 성공하고 있다. AIDS와 맞서기 위한 항레트로바이로스와 그 밖의 보건 서비스를 자유롭게 이용할 수 있도록 하고 생명유지를 위한 〔기본적〕 물(적어도 1인당 하루 50리터)과 전력(적어도 1인당 하루 한 시간 1KW)의 공급, 완전한 토지개혁, 완전한 단전이나 단수조치, 그리고 퇴거명령에 대한 금지, 자유로운 교육, 노조와 교회에 의해 주장되고 있는 '기본소득보조' Basic Income Grant가 바로 그러한 인권에 대한 요구라 할 수 있다. 만물의 상품화가 여전히 남아프리카공화국에서 진행 중이기 때문에 이러한 시도는 사회변혁을 위한 광범위한 운동의 체계적 기초로 이용될 수 있는 현실적인 통합적 의제의 일종이다.

많은 정치·경제적 의무들을 재정립하는 문제가 우리가 다루어야만

---

7) 미국과 유럽의 농업 보조금을 철폐할 것을 요구하였다. — 옮긴이
8) 남아프리카공화국의 행정수도 츠와니(Tshwane)를 2005년까지 이르던 이름이다.— 옮긴이
9) 투자, 경쟁, 정부조달의 투명성, 무역의 원활화의 4가지 이슈에 대해 다자 간 무역규범을 만들어 내자는 것으로 1996년 싱가포르 WTO 각료회의에서 논의되었다. — 옮긴이

하는 으뜸가는 문제들 중 하나이다. 현재 이러한 것들은 호전적이며, 신자유주의적인 미 행정부에 의해 과잉의 영향을 받고 있는 배아기에 있는 〔WTO, IMF와 같은〕 세계국가적 기구들에 의해 처리되고 있다. 무단 차용된 지적재산권(AIDS 약과 같은), 유전자 변형과는 상관없는 아프리카 농업체계, 국유화된 산업과 공익설비, 또는 적절히 보호된 노동시장과 같은 탈상품화 전략은 그들에게 거대한 위협이다. 더 나아가기 위해서 전지구적 자본의 가장 파괴적 형태의 회로로부터 단절하는 탈세계화는 필수적이다. 그러한 회로—금융, 직접투자, 교역—는 세 개의 다자 간 기구(IMF, 세계은행, WTO)에 대부분 의존하고 있으며 바로 이러한 기관의 폐쇄 요구가 긴급한 전략, 전술이다.

더 나아가 아프리카의 진보적 세력들은 전처럼 '개혁주의적 개혁'과 급진적 전략 사이의 차이를 확립하려고 노력해야 한다. 어떤 투쟁들은 명백히 탈상품화를 강조하고 자본을 통제하며 금융에 대한 민주적 통제와 궁극적으로 생산에 대한 통제를 가능케 하는 내부적 산업전략을 위한 풍부한 사회정책들과 같은 '비개혁주의적' 의제를 촉진시킬 가능성이 더 많다. 이러한 종류의 비신자유주의적 개혁은 직접적으로 생산자들에게 권력을 부여하고, 아마도 시간이 지나면 신자유주의가 유일한 현대적 징후라고 주장하는 자본주의적 쟁점에 논쟁을 야기할 민주적 운동들을 강화할 것이다.

28장_신자유주의와 남아시아: 편협한 담론의 진상

매튜 매카트니*

우선 남아시아에서 자유화는 1970년대 다양한 급진적 경제개혁 시도들의 현실적 실패에 따라 나타나게 되었다. 그것은 1980년대 경제적 담론에 대한 신자유주의적 사고의 영향인데, 급진주의의 '성공'을 암묵적으로 유일하게 실행 가능한 대안으로 받아들이는 신자유주의와 자유화의 기준에 따라 폄하하였다. 신자유주의적 담론은 자유시장 내에서 이루어지는 어떠한 종류의 성장이라도 정의상 틀림없이 효율적이라는 가정에 기초하고 있다. 그 다음에 정책개혁은 자유화를 실행시키는 데에만 관련되어야 하며, 분석은 오직 그러한 〔자유화의〕 이행 수준을 측정하는 데만 필요하다. 이 장에서는 이러한 편협한 개혁 담론이 근본적으로 불합리하며 개혁의 지속 가능성 개념은 가차 없이 거세되었고, 남아시아 발전에 대한 더 정확한 분석임이 명백한 매우 현실적인 대안들이 결과적으로 무시되었음을 밝히려 한다.

---

* 매튜 매카트니(Matthew McCartney)는 런던 대학교 아시아·아프리카 대학(SOAS)의 남아시아 지역 경제학 전임교수이다. 잠비아 재무성에서 국제발전연구소(Oversea Development Institute) 연구원으로 일했고 남아시아 경제발전에 관한 광범위한 논문을 발표했다. 남아시아 발전의 정치경제학과 후기 산업화에서 국가정책 역할이 그의 연구 관심사이다.

남아시아에서 급진주의로부터 신자유주의로의 이행

독립 이후의 인도는 무역, 투자, 기술에서 자급자족정책을 추구했다. 이런 정책은 민족주의운동에 의해 광범위하게 주장되었고, 그들은 자유무역이 영국의 인도 착취 수단이 되어 왔다고 보았다. 역설적이게도 동일한 주장이 1970~71년 파키스탄으로부터 방글라데시의 독립을 외치는 운동들의 기반이 되기도 했다. 1970년대 초반 방글라데시 정부는 파키스탄 민족 소유의 자산을 재빠르게 몰수하면서 거대한 개입국가를 만들어 냈다. 파키스탄에서 급진주의는 이후에 나타났다. 거대 민간기업, 보호무역, 국가보조 사이의 밀접한 관계가 1950년대와 1960년대 성장의 기초가 되었다. 불평등이 급속하게 확대되고 있다는 인식은 줄피카 알리 부토Zulfikar Ali Bhutto의 사회주의적 주장이 설득력을 되찾게 하는 데 효과적인 전환점이 되었다. 그의 집권 기간 동안(1971~77년) 광범위한 국유화가 배제적 형태의 성장에 기반이 되는 민간 산업과 은행 사이의 연결고리를 깨뜨리는 데 필요한 치료제로 포고되었다.

자유화는 이러한 발전모델의 가시적 붕괴에 대한 치료제로 나타났다. 자유화가 성장 극대화 이외의 동기들, 이를테면 자급자족, 지역의 균형 성장, 기술적 독립 등을 채택하고 있음에도 불구하고 1980년대에 나타난 〔모델의〕 '성공'은 매우 편협한 신자유주의적 관점—국내 산업의 기술적 능력보다는 예를 들어 외국인 투자의 양으로 평가된다는—의 지배 하에 있었다. 매 경우 다른 종류의 대안에 대한 고려는 거의 존재하지 않았으며 정부 개입을 개혁하거나 개선하는 것이 아니라 축소시키는 데 주안점을 두었다.

인도에서 초기의 자유화는 실질적으로 자급자족을 달성하려는 노력의 점진적인 가치저하를 의미하였다. 국가 개입을 통해 발전과정을 주도

하고 사적 독점의 여지를 제한하는 경제를 계획하려는 시도들은 민간부문의 증대하는, 그렇지만 별로 달갑지 않은, 역할에 그 자리를 내주었다. 파키스탄에서는 지아Zia 장군의 쿠데타 이후 민간부문에 인센티브를 부여하고 선택적 국유화를 포함하는 좀더 미묘한 구조조정이 실시되었다. 급진적인 수사의 포기, 민간부문에 대한 공식적인 지원이 주요한 변화이다. 방글라데시는 〔그 변화가〕 가장 멀리까지 나아갔는데, 무지부르 라만Mujibur Rahman 집권 기간 동안 존재했던, 독립 이후의 급진주의 시기 동안 인도와 파키스탄에서처럼 엄격하게 이루어져 오던 국내산업과 농업에 대한 개입을 혼란한 〔상태였던〕 국가가 중단함에 따라서 〔국가의〕 후퇴는 비교적 쉽고, 더 빠르게 포괄적인 형태로 진행되었다. 대외무역은 1975년 이래로 GDP에서 차지하는 몫이 꾸준히 증대하였다. 거대 산업과 은행, 보험 기업에 대한 민영화가 훨씬 쉬웠고, 더 광범위하게 이루어졌다. 파키스탄은 이후에 이러한 과정을 따르게 되었으며 인도는 겨우 시작한 상태이다.

신자유주의적 개혁은 1990년대 추가로 힘을 얻게 되었다. 1980년대 점진적으로 나타나기 시작한 거대한 무역과 재정적자가 원인이 되었던 인도의 외채위기는 1991년 폭발하였다. 이는 제1차 걸프전쟁 동안 있었던 유가 폭등과 걸프 지역의 국외 노동자들에 의해 이루어지던 송금의 고갈에 기인하였다. IMF는 신자유주의적 개혁을 위한 차관을 제공하였다. 눈앞의 위기가 진정된 이후 10년 동안 그러한 개혁이 지속되었다는 것은 설명을 필요로 한다. 이렇게 개혁이 지속되는 이유에는 훨씬 이전에 신자유주의로 개종한, 외국에 거주하고 있는 인도 출신의 경제학자들의 영향력이 있다. 또한 세력이 감퇴하고 있는 국가에 의해 제공되는 관료적이고도 낮은 수준의 산업기반보다는 외국의 기술과 제휴를 편애하는 국내 사업기반과 유사한 글로벌 소비 욕구를 가지고 있는 국제화된 중간계급의 증가가 중요하다.

대조적으로 1989년 소련-아프간 전쟁의 종결과 그와 관련된 미국의 군사·경제적 원조의 중단은 파키스탄 경제의 의존적 특성을 완전히 드러내었다. 역사적으로 저축 또는 조세 수입[1]을 동원하기 어려웠던 파키스탄은 국내 투자에서 해외 자본에 대한 의존도가 높았다. 그러한 파키스탄 경제의 의존성은 다음 10년간 IMF의 거대한 차관이 경제정책 결정을 좌우하도록 만들었다.

가장 극적인 개혁들은 세계경제로의 통합에 관련되어 있다. 수입관세, 쿼터 그리고 면허 요건licensing requirement, 외국인 투자 면에서 상당한 자유화가 이루어졌다. 개혁의 편협성은 신자유주의 담론 특유의 특징들로 거슬러 올라간다. 그러한 담론은 계획적으로 그리고 고의적으로 다른 대안들을 배제할 뿐만 아니라 의미 있는 논쟁조차 회피한다(3장과 12장을 보라).

효율적 성장의 가정

신자유주의적 담론에서 개인들은 합리적이며 교환은 자발적이다. 완전경제 하에서 소비는 매 시기에 걸쳐 효율적으로 배분되고 기업은 투자를 위해 이용 가능한 저축을 최적으로 사용한다. 성장 경로는 개별 행위자의 선호를 반영하며 가정에 의해 효율적이어야만 한다. 정부 개입의 역할은 존재하지 않는다(5장을 보라).

신자유주의적 경제개혁은 이러한 효율적 성장의 가정에 기초한다. 성장이 지속 가능하도록 인플레이션, 정부 재정적자, 가능한 무역불균형

---

1) 1998~90년 사이 인도의 저축은 GDP의 22%에 달한 반면, 파키스탄은 겨우 13%에 불과했다.

의 축소가 안정화를 통해서 확보된다. 그 결과로 개혁 과정(자유화와 동의어인)은 하나의 가속장치로 존재한다. 단순히 경제를 어떠한 방향으로 돌릴지에 대해서, 즉 자유시장으로의 이행 과정을 늦출 것인지 가속화할 것인지에 대해서는 어떠한 의문도 제기될 수 없다.

자유화: 수단과 목적

이러한 효율적 성장이라는 가정이 신자유주의 이론가들의 담론을 편협하게 만들어 왔다. 남아시아 주류 분석은 대부분 거의 자유화의 실행, 속도, 깊이에만 집중하고 있다. 경제학에서 신고전파 반혁명의 지적 무기의 대부분은 전후 수입대체 공업화 전략을 추구했던 나라들의 경험에 대한 철저한 연구에서 비롯되었다.[2] 산업이 높은 비용을 초래하고 자본집약적이며 적은 고용밖에 발생시키지 않는다는 것을 깨닫게 되었다. 그러한 국가들은 자급적 산업화를 달성하기는커녕 자본재와 원료 수입에 지속적으로 의존하였다. 산업화의 반대편에서는 농업에 대한 전반적 차별이 존재하였다. 이러한 분석 유형은 1980년대부터 진행된 흔히 구조조정이라 불리우는 프로그램의 본질적인 부분인 대외 지향적 전략으로의 이동에 대한 의미 있는 선례를 제공하였다.

하지만 신자유주의적 의제가 광범위하게 채택된다고 해서 이러한 분석이 하나의 완벽한 조합으로 나타나는 것은 아니다. '개혁'의 성공은 일반적으로 고용, 불평등, 그리고 성장의 측면에서 평가되지 않는다. 오히려 다음과 같다.

---

2) 인도의 사례에 대해서는 Bhagwati and Desai(1970)와 Bhagwati and Srinivasan(1975)를 참조하라.

이러한 정책들의 대부분이 더욱 공평하고 지속적인 성장에 대한 수단이 되지 않고 그 자체를 목적으로 한다는 데 문제가 있다. 이렇게 그 자체가 목적이 됨으로써 이러한 정책들은 필요한 다른 정책들을 배제하면서 더 멀리 더 빠르게 진행되었다. (Stiglitz, 2002: 53)

알루왈리아(Ahluwalia, 2002)[3]와 바파이(Bajpai, 2002)[4]의 분석은 인도의 자유화에 대한 신고전파의 평가를 잘 보여 주는 사례다. 그들은 다음과 같이 말한다. "우리는 그러한 개혁들이 정부의 목표인 GDP 8% 성장을 지원할 수 있는 환경을 만들어 내었는지 평가하기 위해서 10년간 점진적으로 진행되어 온 누적적 결과를 고찰한다."

알루왈리아는 다음과 같은 이중적 분석을 통해 신자유주의 경제학자들의 일반적 담론을 전개한다. 첫째로 성장이 순전히 금융적 의미에서 지속하는 것인지 고찰하고, 재정적자와 경상수지 적자, 외환보유고의 추세를 검토한다. 둘째 자유화와 관세 축소가 얼마만큼 이루어져 왔으며, (GDP 중 수입과 수출의 비중으로 나타나는) 세계경제로의 통합 정도, 외국인 투자 수준, 가격 통제의 폐지와 경제적 탈규제가 어느 정도인지에 대해서 평가한다.[5]

바파이도 동일한 방식을 취하는데, 그는 자유주의적 정책개혁의 비평들—〔환율에 대한〕 평가절하, 자본자유화current account convertibility[6], 무

3) 1991~96년에 재무장관을 지냈으며, 제1세대 자유화개혁에 착수하였다.
4) 인도에 거주하고 있지 않으며 미국에 기반을 두고 있는 가장 영향력 있는 경제학자들 중 한 명으로 1990년대 내내 인도의 자유화의제를 장려하였다.
5) 산업기반과 교육에 대해서는 그다지 많은 관심을 두지 않지만 그렇다고 이러한 것이 지속 가능성과 자유화의 실행과 관련되어 있는 1차적 추진력을 폄하한다고 볼 수는 없다.
6) 자본통제의 축소, IMF 협약 6조 3항 "가입국가는 국제적인 자본 이동을 규제하는 데 필요불가결한 통제를 가할 수 있다. 하지만 경상적 활동을 위한 대금지불을 제한할 수 있거나 결제를 위한 자금의 이전을 과도하게 늦출 수는 없다".— 옮긴이

역 자유화, 외국인 직접투자 유입 장려, 포트폴리오 투자에 대한 자본시장 개방, 외국 자본시장에 대한 국내 기업 접근 허용 등등—을 수집한다. 바파이는 인도의 세계경제로의 통합에서 기인하는 변화 이외에는 다른 어떤 맥락에서도 이러한 '개혁들'의 충격을 언급하려조차 하지 않는다. 그는 1990년대에 걸쳐 가중평균한 관세가 90%에서 30%로 떨어졌고 외국인 투자는 GDP의 0.1%에서 1%로 증가하였으며 무역이 GDP에서 차지하고 있는 비중은 18%에서 30%로 증가하였다고 말한다.

자발적 교환과 합리적인 최적화를 추구하는 개인에 기반하고 있는 가정은 정의상 성장수준이 개인의 선호를 반영해 자유시장에서 후생을 극대화하는 경우에 국한된다. 개혁의 성공적인 결과와 자유화의 진행정도는 동일한 것을 의미하는 선험적 가정에 의해 분석이 불가능해진다.[7)]

지속 가능성

지속 가능성은 신자유주의 담론에서 심각하게 거세되어 버린 개념이다. 첫번째 문제시되는 측면은 자유화에 의해 '봉쇄'된 것이든 아니든 간에 정치적 지속 가능성이다. 자유무역협정에 기초한 지역 무역 연합의 참여와 중앙은행의 독립성과 IMF · 세계은행 융자조건에 대한 이행은 이러한 점에서 중요하다.[8)] 그러한 개념은 오직 한정된 금융적 개념(재정과 무역적자)를 포함하는 쪽으로 좀더 확장된다. 서로 다른 성장 경로가 장기적 발전에 대해 서로 다른 함의를 가질지에 대한 고찰은 존재하지 않는다.

---

7) 그러므로 투자의 수준과 생산성, 사회적 응집력 정도, 정치 · 사회적 안정성, 연구개발에 대한 지출 수준, 또는 더 역동적 산업부문으로의 수출품을 다각화하는 것에 대한 자유화의 효과를 검토할 필요는 없다.
8) 그 전형이 1990년대 초반 멕시코의 NAFTA 가입이다.

작스(Sachs et al., 2000)는 좀더 신자유주의적인 경제개혁이 외국인 직접투자를 100억 달러 증가시킬 것이며 그리하여 외국인 직접투자를 끌어들이는 데 성공해 온 다른 아시아 국가들의 경제에 필적하게 될 것이라 주장했다. 그들이 무시하고 있는 절박한 차이는 인도에서 외국인 직접투자의 양이라기보다는 그 특징이다. 예를 들어 중국으로 들어온 외국인 직접투자의 대부분은 수출지향적인 직접투자greenfield investment의 형태를 취했다. 1990년대 대부분의 수출 성장이 부분적으로나 전적으로 외국인 소유 기업으로부터 기인하였다(Chandra, 1999를 보라). 이와 대조적으로 인도에서 대부분의 외국인 직접투자는 자국 상품의 국내 시장 진입을 목적으로 하였다. 인도와의 합작투자는 일시적이었으며 외국인 투자가는 그들의 국내 협력체를 그 사업에서 손 떼게 하였다. 코카콜라는 인도 기업인 파를레Parle를 인도의 시장 네트워크에 접근하기 위해서 사들였다. 펩시도 유사한 방식으로 듀크Duke 상표를 구입하였다. 외국인 직접투자는 수출 주도 성장의 역동과정과 기술수준의 향상으로 이어지지 않았다. 인도의 수출 구조는 낮은 속도로 증가하고 있는 시장에 집중된 저기술 수준의 생산품에 여전히 머무르고 있다. "무역자유화는 그것이 완전히 실행된다면 현존하는 경쟁적 우위를 실현하고 가장 최선의 경영성과 수준으로 인도해 국제 시장에 진입하도록 해줄 것이다. 그러나 그 자체로 수출 성장이 활성화되지는 않을 것으로 보인다."(Lall, 1999 : 1784)

대안들

개혁이 '자유화'와 같은 뜻이며 개혁이 관여할 일은 '자유화'의 이행 정도로 제한된다는 가정은 현실적 대안의 존재를 무시한다. 이러한 가정에 의해 신고전파 경제학은 대안의 가능성을 허용치 않는다. 편협한 신자유주의 담론이 어떻게 개혁이나 유익한 정부 개입의 범위에 대한 상세 분석을 불가능하게 하는지가 남아시아에 대한 면밀한 검토를 통해 드러난다.

섬유 수출의 성장은 방글라데시의 성장을 유지하였다. 섬유 산업은 1970년대 처음 출현하였다. 그리고 1986~87년에는 총수출의 30%를 차지하였다. 150만 명을 고용하였으며 여성 고용의 90%를 차지하였다. 섬유산업의 성공은 신자유주의적 개혁의 확장과 심화를 정당화하였다. 하지만 이러한 선도 부문의 지속 가능성에 대한 몇 가지 의문이 제기된다. 방글라데시는 선진국가의 섬유〔수출〕 쿼터에 영향을 받지 않으며, (특히 다자 간 섬유협정: MFA) 발전도상국 사이의 빈 틈새를 차지하고 있다. 2005년부터 쿼터 폐지가 권유됨에 따라 방글라데시는 다른 거대한 국가들, 특히 중국과의 새로운 경쟁에 직면해야 할 실정이다. 방글라데시의 섬유산업이 성공적으로 생산능력과 숙련을 향상시키는 데 성공할지, 또는 오히려 노동강도를 강화하고 경쟁력이 있는 부분으로 남아 있는 임금을 압박하는 데 성공할지는 미지수이다. 경쟁과정에 영향을 주고 더 바람직하고 전진적인 경쟁의 역동적 경로로 각 부문들을 밀고 나아가는 정부 개입의 잠재적 역할이 존재한다. 국가가 필수적 역량을 갖고 있는지, 자유화가 심화되는 가운데 신자유주의적 담론만을 배타적으로 강조하여 국가가 제 역량을 발휘할 수 없게 될 것인지에 관해서는 현실적인 의문들이 존재한다.

인도는 점진적이지만 일관된 기초에서 신자유주의적 개혁을 수행해왔다. 알루왈리아(Ahluwalia, 2002)는 이러한 것을 불균질하고 혼란한 관료주의의 느릿느릿한 운영 탓으로 돌렸다. 엄격히 규제되고 있는 노동시장과 같이 신자유주의가 공식적으로 적용되지 않고 있는 곳에서조차, 현실적으로는 규제받지 않는 비공식 부문에서 광범위하게 증대하고 있는 하청계약을 통한 규제회피가 발생하였다. 예를 들면 예전부터 잘 알려진 소프트웨어 부문 같은 경우에는 1990년대 1억 달러 수준에서 거의 80억 달러까지 수출이 성장하였다. 하지만 이 부문이 경제 전체에 미치는 효과는 거의 없다. 많은 경우, 해외의 더 나은 보수를 받는 직장을 위한 이주로 이어졌다. 에반스(Evans, 1995)는 컴퓨터 〔소스〕 코드를 수출하고 상표 달린 값비싼 소프트웨어와 하드웨어를 수입하는 현재의 양상은 (값싼) 면화를 수출하고 (값비싼) 의복을 수입하던, 이보다 훨씬 조롱거리였던 형태의 19세기 식민주의적 양상의 불쾌한 기억을 떠올리게 한다고 말한다.

파키스탄은 정책 수행과 수립의 관점에서 심하게 압박당했다. IMF가 의제 형성을 주도하였고 다른 외부적 요소도 중요하게 작용했다. 예를 들면, 카슈미르에서 벌어지고 있는 충돌은 인도와의 군사적 평형을 유지하려고 하는 안보의 국내적 정치경제에 기반하고 있다. 안보 지출에 대한 부담에는 축적된 대외·국내 부채가 발전정책에 대한 지출을 축소시킨다는 이해가 결합되어 있다. 원료를 조달하려는 노력은 수입관세를 축소한다는 자유화 공약에 의해 훼손되었다. 금융자유화와 결합된 높은 수준의 재정적자는 실질이자율을 상승시키고 민간부문 투자를 손상시켰다. 그러한 심각한 모순들은 자유화가 정책실행에 대한 근원적인 정치·경제적 제약들의 현실적 평가로 이루어진 것이 아님을 드러낸다. IMF의 주기적 약속들에도 불구하고 조세와 물자 조달을 개선하지 못한 것이 〔모순을 드러내는〕 적절한 사례이다.

로드릭은 세계경제로의 통합이 적절한 발전전략이 아니라고 주장했다(Rodrik, 2000). 발전이 점점 정부정책의 표준척도로 이용되는 무역과 투자의 전 지구적 통합과 동의어로 간주되고 있으며, 사실상 '통합'은 〔그 외의〕 대안들이 자리 잡지 못하게 한다(5, 10장을 보라). 그는 세계화가 발전에 대한 요구(그 역이 아니라)에 의해 평가받아야 한다고 말한다.

개방과 성장 사이에 정(+)관계가 존재한다는 얕은 수준의 합의가 있었음에도 "국제무역 분석 안에는 작고 부정한 비밀이 있다. 보호주의 정책에서 발생하는 예측 가능한 비용—관세와 수입 쿼터에서 기인하는 실질소득의 감소—은 그렇게 크지 않다"(Krugman, 1995 : 31).

그리고 종종 잊게 되는 다른 사실이 있다. 자유화와 통합은 정부 개입의 완화와 통제의 폐지에만 관계되어 있는 것은 아니다. 공짜 점심free lunch은 혹시 있을지도 모르지만 자유시장free market 같은 것은 이 세상에 없다. 현실적으로 제도적 필요조건에 대한 요구가 있다. 로드릭은 전형적인 저발전 국가가 이 WTO 의무(관세, 위생/검역 규정, 지적재산권 등등)를 이행하려면 1억 5천만 달러의 비용을 들여야 한다고 언급한다. 크루그먼이 지적한, 무역에서 얻는 작은 이익은 의심할 바 없이 소녀들에 대한 기본 교육처럼 다른 곳으로부터 얻는 이익에 의해 상쇄될 것임에 틀림없다(Sen, 1999). 남아시아는 스리랑카와 같은 두드러진 예외를 제외하고는 사회발전이 열악한 수준에 있는 지역으로 구분된다. 2000년에 방글라데시아와 파키스탄의 문맹률은 양국 모두에서 60% 이상이었다. 1999년에는 여성 중 겨우 28%만이 학교 교육을 받을 수 있었다.—그 지역의 중위권 수준의 1인당 소득에도 불구하고 세계에서 가장 낮은 수준의 국가들 중에 하나다.

결론

신고전파 경제학의 선험적 가정은 편협한 담론으로 이어져 왔다. 단지 정치적이고 금융적인 지속 가능성과 〔자유화〕 이행 수준을 측정하는 담론은 대안들의 현존과 성장의 지속 가능성에 대한 더 광범위한 정의들과는 아무런 관계가 없다.

29장 _ 일본 신자유주의에 대한 평가

이토 마코토*

일본 경제정책의 기본적인 입장이 신자유주의로 전환된 지 20년 이상이 흘렀다. 초기에 일본의 신자유주의는 행정개혁의 형태를 취했다. 스즈키 젠코 총리는 심화된 국가 재정위기를 해결하고 국가재정 균형을 성취하기 위해 1981년 특별위원회를 발족하였다. 이러한 목표를 이루기 위해서 정부의 역할과 규모를 축소하는 행정개혁이 추진되었다. 그러한 행정개혁에는 공무원 수의 축소, 국영기업의 민영화, 광범위한 영역의 탈규제가 포함되었다. 그리고 이러한 개혁 조치는 이후에도 계속되었다.

개혁이 기반하고 있는 지배적 이데올로기는 가장 효율적이고 합리적인 경제질서를 제공하는 자유롭고 경쟁적인 시장 원칙이었다. 그러한 신자유주의적 정책 하에서 특히 대기업들과 같은 자본주의적 기업들은 더 싼값의 비정규 노동자들을 활용하여 임금 비용을 '합리화' 하고 더 쉽

---

* 이토 마코토(伊藤誠)는 도쿄의 고쿠시칸(國士館) 대학교 21세기 아시아 학부 교수이다. 그는 또한 도쿄 대학교 명예교수이기도 하며, 미국과 영국을 포함한 8곳의 외국 대학에서 가르쳐 왔다. 그의 저서로는 *The Japanese Economy Reconsidered*(London: Palgrave, 2000), *Political Economy of Money and Finance*(London: Macmillan, 1999, C. Lapavistas와 공저), *Political Economy for Socialism*(London: Macmillan, 1995), *The World Economic Crisis and Japanese Capitalism*(London: Macmillan, 1990)이 있다.

게 거래하며, 자금을 조달하고 투자할 수 있었다. 일본 기업들의 초민족화 또한 더 용이해졌으며 미국과 유럽의 초민족 기업들도 일본 내에서 판매와 투자를 늘렸다. 여러 측면에서 일본의 사회-경제적 질서는 미국식 모델로 변화하였다. 일본 기업 집단 내에서 이러한 초민족화는 국제적인, 특히 미국에서 자신들의 사업기반을 유지하는 데 필수적이었다.

하지만 노동자들의 경제적 삶과 취약한 기타 계층들의 삶은 악화되었고 더 불안정하게 되었다. 일본노동조합의 힘은 고용된 노동자들 중 노동조합에 가입하는 노동자의 비율(조직화율)로 나타나는 데, 그것은 1970년 35.4%에서 2003년 19.6%로 하락하였다. 노동조합의 힘은 민영화에 의해 가해진 공공부문 노동조합에 대한 큰 타격 때문에 이미 상당히 축소되었다. 1985년 국가 재정적자의 부담을 줄이고 기업 민영화를 통해 국가 재정을 마련하며, 시장경제의 경쟁적 활력을 촉진한다는 정책적 목표 아래 이러한 국영기업들—일본 국철JNR, 일본 전신전화 공사NTT, 일본전매공사Nippon Tobacco and Salt Public Corporation—이 민영화되었다. 하지만 이러한 민영화정책의 중요한 현실적 효과는 노동조합 전투성의 약화로 나타났다. 예를 들어 JNR을 여섯 개의 JRJapan Railways로 민영화하는 과정은 무자비한 '합리화' 과정이었고 이 과정에서 노동자의 수는 1982년 40만 명에서 1987년 그 반 정도로 줄었다. 그 기간 동안 JNR·JR의 노조원 수는 20만 명에서 4만 명으로 급감하였고, 그 과정에는 노동조합 활동가와 노조원에 대한 선별적 해고, 노조원으로 남아 있는 사람들에 대한 차별이 작동하였다. 1996년에는 39개 지방 노사관계위원회가 1만 4천 명 이상이 연루된 131건에 대해 구제 명령을 권고하였다. ILO 또한 그 건들에 대한 관심을 표명하게 되었다. 그럼에도 불구하고 JR은 이러한 권고를 따르지 않았으며 그것은 정부와 법원의 지원 덕분이었다.

일본노동조합총평의회(이하 소효總評)는 제2차 세계대전 이후 JNR

과 다른 공공부문 노동조합 대부분에 기반하고 있는 강력한 좌파노동운동 조직이었다. 이러한 〔공공부문〕 노동조합들에 민영화가 가한 타격은 소효에도 파괴적인 효과를 야기하였다. 일본 노동운동은 민영화 형태로 취해지는 신자유주의적 공격에 효과적으로 단결하지 못했다. 하나의 이유는 아마도 소효와 주로 민간부문에 그 기반을 두고 있는 도메이同盟〔일본노동총동맹〕 사이의 장기간에 걸친 분열 때문이었다. 도메이는 정치계와 더 밀접히 협력하였으며, 기업들과 협력하는 경향이 있었다. 그 결과로 일본 노동조합운동의 주된 흐름이 도메이로 넘어갔다. 1989년, 소효는 분열되었고 새로운 전국적 노동조합조직의 형태로 도메이에 합병되었다. 그 새로운 전국적 노동조합조직의 형태가 바로 렝고連合(일본노동조합총연합회)다.

소효의 분열과 일본 좌파노동운동의 위축은 소련의 붕괴와 더불어 일본사회당JSP에게 충격을 가져다주었다. 이것이 일본사회당이 사회주의에서 사회민주적 '현실주의'로 입장을 바꾼 이유 중에 하나이다. 1994년 보수파인 자민당과 연립 정부를 구성하자 사회주의적이고 평화적인 정책들은 한층 더 희석되었다. 1996년 일본사회당은 당명을 일본사민당SDPJ로 개명하였다. 일본사회당이 의회 의석의 1/3을 차지하는 경우도 있었지만, 1990년대에는 내내 의석을 상실하였다. 의석 상실은 선거구 체계가 소선구제로 변화하면서 가속화되었다. 2004년 11월 일본 중의원 선거에서 일본사민당은 480석 중 6석을 차지하는 데 그쳤으며, 1990년대 일본사회당·일본사민당에 대해 주변적 위치에 있던 일본공산당JCP 또한 9석을 얻었고 11석을 상실하였다. 일본민주당이 177석을 얻어 두 번째 거대정당으로 등장하면서 대중성 면에서 이전의 일본사회당을 효과적으로 대체하였다. 결과적으로 일본 정치뿐만 아니라 이데올로기 면에서 신자유주의 정책의 실행을 용이하게 하는 보수주의 경향이 증대하고 있음이 명확해졌다.

일본 자본주의의 재정위기와 국가 재정부문의 구조조정 비용이 점점 노동자들과 사회적으로 보호받지 못하는 계층에게 심화되어 전가되었다. 생산성 증가에도 불구하고 실질임금은 정체되었고, 임금비용 삭감을 위한 '합리화'는 대부분의 노동현장에서 더 용이해졌다. 1989년 도입된 3% 소비세는 1997년 5%로 증가하였다. 의료서비스에 대한 개인 부담은 10%에서 1997년 20%로 증가하였으며 2003년 30%로 증가하였다. 대조적으로 법인세율은 42%에서 30%로 점점 축소되었으며, 최고 한계소득세율은 상속세율의 실질적인 축소와 더불어 75%에서 37%로 줄어들었다. 이는 부유한 상위 집단에 유리한 것이다.

1998년에는 노동보호법이 전반적으로 완화되었다. 고용알선업이 자유화되었고 그 업계에 개방된 직종의 범위가 확장되었다. 규제 없는 초과노동이 활용가능하게 되었으며 기업들이 장시간 동안 여성 임시직 노동자를 활용할 수 있도록 임시적 고용에 대한 연간 〔노동〕시간 제한이 폐지되었다. 이러한 신자유주의적 노동정책은 경쟁적 노동시장에서 유연하게 값싼 노동자를 사용할 수 있는 자본주의 기업들의 자유를 강화시켜 주었다.

변증법적 전환과 악순환

신자유주의 정책 하에서 일본 경제에 무슨 일이 일어났을까? 일본 경제는 그 강력한 힘으로 전 세계적 주목을 1980년대 말까지 받았다. 일본 경제는 1·2차 오일쇼크에 의한 손상을 극복하였고 대부분의 다른 선진 경제들보다 강력한 성장의 성과를 유지하고 있었다(1974~90년까지 평균 3.9%의 성장). 하지만 이 기간 동안 일본 경제의 성장률은 그 이전 25년 동안 달성한 성장률의 반에 못 미치는 것이었다. 종신고용, 연공서열, 기업별 노동조합을 포함하는 일본의 기업경영유형은 노동자들의 충성심을 결집시켰고, 브레턴우즈 체제의 붕괴 이후 엔화가 계속해서 큰 폭으로 절상되었음에도 불구하고(1971년 달러당 360엔에서 2004년 6월에는 달러당 110엔) 세계시장에서 일본기업의 경쟁력을 강화하였다. 그 결과 일본의 무역흑자는 점차 증대하였다. 1987년에는 일본의 1인당 국민소득이 미국을 능가하였고 일본이 세계 '제일' 이라는 인상을 주었다.

하지만 돌연 일본 경제는 오늘날 1990년대의 '잃어버린 10년' 이라고 부르는 상황으로 극적으로 악화되었다. 성장률은 매해 연간 평균 1% 이하로 하락하였고 어떤 해는 마이너스 성장을 기록하기도 하였다. '잃어버린 10년' 은 새로운 세기가 시작되었음에도 불구하고 현재까지 지속되고 있다. 일본 경제의 극적인 퇴보는 1980년대 일본 자본주의의 성공적인 구조조정의 결과로 변증법적으로 발생하였다. 협력적인 노동자와 노동조합을 바탕으로 일본 대기업은 그 경쟁력을 계속적으로 강화하였다. 그것은 값싼 임시직과 그 밖의 비정규 노동자의 사용을 보조로 하여 세련된 정보 기술과 자동화 체계를 작업장에 도입함으로써 가능하였다. 또한 내가 보기에는 일본 신자유주의는 케인즈주의에 대한 반작용일 뿐만 아니라 정보 기술을 통해 노동시장 및 여타 기타 시장을 부흥시키려는 자본주의적 발전에 기초를 두고 있다.

대부분의 일본 대기업들은 1980년대 자신들의 은행부채를 청산할 수 있었다. 대기업들은 상응하는 실물투자 없는 유휴화폐자본 준비금의 형태로 잉여를 축적하는 경향이 있었다. 또한 그들은 주식, 전환사채, 기타 다른 증권 발행을 통해 국내외 자본시장에서 화폐자본을 얻기 위한 직접금융을 증가시켰다. 대조적으로 일본은 전통적으로 상대적으로 높은 가계 저축에 의존해 왔다(1980년대에는 20% 이상). 은행은 1970년대까지 대기업들에게 계속해서 자금을 빌려 주었다. 그런데 그러한 안전한 전통적 차입자들을 잃어 감에 따라 은행들은 중소기업, 또는 부동산 중개업자들과 건설기업에 대한 대부뿐만 아니라 가계대출 제공을 통해 새로운 비즈니스 영역으로 나아가야만 했다.

미국과의 무역 마찰을 줄이기 위해 미국 달러화에 대한 엔화의 재평가를 목표로 했던 1985년 플라자 협정 이후 곧 일본의 이자율은 하락하였다. 이러한 이자율 하락은 국내 수요를 자극하였다. 일본 대기업의 축적된 유휴화폐자본은 대외 투자와 국내의 투기적 투자로 급속하게 이동하였다. 엔화의 평가절상은 일본 제조기업들에게 외국에 대한 직접투자 유인을 제공하였다. 특히 동아시아와 동남아시아에 대한 직접투자가 주를 이루었다. 또한 일본의 대기업은 외국의 주식과 채권들을 사들이면서 대외 포트폴리오 투자를 늘렸다. 동시에 대기업, 일본의 은행들, 그 밖의 다른 금융기관들의 유휴화폐자본은 일본의 부동산 투기와 도쿄 증권시장에 퍼부어졌다. 이러한 상황은 1986년부터 1980년대 말 사이에 일본 부동산 시장과 자본시장의 양쪽에서 거대한 투기적 거품을 일으켰다. 국내 경제의 호황으로 이어졌고 그러한 호황은 외관상으로 새롭게 도입된 신자유주의 정책의 성공으로 보였다. 하지만 투기적 거품은 1990년대에 들어서자 붕괴하였으며 90년대 중반에는 총 일본 GDP의 2.4배에 이르는 1,000조 엔의 자산 가치 손실이 발생하였다. 이러한 것은 1929년 이후 대공황 기간 동안 GDP의 1.9배에 이르는 미국의 자본 손실과 비교될 만한 거대한 손실이었다.

이러한 자산가치의 거대한 붕괴는 일본의 은행들과 그 밖의 금융기업들의 부실여신과 가계의 네거티브 자산negative equity[1] 문제를 만들어 내

---

1) 자산 가치 하락(특히 가계의 경우 부동산 가치의 하락)으로 인해 생겨난 채무 부담. — 옮긴이

었다. 더구나 1987년 국제결제은행Bank of International Settlement: BIS은 국제적인 비즈니스와 관련된 은행들이 1992년 이후에는 전반적으로 자기자본 비율을 총 자산 중 8% 이상으로 유지하여야 한다는 협정을 만들었다. 이러한 협정은 일본 은행들의 급속한 국제적 확장에 관한 서방 은행가들의 염려가 점차 증대하고 있음을 반영한다. 그러한 협정이 이루어지자 일본 은행들은 주식 가격의 상승을 통한 잠재적인 자본이득(예를 들면 현재 주가와 그 주식의 구입가격 사이의 차액)의 45%가 자기 자본의 일부분으로 계산되는 한에서 이러한 규제가 달성될 수 있을 것이라 믿었다. 하지만 잠재적인 은행들의 자본이득이 도쿄 증권시장의 붕괴라는 결과로 소멸되었거나 심지어는 마이너스에 이르게 되자 현실적으로 이러한 규제를 따르기 어렵게 됐음이 드러났다.

국내 수요를 자극하고 은행의 금융적 곤란을 완화하기 위해 일본은행the Bank of Japan은 점진적으로 1990년 6%에서 2001년 9월 0.1%까지 공식 이자율을 축소하였다. 하지만 은행들이 이러한 관대한 신용조건을 사용하고 대부를 확장하기는 어려웠다. 은행들의 자기자본이 그 중에서 특히 주식과 실물 자산 가격 악화로 인해 계속 줄어들고 있던 상황이었다. 대신에 은행들은 국제결제은행 규제를 충족시키기 위해 대부 규모를 축소해야만 했다. 일본 은행들의 주요 고객이 중소기업들과 부동산중개업자, 건설기업이 되면서 은행들이 직면한 끊임없는 재정적 곤란과 그로 인한 은행 신용의 제한은 그들과의 사업을 더욱 부진하게 만들었다. 그리하여 연간 부도 건수가 1992년과 1995년 사이에 1만 4천여 건에서 2000년에는 2000년에는 1만 9천여 건으로 높아졌다.

일본 노동자의 2/3 이상이 중소기업에 고용되어 있기 때문에 이러한 기업부실은 실업을 증가시킨 주요한 원인들 중 하나다. 게다가 일본 기업들이 외국인 직접투자를 통한 초민족화를 가속함에 따라 제조업 내

종업원의 절대적 수는 1992년 이후 하락하기 시작하였다. 결과적으로 일본의 실업률은 1990년 2%에서 2002년 5.7%로 상승하였다. 일본에서 실업에 대한 정의가 극도로 좁게 내려져 있다는 점을 고려해 본다면, 공식 통계는 서구 국가들의 데이터와 비교해 볼 때 두 배는 되어야 한다고 일반적으로 받아들여지고 있다. 그럴 경우, 일본의 실업률은 침체된 유럽 경제와 비교할 수 있을 것이다.

실업의 증가와 보너스·초과근무 수당 삭감, 더 값싼 임시직 노동자의 사용은 가계소득의 현저한 축소로 이어졌다. 국내 소비 수요가 1990년대 초반 이래로 침체되었다는 것은 놀라운 일이 아니다. 투자 수요 또한 유휴설비의 존재라는 상황에서 침체되었다. 그리하여 일본 은행들의 부실여신은 청산되지 않았고 대신에 경제의 디플레이션 연쇄의 원천이 되었다. 그 결과 하나의 악순환이 나타났는데, 은행은 부실여신과 기초자본의 축소에 기인하는 곤란을 겪고, 중소기업들은 신용경색으로 인한 고난에 빠져들었다. 그리하여 노동자들의 고용과 소득은 악화되었고, 이러한 것은 소비자 수요의 침체와 실물자산과 주식가격의 하락으로 이어졌다.

혼란스러운 경제정책

2001년 5월 고이즈미 총리의 일본 내각이 집권하였다. 고이즈미의 기본적인 입장은 신자유주의적이며 표면상으로 '시장'의 원활한 작동을 위한 관료제와 정부개입의 폐지를 내세우고 있다. 예를 들어 우편체계의 민영화는 일본을 위한 '필수적' 조치라고 공언되어 왔다. 내각 또한 2002년 재정부터는 새로운 국채 발행의 양을 연간 30조 엔으로 제한하고 은행의 부실여신 문제를 2~3년 내에 해결하겠다고 약속했다.

하지만 이러한 정책은 일본 경제의 악순환에 대한 부적당한 분석에 기초하고 있[었]다. 투기적 거품과 신자유주의적 민영화, 금융시장과 노동시장의 탈규제 사이의 연결고리는 무시되어 왔다. 신자유주의적 개혁reform은 일본 사회를 광범위한 소득과 부의 경제적 불평등을 동반하는 더 기업 중심적인 질서로 재구성re-form하였다. 엔화의 평가절상에 따라 주변 국가와의 경쟁압력이 증가하게 되면서 발생한 일본 제조업 기반의 점진적 공동화는 거의 정부의 관심 대상이 되지 못했다. 하지만 오늘날 일본의 연쇄적인 경제 침체 상황에서 대중들이 미래에 대한 두려움을 갖고 있는 한, 가계들이 자신들의 축적된 금융 자산(1,400조에 이르는)을 현실적 소비로 전환시키기란 어렵다.

1980년대 이래로 채택된 신자유주의 정책은 실패했을 뿐만 아니라 일관적이지도 못했다. 재정적자를 축소하기 위해 정부는 소비세를 도입하거나 세금을 올림으로써 일반 대중들의 부담을 증가시키는 경향이 있었다. '개인의 책임' 을 강조하면서 의료서비스와 교육에 대한 공적 지원을 삭감한 것이다. 연금정책에 대한 초점 또한 더 큰 '개인적 책임' 을 강조하는 쪽으로 이동할 것이다. 건설회사의 어려움을 완화하고 토지가격의 하락을 막기 위해 도입된 도로와 공공건물 건설에 대한 공적 투자와 같은 비상 경제정책들은 기본적으로 자본주의 기업들과 은행을 지원하려고 의도된 것이었다. 1992~2000년 사이에 경제 회복을 위한 총 공적 지출은 은행에 대한 공적 자금 지출은 제외하고도 120조 엔에 이르렀으며 1998년 이래로는 약 30조 엔에 이르렀다. 그동안 법인세와 한계소득세율은 크게 축소되었다. 그리하여 빈약한 조세수입 실적만이 남게 되었다. 결과적으로 재정적자 축소라는 신자유주의적 정책 목표에도 불구하고 미지불 정부 채권outstanding government bonds의 가치는 1980년 70조 5천억 엔에서 2001년 389조 엔으로 늘어났다. 2004년 말에는 489조 엔에 이를 전망이다. 총 공공부채(지방 정부 부채를 포함하는)는 2001년 말에는 666조 엔(GDP의 134%)에 도달하였고, 여전히 증가하고 있다. 아마도 2004년에는 719조 엔(GDP의 147%)에 도달할 전망이다.

일본의 신자유주의 정부는 현실적으로 케인즈주의 재정정책과 유사한 방식으로 운영되어 왔다(3장을 보라). 이러한 유사 케인즈주의적 경기부양책은 정부가 정당들을 정치적으로 지원하기 위한 비상 경제정책의 일환으로 실시되어 왔다. 하지만 이러한 정책들의 효과는 직접적으로 나타나지 않았다. 한편으로 일본 투기 거품의 붕괴는 격렬한 경제위기로 이어지지 않았고 실업은 강력한 재정적 자극과 느슨한 통화정책, 은행들에 의한 공적 화폐의 주입 때문에 오직 점진적으로만 상승했을 뿐이다. 일본발 전 지구적인 대공황은 지금까지는 나타나지 않았다. 다른 한편으로는 일본의 디플레이션은 길게 지속되었고, 거대한 공적 지출은 유효수요를 끌어올리는 데 효과적인 것으로 보이지 않았다.

전통적인 케인즈주의적 교리와는 대조적인 **공적 지출의 내용이 중요하다**. 일본 경제의 최근 맥락에서 공적 지출은 경제적 실패에 대한 노동자들의 기본적 공포를 다루는 데 부적절하게 구성되어 있다. 육아와 교육, 의료서비스와 노인부양에 대한 금융적 부담은 공적 지출로 다루어지지 않았고, 이러한 부담은 국가 재정 위기의 악화와 신자유주의적 사회정책으로 인해 증가하였다. 그 결과 중의 하나가 일본 여성의 평균 출산율이 초기에 2% 이상이었던 것이 2003년 1.29%로 급격하게 하락한 것이다. 이러한 출산율의 하락은 고령화 사회를 급격하게 이끌었다. 소비세의 증가와 연금·의료보험에 대한 부담은 가까운 장래의 정치적 의제로 올라와 있다. 그리하여 국가의 재정위기는 일본 국민들 사이의 불평등이 확대되고 있는 원인이자 결과이며, 경제적 후생을 감소시키고 노동자와 취약한 계층의 〔사회〕보장에 악영향을 끼친다. 그러한 조건 아래서 침체된 소비와 수요는 소생하기 어려우며, 국가 재정위기를 심화시키는 악순환을 형성한다.

고이즈미 총리가 새로운 국채 발행을 30조 엔으로 제한하고 2~3년 안에 은행의 부실여신 문제를 해결하겠다는 약속을 이행할 수 없었던 것은 놀라운 일이 아니다. 2003년 9월 자민당의 지도자로 그가 재선되었음에도 불구하고, 그의 경제정책은 자민당과 경기순환에도 역행하기 시작하였다. 그럼에도 불구하고 노동자들의 이해를 표현하고 신자유주의 정책에 대한 비판과 대안을 제공할 수 있는 강력한 반대 세력의 부재는 일본의 비극이다. 일본사회당·일본사민당과 그 밖의 좌파정치정당과 세력은 약화되어 있을 뿐 아니라 분열되어 있다. 일본 노동자들을 위한 더 나은 미래를 위해서는 유럽 좌파와의 국제적인 협력이 그 어느 때보다 요구되고 있으며 필수적이기까지 하다.

30장_동아시아와 동남아시아의 신자유주의적 자본관계의 구조조정

장대업*

이 장의 주요 목적은 동아시아와 동남아시아의 신자유주의를 자본과 노동 사이의 민족적이고 지역적인 사회관계들에 대한 구조조정 과정으로 나타내는 것이다. 그렇게 하기 위해 동아시아와 동남아시아 국가들south-east Asia : SEA이 신자유주의가 추동하는 세계에 통합되는 과정에 대해 탐구한다. 심지어 신자유주의적 사회정책들의 단점들이 1997~98년 동아시아 경제위기를 통해 명확하게 드러났음에도 노동자들—점차 그들의 권리를 위해 투쟁하기 시작했던—을 희생하여 자본주의적 경쟁력을 회복하려는 국가와 자본의 시도가 점증하고 있음을 보일 것이다.

동남아시아의 신자유주의적 세계질서로의 통합의 시작

자본주의적 발전의 특징은 과잉생산과 개별자본가들에 대한 경쟁적 압

* 장대업은 홍콩에 있는 아시아 노동정보 센터(Asia Monitor Resource Centre) 연구원으로서 아시아 초국적 기업에 관한 연구 및 운동 프로젝트를 수행했고 지금은 런던 대학교 아시아·아프리카 대학(SOAS)의 전임교수이다. 그는 워릭 대학교(University of Warwick) 사회학과에서 발전국가의 이론과 실천에 대한 마르크스주의적 비판으로 박사학위를 받았고 한국의 노사관계와 경제위기뿐만 아니라, 아시아의 노동관계 문제들에 대해서 연구해 왔다.

력의 증대가 그 특징이다. 이러한 문제들이 발생하는 기본적 이유는 사회적 필요를 위한 생산이 이윤 추구라는 근본 목적에 종속된다는 사실에 있다. 시장 경쟁에서 품질을 저하시키지 않고 가격을 유지하는 기업들은 비슷한 생산물을 생산하는 다른 기업들보다 우위를 점한다. 극소수의 기업들이 우위를 점하게 되고 성공적인 사업을 운영한다는 점이 명백하더라도 계속 노력하게 하는 개별적인 능력들을 유인하는 것은 경쟁에서 승리와 시장지배에 대한 기대이다. 하지만 그동안 점점 수익성을 떨어뜨리는 생산력이 만들어지며 그것이 과잉축적의 원인이 된다(4장을 보라). 신자유주의가 추동하는 세계화의 발전은 축적문제를 극복하기 위한 자본의 시도를 나타낸다. 이러한 발전은 몇 가지 주요한 정책체계와 관련되어 있다. 첫째로 상품시장과 금융시장에 대한 접근의 무제한적인 **자유화**이다. 둘째로 인간의 필요[충족]를 이윤추구과정으로 완전히 통합하는 것이다. 예를 들어 공익 설비의 **민영화**가 유례 없이 증대한 것에서 살펴볼 수 있다. 마지막으로 노동에 대한 완전한 **탈규제**이다.

동아시아와 동남아시아의 발전도상국들은 이러한 세계적 추세에 예외가 없음을 보여 주었다. 1980년대 이래로 이 국가들에서는 민족주의-보호주의적인 수입대체 발전전략이 포기되고 신자유주의가 추동하는 세계화로의 점진적인 통합이 목격되었다. 1980년대부터 선진국들은 점점 발전도상에 있는 국가들의 금융시장을 외국 투자가들에게 개방하라고 압력을 넣었다. 이것은 발전도상국이 자금을 끌어 모으는 방식을 변화시켰다. 공식적 차관과 정부가 보증하는 은행대부로 이루어지는 발전계획은 점점 비현실적인 것이 되었다. 초민족 기업들TNCs의 아시아 발전도상국으로의 팽창 또한 관세장벽과 그 밖의 무역규제에 대한 압력을 증가시켰다. 게다가 발전도상국의 금융자원 부족, 국제수지에 대한 압력 증가, 급속한 자본주의적 발전을 추구하려는 욕망은 마침내 자본 유출입 규제의 자유화로 이어졌다.

태국은 1980년대 중반부터 경제발전 과정의 이행을 겪었다. 초기의 발전은 농업생산물의 수출과 생산, 수입대체공업화의 촉진에 기초하고 있었다. 제조업은 보호된 국내시장과 대부분의 국내 저축을 흡수했고 개별적으로 제조업자들과 연결된 국내 은행들에 의한 안정적인 금융[자원의] 공급을 향유하였다. 1980년대 중반 경기침체—농업상품 가격의 하락, 고평가된 통화 가치, 국제수지 문제—이전까지 태국은 전략을 수정하지 않았다. 태국은 지역 수요를 위한 산업생산에 기초한 공업화를 추구하기보다는, 주로 외화벌이를 통해 민족 경제를 부양할 수 있는 전자와 의복과 같은 수출부문을 장려하기 시작하였다. 이러한 수출지향적 공업화export-oriented industrialization: EOI로의 이행은 수출산업에 대한 조세혜택과 통화 평가절하를 도구로 하는 한국과 타이완 같은 신흥공업국들Newly Indusrialising Countries: NICs 1세대를 뒤따라 이루어졌다. 하지만 그 1세대와 비교해 볼 때 동남아시아 국가의 수출부문은 1세대 수출지향적 공업화의 특징이었던 공식 차관보다는 주로 지역 및 특히 외국인 민간투자에 의해 자금을 모집하였다. 태국 정부는 외국기업들의 토지 소유 및 완전한 조세감면과 환불의 제공을 허가하는 수출부문의 외국인 직접투자FDI에 유리한 정책을 도입하였다. 게다가 1990년대 초반 이자율과 외환거래의 자유화는 외국인 투자를 촉진하였다. 다양한 금융자원들과 더불어, 상업은행 외에도 신흥 사업들에 대한 개방으로 전통적인 금융 자본가들은 점진적으로 그들의 우위를 상실하였고 태국은 국내 자본가들뿐만 아니라 그 나라로 흘러들어 온 외국 자본이 본격적으로 발전하는 것을 목격하였다.

그 밖의 동남아시아 국가들도 유사한 이행을 경험하였다. 인도네시아의 초기 발전은 1965년 인도네시아 공산당PKI을 맹렬하게 공격함으로써 확고하게 수립된 수하르토의 권위주의 체제가 도입한 신질서New Order의 출현으로 구체화되기 시작하였다. 국가는 석유화학, 정유, 철강 같은 전략적 산업의 가장 큰 투자자가 되었다. 국가는 수하르토 일가와 그 체제를 지원하는 강력한 가문들에 의해 운영되는 기업들에게 직접적으로 외국 자본과의 경쟁으로부터 국내 시장을 강력하게 보호했으며, 유인을 제공하고 자원을 배분하였다. 국가경제, 특히 수출부문은 거의 전적으로 석유와 같은 천연자원의 수출로 추동되었다. 1980년대 초반부터 석유가격이 인하되자 인도네시아의 경제성장이 손상되었고 수출지향적 공업화로의 이동으로 이어졌다. 1980년대 중반에는 인도네시아 루피화의 대규모 평가절하—1986년 말에 45%로 그 정점에 도달했다—가 일어났다. 무역과 투자뿐만 아니라 수출촉진정책들에서 대규모 탈규제가 뒤따랐다. 수출부문에 대한 외국인 투자가 자유화되었으며 주요 수출업자들에게 수입품에 대한 제한 없는 면세 접근이 허용되었다. 하지만 〔이러한〕 상당한 정도의 이동이 현존 지배계급의 우위를 훼손하지는 못했다. 오히려 국가 기구들의 수중에 집중된 자원은 원활하게 수하르토의 대기업들로 이전되었고, 그들은 국영기업SOE의 민영화와 외국 자본의 급증을 통해 제공된 기회를 잡을 수 있었다.

말레이시아의 발전은 1970년대 초반 신경제정책New Economic Policy: NEP으로 구체화되었다. 신경제정책은 증대된 계급 간 불평등과 빈곤을 극적으로 나타낸 사건이었던 1969년 종족 간 폭력사태의 정치적 해결책으로 나타났다. 신경제정책은 특히 말레이시아와 화교, 그리고 그 밖의 외국 자본들 사이의 경제적 균형을 조정하는 강력한 국가의 경제적 개입이 특징이었다. 말레이시아인들의 이권과 고용 참가에 30%의 할당을 배분하는 적극적 차별을 이용하여 말레이시아인들의 경제 참가를 촉진하는 것이 그 계획의 목표였다(Khoo, 2001: 185). 그동안 국가는 외국 자본이 소유한 기업들을 구매하고 국가경제에 대한 말레이시아인들의 지배를 증대시켰다. 게다가 국가는 '국가안전법' Internal Security Act과 '공공기밀법' Official Secret Act에 기초해 정치분쟁과 노사분규를 억제함으로써 값싼 노동력의 공급을 보증하는 중요한 역할을 하였다. 또한 국가는 단체협상을 5년 동안 동결하면서 고용주의 이해를 보호하는 '노사관계법' Industrial Relation Act을 제정하고, 조세와 관세 같은 규제로부터 완전히 혹은 부분적인 면제가 제공되는 수출자유지역Export Processing Zones: EPZs을 설립함으로써 값싼 말레이시아 이주 노동자와 외국 자본을 매개하는 역할을 하였다. 말레이시아 경제는 1980년대 중반에 심각한 위협에 직면하였는데, 석유, 주석, 고무, 코코아, 야자기름을 포함하는 주요 수출상품 가격이 심각하게 하락했기 때문이다. 국가의 즉각적인 대응은 국영기업의 대규모 민영화였다. 그것은 후에 1991년 민영화 종합계획으로 공식화되었다. 다른 한편으로 '투자촉진법' Investment Promotion Act의 도입은 외국 자본에게 조세천국과 수출지향투자를 위한 부활된 선구적 지위를 부여함으로써 외국인 투자를 촉진시켰다.

글로벌 자본의 자유로운 유출입에 직면한 자본관계의 구조조정

수출지향적 공업화와 자유화로의 이동 이후 10년은 확실히 주목할 만한 경제발전을 이루어 내었다. 수출 제조업이 발전의 중추로 나타나면서, 동남아시아의 국내자본은 현저히 확장되었다. 태국에서는 제조업 노동력 고용수준이 1981년 7.1%였던 것에 비하여 1995년에는 13.4%에 달하였다. 1인당 국내총생산GDP은 1985년부터 1995년 사이—1995년에는 2,800달러에 달함—에 세 배 이상이 되었다. 인도네시아에서는 GDP에 대한 제조업 비중이 1990년 농업을 추월하였고, 1인당 GDP는 1985

〈표1〉 동남아시아 발전도상국에 대한 FDI 유출입

(단위 : 100만 달러)

	1980	1985	1990	1995	1997
인도네시아	180	310	1,092	4,346	4,677
말레이시아	934	695	2,611	5,816	6,324
태국	189	164	2,562	2,068	3,626
필리핀	-106	12	550	1,459	1,249
아시아	396	5,110	24,251	75,217	105,828

출처: UNCTAD database

년 약 500달러에서 1990년 1만 달러로 증가하였다. 그 지역에서 가장 빠른 공업화를 경험한 말레이시아의 제조업부문은 1995년 총고용의 약 26%—1985년에는 15%—를 나타내었다. 1인당 GDP는 1985년의 두 배인 4천 달러를 상회하였다.

빠른 공업화는 인구의 대다수를 자본주의적 사회관계에 통합시켰고, 이것은 대규모의 농촌-도시 간 이주를 수반하였다. 이러한 이주는 수익성 있는 사업을 추구하는 초민족 기업과 지역 자본에 매우 값싼 노동을 공급하였다. 이 기간 동안 태국, 말레이시아, 인도네시아, 그 이후의 중국과 같이 아시아 발전도상국과 그 밖의 캄보디아와 같은 낮은 발전 단계에 있는 국가들이 주요 금융자원을 외국인 직접투자에 의존하게 되었다. 결과적으로 아시아 발전도상국의 외국인 직접투자는 1980년 3억 9,600만 달러에서 2001년 1,020억 달러로 증가하였다(UNCTAD, 2002, 〈표1〉을 보라). 이러한 국가들에서 투자유출입은 1980년에 세계 외국인 직접투자의 단지 0.7%에 불과하던 것이 1996년에는 총 외국인 직접투자 유입 중 24.1%를 차지하게 되었다. 그것은 아시아가 초민족 기업의 주요 목적지가 되었음을 나타내는 것이었다.

외국인 직접투자를 도입하기 위해서 투자 주최국들은 노동기준을 완화하고, 노동법을 면제하여 주었다. 이러한 행위들을 논리적으로 뒷받침해 주는 가장 중요한 것이 **'투자자 신뢰'** investors' confidence였다. 만약 투자자의 신뢰가 훼손된다면 국가경제가 더욱 어려워진다는 것이다. 실제로 신뢰를 북돋운 것은 낮은 사회적 착취 비용이었다. 어떤 특정한 글로벌 상품 또는 가치 사슬로 발전도상국들을 통합하는 남반부의 탈정규화된 노동과 발전된 국가들의 자유화된 자본 사이의 조화에 기초하여 공업화가 이루어졌다. 이러한 가치 사슬은 자본 수출 내의 R&D와 핵심 · 고기술 성분과 같은 이른바 고부가가치 생산과정과 자본 수입 국가들의 조립 · 완성 과정과 같은 소위 저부가가치(또는 노동 집약적) 과정으로 구성된다. 결과적으로 외국인 직접투자는 이전보다 빠르게 증가했고, 많은 노동자들이 1980년대부터 이러한 발전의 **반노동적** 본성을 입증하듯이 법적 보호는 물론, 노동조합의 보호를 받지 못하는 채로 남겨졌다. 이것은 초민족 기업이 노동권을 무시할 수 있는 자유를 향유하는 수출자유지역에서 발견되기도 한다. 중국의 '개방 구역과 도시들' 그리고 '경제 · 기술 발전 구역' 과 같은 수출자유지역의 서로 다른 형태들을 포함하여 아시아 내의 의 수출자유지역 수는 1만이 넘는다(Chang, 2003). 기업들이 다른 수출자유지역으로 자유롭게 움직일 수 있다는 사실은 노동 조직화의 가장 장애물이다.

이러한 동남아시아의 특정한 발전형태는 아시아 내의 제1세대 신흥공업국의 자본축적이 변화했다는 사회적 형세와 관계되어 있다. 1980년대 중반 이후 섬유와 신발과 같은 수출지향적인 노동집약적 산업들에 우호적인 조건이 타이완과 한국에서는 더 이상 지속되지 않았다. 타이완에서 반공적인 여당(KMT, 국민당)의 절대적 지배에 대한 점진적 후퇴와 노동법의 이행문제를 정치화하는 노동자들의 저항이 증가했던 동안, 또한 한국의 자본주의적 발전은 조직된 노동운동의 폭발에 직면하였다. 외부적으로는 미국으로부터 점증하는 보호주의적 압력이 수출 성장을 감소시켰으며, 동시에 상품과 금융시장의 자유화에 대한 압력이 증가하였다. 게다가 이러한 것들은 자본의 재배치를 자극하였다. 달러화에 대한 엔화의 평가절상으로 수출 경쟁력이 가장 많이 훼손된 일본에 뒤이어, 제1세대 신흥공업국은 동남아시아와 중국으로 제조부문을 이동시키기 시작하였다. 아시아의 주요 자본 수출국인 일본으로부터의 투자는 말할 것도 없이 아시아로의 외국인 투자는 1990년 114억 달러에서 1996년 521억 달러로 늘어났다. 아시아 직접투자의 대부분이 아시아로 향했다. 서구의 상업자본과 동남아시아의 노동자들 사이의 중개 역할을 하는 노동집약적 산업부문의 아시아에 기반을 둔 기업들은 동남아시아 지역의 더 값싼 노동력에서 이익을 얻는 것을 목표로 했다. 그 결과는 노동조건과 임금의 바닥을 향한 경주였다. 또한 초민족 기업들은 다만 자본 재배치의 위협만으로도 본국의 노사관계를 구조조정할 수 있는 강력한 힘을 얻게 되었다. 유연 노동의 도입은 본국에 대한 투자요구에 의해 정당화되었다.

아시아의 경제위기와 그 이후

1980년대와 1990년대 중반 사이의 경제 호황 기간 동안의 자유화와 억압적인 노동통제는 자본축적과 관련되어 있다. 하지만 아시아 경제위기를 통해 이러한 발전이 자본주의적 발전의 고유한 모순들을 해결하기 위한 모델이 될 수 없음이 드러났다. 아시아 위기가 거대한 자본도피로 이어졌던 태국이 좋은 예다. 외국인 직접투자가 추동하는 발전이 태국의 수출지향적 공업화를 이끌어 왔지만, 합작투자를 모색하던 정부나 지역자본에 환영받던 거대한 투자 국가였던 일본과 같은 나라들과의 반복된 무역수지적자를 피할 수 없었다. 이것은 태국이 대부분의 주요 부문뿐만 아니라 생산수단의 투자국가로부터 수입에 의해 수출부문(공장, 기계류, 연장 등등)을 부양하던 가치 사슬의 본질을 반영한다(Burkett and Hart-Landsberg, 2000: 170~171). 일본 자동차 제조회사와 전자 조립 회사 사례에서 이 문제가 분명히 드러나며 무역불균형을 확대시켰다. 태국은 외환 부족을 상쇄하기 위해 외국인 직접투자에 의존해야만 했다. 노동자에게 맞는 임금과 권리는 인정되지 않았고, 노동자계급의 생활수준은 나아지지 않았다. 특히, 버마와 같은 이웃 나라들에서 온 수백만의 이주 노동자들은 낮은 임금에 시달려야 했다. 태국은 결국 외국인 직접투자에 대한 격렬한 경쟁과 중국 내의 외국인 직접투자 집중으로 인해 주로 증권과 화폐시장에 대한 포트폴리오 투자를 행하는 위험 자본을 끌어들이게 되었고, 이는 1998년 경제적 혼란의 원인이 되었다. 외국인 직접투자가 추동하는 경제발전은 태국의 GDP를 확대하였지만, 그것은 소수의 외국인 투자가 및 국내투자가의 수중에 들어갔다. 인도네시아와 말레이시아도 거의 동일한 곤란을 겪었으며, 결과적으로 위기 기간 동안 거대한 자본파괴와 실업의 증가로 이어졌다.

1990년대 후반 한국의 경험은 제1세대 신흥공업국 앞에 놓여 있던 문제들을 보여 준다. 동남아시아뿐만 아니라, 중국과의 격렬한 경쟁에 직면하여 한국은 한편으로 고용 안정성을 악화시키고 새로운 인사관리의 도입과 다른 한편으로 노동집약적 산업의 공격적 재배치와 효과적 생산수단의 도입을 통한 노동유연성 강화로 대응하였다. 하지만 내부적으로 한국 자본은 노동자계급의 희생으로 경기침체를 극복하려는 반복적 시도에도 불구하고 조직화된 노동을 극복하지는 못했다. 반면 가속화된 자유화로 극도로 위험한 단기 대부에 기초하여 비경쟁적 자본이 생존하도록 하였다. 결과적으로 아시아 위기 기간 동안 자본축적은 완전히 붕괴하였다.

아시아 위기가 신자유주의가 추동하는 세계화에 기초한 지역 발전의 고유한 한계들을 보여 주었지만, 아시아 발전도상국의 국가와 자본은 신자유주의적 정책의 이행을 가속화하였다. 태국, 인도네시아, 그리고 한국에는 전면적 구조조정 계획이 IMF와 그 밖의 국제적 구제금융 프로그램에 대한 회답으로 도입되었다. 그러한 개혁들은 한편으로 정부진출 긴축과 높은 이자율을 유지하는 안정화정책과 다른 한편으로 부실금융기관의 즉각적 폐쇄와 금융 유출입 자유화에 대한 약속, 민영화의 가속화, 노동유연성의 강화를 포함하는 구조조정 정책으로 구성된다. 말레이시아 정부 또한 IMF 권고를 받아들이지 않았음에도 불구하고 연방정부 적자 축소와 기업 신용 긴축을 포함하는 유사한 기준을 도입하였다. 특히 IMF의 엄격한 기준을 따른 나라들에서 안정화정책이 경제에 미친 즉각적 효과는 재앙에 가까웠다. 아시아의 기업들은 투자와 단기 자본유통을 외부부채에 의존하여 왔다. 더 나아가 금융적 압력의 상황에서 살아남을 수 있는 능력이 대기업보다 약한 중소기업들의 붕괴는 놀라운 것이 아니라, '필연적인' 처방으로 간주되었다. 단기 부채 연장에 대한 곤란이 증가하고 거대한 평가절하로 대외부채가 눈덩이처럼 불어남에 따라, 인도네시아 기업의 2/3가 위기 기간 동안 파산한 것으로 추정된다. 그동안 2만 2,828개의 한국 기업이 1998년 한 해 파산에 이르렀다. 살아남은 기업들은 투자와 생산을 줄여야만 했다. 결과적으로 위기의 영향으로 경제는 GDP의 심각한 네거티브 성장을 기록하였다. 인도네시아는 -13.1%, 태국은 -10.5%, 말레이시아는 -7.4%, 한국은 -6.7%였다. 이러한 상황은 화폐긴축정책이 완화되어 금융기관과 금융기관들의 거대한 유동성이 풀릴 때까지 계속되었다.

그동안 자본 유출입의 자유화는 더 진행되었고, 국내 기업에 대한 해외 자본의 완전한 소유권과 외국은행의 운용의 규제에 대한 완화가 용인되었다. 가장 극적인 개혁이 있었던 것은 상대적으로 외국인 투자에 대한 규제가 더 엄격했던 한국이었다. 외국인 투자가에 의해 M&A와 실물자산의 구입, 그리고 외국인 직접투자에 대한 제약은 폐기되었다. 국영기업에 대한 보호 또한 완화되었고, 외국과 국내의 민간자본이 인수할 수 있도록 용인되었다. 초민족 기업이 전기, 가스, 수도 공급, 공공 교통 및 통신을 포함하는 '공공부문' 으로 이전에 간주되었던 영역에서 운영되는 기업을 구입하기도 했다. 인도네시아 정부는 1998년 160개 국영기업 중 대부분을 민영화하겠다는 계획을 발표하였다. 그리하여 가장 큰 국영은행인 만드리 은행PT Bank Mandri Tbk이 민영화되고, 뒤이어 두번째로 큰 통신기업인 인도네시아 위성통신PT Satellite Corp. Tbk가 싱가폴 ST 텔레미디어ST Telemedia에 의해 민영화되었다. 태국 정부 또한 주요 금융기관과 산업기반 및 천연자원과 관련된 기업을 판매목록에 올려 놓았다. 한국에서는 정부가 정부의 인력감축을 시작함과 동시에 강력한 구조조정을 위해 공공부문을 목표로 삼았다. 중앙 정부는 2001년 말까지 약 16%(2만 6,000명)의 인원을 감축하였다. 109개의 국영기업 중 20개의 공공기관을 1998년 민영화하였다. 한국통신, 한국전력, 철도청, 한국가스공사 같은 대규모 국영기업은 2003년 민영화의 최종 단계에 있었다. 거대 국영기업이 헐값에 매각되는 과정은 그 기업의 노동자에게도 영향을 주었다. 경영진은 종종 판매자에게 더 매력적인 조건을 만들기 위해 현재 있는 노동자들 또한 감축하였다. 새로운 소유자들에게 대량 해고를 포함하는 고용의 구조조정은 공통적인 것이었다. 이러한 구조조정 과정의 결과로 한국에서는 4만 1,700명의 국영기업 노동자들이 2000년에 직장을 잃었다.

철저한 신자유주의적 개혁의 최종 결과는 명백히 그 나라들 내의 노동과 자본 사이의 사회적 관계의 재구조화였다. 구조조정에 기인하여 노동시장으로부터 쫓겨난 수만 명의 사람들이 사회안전망의 부족으로 고통을 겪었다. 더 나쁜 것은 신자유주의가 추동하는 개혁은 노동자들의 제도적 권리나 충분히 발전된 사회안전망을 향유하는 것이 아니라 노동의 불안정을 확대하는 것이었다. 이미 실업상태에 있는 사람들을 노동시장에 재통합하는 일은 공식적인 계약을 동반하는 새로운 직업의 창출과 노동권의 보증이 아니라 단기 계약, 파견, 사내 내부 하청, 재택근무 노동자들과 같은 비공식 고용형태의 다양화를 통한 노동의 광범위한 비공식화를 통해 이루어졌다. 이러한 형태의 수백만 노동자들은 노동자로서 간주되지 않고, 법으로 보호받지도 못하였다.

결론

노동자계급을 희생하여 외국인 직접투자가 추동하는 수출지향적 공업화는 1980년대 이래로 [동아시아와 동남아시아] 지역의 사회 관계를 재구조화하는 주요 형태였다. 재구조화가 일으킨 모든 인적 비용에도 불구하고, 아시아 위기는 결국 동아시아의 지역 또는 국가 발전이 지속적인 발전 모델이 될 수 없음을 드러냈다. 하지만 이에 대한 반성이 이루어지기는커녕, 이 지역의 신자유주의적 재구조화는 위기를 통해 가속화되었고, 대다수의 민중들에게 고통을 안겨 주었다. 그러나 또한 이 지역에 있는 빈자와 부자 사이의 확대된 격차는 다양한 형태로 노동자들을 조직화하기 위한 시도들을 공고화하였다. 신자유주의가 추동하는 재구조화의 이러한 두번째 단계의 미래는 더 심화된 재구조화에 대한 여전히 이 지역에서 끊임없이 출현하는 노동자들의 저항에 의해 결정될 것이다.

참고문헌

서문

Panitch, L., C. Leys(eds.), 2003, *The New Imperial Challenge: Socialist Register 2004*, London: Merlin.〔『새로운 제국의 도전』, 진보저널 읽기모임 옮김, 한울, 2005.〕

Saad-Filho, A., 2003, "Introduction" in *Anti-Capitalism: A Marxist Introduction*, London: Pluto Press.

1장_신자유주의 반혁명

Duménil G., D. Lévy, 2003, *Neoliberal Dynamics-Imperial Dynamics*, Paris: Cepremap, Modem(http://www.cepremap.ens.fr/levy).

_____ 2004, *Capital Resurgent: Root of the Neoliberal Revolution*, Cambridge, MA: Harvard University Press.〔『자본의 반격』, 이강국 · 장시복 옮김, 필맥, 2006.〕

Ferguson, T., 1995, *Golden Rule: The Investment Theory of Party Competition and the Logic of Money-Driven Political Systems*, Chicago: The University of Chicago Press.

Helleiner, E., 1994, *States and the Reemergence of Global Finance: From Bretton Woods to the 1990s*, Ithaca, N.Y.: Cornell University Press.

Piketty T., E. Saez, 2003, "Income Inequality in the United States, 1913~1998", *The Quarterly Journal of Economics* 118(1), pp. 1~39.

Wolff, E., 1996, *Top Heavy*, New York: The New Press.

2장_케인즈주의에서 신자유주의로

Arestis, P., M. Swyer(eds.), 2001, *The Economics of the Third Way: Experiences From Around the World*, Cheltenham: Edward Elgar.

Blanchflower, D.G., A.J. Oswaid, 2002, "Well-being over Time in Britain and the USA", unpublished manuscript.

Keynes, J.M., 1936, *The General Theory of Employment, Interest and Money,* London: Macmillan.[『고용, 이자 및 화폐의 일반이론』, 조순 옮김, 비봉, 2007.]

Mishel, L., J. Bernstein and J. Schmitt, 2001, *The State of Working America 2000~2001*, Ithaca, N.Y.: Cornell University Press.

Palley, T.I., 1996, *Post Keynsian Economics: Debt, distribution, and the Macro-Economy*, London: Macmillan.

_____ 1997, "The Institutionalisation of Deflationary Policy Bias" in H. Hagerman and A. Cohen(eds.), *Advances in Monetary Theory*, Dordrecht: Kluwer Academic Publishers.

_____ 1998a, *Plenty of Nothing: The Downsizing of the American Dream and the Case for Structural Keynesianism,* Princeton: Princeton University Press.

_____ 1998b, "Restoring Prosperity: Why the US Model is not the Right Answer for the US or Europe", *Journal of Post-Keynesian Economics* 20, pp. 337~54.

_____ 1999, "General Disequilibrium Analysis with Inside Debt", *Journal of Macroeconomics* 21, pp. 785~804.

Weisbrot, M., D. Baker, E. Kraev, and J. Chen, 2002, "The Scorecard on Globalisation 1980~2000: Twenty Years of Diminished Progress", Briefing Paper, Centre for Economic Policy Research, Washington, D.C.

3장_신자유주의 시대의 주류경제학

Akerlof, G., 1970, "The Market for 'Lemons': Quality Uncertainty and the Market Mechanism", *Quarterly Journal of Economics* 84, pp. 488~500.

_____ 1984, *An Economic Theorist's Book of Tales*, Cambridge: Cambridge University Press.

Arrow, K., F. Hahn, 1971, *General Competitive Analysis,* Amsterdam: North

Holland.

Fine, B., C. Lapavistas and J. Pincus(eds.), 2001, *Development Policy in the Twenty-First Century,* London: Routledge.

Friedman, M., 1956, "The Quantity Theory of Money; A Restatement" in *Studies in the Quantity Theory of Money,* Chicago: University of Chicago Press.

_____ 1970, *The Counter-Revolution in Monetary Theory*, IEA Occasional Paper 33, Institute of Economic Affairs: London.

Grossman, S., J. Stiglitz, 1980, "On the Impossibility of Informationally Efficient Markets", *American Economic Review* 70, pp. 393~408.

Itoh, M., C. Lapavistas, 1999, *Political Economy of Money and Finance,* London: Macmillan.

Keynes, J.M., 1936(1973), *The General Theory of Employment, Interest, and Money,* London: Macmillan[『고용, 이자 및 화폐의 일반이론』, 조순 옮김, 비봉, 2007.]

Lucas, R., 1972, "Expectation and the Neutrality of Money", *Journal of Economic Theory* 4, pp. 103~24.

_____ 1973, "Some International Evidence on Output-Inflation Tradeoffs", *American Economic Review* 63(3), pp. 326~34.

North, D.C., 1981, *Structure and Change in Economic History,* New York: W.W. Norton.

_____ 1990, *Institutions, Institutional Change and Economic Performance,* Cambridge: Cambridge University Press.[『제도, 제도변화, 경제적 성과』, 이병기 옮김, 한국경제연구원, 1996.]

_____ 1999, *Understanding the Process of Economic Change*, London: Institute of Economic Affairs.

Spence, M., 1973, "Job Market Signalling", *The Quarterly Journal of Economics* 87, pp. 355~74.

Stiglitz, J., 1974, "Incentives and Risk Sharing in Sharecropping", *Review of Economic Studies* 41, pp. 219~55.

_____ 1994, "The Role of the State in Financial Markets", *Proceedings of the World Bank Annual Conference on Development Economics 1993*,

pp.19~52.
Williamson, O., 1975, *Markets and Hierarchies*, New York: Free Press.
_____ 1985, *The Economic Institution of Capitalism*, New York: Free Press.

4장_신자유주의의 경제적 신화

Agosin, M.R., D. Tussie, 1993, "Trade and Growth: New Dilemmas in Trade Policy—An Overview" in *Trade and Growth: New Dilemmas in Trade Policy*, London: Macmillan.
Arndt, S.W., J.D. Richardson(eds.), 1987, *Real-Financial Linkages among Open Economies*, Cambridge, Mass.: MIT Press.
Bhagwati, J., 2002, *Free Trade Today*, Princeton: Princeton University Press.
Chang, H.-J., 2002, *Kicking Away the Ladder: Development Strategy in Historical Perspective*, London: Anthem Press.[『사다리 걷어차기』, 형성백 옮김, 부키, 2004.]
Harvey, J.T., 1996, "Orthodox approaches to exchange rate determination: a survey", *Journal of Post-Keynesian Economics* 18(4), pp. 567~83.
ILO(International Labour Organisation), 2001, *World Employment Report*, Geneva: ILO.
Krugman, P., 1987, "Is Free Trade Passé?", *Journal of Economic Perspectives* 1(2), pp. 131~46.
Magee, S.P., 1980, *International Trade*, Reading, Mass.: Addison-Wesley.
McCartney, M., 2004, "Liberalisation and Social Structure: The Case of Intensive Export Growth in South Asia", *Post-Autistic Economics Review* 23(5) (http://www.btinternet.com/~pae_news/review/issue23.htm).
Milberg, W., 1993, "The Rejection of Comparative Advantage in Keynes and Marx", mimeograph, Department of Economics, New School for Social Research.
_____ 1994, "Is Absolute Advantage Passé? Towards a Keynesian/Marxian Theory of International Trade" in M. Glick(ed.), *Competition, Technology and Money: Classical and Post-Keynesian Perspectives*, Aldershot: Edward Elgar.
Rodrik, D., 2001, *The Global Governance of Trade: As if Trade Really*

Mattered, UNDP(United Nations Development Programme).

Shaikh, A., 1980, "The Law of International Exchange" in E.J. Nell(ed.) *Growth, Profits and Property*, Cambridge University Press.

_____ 1996, "Free Trade, Unemployment and Economic Policy" in John Eatwell(ed.), *Global Unemployment: Loss of Jobs in the 90s,* Armonk, N.Y.: M.E. Sharpe.

Stiglitz, J. E., 2002, *Globalisation and its Discontents,* New York: W.W. Norton.〔『세계화와 그 불만』, 송철복 옮김, 세종연구원, 2002.〕

UNDP(United Nations Development Programme), 2003, *Human Development Report,* Geneva: UNDP.

5장_신자유주의적 사회이론

Clarke, S., 1988, *Keynesianism, Monetarism and the Crisis of the State*, Cheltenham: Edward Elgar.

_____ 1991, *Marx, Marginalism and Modern Sociology*, London: Macmillan.

_____ 1994, *Marx's Theory of Crisis*, London: Macmillan.

Friedman, M., 1962, *Capitalism and Freedom*, Chicago: University of Chicago Press.〔『자본주의와 자유』, 심준보·변동열 옮김, 청어람미디어, 2007.〕

Marx, K., 1962, "Critique of the Gotha Programme" in *K. Marx and F. Engels Selected Works*, vol. 2. Moscow: FLPH, pp. 13~37.

_____ 1973, *Grundrisse*, Harmondsworth: Penguin.

_____ 1976, *Capital*, vol. 1. Harmondsworth: Penguin.〔『자본론』, 김수행 옮김, 비봉, 2002.〕

Smith, A., 1910, *The Wealth of Nations*, 2 vols. London: Dent.〔『국부론』 상·하, 김수행 옮김, 비봉, 2007.〕

6장_신자유주의와 정치, 그리고 신자유주의적 정치

Bourdieu, P., 1999, *Acts of Resistance Against the Tyranny of the Market*, Cambridge: Polity Press.

Cerny, P., 2000, "Structuring the political arena: public good, states and governance in globalising world" in R. Palan(ed.), *Global Political Economy: Contemporary Theories*, London: Routledge.

Colcough, C., J. Manor(eds.), 1993, *States or Markets? Neoliberalism and the Development Policy Debate*, Oxford: Clarendon Press.

Friedman, M., 1962, *Capitalism and Freedom*, Chicago: University of Chicago Press.[『자본주의와 자유』, 심준보·변동열 옮김, 청어람미디어, 2007.]

Garretón, M.A., M. Cavarozzi, P. Cleaves, G. Gereffi and J. Hartlyn, 2003, *Latin America in the Twenty-First Century: Towards a New Sociopolitical Matrix*, Florida: North-South Centre Press.

Hayek, F., 1976, *Law, Legislation and Liberty*, vol. 2: *The Mirage of Social Justice*, London: Routledge & Kegan Paul.[『법, 입법, 그리고 자유』, 민경국 옮김, 자유기업센터, 1997.]

Larner, W., 2000, "Theorising Neoliberalism: policy, ideology, and governmentality", *Studies in Political Economy* 63, pp. 5~26.

Peck, J., A. Tickell, 2002, "Neoliberalizing Space", *Antipode* 34(3), pp. 380~404.

Polanyi, K., 2001, *The Great Transformation: The Political and Economic Origins of Our Times*, Boston: Beacon Press.[『거대한 변환』, 박현수 옮김, 민음사, 1991.]

Smart, B., 2002, *Economy, Culture and Society*, Cambridge: Polity Press.

Touraine, A., 2001, *Beyond Neoliberalism*, Cambridge: Polity Press.

Unger, R.M., 1999, *Democracy Realised: The Progressive Alternative*, London: Verso.

Williamson, J., 2002, "Did the Washington Consensus Fail?", Institute for International Economics(http://www.petersoninstitute.org/publications/papers/paper.cfm?ResearchId=488).

7장_신자유주의, 세계화, 그리고 국제관계

Harvey, D., 2000, *Spaces of Hope*, Edinburgh: University of Edinburgh Press.[『희망과 공간』, 최병두 외 옮김, 한울, 2007.]

Held, D., A. McGrew, D. Goldblatt and J. Perraton, 1999, *Global Transformations*, Cambridge University Press.[『전지구적 전환』, 조효제 옮김, 창작과비평사, 2002.]

Mohan, G., E. Brown, B. Milward and A.B. Zack-Williams, 2000, *Structural*

Adjustment : Theory, Practice and Impacts, London : Routledge.

Pijl, K. van der, 1984, *The Making of An Atlantic Ruling Class*, London : Verso.

_____ 1998, *Transnational Classes and International Relations*, London : Routledge.

Robinson, W.I., 2001, "Capitalist Globalisation and the Transnationalisation of the State" in M. Rupert and H. Smith(eds.), *Historical Materialism and Globalisation*, London : Routlege.

Taylor, M., 2002, "Success for Whom? A Historical-Materialist Critique of Neoliberalism in Chile", *Historical Materialism* 10(2), pp. 45~75.

Williamson, J., 1993, "Democracy and the 'Washington Consensus' ", *World Development* 21(8), pp. 1329~36.

8장_저발전 국가에서 신자유주의와 본원적 축적

Blackburn, R., 1997, *The Making of New World Slavery : From the Baroque to the Modern, 1492~1800*, London : Verso.

Bramall, C., 2000, *Sources of Chinese Economic Growth, 1978~1996*, Oxford : Oxford University Press.

Bryceson, D., 2000, "African Peasants' Centrality and Marginality : Rural Labor Transformations" in D. Brycenson, C. Kay and J. Mooij(eds.), *Disappearing Peasantries? Rural Labor in Africa, Asia and Latin America*, London : Intermediate Technology Publications.

Holstrom, N., R. Smith, 2000, "The Necessity of Gangster Capitalism : Primitive Accumulation in Russia and China", *Monthly Review* 51(9).

Janvry, A. de, E. Sadoulet and L. W. Young, 1989, "Land and Labour in Latin American Agriculture from the Fifties to the Eighties", *Journal of Peasant Studies* 16(3), pp. 396~424.

Kay, C., 2000, "Latin America's Agrarian Transformation : Peasantisation and Proletarianisation" in D. Brayceson, C. Kay and J. Mooij(eds.), *Disappearing Peasantries? Rural Labor in Africa, Asia and Latin America*, London : Intermediate Technology Publications.

Khan, M., 2004, "Power, Property, Rights and the Issue of Land Reform : A

General Case Illustrated with Reference to Bangladesh", *Journal of Agrarian Change* 4(1~2), pp. 73~106.

Marx, K., 1976, *Capital*, vol 1. Harmondsworth: Penguin.[『자본론』, 김수행 옮김, 비봉, 2002.]

Peters, P., 2004, "Inequality and Social Conflict Over Land in Africa", *Journal of Agrarian Change* 4(3), pp. 269~314.

Preobrazhensky, E., 1965, *The New Economics*, Oxford: Clarendon Press.

9장_신자유주의적 세계화

Beveridge, W., 1960, *Full Employment in a Free Society: A Report*, 2nd edn, London: Allen and Unwin.

Keynes, J.M., 1936, *The General Theory of Employment, Interest and Money*, London: Macmillan.[『고용, 이자 및 화폐의 일반이론』, 조순 옮김, 비봉, 2007.]

Polanyi, K., 2001, *The Great Transformation: The Political and Economic Origins of Our Times*, Boston: Beacon Press.[『거대한 변환』, 박현수 옮김, 민음사, 1991.]

Schumpeter, J.A., 1975, *Capitalism, Socialism and Democracy*, New York: Harper & Row.[『자본주의·사회주의·민주주의』, 이상구 옮김, 삼성출판사, 1990.]

10장_신자유주의와 국제무역

Balassa, B., 1988, "Interests of Developing Countries in the Urguay Round", *World Economy* 11(1), pp. 39~54.

Bhagwati, J., 1980, "Is Free Trade Pass after all?", *Welwirtschaftliches Archiv* 125, pp. 17~44.

Deraniyagala, S., B. Fine, 2001, "New Trade Theory versus Old Trade Policy: A Continuing Enigma", *Cambridge Journal of Economics* 25(6), pp. 809~25.

Dollar, D., A. Kraay, 2000, "Growth is Good for the Poor", World Bank Development Research Group, working paper 2507.

Krugman, P., 1984, "Import Protection as Export Promotion" in H. Kierkowski(ed.), *Monopolistic Competition and International Trade*, Oxford: Oxford University Press.

Lai, D., S. Rajapathirana, 1987, "Foreign Trade Regimes and Growth in Developing Countries", *World Bank Research Observer* 2, pp. 189~217.

Ocampo, J., L. Taylor, 1998, "Trade Liberalisation in Developing Countries: Modest Benefits, but Problems with Productivity Growth, Macro-Prices and Income Distribution", *Economic Journal* 108(3), pp. 1523~46.

Rodriguez, F., D. Rodrik, 2001, "Trade Policy and Economic Growth: A Skeptic's Guide to Cross-National Evidence" in B. Bernanke and K. Rogoff (eds.), *NBER Macroeconomics Annual 2000*, Cambridge, Mass.: Mit Press.

Rodrik, D., 1995, "Trade and Industrial Policy Reform" in J. Behrman, T.N. Srinivasan(eds.), *Handbook of Development Economics*, vol. 3b, Amsterdam: North-Holland.

Winters, A., N. McCulloch and A. McKay, 2002, *Trade Liberalisation and Poverty: The Emperical Evidence*, University of Nottingham, CREDIT Research Paper 02/22.

11장_일상적인 화폐적 실천의 안식처

Brenner, R., 2002, *The Boom and the Bubble: The US in the World Economy*, London: Verso.[『붐 앤 버블』, 정성진 옮김, 아침이슬, 2002.]

Brown, W.A., 1940, *The International Gold Standard Reinterpreted, 1914~1934*, New York: National Bureau of Economic Research.

Grahl, J., P. Lysandrou, 2003, "Sand in the Wheels or Spanner in the Works? The Tobin Tax and Global Finance", *Cambridge Journal of Economics* 27(5), pp. 597~621.

Hobson, J.A., 1938, *Imperialism: A Study*, London: George Allen & Unwin (first published in 1902).[『제국주의론』, 신홍범·김종철 옮김, 창작과비평사, 1993.]

League of Nations, 1930, *First Interim Report of the Gold Delegation of the Financial Committee*, Geneva: League of Nations.

Stiglitz, J.E., 2002, *Globalisation and Its Discontents*, London: Allen Lane.[『세계화와 그 불만』, 송철복 옮김, 세종연구원, 2002.]

Strange, S., 1986, *Casino Capitalism*, Oxford: Basil Blackwell.

Toporowski, J., 2003, "The End of Finance and Financial Stabilisation", *Wirtschaft und Gesellschaft* 29 Jahrgang, Heft 4.

12장 _ 워싱턴 컨센서스에서 포스트 워싱턴 컨센서스로

Chang, H.J., 2002, *Kicking Away the Ladder: Development Strategy in Historical Perspective*, London: Anthem Press.[『사다리 걷어차기』, 형성백 옮김, 부키, 2004.]

Fine, B., C. Lapavitsas and J. Pincus(eds.), 2001, *Development Policy in the Twenty-First Century*, London: Routledge.

Fine, B., C. Stoneman, 1996, "Introduction: State and Development", *Journal of Southern African Studies* 22(1), pp. 5~26.

Harriss, J., J. Hunter and C. Lewis, 1995, *The New Institutional Economics and Third World Development*, London: Routledge.

Milanovic, B., 2002, "True World Income Distribution, 1988 and 1993: First Calculation Based on Household Surveys Alone", *Economic Journal* 112, pp. 51~92

Pender, J., 2001, "From 'Structural Adjustment' to 'Comprehensive Development Framework': Conditionality Transformed?", *Third World Quarterly* 22(3), pp. 397~411.

Saad-Filho, A., 2003, "Introduction" in *Anti-Capitalism: A Marxist Introduction*, London: Pluto Press.

Standing, G., 2000, "Brave New Words? A Critique of Stiglitz's World Bank Rethink", *Development and Change* 31, pp. 737~63.

Weeks, J., 1991, "Losers Pay Reparations, or How the Third World Lost the Lending War" in *Debt Disaster? Banks, Governments, and Multilaterals Confront the Crisis*, Geonomics Institute for International Economic Advancement Series, pp. 41~63.

13장 _ 대외 원조, 신자유주의, 그리고 미 제국주의

ECLAC(Economic Commission for Latin America and the Caribbean), 2002, *Statistical Yearbook for Latin America and the Carribean*, Santiago: ECLAC.

Hayter, T., 1971, *Aid as Imperialism*, Harmondsmouth: Penguin.

IMF(International Monetery Fund), 2002, "Recent Trends in the Transfer of Resources to Developing Countries", Global Development Finance,

Country Tables, Washington, D.C.: IMF.
Krueger, A., C. Michalopoulos and V. Ruttan, 1989, *Aid and Development*, Baltimore: Johns Hopkins University Press.
Mokhiber, R., R. Weissman, 2003, "Other Things you Might Do With $87 Billion", *Corp-Focus*, September 10(lists.essential.org/pipermail/corp-focus/2003/000160.html).
OECD(Organisation of Economic Co-operation and Development), 2000, *DAC Geographic Distribution of Flows*, Paris: OECD.
Veltmeyer, H., J. Petras, 1997, *Economic Liberalism and Class Conflict in Latin America*, London: Macmillan.
_____ 2000, *The Dynamics of Social Change in Latin America*, London: Macmillan.
World Bank, 1998, *Assessing Aid: What Works, What Doesn't, and Why*, New York: Oxford University Press.
_____ 2002, *Global Economic Model*, Washington, D.C.: World Bank.

14장_발전도상국에서 농민에 대한 당근과 채찍

Bates. R., 1981, *Markets and States in Tropical Africa: The Political Basis of Agricultural Policies*, Berkeley: University of California Press.
Berthelot, J., 2001, "The Reform of the European Union's Farm Policy", *Le Monde Diplomatique*, April.
Bryceson, D., 1999, "Sub-Saharan Africa Betwixt and Between: Rural Livelihood Practices and Policies", ASC Working Paper 43/1999, Leiden: African Studies Centre.
Byres, T., 2003, "Paths of Capitalist Agrarian Transition in the Past and in the Contemporary World" in V.K. Ramachandran, M. Swaminathan(eds.), *Agrarian Studies: Essays on Agrarian Relations in Less-Developed Countries*, London: Zed Books.
Dyer, G., 2000, "Output per Hectare and Size of Holding: A Critique of Berry and Cline on the Inverse Relationship", Working Paper 101, Department of Economics, SOAS, University of London.
El-Ghonemy, R., 2003, "The Land Market Approach to Rural Development"

in V.K. Ramachandran, M. Swarminathan(eds.), *Agrarian Studies: Essays on Agrarian Relations in Less-Developed Countries*, London: Zed Books.

Gibbon P., K.J. Havnevik and K. Hermele, 1993, *A Blighted Harvest: The World Bank and African Agriculture in the Eighties*, London: James Currey.

Kay, C., 2002, "Chile's Neoliberal Agrarian Transformation and the Peasantry", *Journal of Agrarian Change* 2(4), pp. 464~501.

Kherallah, M., C. Delgado, E. Gabre-Madhin, N. Minot and M. Johnson, 2002, *Reforming Agricultural Markets in Africa*, Baltimore: Johns Hopkins University Press.

Oya, C., 2001, "Large-and Middle-Scale Farmers in the Groundnut Sector in Senegal in the Context of Liberalisation and Structural Adjustment", *Journal of Agrarian Change* 1(1), pp. 123~62.

Ponte, S., 2002, *Farmers and Traders in Tanzania*, London: James Currey.

Schiff, M., A. Valdés, 1992, *The Political Economy of Agricultural Pricing Policy*, vol. 4: *A Synthesis of the Economics in Developing Countries*, London: Johns Hopkins University Press.

_____ 1998, *Agriculture and the Macroeconomy*, Policy Research Working Paper no. 1967, Washington, D.C.: World Bank.

Sender, J., S. Smith, 1984, "What is Right with the Berg Report and What's Left of its Critics?", IDS Discussion Paper 192, University of Sussex.

15장_빈곤과 분배

Atkinson, A.B., 1998, "Social Exclusion, Poverty and Unemployment" in A.B. Atkinson, J. Hills(eds.), *Exclusion, Employment and Opportunity*, Centre of Analysis of Social Exclusion, paper no. 4., London School of Economics.

Bennell, P., 2002, "Hitting the Target: Doubling Primary School Enrollments in Sub-Saharan Africa by 2015", *World Development* 30(7), pp. 1179~94.

Cornia, G., 2003, "Globalisation and the Distribution of Income Between and Within Countries" in H.-J. Chang(ed.), *Rethinking Development Economics*, London: Anthem Press.

Cornia, G., R. Jolly and E. Stewart, 1987, *Adjustment with a Human Face:*

Protecting the Vulnerable and Promoting Growth, Oxford: Oxford University Press.

Prichett, L., 1997, "Divergence, Big Time", *Journal of Economic Perspectives* 11(3), pp. 3~17.

Ravallion, M., 2001, "Growth, Inequality and Poverty: Looking Beyond Averages", *World Development* 29(11), pp. 1803~15.

Reddy, S.G, T.W. Pogge, 2003, "How Not To Count The Poor", Discussion Paper, version 4.5, March 26, Columbia University.

Sender, J., 2003, "Rural Poverty and Gender: Analytical Frameworks and Policy Proposals" in H.-J. Chang(ed.), *Rethinking Development Economics*, London: Anthem Press.

Streeten. P., 1994, "Human Development: Means and Ends", *American Economic Review* 84(2), pp. 232~7.

UNCTAD, 2002, *Economic Development in Africa: From Adjustment to Poverty Reduction: What is New?*, Geneva: UNCTAD.

Wade, R.H., 2001, "Making the World Development Report 2000: Attacking Poverty", *World Development* 29(8), pp. 1435~41.

World Bank, 2000, *World Development Report 2000/2001: Attacking Poverty*, Washington, D.C.: World Bank.

_____ 2003, *Global Economic Prospects*, Washington, D.C.: World Bank.

16장_복지국가와 신자유주의

Briggs, A., 1961, "The Welfare State in Historical Perspective", *European Journal of Sociology* 2(2), pp. 221~58.

Deacon, B., M. Hulse and P. Stubbs, 1997, *Global Social Policy: International Organisations and the Future of Welfare*, London: Sage.

Huber, E., J. D. Stephens, 2001, *Development and Crisis of the Welfare State*, Chicago: University of Chicago Press.

Leibfried, S., H. Obinger, 2001, "Welfare State Futures: An Introduction" in S. Leibfrield(ed.), *Welfare State Future*, Cambridge: Cambridge University Press.

Pierson, P., 2001, "Investigating the Welfare State at Century's End" in P.

Pierson(ed.), *The New Politics of the Welfare State*, Oxford: Oxford University Press.

Taylor-Gooby, P., 2001, "The Politics of Welfare in Europe" in P. Taylor-Gooby(ed.), *Welfare States under Pressure*, London: Sage.

17장_신자유주의, 신우파, 그리고 성정치

Durham, M., 1991, *Sex and Politics: The Family and Morality in the Thatcher Years*, London: Macmillan.

Faludi, S., 1991, *Backlash: The Undeclared War against American Women*, New York: Crown Publishers.

Glennerster, H., 2000, *British Social Policy since 1945*, 2nd edn, Oxford: Blackwell.

Hall, S., M. Jacques(eds.), *The Politics of Thatcherism*, London: Lawrence & Wishart.

Levitas, R.(ed.), 1986, *The Ideology of the New Right*, Cambridge: Polity Press.

Lowe, R., 1999, *The Welfare State in Britain since 1945*, 2nd edn. London: Macmillan.

Luker, K., 1984, *Abortion and the Politics of Motherhood*, Berkeley: University of California Press.

Murray, C., 1990, *The Emerging British Underclass*, London: Institute of Economic Affairs.

Pascall, G., 1997, *Social Policy: A New Feminist Analysis*, London: Routledge.

Rowbotham, S., 1989, *The Past is Before Us*, London: Pandora.

Somerville, J., 2000, *Feminism and the Family*, London: Macmillan.

Thatcher, M., 1993, *The Downing Street Years*, London: HarpersCollins.

Williams, F., 1999, "Good Enough Principles for Welfare", *Journal of Social Policy* 28(4), pp. 667~87.

18장_신자유주의적 고등교육 의제들

Balanyá, B., A. Doherty, O. Hoedeman, A. Ma'anit and E. Wesselius, 2000, *Europe Inc.: Regional and Global Restructuring and the Rise of Corporate*

Power, London: Pluto Press(see Corporate European Obsevatory, http://www.corporateeurope.org).

Borg, C., P. Mayo, 2003, "The EU Memorandum on Lifelong Learning: Diluted Old Wine in New Bottles?", Unpublished manuscript available from peter.mayo@um.edu.mt.

CAUT(Canadian Association of University Teachers), 1998, "Unesco Declaration Puts Academic Freedom at Risk" (http://www.cautbulletin.ca/en_article.asp?ArticleID=2177).

CEC(Commission of the European Communities), 1998, "Education and Active Citizenship in the European Union" (http://ec.europa.eu/education/archive/citizen/index_en.html).

Hatcher, R., N. Hirtt, 1999, "The Business Agenda Behind Labour's Education Policy" in *Business, Business, Business: New Labour's Education Policy*, London: Tufnell Press(http://www.tpress.free-online.co.uk/hillpubs.html).

Johnstone, D.B., A. Arora and W. Experton, 1998, "The Financing and Management of Higher Education: A Status Report on Worldwide Reforms", Washington, D.C.: World Bank, Departmental Working Paper (①).

Noble, D., 2003, *Digital Diploma Mills: The Automation of Higher Education*, New York: Monthly Review Press.[『디지털 졸업장 공장』, 김명진 옮김, 그린비, 2006.]

Nunn, A., 2002, "GATS, Higher Education and 'Knowledge-Based Restructuring' in the UK", *Education and Social Justice* 4(1), pp. 32~43.

Ovetz, R., 1996, "Turning Resistance into Revellion: Student Struggles and the Global Entrepreneurialisation of the Universities", *Capital and Class* 58, pp. 113~52.

Slaghter, S., L.L. Leslies, 1997, *Academic Capitalism: Politics, Policies and the Entrepreneurial University*, Baltimore, Md.: Johns Hopkins University Press.

Universities UK, 2000, *The Business of Higher Education: UK Perspectives*, (http://www.universitiesuk.ac.uk).

19장_신자유주의와 시민사회

Bourdieu, P., 1998, "The Essence of Neoliberalism", *Le Monde Diplomatique*, December.

Fukuyama, F., 1999, "Social Capital and Civil Society", paper presented at the IMF Conference on second-generation reforms, Washington D.C..

Gill, S., 2000, "Towards a Postmodern Prince? The Battle in Seattle as a Moment in the New Politics of Globalisation", *Millenium* 29(1), pp. 131~40.

Jenkins, R., 2002, "Mistaking 'Governance' for 'Politics': Foreign Aid, Democracy and the Construction of Civil Society" in S. Kaviraj, S. Khilnani(eds.), *Civil Society: History and Possibilities*, Cambridge: Cambridge University Press.

Lemke, T., 2001, "The Birth of Bio-Politics: Michel Foucault's Lecture at the Collège de France on Neoliberal Governmentality", *Economy and Society* 30(2), pp. 190~207.

Overbeek, H., K. van der Pijl, 1993, "Restructuring Capital and Restructuring Hegemony: Neoliberalism and the Unmaking of the Post-war Order" in H. Overbeek(ed.), *Restructuring Capital and Restructuring Hegemony in the Global Political Economy: The Rise of Transnational Neoliberalism in the Ninties*, London: Routledge.

Pijl, K. van der, 1993, "The Sovereignty of Capital Impaired: Social Forces and Codes of Conduct for Multinational Coporations" in H. Overbeek (ed.), *Restructuring Capital and Restructuring Hegemony in the Global Political Economy: The Rise of Transnational Neoliberalism in the Ninties*, London: Routledge.

20장_신자유주의와 민주주의

Bowles, S., H. Gintis, 1986, *Democracy and Capitalism: Property, Community, and the Contradictions of Modern Social Thought*, New York: Basic Books.[『민주주의와 자본주의』, 차성수·권기돈 옮김, 백산서당, 1994]

Finnegan, W., 2002, "Letter from Bolivia: Leasing the Rain", *The New Yorker*, April 8.

Leys, C., 2001, *Market-Driven Politics: Neoliberal Democracy and the Public Interest*, London: Verso.

Polanyi, K., 1944, *The Great Transformation: The Political and Economic Origins of Our Time*, Boston: Beacon Press.[『거대한 변환』, 박현수 옮김, 민음사, 1991.]

21장_신자유주의와 제3의 길

Arestis, P., M. Sawyer(eds.), 2001a, *The Economics of the Third Way: Experience from Around the World*, Cheltenham: Edward Elgar.

_____ 2001b, "Economics of the British New Labour: an assessment" in P. Arestis and M. Sawyer(eds.), *The Economics of the Third Way: Experience from Around the World*, Cheltenham: Edward Elgar.

Barro, R.J., X. Sala-i-Martin, 1995, *Economic Growth*, New York: McGraw-Hill.

Blair, T., 1997, "Introduction" in *New Labour: Because Britain Deserves Better*, London: Labour Party.

Blair, T., G. Schröder, 1999, "Europe: The Third Way/Die Neue Mitte" in B. Hombach, *The Politics of the New Centre*, Oxford: Polity Press, 2000.

Brown, G., 2000, "Conditions for Growth and Stability", lecture at the Royal Economic Society Annual Conference, University of St Adnrews, 13 July.

Forder, J., 2000, "The Theory of Credibility: Confusions, Limitations, and Dangers", *International Papers in Political Economy* 7(2), pp. 3~40.

Giddens, A., 1998, *The Third Way: The Renewal of Social Democracy*, Oxford: Polity Press.[『제3의 길』, 한상진 · 박찬욱 옮김, 생각의나무, 1999.]

_____ 2000, *The Third Way and its Critic*, Oxford: Polity Press.[『제3의 길과 그 비판자들』, 박찬욱 옮김, 생각의나무, 2002.]

_____ 2003, "The Challenge of Renewal", *Progressive Politics* 1(1), pp 36~9.

Hargreaves Heap, S., 1992, *The New Keynesian Macroeconomics*, Aldershot: Edward Elgar.

Hombach, B., 2000, *The Politics of the New Centre*, Oxford: Polity Press.

Rutelli, F., 2003, "Beyond Division", *Progressive Politics* 1(1), pp. 27~35.

Tsakalotos, E., 2001, "European Employment Policies: A New Social

Democratic Model for Europe?" in P. Arestis, M. Sawyer(eds.), *The Economics of the Third Way: Experience from Around the World*, Cheltenham: Edward Elgar.

22장_미국에서 신자유주의의 탄생

Armstrong, P., A. Glyn and J. Harrison, 1991, *Capitalism Since 1945*, Oxford: Basil Blackwell.[『1945년 이후의 자본주의』, 김수행 옮김, 동아출판사, 1993.]

Block, F., R. Cloward, B. Ehrenreich and F.F. Piven, 1987, *The Mean Season: The Attack on the Welfare State*, New York: Pantheon.

Bowles, S., D. Gordon and T. Weisskopf, 1983, *Beyond the Waste Land*, Garden City, N.Y.: Anchor Press/Doubleday.

_____ 1990, *After the Waste Land*, Armonk, N.Y.: M.E. Sharpe.

Duménil, G., D. Lévy, 2004, *Capital Resurgent*, Boston: Harvard University Press.[『자본의 반격』, 이강국·장시복 옮김, 필맥, 2006.]

Duncan, R., 2003, *The Dollar Crisis*, Singapore: John Wiley & Sons(Asia).[『세계경제의 몰락』, 김석중 옮김, 국일증권연구소, 2004.]

Harrison, B., B. Bluestone, 1988, *The Great U-Turn: Corporate Restructuring and the Polarizing of America*, New York: Basic Books.

Helleiner, E., 1994, *States and the Reemergence of Global Finance: From Bretton Woods to the Nineties*, Ithaca, N.Y.: Cornell University Press.

Kochan, T., H. Katz and R. McKersie, 1994, *The Transformation of American Industrial Relations*, Ithaca, N.Y.: ILR Press.

Meeropol, M., 1998, *Surrender: How the Clinton Administration Completed the Reagan Revolution*, Ann Arbor: University of Michigan Press.

Rosenberg, S., 2003, *American Economic Development Since 1945*, London: Palgrave.

Wolfson, M., 1994, *Finance Crises: Understanding the Postwar US Experience*, 2nd edn., Armonk, N.Y.: M.E. Sharpe.

23장_영국의 신자유주의

Arestis, P., M. Sawyer, 1998, "New Labour, New Monetarism", *Soundings: A*

Journal of Politics and Culture 9, pp. 24~41.

Brewer, M., 2004, "Will the Government Hits its Child Poverty Target in 2004~05?", *The Institute for Fiscal Studies*, Briefing Note No. 47.

Department of Employment[UK], 1985, *Employment: The Challenge for the Nation*, Cmnd. 9474. London: HMSO.

DTI(Department of Trade and Industry, UK), 2003a, *The Strategy*, London: HMSO.

_____ 2003b, *International Trade and Investment*, London: HMSO.

Goodman, A., P. Johnson and S. Webb, 1997, *Inequality in the UK*, Oxford: Oxford University Press.

Gottschalk, P., T. Smeeding, 1997, "Cross-National Comparisons of Earnings and Income Inequality", *Journal of Economic Literature* 35(2), pp. 633~87.

Ministry of Reconstruction[UK], 1994, *Employment Policy after the War*, London: HMSO.

Sawyer, M., 2003, "The Private Finance Initiative: A Critical Assessment" in D. Coffey and C. Thornley(eds.), *Industrial and Labour Market Policy and Performance*, London: Routledge.

_____ 2004, "Income Distribution and Redistribution" in M. Sawyer(ed.), *The UK Economy*, Oxford: Oxford University Press.

UNCTAD, 2003, *World Investment Report*, Annex, Geneva: UNCTAD.

24장_유럽통합

Borjas, G., 2000, *Labor Economics*, New York: McGraw-Hill/Irwin.

Boyer, R., 1996, "State and Market: A New engagement for the Twenty-First Century?" in R. Boyer, D. Drache(eds.), *States against Markets: The Limits of Globalization*, London: Routledge.

Council(Council of the European Communities/Commission of the European Communities), 1993, *Treaty on European Union*, Brussels and Luxembourg: ECSC-EEC-EAEC, 1992.

European Commission, 2003, *Commission Recommendation on the Broad Guidelines of the Economic Policies of the Member States and the*

Community(for the 2003~2005 period), Brussels, 8 April.

European Convention, 2003, *Draft Treaty Establishing a Constitution for Europe*, Brussels, 20 June.

European Economists(European Economists for an Alternative Economic Policy in Europe-Euromemorandum Group), 2003, *Full Employment, Welfare and a Strong Public Sector—Democratic Challenges in a Wider Union*(www.memo-europe.uni-bremen.de).

Harrisson, B., B. Bluestone, 1988, *The Great U-Turn: Coporate Restructuring and the Polarizing of America*, New York: Basic Books.

Pelagidis, T., L. Katseli and J. Milios(eds.), 2001, *Welfare State and Democracy in Crisis: Reforming the European Model*, Aldershot: Ashgate.

Rhoads, C., B. Mitchener, 2003, "Germany and France Dodge Effort to Rein In Spending: ECB Warns of Consequences", *Wall Street Journal*, 25 November.

Saad-Filho, A.(ed.), 2003, *Anti-Capitalism: A Marxist Introduction*, London: Pluto Press.

25장_신자유주의, 동유럽의 경계

Andor, L., 2000, *Hungary on the Road to the European Union*, Westport, Conn.: Praeger.

Brus, W., K. Laski, 1989, *From Marx to the Market: Socialism in Search of an Economic System*, Oxford: Clarendon Press.

Kowalik, T., 1991, "The Polish Postscript, 1989" in M. Mendell, D. Salée (eds.), *The Legacy of Karl Polanyi: Market, State and Society at the End of the Twentieth Century*, London: Macmillan.

_____ 1994, "Reply to M. Glasman", *New Left Review* 296. pp. 133~44.

Kregel, J., E. Matzner and M. Perczyński(eds.), 1994, *After the Market Shock: Central and East European Economies in Transition*, Brookfield, VT: Darthmouth.

Milanovic, B., 1995, *Poverty, Inequality and Social Policy in Transition Economies*, World Bank Policy Research Paper 1530, Washington. D.C.: World Bank.

Polanyi, K., 2001, *The Great Transformation: The Political and Economic Origins of Our Times*, Boston: Beacon Press.[『거대한 변환』, 박현수 옮김, 민음사, 1991.]

26장 라틴아메리카 신자유주의의 정치경제

Abreu, R., A.S. Bevilacqua and D.M. Pinho, 2000, "Import Substitution and Growth in Brazil, 1890s~1970s" in E. Cárdenas, J.A. Ocampo and R. Thorp(eds.), *An Economic History of Twentieth-Century Latin America*, vol. 3. London: Palgrave.

CEPAL, 2003, *Statistical Yearbook of Latin America*, Santiago: CEPAL.

Díaz-Alejandro, C., 1985, "Good-Bye Financial Repression, Hello Financial Crash", *Journal of Development Economics* 19, pp. 1~24.

Iñigo Carrera, J., 2006, "The Reproduction of Capital Accumulation through Political Crisis in Argentina", *Historical Materialism*, forthcoming.

Saad-Filho, A., M.L.R. Mollo, 2002, "Inflation and Stabilisation in Brazil: A Political Economy Analysis", *Review of Radical Political Economics* 34(2), pp. 109~35.

Weeks, J., 2000, "Latin America and the 'High Performing Asian Economies': Growth and Debt", *Journal of International Development* 12, pp. 625~54.

World Bank, 2003a, *World Development Indicators*(CD-ROM), Washington, D.C.: World Bank.

_____ 2003b, World Development Finance(CD-ROM), Washington, D.C.: World Bank.

27장_사하라 이남 아프리카의 신자유주의

Adesina, J., 2002, "Development and the Challenge of Poverty: NEPAD, Post-Washington Consensus and Beyond", paper prepared for the Council on Development and Social Research in Africa, Senegal(http://www.codesria.org/Links/conferences/Nepad/Adesina.pdf).

Arrighi, G., 2002, "The African Crisis: World Systemic and Regional Aspects", *New Left Review* 15, pp. 5~36.

Bond, P.(ed.), 2002, *Fanon's Warning: A Civil Society Reader on the New Partnership for Africa's Development*, Trenton, N.J.: Africa World Press and Cape Town: Alternative Information and Development Centre.

_____ 2004, *Talk Left, Walk Right: South Africa's Frustrated Global Reforms*, Pietermaritzburg: University of Natal Press and London: Merlin Press.

Bond, P., T. Ngwane, 2004, "African Anti-Capitalism" in R. Neumann and E. Burcham(eds.), *Anti Capitalism: A Field Guide to the Global Justice Movement*, New York: Norton Press.

Boyce, J., L. Ndikumana, 2000, "Is Africa a Net Creditor? New Estimates of Capital Flight from Severely Indebted Sub-Saharan African Countries, 1970~1996", occasional paper, University of Massachusettes(Amherst), Political Economy Research Institute.

Kapijimpanga, O., 2001, "An Aid/Debt Trade-Off: The Best Option" in G. Ostravik(ed.), *The Reality of Aid: Reality Check 2001*, Oslo: Norwegian Peoples Aid(http://www.devinit.org/jpdfs/jok.pdf).

Milanovic, B., 2003, "Can We Discern the Effect of Globalisation on Income Distribution? Evidence from Household Budget Surveys", World Bank Policy Research Working Paper 2876, April.

Ngwane, T., 2003, "Interview: Sparks in Soweto", *New Left Review* 22, pp. 36~56.

Saul, J., C. Leys, 1999, "Sub-Saharan Africa in Global Capitalism", *Monthly Review* 51(3)(http://www.monthlyreview.org/799saul.htm).

Tskikata, D., J. Kerr(eds.), 2002, *Demanding Dignity: Women Confronting Economic Reforms in Africa*, Ottawa: The North-South Institute and Accra: Third World Network-Africa.

Zeilig, L.(ed.), 2002, *Class Struggle and Resistance in Africa*, Cheltenham: New Clarion.

28장_신자유주의와 남아시아

Ahluwalia, M.S., 2002, "Economic Reforms in India Since 1991: Has Gradualism Worked?", *Journal of Economic Perspectives* 16(3), pp. 67~88.

Bajpai, N., 2002, "A Decade of Economic Reforms in India: The Unfinished Agenda", Harvard Centre for International Development, Working Paper No. 89.

Bhagwati, J., P. Desai, 1970, *India: Planning for Industrialisation, Industrialisation and Trade Policies Since 1951*, Oxford: Oxford University Press.

Bhagwati, J., T. N. Srinivasan, 1975, *Foreign Trade Regimes and Economic Development: India*, Columbia: Columbia University Press.

Chandra, N. K., 1999, "FDI and Domestic Economy: Neoliberalism in China", *Economic and Political Weekly*, 6 November.

Drèze, J., H. Grazdar, 1996, "Uttar Pradesh: The Burden of Inertia" in J. Drèze, A. Sen(eds.), *Indian Development: Selected Regional Perspectives*, Oxford: Oxford University Press.

Evans, P., 1985, *Embedded Autonomy: States and Industrial Transformation*, Princeton: Princeton University Press.

Krugman, P., 1995, "Dutch Tulips and Emerging Markets", *Foreign Affairs*, July/August.

Kumar, N., 2000, "Economic Reforms and Their Macro-Economic Impact", *Economic and Political Weekly*, 4 March.

Lall, S., 1999, "India's Manufactured Exports: Comparative Structure and Prospects", *World Development* 27(10), pp. 1769~86.

Rodrik, D., 2000, "Can Integration into the World Economy Substitute for a Development Strategy?", *World Bank EBGDE European Conference*, 26~28 June.

Sachs, J.D., N. Bajpai, M.F. Blaxhill and A. Maria, 2000, "Foreign Direct Inverstment in India: How Can $10 Billion of Annual Inflows be Realised?", Centre for International Development at Harvard University and Boston Consulting Group, 11 January.

Sen, A., 1999, *Development as Freedom*, Oxford: Oxford University Press.[『자유로서의 발전』, 박우희 옮김, 세종연구원, 2001.]

Stiglitz, J.E., 2002, *Globalisation and its Discontents*, London: Penguin.[『세계화와 그 불만』, 송철복 옮김, 세종연구원, 2002.]

29장_일본 신자유주의에 대한 평가

Itoh, M., 1990, *The World Economic Crisis and Japanese Capitalism*, London: Macmillan.

_____ 2000, *The Japanese Economy Reconsidered*, Houndmills: Palgrave.

Miyawaki, G., 1992, [Complex Depression] Tokyo: Chuo-koron-sha.

Tachibanako, T., 1998, [Japanese Economic Inequality] Tokyo: Iwanami-shoten.

Takumi, M., 1998, [The Depression of a 'Great Crisis Type'] Tokyo: Kodansha.

30장_동아시아와 동남아시아의 신자유주의적 자본관계의 구조조정

Burkett, P., M. Hart-Landsberg, 2000, *Development, Crisis and Class Struggle: Learning From Japan and East Asia*, New York: St Martin's Press.

Chang, D. O., 2003, "Foreign Direct Investment and Union Busting in Asia", *Asian Labour Update* 48, pp. 1~8.

Gomez, E. T., K.S. Jomo, 1997, *Malaysia's Political Economy: Politics, Patronage and Profits*, Cambridge: Cambridge University Press.

Hewison, K., 2001, "Thailand's Capitalism: Development through Boom and Bust" in G. Rodan, K. Hewison and R. Robison(eds.), *The Political Economy of South-Asia: Conflicts, Crises and Change*, Oxford: Oxford University Press.

Khoo, B. T., 2001, "The State and the Market in Malaysian Political Economy" in G. Rodan, K. Hewison and R. Robison(eds.), *The Political Economy of South-Asia: Conflicts, Crises and Change*, Oxford: Oxford University Press.

UNCTAD, 2002, *World Investment Report: Transnational Corporations and Export Competitiveness*, New York: United Nations.

옮긴이 후기

1. 신자유주의의 개념과 역사

신자유주의는 1970년대 세계자본주의의 구조적 위기 속에서 나타난 사회·정치·문화 전 영역에 걸친 자본주의의 재조직화 및 재구조화 프로젝트이다. 그것은 지배세력은 물론이고, 일부 좌파까지 포함하는 정치적 지향으로서, 서구의 케인즈주의와 발전도상국의 발전주의, 그리고 사회주의를 대체하는 새로운 정치·사회적 전략이다. 또한 우리는 신자유주의가 하나의 국면임과 동시에 뒤메닐과 레비가 정의한 대로 상위 계급의 소득(과 권력) 복권이 그 내용이자 목표라고 본다.

일부는 세계화와 시장화를 현 단계 신자유주의의 특징으로 이야기하지만, 이는 적절하지 못하다. 현 국면의 세계화는 이른바 미국 헤게모니의 상승기에 취해졌던 자본의 국제적 이동에 대한 통제의 철폐를 통해 등장한 '신자유주의적' 세계화이다. 즉 금융의 헤게모니 하에서 나타나는 국제 질서의 새로운 재편(또는 위계화)을 의미한다. 한편 시장화는 경제의 (자율적 조정이라는) 역능, 또는 국가와 시장 간의 분리, 정치와 경제의 분리라는 고유한 이분법에 기초한 것에 불과하다. 마르크스주의적 분석에 따르면 자본주의적 생산양식은 그 자체로 세계적이며, 만물의 상품화이기 때문이다.

1980년대 초반 시작된 신자유주의는 1979년 미국 연방준비은행의 금리 인상에 뒤이은 소유자계급(혹은 금융)의 부상과 레이건·대처의 신보수주의 혁명, 그리고 발전도상국과 사회주의권의 위기(그것은 중국에서 마오의 죽음과 중국사회주의의 변모, 그리고 이른바 사회주의권의 개혁·개방과도 밀접하게 관련되어 있음을 잊지 말아야 한다)에서 출발하여, 금융세계화의 본격화와 발전도상국과 붕괴된 사회주의권에 부과되는 이른바 정책개혁, 또는 워싱턴 컨센서스로 이어졌다. 이를 통해 알 수 있듯이 신자유주의는 이미 역사를 갖고 있으며, 이러한 역사 속에서 신자유주의는 형성되었고, 변형되고 있다. 또한 이것이 신자유주의에 대한 단순한 정의가 부적절하다는 두번째 이유이기도 하다.

사드-필류와 존스턴이 편집한 『네오리버럴리즘: 신자유주의는 어떻게 세계를 지배하게 되었는가?』(원제: *Neoliberalism: A Critical Reader*)는 신자유주의의 역사와 그것이 갖는 복잡성을 우리에게 한꺼번에 풀어놓고 있다. 두 편저자가 서문에서 밝히고 있듯, 다양한 성향을 지닌 논자들의 논의가 이 책에서 펼쳐지고 있다. 두 편집자는 이를 두고 생산적 교류와 논의의 깊이를 확인할 수 있다고 이야기하지만, 오히려 그 차이를 확인하는 과정이라 보는 것이 적당할지 모른다. 이 책에 등장하는 포스트케인즈주의자(펄리), 칼레츠키주의자들(소여와 아레스티스)과 마르크스주의자들 간에는 커다란 간극이 존재한다. 포스트케인즈주의와 칼레츠키주의자들이 신자유주의의 등장을 정책적 변화 또는 명확한 케인즈주의적 관점 부재와 대중화 실패로 인식하는 반면, 마르크스주의자들은 그들 사이의 인식의 차이에도 불구하고 대체로 1970년대 구조적 위기에 대한 반작용과 재구조화(이는 케인즈주의의 실패와 발전주의의 실패

또한 포함한다)라는 역사적 과정으로 파악한다. 최근의 신자유주의의 복잡성(케인즈주의의 변용)을 생각해 볼 때, 이는 이론적일 뿐만 아니라, 실천적인 측면에서 커다란 간극을 만들어 낸다는 것을 알 수 있다.

즉 이미 신자유주의가 선진국에서는 새로운 형태의 케인즈주의, 발전도상국에서는 워싱턴 컨센서스로 대표되는 새로운 형태의 발전주의로 전화되었음을 고려해 볼 때, 포스트케인즈주의 또는 칼레츠키적 대응은 역사적 의미를 갖지 못할 것임이 분명하다. 독자들은 이 책을 읽으면서 그러한 이론적 입장들의 차이와 간극을 발견할 수 있을 것이다.

현재 신자유주의는 또 다른 방식으로 전화하고 있다. 2007년 8월 미국에서 서브프라임 모기지론 사태가 벌어졌고, 이러한 금융부문의 위기는 실물부문으로 그 영향이 확산되고 있다. 이 책이 출간될 2009년 현재 그 위기는 진행형이다.

미국발 금융혼란의 배후에는 신자유주의 이후 세계화된 금융과 금융혁신이 자리 잡고 있다. 이른바 '위험분산'을 위해 창조된 '파생금융상품'과 같은 '선진화된 기법들' 때문에 위기의 끝이 어디인지 가늠하기 힘들다. 언제까지 이 위기가 지속될 것인가, 그 깊이는 어느 정도 될 것인가, 어디까지 미칠 것인가, 이 모든 질문들에 우리는 선뜻 대답하기 어렵다. 분명한 사실은 이후에 또 다른 형태로 신자유주의가 변형될 것이라는 점이다. 미국에서 발생한 작금의 위기는 신자유주의의 종말로 이어지진 않을 것이다. 우리가 평가하고 있는 것처럼 신자유주의가 1970년대 구조적 위기 이후 자본을 재구조화하고 재조직화하는 새로운 국면이라면 더욱 그렇다. 새로운 정세가 도래하겠지만 그 새로운 정세를 낙관적으로 평가하기는 어렵다. 이 위기에 대응하는 사회운동과 자본주의적 대안의 부재 속에서 신자유주의는 더욱 가속화될 것이며, 그것이 지금까지 써온 폭력의 역사를 지속시킬 것이기 때문이다.

이 새로운 국면은 자본주의의 역사 내에서 어디쯤에 위치하고 있는 것일까? 이윤율을 기준으로 본다면, 이 새로운 국면이 1970년대 구조적 위기로부터 일부 수익성에 우호적인 궤도를 만들어 낸 것은 사실이다. 하지만 우리는 그 수익성 회복의 정도가 이전 시기에 미치지 못하며, 오히려 장기적 이윤율 하락 추이를 벗어나지 못했다고 판단한다. 이러한 하락 추세가 발생하면, 기업들은 시장상황에 따라 민감하게 반응하며 이러한 민감도의 상승은 경제의 변동성을 확대한다. 여기서 금융은 변동성을 약화시키는 기능도 할 수 있지만, 또한 변동성을 강화하는 이중적 형태를 보인다. 즉 거시경제적 금융정책은 긴축과 확장을 반복하며 변동성을 완화시키는 역할을 하지만, 기업자금 조달구조와 경제주체의 자산구조 혁신은 경기호황을 더욱 자극하며, 불황 때는 신용경색을 강화한다.

게다가 신자유주의는 국제적 경제 질서를 변형시킨 새로운 제국주의이다. '중심의 중심'인 미국을 정점으로 위계적 질서를 구성하였다. 이 새로운 제국주의는 이전의 제국주의와 마찬가지로 주변부로부터 중심부로의 거대한 부의 이전을 바탕으로 하고 있다. 하지만 그 양상은 매우 다르다. 특히 미국은 거대한 경상수지 적자와 달러의 발권력, 그를 바탕으로 한 국제적 금융 센터라는 지위를 통해 미국 이외 국가들의 저축을 빨아들이고 있다. 국제적 금융의 혁신은 제국주의의 중심에 서 있는 미국 경제의 지속 가능성을 보장하는 데 필수적 요소이다.

2. 우리시대의 경제적 기원, 한국의 신자유주의

이 책은 세계 각지에서 벌어지고 있는 신자유주의의 역사를 서술하고 있지만, 우리가 살고 있는 한국에 관해 할애된 부분은 거의 없다. 하지만 한국의 신자유주의 또한 하나의 역사를 갖는다.

한국의 신자유주의의 역사는 이전까지 지속되어 왔던 발전모델의 실패로부터 비롯된다. 1960~70년대 경제개발계획을 통해 진행된 한국 자본주의의 역사는 1970년대 초반 자본주의의 구조적 위기와 함께 새롭게 변형되기 시작한다. 1970년대에 들어서 한국 자본주의는 경제개발계획의 기본틀을 유지하면서, 수출지향 중화학공업화를 시도한다. 1970년대 구조적 위기와 함께 닥친 경기후퇴는 중화학공업화를 위한 막대한 규모의 투자지출을 통해 돌파된다. 하지만 그 과정에서 국가주도형 발전모델과 민간주도형 발전모델 간의 갈등이 생겨난다. 이러한 민간주도형 발전모델에 대한 주장은 한국전쟁 이후 새로운 것은 아니었지만, 1970년대 주한 미국 파견단(United States Operation Mission in Korea : USOM/K)의 시드머니로 설립된 한국개발연구원(KDI)과 미국 유학파 관료들, 그리고 미국 유학파 경제학자들이 이 민간주도 경제발전 모델을 주장하였다는 점은 주목할 만하다. 당시 이들의 주장은 1974년과 1976년 칠레와 아르헨티나에서 쿠데타 이후 실험된 모델과 동일한 것이었다.

결국 국가주도 중화학공업화의 최종적 실패가 나타난 1979년 경제위기와 함께 이러한 종류의 주장들이 전면에 등장한다. 가격 안정성을 우선시하면서, 이를 뒷받침하는 금융자유화와 무역자유화를 촉진하겠다는 계획이었다. 이는 이전의 발전모델과는 전혀 다른 방향의 길을 제시하였다. 즉 새로운 발전모델, 즉 신자유주의적 발전모델이 시작하는 순간이었다. 한국의 신자유주의적 발전모델은 1980년대 후반 3저호황으로 그 제한적 성격에도 불구하고 가장 성공적인 구조개혁 사례로 칭송받는다. 하지만 이 3저호황은 외관과는 달리 한국경제의 수익성 하락 경향을 반작용하지 못하였다. 문제는 이 3저호황이 발생시킨 두 방향에서의 압력 강화이다. 한편으로는 미국을 비롯한 선진 자본주의 국가에 의한 개방압력의 강화가 있었으며, 이것은 (무역 · 금융) 자유화의 가속화였다. 또한 다른 한편으로 3저호황을 통해 성장한 '재벌'의 개방압력 강화가 있었다. 재벌은 3저호황 가운데 막강한 자금력을 획득하게 되었고, 이 자금력을 통해 초민족화하기 원했으며, 동시에 국제적 금융시장에서 자금을 조달하려고 하였다. 재벌의 초민족화에 따른 로비와 압력이 가해졌다.

이러한 개방의 가속화는 결국 1997년 외환위기로 이어진다. 이 1997년이 바로 1990년대 초반 행해진 한미금융협의회에서 최종 개방시한으로 정해져 있었다는 점은 의미심장하다. 1997년 이후 한국 경제는 신자유주의의 노골적 폭력 앞에 그대로 노출되지만, 재벌 집단은 스스로 초민족화하면서 개방된 경제 속에서 이익을 획득하고 이렇게 획득된 이익을 통해 고임금 봉급생활자들을 중심으로 신자유주의적 타협을 전개한다.

이 과정에서 우리는 한국의 신자유주의 또한 하나의 역사를 갖는다고 평가한다. 그 역사는 다음과 같은 것을 조건으로 하여 이루어진 것이다. 첫째 1960~70년대를 특징짓던 국가주도형 발전모델은 이미 실패하고 사라졌다. 그리고 바로 이것이 한국에서 신자유주의가 시작된 이유이기도 하다. 둘째 한국 경제의 막강한 경제주체인 재벌은 더 이상 이전의 모습을 가지고 있지 않다. 우리가 보기에 그들은 1980년대를 거치면서 탈국유화 또는 탈민족화(denationalization)되었고, 그 결과가 1997년 위기이다.

이전 국가주도 발전모델에서 국가 또는 경제관료의 우위 하에서 '관치금융'이라는 형태로 진행된 '금융억압'(financial repression)이 1980년대 민간주도 경제로의 이행이라는 형태의 '금융해방'(financial liberation)으로 완전히 전화되었다. 신자유주의 하에서 국가와 경제관료는 이미 '해방된 금융'과 이 금융으로부터 자금을 조달하고, 수익을 올리고 있는 재벌 및 초민족 자본에 종속되어 있는 상태이다. 이러한 상황에서 과거로의 회귀는 절대 불가능하다. 즉 새로운 대안이 가능하기 위해서 역사적인 조건이 항상 필요하다. 이전의 국가주도형이건 신자유주의이건 간에 이러한 새로운 국면의 출발은 역사적 조건과 그에 상응하는 거시적 기초의 제시, 그리고 미시적 개혁으로부터 시작되었다. 저들 또는 우리는 어떤 역사적 조건 하에서 어떤 새로운 거시적 기초를 제시할 수 있을까? 다시 말해 우리는 포스트 신자유주의 아니 오히려 포스트 자본주의를 어떻게 상상해 볼 수 있을까? 우리는 대안 세계화와 동아시아 노동자의 국제적 연대가 또 다른 대안이 될 수 있는 유일한 가능성이라고 생각한다.

3. 복잡한 전체로서 신자유주의

우리는 이 책을 읽는 독자들이 신자유주의를 하나의 역사적 과정인 '복잡한 전체'로서 파악하길 기대한다. 그리고 독자들(신자유주의에 관심을 갖는 일반 시민, 학생, 특히 활동가들)이 신자유주의라는 '복잡한 전체'와 그로부터 비롯되는 개개의 역사적 단계와 정세 속에서 다층적이며 다면적인 '형세'(configuration)를 읽어 내기를 희망한다. 하지만 이러한 다층적이며 다면적인 형세가 불가지의 무엇은 아니다. 그것은 구조와 경향들로 구성되어 있고, 그 경향들을 몇 가닥으로 세심하게 분류할 수 있다. 앞서 말한 바와 같이 문제는 단순한 구조화 및 개념화, 그리고 그것이 기초하고 있는 경험적인 판단의 오류이며, 우리는 경향들에 대한 분석을 통해 그 안에 자리 잡고 있는 구조를 파악할 수 있다. 이러한 인식이 바로 미래를 위한 토론의 기초가 될 것이다.

이 책은 신자유주의에 대한 연구자는 물론, 학생, 활동가에게 다양한 영역에 걸친 신자유주의 프로젝트의 진행과정을 보여 주고 그에 대응하는 전략을 고민하고 토론할 수 있는 기초로 이용될 수 있다. 하지만 각 기고자들이 보여 주고 있는 이론적 편차와 주제들의 다양함은 번역 과정에서도 고역이었을 뿐 아니라, 독자들에게도 많은 인내심을 강요할 것이다. 하지만 이러한 담론의 복잡성 또한, 바로 우리가 살고 있고, 투쟁하고 있는 신자유주의의 역사 그 자체임을 명심해야 한다.

마지막으로 이 책의 번역은 역자의 단독 작업이 아니라는 점을 독자들에게 상기시키고 싶다. 그러한 점에서 약간의 지면을 할애하는 것에 대해 독자들에게 양해를 구한다. 고려대학교에서 같이 공부하고 있는 동학들과 함께 고민하고 작업한 결과이다. 특히, 법학과의 유승익과 서양사학과의 김동혁, 그리고 정치외교학과의 김민수에게 감사한다. 이들은 이 책의 초역에 참여하기도 했다. 또, 경제학과의 연제호는 서문을 초역하고, 참고문헌을 정리해 주었으며, 정치외교학과의 신원제와 법학과의 김준우도 초역에 참여하였다. 그리고 같이 공부하면서 이 짧은 후기에 들어갈 내용을 다듬게 해준 경제학과의 조남운, 민준, 그리고 사회학과의 이동학에게도 감사를 전한다. 그 외에 1장은 사회진보연대의 류주형의 초역을 사용하였다.

2006년 초에 번역을 시작하여, 2007년 초에 마무리했음에도 불구하고, 여러 사정으로 인해 발간이 늦어지게 되었다. 그 과정에서 계속적인 관심과 애정을 보여 준 편저자 알프레두 사드-필류에게 감사한다. 그가 한국어판 서문을 쓴 것은 오래 전 일이지만 역자의 후기를 통해 그 시차가 채워질 수 있었으면 한다. 또한 번역 출판에 큰 도움을 주신 중앙대학교의 백승욱 선생님에게 감사의 말씀을 전한다.

2009년 1월

김덕민

찾아보기

ㄴ·ㄷ·ㄹ

ㅁ

ㅂ

ㅅ

ㅇ

ㅈ

ㅊ · ㅋ

ㅌ · ㅍ · ㅎ